Nuria Aragón Castro

Sibila:

Ein Leben in Natur und Freiheit

Auf dem Weg der Einfachheit und der Liebe

Vega e. K.
2005

Titel der spanischen Originalausgabe:
„Vida libre y natural“ (Mandala Ediciones)

Übersetzung: Christiane Pilgrim
Lektorat: Alexander Markow

Umschlag: Dominik Ananda Haf
Druck: AZ Druck und Datentechnik GmbH
Gedruckt in Deutschland auf chlorfrei gebleichtem Papier

ISBN 3-9808339-2-5

Inhalt

Es ist nicht wichtig, wo wir gerade stehen,
sondern in welche Richtung wir gehen

Vorwort

Jeder Anfang ist bereits ein

Teil der Vergangenheit

Während ich an diesem Buch gearbeitet habe, ging mir oft durch den Kopf, dass für jedes einzelne Thema ein eigenes Buch erforderlich wäre, wenn ich es detailliert ausarbeiten würde. Ich habe mich gefragt, ob ich nicht statt einem Buch mehrere Bücher schreiben sollte. Ich weiß nicht, ob ich morgen vielleicht jedes Kapitel mit mehr Nachdruck angehen würde, aber im Moment ziehe ich es vor, dass sich alle Themen in demselben Band befinden, obwohl das Buch dann vielleicht umfangreicher oder teurer wird. Warum? Weil für mich alles verbunden ist, alles ist Eins.
Wie ich auch mehrmals in diesem Buch erwähne, reduzieren sich alle Themen im Grunde auf die Suche nach der Einfachheit, die Verschmelzung mit der Natur und darauf, lieben zu lernen. Ich versuche, diese drei Themen in alle Bereiche meines Lebens zu integrieren, damit jeder Tag so viel wie möglich davon enthält. Auf diese Weise wird mir eine andere Art zu fühlen ermöglicht, und daraus ergibt sich dann die Notwendigkeit, ganzheitlich zu sehen.
In der materialistischen Welt, in der ich lebe, einer Welt, die sich auf Spezialisierung fokussiert und in der sich jeder bemüht, einen Bereich zu beherrschen und den Rest zu vergessen, sehe ich es als wirklich wichtig an, wieder die Gesamtheit zu berücksichtigen. Das sage ich nicht nur, weil Da Vinci oder die Renaissance mich faszinieren, sondern weil ich denke, dass wir dadurch unser Bewusstsein erweitern und damit die Schwingungsfrequenz unseres Wesens und den Frieden im mentalen und spirituellen Bereich erhöhen können.
Ein weiterer Grund, warum ich alle Themen in einem Buch zur Sprache bringe, ist das Öffnen von Türen und Fenstern. Wenn ein Mensch, der sich hauptsächlich mit dem Thema der Kindererziehung identifiziert, das Kapitel über Ernährung liest, kann es ihm helfen, eine Verbindung zu diesem für ihn neuen Bereich herzustellen und umgekehrt. Es ist ein Versuch, in jeder Stunde, Minute und Sekunde alles zu berücksichtigen, was wir tun, denken und fühlen.
Neulich hat ein Freund von mir nach dem Lesen des Inhaltsverzeichnisses zu mir gesagt, er wundere sich darüber, dass ich kein Kapitel ausschließlich der Spiritualität gewidmet habe. Er hatte sicherlich Recht und ich habe in Erwägung gezogen, ein derartiges Kapitel zu schreiben, damit das Buch nicht unausgewogen erscheint. Doch dann habe ich nachgedacht und mich gefragt: Was ist Spiritualität? Ich wusste keine Antwort darauf. Wie soll ich über etwas

schreiben, von dem ich nicht weiß, was es ist? Ich ziehe es vor, das Buch so zu lassen, wie es ist, als ein Zeugnis meines Weges.
Es erscheint mir als Herauforderung, die gesamte Vision des Lebens (meine Art es zu sehen, zu fühlen, zu verstehen, aufzunehmen und zu handeln) auf einige einfache Blatt Papier zu bringen. Trotz alledem hoffe ich, einen Teil von mir übermitteln zu können. Früher habe ich mich aus hauptsächlich äußerlichen Gründen an die anderen gewandt, heute tue ich es, weil ich fühle, dass ich viel zu teilen habe. Ich habe ganz klar erkannt, dass das Glück in mir selbst zu finden ist und ich niemanden brauche, der mich glücklich macht.

Ich lasse während der Meditation die Stimme heraus

Ich danke dem Leben dafür, dass es mir die Möglichkeit gegeben hat, dieses Buch zu veröffentlichen. Es ist für mich sehr interessant, all das, was ich schon weiß, darzulegen. Es hilft mir dabei, mich von außen zu betrachten und meine tagtägliche Suche und Beunruhigung zu umreißen. Ich habe das starke Gefühl, dass ich vor Jahren in einem dunklen, alten, schmutzigen, düsteren Schrank gelebt habe, der mit einem Schlüssel abgeschlossen war.
Wenn du dich mit den hier dargelegten Inhalten identifizierst, empfehle ich dir dich selbst zu beobachten und dich – nicht nach meiner, sondern nach deiner Art – zu verändern. Wenn dir einige Punkte meines Buches plausibel erscheinen, wenn sie mit deinen Gefühlen und Wünschen übereinstimmen, so versu-

che sie in die Tat umzusetzen. Das Weitere fügt sich dann nach und nach von selbst. Wir alle haben noch einen weiten Weg vor uns, das Wichtige dabei ist die Fähigkeit, zu erkennen, wohin wir gehen oder gehen wollen, der Rest kommt dann von allein. Ich habe einmal folgenden Satz gelesen: „Wenn du liebst, bist nicht du derjenige, der liebt, sondern die Liebe liebt durch dich". Wenn wir die Verbindung nach oben haben und den Fluss des Lebens zulassen, geschieht genau das mit unseren Handlungen. Wir sind ein Kanal.
Ich wünsche mir von ganzem Herzen, dass dieses Buch dich zur Reflektion anregt und dir hilft, dein Inneres zu erforschen und in Übereinstimmung mit ihm zu leben.

In Liebe

Nuria Aragón Castro (Sibila)
Sommer 2002

Ein Leben in Natur und Freiheit

Auf dem Weg der Einfachheit und der Liebe

Ach du schöne und geliebte Freiheit,
du bringst mir eine Leere,
die gefüllt werden muss,
die große Verantwortung
der abgeschlagenen Ketten,
die Erkenntnis des Seins,
die Einsamkeit und die Einheit,
schwierig erscheinst du mir,
und dennoch bist du einfach.

Mit Natürlichkeit
versuche ich voranzuschreiten,
nach innen zu blicken,
um die gesamte Wahrheit,
meine Wahrheit,
zu finden.

Wenn mir jemand vor acht oder zehn Jahren gesagt hätte, dass ich zum jetzigen Zeitpunkt allein mit zwei nicht eingeschulten Kindern in einem Wohnwagen mitten auf dem Land weit von einer Ortschaft entfernt leben und nur rohes Obst und Gemüse essen würde, mir eine Strohhütte ohne Wasser, Licht und Glas in den Fenstern bauen und auf das Kochen, eine Waschmaschine, Dusche, Stereoanlage und viele andere Dinge verzichten würde, dann hätte ich das als Unsinn bezeichnet. Ich hätte erwidert, dass ich auf dem Land leben möchte, ohne auf die Vergnügungen und Bequemlichkeiten der Stadt, oder besser gesagt den „Fortschritt", zu verzichten.
Wie kommt es dann, dass ich mich an dem Ort befinde, an dem ich gerade bin, das tue, was ich tue, und so lebe, wie ich lebe? Ehrlich gesagt habe ich wirklich keine Ahnung, warum das so ist. Eine Handlung führte mich zur nächsten, und diese wieder zu einer weiteren Handlung, um danach eine weitere Handlung herbeizuführen, diese zu integrieren, und so ging es weiter. Ich weiß nur: Als ich früher in der Stadt oder auf dem Dorf in „Kisten" eingepfercht, von

magnetischen und elektrostatischen Feldern umgeben und durch die Zeiger einer Uhr eingeschränkt lebte, jede Woche zumindest an einigen Tagen gekochte Nahrung aß, Geld, diverse Gegenstände und Aktivitäten brauchte, erlebte ich nicht nur sehr selten Momente wirklicher Zufriedenheit, sondern fühlte mich oft allein und leer. Streitigkeiten in der Partnerschaft kamen relativ häufig vor. Ich bin durch diese und viele Tränen hindurch, durch Momente der Nichtigkeit gegangen, ein großes Ego und ein tiefes Gefühl der Machtlosigkeit in mir tragend.

Ich allein war es, die ich mit diesen ganzen materiellen und emotionalen Abhängigkeiten meine eigenen Fähigkeiten, meine eigene Weisheit und mein inneres ICH eingeschränkt habe. Als es mir bewusst wurde (und das ist auch heute noch der Fall), habe ich mich von meinen Abhängigkeiten losgelöst und sie aufgelöst. Ich habe aufgehört ein Floß zu sein, welches der Gnade des Seegangs und der Wut der Stürme ausgesetzt ist. Ich habe gelernt das Meer, der Wind, die Fische und die Möwen zu sein. Je mehr ich mich mit der Zeit der Natur nähere und von allen weiteren Dingen Abstand nehme, desto stärker wächst mein inneres ICH und desto intensiver durchdringt es mein Leben.

Von außen betrachtet denken die Menschen oft, dass mein Leben sehr hart und schwer, grausam, chaotisch und einsam, ja sogar unverantwortlich ist. Nichts ist weiter von der Realität entfernt als diese Ansicht. Mit jeder meiner Handlungen werde ich immer verantwortungsvoller und bewusster. Ich fühle mich immer stärker von Liebe begleitet und umgeben und immer seltener einsam. Mein Leben ist ganz leicht, ich bitte einfach um das, was ich mir wünsche – und früher oder später wird es mir gegeben. Ich habe viel mehr, als ich benötige. Mein Leben ist nicht hart, im Gegenteil, es ist einfach und frei von Besitzansprüchen, Belastungen, Krankheiten und Unbehagen. Mein Geist ist frei und bereit, schöpferisch tätig zu sein, mein Herz ist offen für Gefühle. Was will man mehr?

Wenn mir bewusst wird, dass ich eine Waschmaschine brauche, um mir eine Menge Arbeit zu ersparen, und das trotz aller Faktoren, die damit in Verbindung stehen (Elektrizität, Wasser, Seife, Umweltverschmutzung, Geld, Industrie, elektromagnetische und elektrostatische Felder, die Tatsache, dass weniger Energie und Liebe in die Wäsche fließen etc.), komme ich durch diesen Bewusstseinsprozess zu dem Schluss, dass ich etwas tun muss, um nicht davon abhängig zu sein und um dem Planeten nicht noch mehr Schaden zuzufügen. Wenn ich dann die Entscheidung treffe weniger Kleidung zu besitzen, weil das Waschen so kaum Arbeit macht und ich den Moment, in dem ich wasche, nutzen kann, um zu meditieren und meine ganze Liebe und Energie in diese Tätigkeit zu geben, dann öffnet sich eine große Tür in mir und ich fühle mich viel freier.

Durch all die kleinen Details, die wir normalerweise nicht berücksichtigen, werden lange, schwere Ketten geschmiedet, umso fester, je mehr Einzelheiten involviert sind. Die Folgen sind viel weitreichender, als wir uns vorstellen können, und erst wenn wir einige von diesen Details ablegen oder uns davon befreien, beginnen wir, uns all dessen bewusst zu werden, was uns noch beeinflusst und fesselt.

Ein Spaziergang auf dem Land

Ich sehe nur einen einzigen für mich gangbaren Weg in Richtung der von Zufriedenheit erfüllten Freiheit. Dieser Weg besteht aus meiner wachsenden Verbindung zur Natur in allen Bereichen (Wohnen, Ernährung, Kleidung, Arbeit, Freizeit,...) und aus der Autarkie. Nach den ersten kleinen Schritten kommen die anderen von allein, vergrößern sich, und ich spüre dann in manchen Augenblicken die Ausdehnung und Entfaltung der eigenen Seele.

Wenn deine Richtung ähnlich ist und wenn du doch nicht genügend Kraft hast den Weg zu gehen, so suche dir Menschen, die sich bereits auf dem Wege befinden. Ihre Liebe und ihr Verständnis können dir helfen. Ich kann dir nur eins sagen: Für mich ist die Entdeckung der Natur mit all ihren Facetten und damit meiner Wesensessenz das größte Geschenk, das mir das Leben gemacht hat.

Ich finde folgende drei Zitate von Laotse aus seinem Buch über das Tao äußerst interessant und bitte dich eindringlich darüber nachzudenken: „Wähle das Einfache und umarme das Natürliche, reduziere deinen Egoismus und kontrolliere deine Wünsche.“ „Wer es versteht, sich zu begnügen, ist immer zufrieden.“ „Wenn du keinerlei Wünsche hast, bist du Herr über alles.“ (AdÜ: diese und weitere Zitaten wurden anhand der Aufzeichnung der Autorin übersetzt, daher möglicherweise vom Original abweichend)

Mit jedem Tag, der vergeht, mit jeder Handlung, die wir ausführen, mit jedem Gedanken und Gefühl erschaffen wir uns selbst in jedem Moment neu. Unsere Angst vor der Freiheit ist verständlich, denn mit der Freiheit übernehmen wir die Verantwortung für unser Leben und seine Folgen, ein ganzes Stück Ungewissheit. Wenn wir uns für die Freiheit oder einen Zuwachs an Freiheit entscheiden, erscheint am Anfang ein Chaos, aber später wird alles besser und wir beginnen uns selbst zu erschaffen, wir empfinden eine überwältigende Flut von Frieden und Optimismus, Freude und Zufriedenheit.

Befreiung von unserer Erziehung und Rückkehr zu unserem Urwissen

Ein Lebenswerk

Wie viele Male wurde mir gesagt,
was ich zu tun habe,
wie ich sein soll,
um vermeintlich
Zuneigung zu gewinnen.

Die unendliche Geduld,
meine und die des Lebens,
singt und ruft mir zu:
Wähle dir dein Leben selbst!

Ich spreche von der Befreiung von unserer Erziehung und meine damit, alles zu löschen, was man uns vermeintlich beigebracht hat. Ich spreche von der Rückkehr zu unserem Urwissen und meine damit, alles zu akzeptieren, was wir schon wussten, als wir geboren wurden.

Wenn ich sehe, wie ein Kind als dumm und unfähig behandelt wird, nur weil seine Sprache und seine Bedürfnisse verschieden von unseren sind und nur weil wir nicht in der Lage sind mit ihm zu kommunizieren, ihm zuzuhören und es zu verstehen, empfinde ich das als sehr traurig. Wir erwarten, dass Kinder lernen müssen wie wir zu sprechen, wie wir zu essen und sich wie wir anzuziehen. Niemals wird vorausgesetzt, dass die Kinder auch über ein Wissen verfügen.

Ich habe zwei Kindern das Leben geschenkt und ich lerne immer noch von ihnen. Wenn ich über etwas im Zweifel bin, beobachte ich sie einfach und versuche durch ihre Unkompliziertheit, Unschuld und Frechheit mich zu öffnen und zu akzeptieren. Ich hatte noch nie den Eindruck, dass sie dumm oder unfähig sind – sie sprechen oder drücken ihr inneres Wesen einfach nur nicht so aus wie ich.

Mir wird immer bewusster, welch einen starken Einfluss all die Sätze, Bilder, Botschaften oder Ermahnungen – die Erziehung, die wir erhalten haben, und die Kultur, in der wir leben, auf uns ausüben. Alle oder fast alle unsere Handlungen, Gedanken und Gefühle basieren auf Unbewusstheit, Gewohnheit oder

Abhängigkeiten. Wie oft habe ich mich dabei ertappt, zu schimpfen, das Gespräch mit meinen Kindern abzubrechen oder in die von mir gewünschte Richtung zu lenken, um später festzustellen, dass ich in Wirklichkeit das, was ich da sagte, weder fühle noch glaube, dass das alles nur leere, hohle Worte waren, Phrasen, die ich einmal oder mehrmals gehört hatte, die aber weder meinem Herzen noch meiner Ideologie entsprechen.

Der Vater meiner Kinder hat früher als Schachlehrer für Kinder und Jugendliche gearbeitet und er empfand oft ein Gefühl der „Unfähigkeit“, wenn der Zeitpunkt kam, an dem er den jungen Menschen die Rochade erklären sollte. In den vorhergehenden Lektionen ging es ja darum, dass der König nur ein Feld pro Zug zurücklegen und dass der Turm nicht über andere Schachfiguren springen darf. Und nun galt es für ihn, eine der „Ausnahmen“ zu zeigen und verständlich zu machen. Bei der Rochade bewegt sich der König nämlich über mehr als ein Feld und der Turm springt über ihn hinweg. Die Kinder und Jugendlichen hatten den vorhergehenden Unterricht wie ein Schwamm aufgesogen, und ihnen erschien die Rochade dann nicht kompatibel, sie weigerten sich daher gegen diesen Zug.

Auf die gleiche Weise konnte ich über mich selbst lachen, als mir zum ersten Mal klar wurde, dass mich die Rolltreppe in der U-Bahn nicht „verschlingen“ kann. Selbst heute noch fällt es mir schwer dieses neue Bewusstsein zu akzeptieren. Ich war schon eine emanzipierte Jugendliche, als der Freund, mit dem ich unterwegs war, sich darüber schlappgelacht hat, dass ich auf der Gefährlichkeit besagter Rolltreppen bestand. Wieso sollte ich nicht darauf bestehen, wo doch meine Eltern, die angeblich nicht in der Lage waren mich zu belügen und auf die ich mein Leben lang so vertraut hatte, dieses mir gegenüber ein ums andere Mal wiederholt hatten?

Heute glaube ich an alles oder fast alles, was ich in der Schule gelernt habe, nicht mehr, aber was stelle ich mit Schrecken fest? Obwohl mein Denken heute klar ist, wirken immer noch alte Dogmen und Vorschriften in meinem Blut und Zellgedächtnis nach. Es sind beispielsweise Glaubenssätze darüber, dass menschliche Wesen Omnivore sind, dass wir nur geboren werden, um zu wachsen, uns zu reproduzieren und zu sterben, oder dass Impfungen und Penicillin die „Wunder des Jahrhunderts“ waren. Es sind Lehrmeinungen über die Weltgeschichte im Hinblick auf Kriege und Materialismus, über die Überlegenheit der Menschheit, über den Nutzen der Agrarindustrie und der Bewässerungssysteme etc., etc., etc. Jeder Satz, den wir hören, bleibt in unserem Zellgedächtnis gespeichert. Wir sind wie Computer, nur, dass normalerweise niemand bei uns die unbrauchbaren Daten bereinigt, die uns blockieren. Und was ist mit unseren Handlungen und Abhängigkeiten? Wir lassen sie einfach aus Gewohnheit ablaufen, ohne uns dabei bewusst zu sein, was wir eigentlich tun.

Ich musste erst in einem Zelt auf dem Land leben, damit mir meine Freiheit bewusst werden konnte, die ich durch die Zerstörung eines großen Teils all dieser Ketten der Routine erhalte, meine Freiheit im Hier und Jetzt zu leben. Ich musste erst nur rohe Nahrungsmittel essen, damit mir mein starker Materialismus bewusst werden konnte, der noch vorhanden war, obwohl ich geglaubt hatte, mit ihm gebrochen zu haben. Die Erfahrung der Pranaernährung war für mich wiederum notwendig, denn durch sie habe ich entdeckt, dass ich keinen Laden zu betreten brauche, um etwas zu kaufen, da ich mich dadurch mit meinen Abhängigkeiten verbinde und mit der Angst sie abzulegen...

In uns befindet sich unser höchstes Bewusstsein. Wir werden damit geboren und schon bei der Empfängnis scheint es so, als hätten unsere Eltern, die Gesellschaft, die Kultur, die Erziehung und die uns umgebende Welt nur das Ziel, in uns Unsicherheit und Misstrauen zu verankern und uns von unserem Wesenskern und unserer inneren Weisheit zu trennen. Es überrascht mich überhaupt nicht, dass es so oft Depressionen, Apathie, Dualität, Unvereinbarkeiten und Inkonsequenz gibt. Wie kann man mit all dem brechen? Nichts ist schwieriger und einfacher zugleich.

Jedes Mal, wenn wir ein wenig Bewusstheit erlangen, ändert sich etwas in uns und ein Glied der massiven Kette zerspringt. Ich habe sehr gute Erfahrungen mit einer Reihe von Übungen und Einstellungen gemacht, die ich hier gern darlegen möchte:

- Ich nehme mir regelmäßig eine bestimmte Zeit der Meditation für Körper, Geist, Emotionen und Seele.
- Ich überdenke eine Routinehandlung und bemühe mich diese bewusst auszuführen, bis sie mir in hundert von hundert Fällen gelingt, erst danach gehe ich zu einem anderen Ziel über. Beispielsweise sage ich mir jedes Mal, wenn ich eine Tür öffne: „Ich öffne diese Tür mit all meinen Sinnen“, und ich versuche dabei meinen gesamten Körper zu fühlen. Am Anfang vergesse ich oft dieses zu tun. Später denke ich immer öfter daran, bis ich mein Ziel erreicht habe. Danach strebe ich etwas anderes an. So sage ich jeden Morgen im Geiste beim ersten Blick in die Augen meiner Tochter: „Ich sende dir meine ganze Liebe und möchte dir das Beste von mir zeigen und deine gesamte Weisheit verstärken.“ Außerdem mache ich kleine Übungen oder spiele ungewöhnliche Spiele: Zum Beispiel stelle ich mich nackt in den Regen und versuche alle Tropfen zu spüren, die meine Haut berühren.
- Ich wähle aus, was ich lese. Ich gehe dabei sehr sorgfältig vor, denn alles, absolut alles, was ich lese, hat einen Einfluss auf meine Person. Alles wird gespeichert – und später handelt mein Unterbewusstsein in Übereinstimmung mit diesen Informationen.

- Ich treffe eine Auswahl in Bezug auf meine Handlungen und die Menschen, mit denen ich zu tun habe. Jede Handlung, jeder überflüssige oder harmlose Gedanke, der auftaucht, hat immense Konsequenzen. Alles ist von äußerster Wichtigkeit.

Da ich mich nicht von heute auf morgen ändern kann und mich mit einigen Dingen noch zu stark verwurzelt fühle, versuche ich die scheinbar unwichtigen Kleinigkeiten zu verändern und/oder aufzulösen. Danach steigt meine Energie an, mein Bewusstsein erweitert sich, meine Sichtweise ändert sich, es fällt mir dann leichter, einen weiteren Aspekt zu ändern, und so setzt sich das fort.

Dieses Kapitel ist zwar kurz, ich wollte es jedoch als einen Appell an die Wichtigkeit der Bewusstheit separat stehen lassen. Wir selbst sind die Einzigen, die für alles, was wir denken, fühlen und was mit uns geschieht, verantwortlich sind. Versuchen wir es den anderen leichter zu machen, insbesondere unseren Kindern, indem wir ihnen Optimismus, Liebe, Freiheit und Selbstvertrauen vermitteln und sie so wenig wie möglich einschränken. Vergessen wir nicht, dass ihr Wissen unserem Wissen gleichwertig ist, wir müssen uns nur erlauben, ihnen und unserem Inneren zuzuhören. Mit dieser Art zu denken unterstützen wir nicht nur uns selbst und unsere Kinder, sondern auch die menschliche Gesellschaft und den Planeten Erde, denn für Hochmut, Überheblichkeit, Rassismus und Egozentrik ist hier kein Platz. Hier ist nur Platz für Liebe, Verständnis, Unterstützung und gegenseitiges Geben.

Auf der Suche nach Autarkie

Autarkie.
Wo finde ich dich?
Ich muss um dich kämpfen.
Ist es so schwer?
Nein, ich weigere mich dagegen.
Ich brauche nur
meine Abhängigkeiten loszulassen.
Ich muss mir nur
erlauben zu leben.
Es gibt nichts Wichtigeres zu tun...

Der Himmel beschützt uns
mit all seiner Liebe.

In mir und, ich glaube, auch in jedem anderen menschlichen Wesen hat immer schon ein wachsendes Interesse an der Eigenständigkeit existiert. Schon ein Baby versucht sich ein ums andere Mal darin und ist durch nichts von seinem Vorgehen abzubringen. Es ist schon seltsam zu beobachten, wie sich unsere Eltern über jede Handlung oder jeden Erfolg im Hinblick auf unsere Unabhängigkeit freuen, wenn wir noch Babys sind und wie sie uns loben, wenn wir beginnen zu laufen, aufs Klo zu gehen, zu sprechen etc. Ich weiß nicht, wo sich der Übergang befindet und ob es überhaupt einen solchen gibt oder ob alles wie beim Bergsteigen verläuft, aber in einem bestimmten Moment (oder in vielen?) wendet sich die Situation und wir beginnen uns einzuschränken. Anstatt unsere Unabhängigkeit und Eigenständigkeit wertzuschätzen beginnen wir die Abhängigkeit und Unterwerfung zu proklamieren und diese Qualitäten in der Jugend noch extrem zu verstärken.
Wie können wir unsere Kinder zur Freiheit erziehen, ohne sich angegriffen oder unwürdig zu fühlen und ohne Schaden anzurichten? Ich weiß es nicht, ich denke, dass es jeder für sich entscheiden muss, aber ich halte es auf jeden Fall für sehr wichtig, dass wir Eltern Unabhängigkeit und Autarkie unserer Kinder zulassen. Wahrscheinlich fällt uns das in Wirklichkeit viel schwerer als in Gedanken, denn wir müssen unser Leben ändern, uns in Frage stellen, das Widersprüchliche erlauben. Aber ich bin sehr sicher, dass die Kinder aus unseren Bemühungen Nutzen ziehen werden. Ein unabhängiger und autarker Erwachsener ist viel ausgeglichener, glücklicher und erfüllter als ein abhängiger.

Letzen Endes ist die Zeit, die Kinder mit uns Eltern zusammenleben, im Vergleich zur gesamten Lebensspanne kurz, aber entscheidend. Erziehen wir sie doch zur Fülle und zum Glücklichsein und nicht zu unserer Bequemlichkeit. Einige wenige Jahre der Bequemlichkeit auf einer Seite würden ja viele Jahre des Schadens auf der anderen Seite zur Folge haben.

Je unabhängiger und eigenständiger ich in meinem Leben wurde, desto größer wurde der Anteil an Fülle und Freude. Um Unabhängigkeit zu erreichen, müssen wir unsere materiellen und emotionalen Anhaftungen zerstören, das heißt so wenig Dinge wie möglich benutzen und lernen, uns für ein Leben allein zu wappnen. Wer diesen Kurs einmal „bestanden" hat, kann in Fülle und Ausgeglichenheit mit anderen zusammenleben. Wer gelernt hat unabhängig zu sein, besitzt die Flügel der Freiheit und kann jede Situation genießen, in jeder Umgebung und unter beliebigen Umständen.

Die Autarkie sehe ich als Weg der Wissbegierigkeit, der Einfachheit und der Natur. Wenn du wissbegierig bist, möchtest du Dinge wissen und kennen. Schließlich würdest du auch ein Objekt oder ein Haus, das speziell für und durch dich angefertigt wird, gegenüber einem gekauften Gegenstand bevorzugen. Wenn du nach Einfachheit in deinen Handlungen, Gefühlen und in deiner Ernährung strebst, erfüllt die Natur all deine Bedürfnisse im Überfluss und dadurch beginnst du zu fühlen, dass eine stärkere Annäherung an sie unumgänglich ist. Daher ist ein gewisses Maß an Abgeschiedenheit und das Leben in kleinen Gruppen oder Dörfern, die in eine natürliche Umgebung eingebettet sind, ein obligatorischer Schritt.

Autarkie erfordert einerseits die Nähe zur Natur, das Leben in Übereinstimmung mit ihr und das Respektieren ihrer Gesetze und andererseits Bedürfnislosigkeit und den Verzicht auf alles Materielle. Es liegt an uns, inwieweit wir bereit sind diese Qualitäten in unser Leben zu integrieren.

Garten

Uff, das ist ein Thema, über welches ich mir im Moment in meinem Leben überhaupt nicht im Klaren bin. Wenn ich an einem herkömmlichen, gepflegten und ordentlich gedüngten Garten mit beschnittenen Hecken und Bäumen vorbeigehe, kommt mir als Erstes in den Sinn: „Welch ein Genuss, wie schön!", besonders wenn es sich um eine grüne Fläche mit großen schönen Pflanzen und Bäumen voller Früchte handelt. Wenn ich mich auf den Gedanken einlasse und mich frage, ob ich das auch möchte, kommt in mir sofort ein tiefes Gefühl von Kummer und Traurigkeit hoch. Nein, das ist nicht mein Weg. All diese Gärten ähneln einem Zoo voller schöner Tiere, in dem du je nach deinen

Werten und/oder deinem Bewusstsein viel Spaß haben oder eine richtige Hölle erleben kannst.
Früher, als ich einen Garten in der Mitte einer Weide hatte, sah ich schon im Juni oder Juli eine vergilbte Weide voller Armut, Traurigkeit, Kargheit und – Hässlichkeit. Im Gegensatz dazu sah ich im Garten Farbe, Freude, Fülle und – Schönheit. Heute hat sich meine Sichtweise verändert. Ich habe beispielsweise gelernt, wie schön und verschiedenartig Kakteen sind – diese Wesen bestehen aus viel mehr als nur Dornen. Wenn ich heute die Weide betrachte, sehe ich sie voller Freude und Leben, voller Vielfalt und Farben (die Schönheit liegt auch in ihrem Alter). Ich sehe ihre Pflanzen nicht mehr als leidend an, sondern als kraftstrotzende Wesen, zu denen die winzigen Tierchen des Ortes gern kommen und sie mit ihrer Gegenwart erfüllen. Wenn ich im Gegensatz dazu manch einen Garten anschaue, sehe ich erstickende Pflanzen an einem mit einsamen Artgenossen überbevölkerten kleinen Ort, an dem kein anderes Wesen lebt, und die Traurigkeit, die ein solcher Garten ausstrahlt...
Wenn wir uns an einem Ort ansiedeln, lebendige Nahrung verzehren und versuchen, die Flora und Fauna so wenig wie möglich zu schädigen oder zu verscheuchen, wird sich unser Wohnort nach und nach von selbst wieder bevölkern und sein Gleichgewicht erlangen. Unsere Kultur und unsere Angst, etwas von dem, was wir haben wollen, eventuell nicht sofort zu bekommen, veranlassen uns dazu, Gärten anzulegen. Es mangelt uns an Geduld und wir sind unfähig darauf zu warten, dass sich der Ort von selbst regeneriert. Vielleicht richten wir sogar weniger Schaden an, wenn wir Nahrungsmittel kaufen, die in der Nähe angebaut werden und von ausgewogenen Plätzen stammen, aus den Gärten, welche nach Jahren ihr ursprüngliches Gleichgewicht wiedererlangt haben. In dieser Hinsicht gefallen mir sehr die Gedanken von Fukuoka und Laotse zum Praktizieren des Nichttuns.
Während sich unser neues Zuhause umstrukturiert, können wir anderen helfen. Der Schaden, welcher der Umwelt zugefügt wurde, muss auch berücksichtigt werden. Ich habe beobachtet, dass jeder gekaufte Baum stirbt, wenn man ihn einpflanzt und nicht bewässert. Im Gegensatz dazu überlebt jeder Baum, der auf natürliche Weise aus einem Samen keimte und sich nun an seinem Ort befindet, auch wenn man ihn nicht ein einziges Mal gießt. Dieses Prinzip zeigt sich ebenso in seinen Früchten, die auf der energetischen, biochemischen und biologischen Ebene viel gesünder und lebendiger sind als diejenigen, welche an einem gekauften Baum wachsen. Das Gleiche gilt für Gemüse und andere Pflanzen.
Wenn wir also keine Eile und keinen Handlungsbedarf haben (das Ego des Menschen ist so groß, dass es uns das Gefühl gibt, wichtig und/oder unentbehrlich zu sein), können wir viele wilde Samen oder Samen aus biologischem

Anbau verstreuen und zulassen, dass nur solche von ihnen keimen, die der Ort akzeptiert. Nach und nach werden sich die Pflanzen dann vermehren und die Vielfalt wird sich vergrößern. Die Natur ist langsam, aber stabil und unerschütterlich. Wir können die Samen unterstützen, indem wir sie mit Ton oder mit etwas Stroh oder Laub bedecken. Ebenso später, wenn das Obst von den Bäumen fällt, können wir dieses mit Blättern abdecken und es damit vor äußeren Einwirkungen schützen und so eine entsprechende Feuchtigkeit und Temperatur aufrechterhalten.

Auf diese Weise können wir uns freier fühlen, ohne von Risiken wie Materialien, Arbeit etc. abhängig zu werden. Wir können die Einfachheit der Nahrung genießen und mit deren Hilfe unsere Gesundheit stärken. Versuchen wir doch weniger zu essen, die Vielfalt der Nahrung bei einer Mahlzeit zu verringern, unsere Umgebung kennen zu lernen, indem wir das essen, was sie uns bietet (und das ist umfangreicher, als wir uns normalerweise vorstellen), und ausschließlich von den Produkten und dem Angebot der jeweiligen Jahreszeit zu leben!

Wenn jemand in Erwägung zieht einen Garten anzulegen, halte ich es im Sinne der Gesundheit jener Person und des Planeten für absolut notwendig, dass dieser wenigstens biologisch ist. Obst und Gemüse aus biologischem Anbau hält sich länger und es riecht und schmeckt besser, das sind wesentliche Zeichen für die Verträglichkeit. Dünger nutzen den Boden ab und schädigen ihn, außerdem wird deren Herstellung durch erhöhte Energiekosten und durch giftige Nebenprodukte gekennzeichnet: Wasser, Luft und Boden werden kontaminiert. Aus den Düngemitteln gelangen ins Grundwasser Nitrate, Phosphate und diverse Schwermetalle. Diese Stoffe können bei Menschen und Tieren, die das Wasser trinken, Entzündungen im Magen-Darm-Bereich, Erbrechen und Durchfall hervorrufen – bei meinen Kindern war das der Fall. Monokulturen erhöhen die Wahrscheinlichkeit von Plagen und erfordern ein höheres Maß an Mechanisierung mit entsprechenden Kosten im Energie- und Umweltbereich, die Artenvielfalt von Pflanzen, Insekten, unterschiedlichen Tieren und essbaren Nahrungsmitteln wird dezimiert.

Eine weitere übliche Praktik ist das Abbrennen von Stoppelfeldern. Es tut meiner Seele jedes Mal weh, wenn ich dessen Zeuge werde, es ist, als ob ich das Leiden des Bodens von unten fühlen könnte. Jedes Feuer zerstört die Mikrostruktur des Erdbodens, das heißt seine organische Beschaffenheit und seine unendliche Fülle an Kleinstlebewesen, die in der Hitze vergehen. Dadurch potenziert sich der Verlust an Bodenfruchtbarkeit, dadurch wird die Bodenerosion beschleunigt. Es bringt noch andere Gefahren mit sich wie beispielsweise die Brandgefahr bis hin zur Vernichtung von ganzen Berghängen und einer weiteren Schädigung der Ozonschicht. Übrigens, jedes Feuer hat negative Auswirkungen darauf (wie wirken sich wohl der Rauch und die Hitze von Billionen von Zigaretten aus, die täglich auf der ganzen Welt angezündet werden?). Fangen wir also damit an, der Ozonschicht durch kleine Handlungen zu helfen. Wenn wir einen Garten anlegen, kann es sich als sehr nützlich erweisen, die so genannten Unkräuter abzuschneiden statt herauszureißen, und sie über die Gartenfläche zu verstreuen. Deren Wurzeln belüften den Erdboden und tragen zum Gleichgewicht der Bodenmineralien bei. Wenn wir darüber hinaus noch Stroh auf die Erde streuen, sparen wir uns viel Arbeit. Es wachsen weniger unerwünschte Pflanzen, wir schützen die Wurzeln vor Frost und verhindern die Austrocknung des Bodens nach dem Regen bzw. nach der Bewässerung, wir greifen in das Ökosystem des Ortes nur geringfügig ein, wir sparen Wasser und düngen sogar auf diese Weise den Boden.

Bei meinen Freunden, den Bäumen

Lebe ich um zu arbeiten oder arbeite ich um zu leben?

Bruch mit dem Materialismus

Dinge, Dinge, Dinge,
Arbeit, Arbeit, Arbeit,
Pflichten, Pflichten, Pflichten –
und all das ermüdet mich so sehr...

Ich vergesse das Wichtige,
die Schönheit und die Fülle,
ich vergesse mich und meine Botschaft,
das, was ich hier lernen wollte,
ich vergesse zu fühlen
und zu glauben.

Manchmal hast du dich in eine derartige Verwicklung gebracht, dass du gar nicht mehr weißt, wie du wieder herauskommen sollst. Oft ist dir noch nicht einmal bewusst, wie es so weit kommen konnte: Nach und nach bist du da hineingeraten und nun findest du nicht mehr den Ausweg, es sei denn, du lässt absolut alles hinter dir und fängst an einem anderen Ort ganz von neuem an. Das erscheint dir aber auch nicht sehr reizvoll, da sich deine Ängste und dein Gewissen melden: die Abhängigkeiten und das Gefühl, dass du jemanden in Stich lässt (deine Kinder, deine Bürgen, deine Angestellten oder deine Chefs etc.). Dein tiefstes Inneres weiß zwar, dass du durch Teillösungen den Grundkonflikt nicht loswirst und dass er wahrscheinlich nach einiger Zeit in deinem neuen Leben wieder zutage treten wird...
Hier haben wir Uroboros, die Schlange, die sich selbst in den Schwanz beißt, vor uns. Was tun? Geduld haben, viel Geduld, und anfangen das Knäuel zu entwirren. Obwohl dir im Moment alles als ein starrer Knoten erscheinen mag, vergiss nicht, dass ihn einfach nur eine glatte, lange und flexible Leine bildet. Löse zuerst die Verstrickungen der geringeren Lebensaspekte auf. Einer dieser Aspekte kann die reine Nahrung sein, die dann eine Steigerung des Optimismus mit sich bringt. Nach und nach bekommst du mehr Sauerstoff und damit mehr Kraft, um den Knoten vollständig zu lösen.
Eines Tages wirst du dich plötzlich, ohne die lange Entwicklung wahrgenom-

men zu haben, überraschend frei fühlen. Genauso, wie du einmal nicht wusstest, wie du dich derart verwickeln konntest, wirst du jetzt nicht mehr wissen, wie du es geschafft hast, den Knoten aufzulösen und die Lebensfülle zu erlangen. Das Materielle fesselt uns. Das Immaterielle befreit uns von Fesseln.
Ich habe in der Arbeitswelt mehrere Phasen durchlebt. Es begann mit der Phase, in der ich jeden Job annahm und für viele Stunden Arbeit einen Hungerlohn erhielt, und ging bis zu der Phase, in der ich mich bei der Arbeit sehr hervorgehoben und wertgeschätzt fühlte und für wenig Arbeit relativ viel Geld bekam. Eins habe ich gelernt: Je mehr ich mich wertschätze, desto mehr schätzen mich die anderen. Wenn ich glaube, dass ich nichts Gutes und Schönes verdiene, und denke, dass ich nicht wertvoll bin, werde ich ausgenutzt. Wenn ich mich für eine bessere, ruhige und liebevolle, Welt entscheide, mit der Gesamtheit meines Wesens arbeite und in dem Moment, in dem es sich gegen die Erledigung einer bestimmten Aufgabe sträubt, auch nichts tue, helfe ich nicht nur mir selbst, indem ich mich lieben lerne, sondern auch dem Unternehmer (im Gegensatz dazu, wie es auf den ersten Blick zu sein scheint): Die Arbeit wird effektiver, da sie gründlicher ausgeführt wird, die zwischenmenschlichen Beziehungen werden zufriedenstellender, ich falle seltener wegen Krankheit aus und meine positive Energie zieht mehr positive Energie für die Ergebnisse der Arbeit an.
Am Anfang eines Jahres habe ich mich entschieden, für meine Ideale einzustehen. Es ist eine Tatsache, dass mich die anderen mehr schätzen, wenn ich mich selbst zu wertschätzen weiß. Selbstverständlich habe ich nur noch in den Bereichen gearbeitet, an die ich geglaubt habe und die mir gefallen haben, aber ich habe mich so immer noch nicht genügend wertgeschätzt.
Ich sehe die Arbeit nicht als eine unumgängliche Einrichtung in dieser Gesellschaft, bei der stets eine Person etwas tut und eine andere Person dieses mit Geld belohnen muss. Jemand erschafft ein Gemälde, das die andere Person bezahlen muss, wenn sie es im Wohnzimmer ihres Hauses aufhängen möchte. Hier ist das Mittel wichtig und nicht die Handlung. Warum zahlt auch nicht der Künstler an den Betrachter, dank dessen er sich ausdrücken und seine innere Schönheit hervorholen kann? Wo sind die Tariftabellen? Wer erstellt sie? Wer muss mehr verlangen: der Verantwortliche, der Intellektuelle, der Investor oder das „Arbeitstier“? Wer leistet die Hauptarbeit? Für wen wird gearbeitet? Mir erscheint es so, dass es Menschen gibt, die dienen, und andere, die davon profitieren. Wenn wir dienen, dienen wir der Sache an sich und nicht uns selbst oder dem anderen. Das allgemeingültige Arbeitskonzept ist mir noch nie gerecht erschienen und daher habe ich mich entschieden, für das Universum zu arbeiten und kein Geld für mein Tun zu verlangen. Wenn mir mal jemand Geld oder Obst als Austausch für das, was ich tue oder vor einiger Zeit getan habe,

gibt, akzeptiere ich es genau wie jedes andere Geschenk, aber ich verlange nichts als Gegenleistung für meine Handlungen. Klar, im Moment kann ich noch nicht auf 100 % aller materiellen Dinge verzichten und brauche immer noch Geld, besonders um Schulden aus der Vergangenheit abzuzahlen und um Kreise zu schließen, aber ich lebe in dem Bewusstsein, dass das Universum mich versorgt und mir alles schickt, was ich brauche. Ich muss nur bitten und auf das Universum, das Leben, die Reinheit und das Engagement bei meinen Handlungen vertrauen. Wenn ich meine Arbeit mit meiner ganzen Liebe und Überzeugung verrichte und damit anderen nütze oder helfe, wird mir das Leben durch sein inhärentes Gesetz der Resonanz dasselbe bieten. Ich muss nur warten und vertrauen. Ich weiß noch nicht, wie es funktioniert, aber es taucht immer genau das auf, was ich brauche, und zu dem Zeitpunkt, zu dem ich es brauche. Noch habe ich nicht genügend Geld, um meine Schulden zu bezahlen, aber ich habe immer genug Geld zum Leben für meine Kinder und mich und um jemandem zu helfen, der es nötig hat.

Ich vertraue darauf, dass sich dieses immer mehr steigern wird bis zu dem Tag in der näheren Zukunft, an dem ich die Tür zur Vergangenheit schließen werde und mich dem Öffnen der Türen zur Zukunft von mir, meinen Kindern und vielen anderen Menschen widmen kann. Ich habe das Gefühl, dass ich zur Zeit durch die Phase der Universellen Probe gehe. Wenn wir eine große Veränderung im Leben antreten und versuchen, unser wahres Inneres zu leben, stellt uns das Leben auf die Probe. Es ist so, als ob das Universum in unseren Herzen lesen möchte, unsere wahre Motivation herausfinden will und dabei jegliche Masken entfernt.

Dafür ist einige Zeit erforderlich, und wenn es Ernsthaftigkeit, Reinheit und Liebe in unseren Handlungen vorfindet, belohnt es uns mit den gewünschten Resultaten. Wenn es aber dahinter Ehrgeiz, Suche nach Macht oder Egoismus entdeckt, verweigert es die Belohnung. Nichts hat so viel Kraft, um Vertrauen zu entwickeln und dadurch zum Ziel zu kommen, wie unser Glaube an uns selbst und unsere eigenen Absichten. Das ist unsere Waffe und unser Werkzeug.

Manchmal werde ich schwach und fühle den Druck der Schulden der Vergangenheit auf mir lasten. Ich versuche dann mich zu entspannen und zu meditieren, mit dem himmlischen Reich zu sprechen und ihm zu vertrauen. Danach gelange ich wieder zu meinem Frieden. Eine weitere Regel heißt: jedes Mal weniger von der Natur zu „fordern", mich mit ihr anzufreunden und von ihr akzeptiert zu werden. Wenn ich Überflüssiges verwende, stelle ich indirekt meine Forderung an die Natur, dass sie mir Dinge bietet, deren Herstellung an ihr zehrt, ich fordere von ihr eine unnötige Aufmerksamkeit. Wenn ich jedes Mal weniger Überflüssiges von ihr erbitte und mich nur wegen der unerlässlichen Notwendigkeiten an sie wende, überschütte ich sie nicht mit meinen Anliegen, und so hört sie mir gerne zu und gibt mir das Erwünschte. Die Liebe der Natur ist so groß, dass ich jeden Tag von neuem überrascht werde.

Parfüm

Ich möchte dieses Thema erwähnen, da es eine große „Umweltbombe“ ist und da es unnötig hohe ökonomische Kosten verursacht. Als ich Jugendliche war, hat uns mein Judolehrer erzählt, dass Parfüm, welches man sich auf Hals, Stirn oder Gesicht aufträgt, an diesen Stellen zu enormem Haarwachstum führe. Die „haarsträubende“ unästhetische Phantasie war Grund genug, um in meisten Fällen die Finger von Parfüm, Deodorants und Duftwassern zu lassen. Später hat mir das Leben geholfen. Als ich älter wurde und sporadisch zu diesen Produkten griff, missfielen sie mir mit der Zeit bis zu der Extremsituation, dass ich keinen Fahrstuhl betreten konnte, in dem sich eine stark einparfümierte Person befand oder sich kurz vorher darin befunden hatte. Ich konnte auch keine öffentliche Telefonzelle benutzen, die kurz davor von jemandem benutzt worden war, der sich mit besagten Aromen imprägniert hatte.
Abgesehen davon, ob die Bemerkung meines Judotrainers richtig ist oder nicht, und abgesehen von den wahren Motiven seiner Behauptung, ist eines sicher: Wir versuchen unsere Körpergerüche (besonders die Sexualdüfte) mit Parfüm zu verdecken und mit denen von Hirschen, Nashörnern und anderen Tieren das andere Geschlecht zu locken. Das ist doch widersinnig, oder? Damit erreicht die Ablehnung und Verleugnung von uns selbst und unserer Spezies Himalajahöhen.
Der gesamte Themenkomplex hat noch weitere Konsequenzen: Verstopfung der Hautporen, welche den Abtransport von Toxinen erschwert und diversen Ganglien schadet, Tierversuche und Vivisektion, grauenhafter und sehr schmerzvoller Tod vieler Tiere, übermäßig viele Rückstände im Abfall (Flakons), Vergiftung durch diverse chemische Substanzen des Parfüms, die dann über die Haut in den Blutkreislauf gelangen, Umweltverschmutzung hauptsächlich durch die industrielle Fertigung verschiedener „Gebräue“ etc.
Wie angenehm ist dagegen der süße und fruchtige Duft eines gesunden Körpers... Wenn du der Meinung bist, dass dein Körper starke oder unangenehme Gerüche ausströmt und du das vermeiden möchtest, dann lerne auf ihn zu hören und verstopfe ihn nicht noch mehr, wodurch du nur den Konflikt verstärkst, sondern ändere deine Ernährung und reinige ihn. Danach wird das Problem verschwinden.

Möbel und diverse Gegenstände

Jedes Mal, wenn ich an die Gegenstände denke, die sich in meinen ehemaligen Wohnstätten befunden haben, erschrecke ich. Es waren nur Ketten und weitere Ketten sowie eine Folter bei Umzügen.
Früher bin ich mit einem teuren Schlafsack, einem Zelt, einem großen guten Rucksack voller Bücher, Zeichnungen, Hefte, Fotoapparate, Essen, Trinken, Kleidung für warmes, kaltes Wetter und die Übergangszeit sowie entsprechender Unterwäsche gereist. Was hatte das für Folgen? Jedes Mal, wenn ich mehr als fünf oder sechs Stunden wandern oder einen Abhang besteigen musste, ruinierte ich mir fast den Rücken, es war schrecklich! Wenn mich die öffentlichen Transportmittel bis in die Nähe meines Ziels gebracht haben, war ich etwas erleichtert, aber wenn das nicht der Fall war, wurde es schwer für mich. Obendrein kam noch hinzu, dass ich das Zelt nicht an jedem Ort aufstellen konnte, da ich Angst vor Dieben haben musste. Wenn ich beispielsweise an einem Strand übernachten wollte, habe ich immer mit einem wachen Auge geschlafen, und wenn mir doch etwas gestohlen wurde, empfand ich das als eine „echte Riesenschweinerei".
Wenn ich heute reise, habe ich ein Stoffbündel dabei, in dem sich ein Heft, ein Buch und ein paar Socken befinden sowie ein Tuch oder eine Tunika für kälteres Wetter. Manchmal kommt noch eine Bastmatte für den Erdboden dazu... welche Erleichterung! Mein Rücken wird nicht überlastet und ich kann ein beliebiges Ziel mühelos erreichen. Bei Busreisen bin ich an den Haltestellen nicht mehr vom Volumen des Kofferraumes abhängig. Ich kann schlafen, wo ich will, und wenn mir das kleine Bündel auch gestohlen würde, wäre es ein Streich wegen meiner emotionalen Bindung an alles, was ich dabei habe, aber mehr nicht. Durch so einen Diebstahl würde mir die Reise nicht mehr verdorben und mein Geist, fern der Anhaftung und Verlustangst, würde sich auf all seine Handlungen konzentrieren, ohne in schädigende Anspannungen und Fantasien abzuschweifen.
Dasselbe Prinzip gilt auch für das Zuhause. Möbel setzen Platz voraus, senden Energien in den Raum, sie müssen gepflegt, gereinigt und beaufsichtigt werden. Es ist der Zweck von Möbeln, die überflüssigen Gegenstände darin aufzubewahren, und somit wird die Umwelt wieder sehr geschädigt. Es gibt in deinem Haus eine Tür, die mit einem Schlüssel abgeschlossen wird, damit nicht das Universum oder irgendein Passant dein Haus im Bedarfsfall als Refugium benutzen kann. Das führt zum Stillstand von Energien und größeren Möglichkeiten der Freude, zur Steigerung von Abhängigkeiten, Ängsten und negativen Gedanken. Das bedeutet, dass sich hier einige große, ja riesengroße Ketten befinden.

Nach und nach habe ich alles, was ich besaß, fortgegeben und sogar auf meinen Futon (Matratze aus 100 % Baumwolle, auf der wir drei zusammen geschlafen haben) und die Bettlaken (welch eine Erleichterung!) verzichtet. Wie ein Freund von mir sagt, kann man sich durch den Kontakt mit der Erde auch vom „Magenfieber“ befreien (AdÜ: ein Begriff aus der alternativen Medizin, der sich auf die erhöhte Temperatur und die vermehrte Aktivität der pathogenen Bakterien im Magen von Personen bezieht, die gekochte Nahrung essen). Jedenfalls hat sich meine physische, psychische und emotionale Gesundheit dadurch verbessert.

Das Leben enthält alles, was ich benötigen könnte, und zwar in mir selbst, in meinen Kindern und in der Liebe von unseren Freunden und Verwandten. Wozu brauche ich mehr? Es gibt nur einige wenige Dinge, von denen ich mich noch nicht trennen kann oder möchte: mein umfangreiches Tagebuch, einige Bilder, einige wenige Zeichnungen und Fotos von Freunden, einige Spielsachen von meinen Kindern (sie können sich nicht davon trennen), eine Art Waschbecken, um uns im Stehen zu waschen, einige nützliche Werkzeuge für Bau und Erhaltung unserer Schutzhütten, Körbe für die Nahrung und viele Bücher, die ich für die Einrichtung einer großen Bibliothek im Gemeinschaftshaus benötige. Es scheint, als hätte ich jetzt viele Sachen aufgezählt, aber im Vergleich zu dem, was ich früher besessen habe, ist das ein Minimum. Ich habe mich von Tonnen an Lasten, Verpflichtungen, Abhängigkeiten und Ängsten befreit! Wenn man mir das vor einigen Jahren angeraten hätte, hätte ich gedacht, dass solch ein Leben durch viele Einschränkungen, durch viel (Hand-)Arbeit und durch die Eintönigkeit gekennzeichnet wäre, aber nichts ist weiter von der Realität entfernt. Durch diese Art zu leben habe ich viel weniger Arbeit und lebe viel bequemer und glücklicher. Und da mein Inneres erfüllter ist, brauche ich meine Freizeit mit nichts auszufüllen. Ich glaube, dass hier das Geheimnis liegt, die grundlegende Lösung.

Jetzt bin ich auf dem Weg, meine Ängste und Fantasien weichen vor meinem expandierenden ICH und, da ich gewagt habe diesen ersten Schritt zu tun, freue ich mich, diesen Weg gewählt zu haben.

Spielzeug

Als ich einmal die Menge an Spielzeug, das meine Kinder jedes Jahr bekommen, geschätzt habe, habe ich fast Angst bekommen. Mir war schon bewusst, dass es viel war, als wir noch auf dem Dorf lebten, aber hier, im Zelt und Wohnwagen, wusste ich wirklich nicht mehr, wo ich die Lawine von Gegenständen nach Weihnachten oder nach den Geburtstagen unterbringen sollte.

Der Einfluss, den diese „harmlosen" Dinge auf unser Leben haben, ist so stark, dass er in meinem Fall zum Tröpfchen wurde, welches das Fass zum Überlaufen brachte und bewirkte, dass der Vater meiner Kinder ging.
Stellen wir einmal eine oberflächliche Rechnung auf und gehen dabei von meinen Eltern, meinen beiden Schwestern, meinen Schwiegereltern und Schwägern aus. Das sind insgesamt acht Personen. Wenn wir diese Zahl mit zwei multiplizieren (Weihnachten und Geburtstag), ergibt das 16. Die Zahl multiplizieren wir wieder mit zwei, weil es zwei Kinder sind, dann kommen wir auf 32 Gegenstände pro Jahr. In der Praxis sind es aber mehr als doppelt so viele (zwischen 75 und 100), da die Leute oft nicht nur einen Gegenstand schenken, sondern zwei bis drei, und ich habe bei der Rechnung weder die Freunde meiner Kinder noch meine Freunde, zu denen sie engeren Kontakt haben, berücksichtigt. Ebenfalls unberücksichtigt blieben die Geschenke, um die sie mich bitten und die ich ihnen ab und zu kaufe, sowie Geschenke von meinen Tanten, Cousins und Cousinen und Geschenke, welche die Kinder bekommen, wenn wir unterwegs sind...
Das sind Hunderte von Spielsachen! Komisch, nicht wahr? Wie du dir vorstellen kannst, habe ich viel von dem Spielzeug, besonders Dinge, die mir nicht schön oder von niedrigem erzieherischem Wert erschienen, verschenkt oder weggeworfen.
Wenn sie Plüschtiere geschenkt bekommen, ist das schön weich und lustig, aber wenn wir dann auf 15 m^2 mit 20 bis 30 von diesen Tieren leben müssen, ist das sinn- und zwecklos. So oft ich den Leuten auch sage, dass sie uns bitte keine Plüschtiere schenken sollen, taucht doch ab und zu wieder eins auf... Um eine Auswahl zu treffen (diese führen wir in gegenseitigem Einverständnis durch, sobald die Kinder nicht sagen, dass sie alles behalten wollen), sortieren wir in Intervallen von ein bis zwei Wochen den Bestand aus. Wichtig sind für mich dabei vier Aspekte: die Förderung der Kreativität, der erzieherische Wert, das Material, aus dem das Spielzeug besteht, und sein Umfang.
Alle Gegenstände, mit denen man malen, gestalten und schreiben kann, betrachte ich als nützlich, Bücher und Geschichten ebenfalls (ich habe die Bücher mit gutem Einband behalten und die Paperback-Exemplare verschenkt). Wir behalten auch alle Musikinstrumente, die nicht aus Plastik sind. Wir behalten nur Marionetten aus Stoff und Holz und trennen uns von denjenigen aus Plastik. Die Kinder haben außerdem einige Metallgefäße, um Küche zu spielen, einige Papierpuppen zum Ausschneiden aus meiner eigenen Kinderzeit, eine große Anziehpuppe mit der dazugehörigen Kleidung, eine Babypuppe, ein Mikroskop, einige Holzbogen, ein Schloss und ein Holzhaus mit Möbeln und Puppen aus demselben Material sowie einige Spiele für drinnen und draußen (Schach, Brettspiele, Kegel, ein Kricketspiel aus Holz...).

Obwohl die Menge des Spielzeuges schon wesentlich geschrumpft ist, ist es immer noch übermäßig viel. Das Problem steht dann beim nächsten Geburtstag wieder bevor...

Die Kinder haben bereits mehr als genug zum Spielen, viel mehr, als sie gebrauchen können. Was können wir also tun? Als Erstes müssen wir den Leuten bewusst machen, dass sie den Kindern keine Gegenstände schenken sollen (wir benötigen auch keine Kleidung, das Problem ist dasselbe, nur dass es statt Spielsachen um Kleidungsstücke geht). Vielen Menschen fällt das sehr schwer, da es ihnen Freude bereitet etwas zu schenken oder da es einfach die für sie gebräuchlichste Art ist Liebe zu geben. In diesen Fällen empfehle ich folgende Grundsätze zu berücksichtigen:

Man kann immer gebrauchte Gegenstände schenken, ohne etwas Neues kaufen zu müssen. Die Geschenke müssen nicht materiell sein, man kann auch einen Theaterbesuch oder einen Ausflug schenken (oder z. B. die Benzin- oder Transportkosten für einen solchen). Es können sich auch jederzeit mehrere Personen zusammentun, um ein gemeinsames Geschenk zu machen. Ein einziges Geschenk von guter Qualität ist mehr wert als viele billige Geschenke. Ich bitte die Leute immer die materielle Beschaffenheit zu berücksichtigen. Das Material soll so natürlich wie möglich sein und die plastische und musikalische Kreativität fördern.

Einmal habe ich es sogar zu sagen gewagt (obwohl es einigen überhaupt nicht gefallen hat), dass den Kindern auch eine bessere Lebensqualität geschenkt werden kann, und zwar in Form von Geld. Dieses Geld wäre nicht dazu da, um es etwa direkt anzulegen, sondern um mir den Abschluss des Hausbaus zu ermöglichen oder dafür erforderliche Dinge zu bezahlen oder weniger arbeiten zu müssen, so dass ich, die Mutter, mehr Zeit und mehr Freude meinen Kindern schenken kann.

Obwohl ich vor allem Plastikspielzeug ablehne, da bei dessen Herstellung die Umwelt verschmutzt wird und beim Spielen Toxine abgesondert werden, darf man nicht vergessen, dass natürliche Gegenstände auch irgendwoher kommen und daher nicht per se gerechtfertigt sind. Für mich war es herzzerreißend, als vor zwei Jahren ein Hain von Jahrhunderte alten Pinien in der Gegend, in der ich lebe, abgeholzt wurde. Der Berg gegenüber unserem Tal hörte nicht auf zu weinen. Ich habe versucht zu meditieren und Spaziergänge zu machen, aber die ständige Beklemmung in meiner Brust und der anhaltende Ton, das Weinen der Bäume, des Waldes und seiner Bewohner, drangen in die Tiefen meines Gehirns und ließen mich keinen Frieden finden. Oh Gott, was machen wir Menschen nur?

Dank dieser Erfahrung begriff ich eins: Auch wenn die Gegenstände aus Holz sind, ist deren übermäßiger Konsum nicht gerechtfertigt.

Liebe und Zärtlichkeit sind die Basis der Freude

Außerdem hat diese Erfahrung dazu gedient, dass ich mich beim Bau meines Hauses für einen Boden aus Erde und nicht aus Holz entschieden und für das Haus nur gesammeltes Holz verwendet habe, obwohl danach natürlich jedes Fenster oder jeder Balken anders aussieht. Wieso sollte das weniger gut sein, auch das nur eine Botschaft, die unserem Gehirn durch die Werbung eingeimpft wurde. Mein Haus ist wunderschön!

Eine weitere sinnvolle Möglichkeit ist die gemeinsame Nutzung von Spielzeug in einer Siedlung, einem Dorf oder einem Gebäude. Das Wichtigste ist, dass wir unseren Kindern zeigen, wie wir die Dinge bewahren, dass wir bei unseren Kindern ein Bewusstsein für die Umwelt entwickeln, dass wir an sie unser Liebstes vererben. Welchem Kind würde es nicht gefallen, mit dem Spielzeug zu spielen, das schon seine Eltern hatten? Welcher Erwachsene kann sich dem Spiel entziehen, wenn es um das Lieblingsspielzeug aus seiner eigenen Kindheit geht?

Des Weiteren ist es äußerst wichtig, dass wir unseren Kindern beibringen mit einem „Nein“ umzugehen, also nicht jedes Spielzeug haben zu wollen und mitzunehmen, auch wenn es so etwas Schönes ist wie eine Meeresschnecke (nicht solche, die vorher gefangen, getötet und nun als leeres Gehäuse am Strand gefunden wird).

Eins ist jedoch klar: Die Kinder handeln genau wie wir. Wenn ich auf irgendwelche Messen gegangen bin, habe ich gesehen, wie die Leute verrückt werden und alles mitnehmen, was angeboten wird. Alles ist ihnen wichtig, irgendwelches Papier, Taschen, Plastik, Ballons, Kugelschreiber, Aufkleber... – obwohl sie später nicht alle Informationsblätter durchlesen und es ausreichen würde, eine einzige Telefonnummer im Adressbuch zu notieren, obwohl sie schon diverse Kugelschreiber zu Hause haben, obwohl der Ballon am nächsten Tag zusammenschrumpft... Wenn wir nach einem Objekt gieren, wenn wir das Gefühl haben mehr zu wollen, wenn wir die anderen zwingen uns etwas zu schenken, werden sich unsere Kinder genau so verhalten.

Je mehr Gegenstände man besitzt, desto mehr psychologische Konflikte, Kosten für Wirtschaft und Umwelt, Platzbedarf und Haushaltsarbeit entstehen.

Meinen Kindern ist das Wunder erschienen, als wir in Marokko im Urlaub waren. Wir drei waren mit einem Freund ohne Landkarten und ohne feste Pläne unterwegs. Wir haben uns einfach vom Leben führen lassen und auf der Straße, im Auto oder in den Häusern der Dorfbewohner übernachtet, die wir an demselben Tag kennen gelernt haben. Dort konnten die Kinder sehen, wie einfach die Menschen leben, dass sie nur sehr wenige Gegenstände und keine Spielsachen haben. Sie haben mit den dortigen Kindern stets ohne Spielzeug gespielt und es wurde ihnen bewusst, dass Spielsachen auch gar nicht so nötig sind.

Das Problem in solchen Ländern ist allerdings, dass die Einfachheit der Leute nicht aus einer bewussten Entscheidung resultiert und sie diese deshalb auch nicht wertschätzen können. Auf die gleiche Weise besuchen viele Kinder dort nicht gerade deswegen keine Schule, weil ihre Eltern sich mit erzieherischen Kriterien beschäftigen und ihnen viel Zeit widmen würden.

Autos

Das Autothema ist eine weitere Angelegenheit, über die ich dich nachzudenken bitte. Sind Autos, wie wir sie benutzen, wirklich so unentbehrlich? Viele Menschen können sich nicht vorstellen, dass ich mit zwei kleinen Kindern, Kilometer vom nächsten Ort entfernt, ohne Auto auf dem Land lebe. Es ist jedoch eine Tatsache. Früher habe ich ein Auto „gebraucht“, heute sind mein Lebensrhythmus und meine Lebensplanung anders geworden. Hast du schon einmal über die unzählige Menge an verschiedenen Tieren nachgedacht, die durch Autos umkommen? Es sind ja nicht nur die großen Tiere, sondern auch Insekten. Jedes Mal, wenn ich Auto fahre und sehe, dass ein Schmetterling auf mich zufliegt, verringere ich die Geschwindigkeit und mein Herz zieht sich zusammen. Ich möchte nicht noch mehr Schaden anrichten durch etwas, das mir unabkömmlich erscheint. Außerdem kontaminieren die Autos sowohl bei ihrer Herstellung als auch während des Gebrauches die Umwelt. Ich kann doch sehr gut mit öffentlichen Verkehrsmitteln fahren, warum sollte ich dann ein Privatfahrzeug haben? Es ist bloß traurig, dass der Staat dieses Denken nicht fördert und die Kosten sehr hoch ansetzt. Im Moment ist es für mich mehr als doppelt so teuer, mit meinen beiden Kindern im öffentlichen Bus und nicht im Auto nach Madrid und zurück zu fahren.

Ein Privatfahrzeug ist ebenfalls eine Folge des exzessiven Materialismus (Gepäck) und der Eile, immer die Zukunft zu leben. Statt viele Dinge an einem Tag erledigen zu wollen, erledige ich sie an verschiedenen Tagen, genieße den Moment und so gibt es keine Probleme mehr. Ich kann ganz in Ruhe mit meinen Kindern ins Dorf gehen (das dauert ein bis anderthalb Stunden), dort in den Bus steigen, der mich zum Zug bringt... Wenn ich das Leben in einem langsameren Rhythmus lebe, empfinde ich es klarer. Was können wir tun, wenn es regnet oder sehr kalt ist? Wir können uns ganz einfach an unserem Häuschen freuen. Diese Tage sind nicht zum Ausgehen und nicht zum Leben im Äußeren geeignet, sondern für das Innere, um zu lernen, zu malen, zu meditieren oder um einfach mal innezuhalten.

Wenn man in Ökodörfern lebt, ist ein gemeinsames Fahrzeug immer eine gängige Alternative. Ansonsten setzen Autos einen Fiskus, Sorgen, Abhängigkeit vom Geld und somit Materialismus und die Teilnahme am Spiel der Gesellschaft in mehr oder weniger großem Maße voraus. Das möchte ich für mein Leben nicht. Ich habe mir ein Datum gesetzt, ab dem ich ohne mein Auto auskommen möchte, und das ist die Fertigstellung meines Strohhauses. In der Zwischenzeit benutze ich es immer seltener, bis ich geistig und praktisch in der Lage bin mich von ihm zu lösen. Die Angst vor Unfällen bereitet mir allerdings keine Schwierigkeiten mehr, ich werde dieses Thema in dem Abschnitt über Mobiltelefone behandeln und daher an dieser Stelle nicht weiter darauf eingehen.

In dem Moment, in dem dieses Buch gedruckt wird, werde ich definitiv auf mein Auto verzichtet haben. Gut. Ein weiterer Schritt auf meinem Weg...

Der Veganismus

Eine Lebensphilosophie mit Bewusstsein und Verantwortung für andere Lebewesen und die Umwelt

Schöne Tiere,
Geschwisterseelen,
Wesen, die uns ähneln,
lehrt mich zu sehen
und eins mit euch zu sein.

Nehmt mich auf wie ein Pflegekind,
streichelt mich und hätschelt mich.
Ich empfinde die größte Freude,
wenn ihr alle zusammen
mich liebt.

Bis vor noch relativ kurzer Zeit hatte ich keine Ahnung, was dieser Ausdruck bedeutet, und dachte, dass man, allein um die Bezeichnungen verschiedener Ernährungsweisen einzuordnen, einen Gelehrten bräuchte. Fast so, als würden wir es uns nicht gönnen, einfach zu sein.

Veganismus bedeutet, sich in allen Lebensbereichen weder von tierischen Produkten zu ernähren noch diese zu verwenden. Das umfasst beispielsweise Gürtel, Schuhe, Taschen, Sessel, Lenkräder im Auto, Leder in der Kleidung etc. 100 % vegan zu leben erscheint mir praktisch als Utopie. Wenn nicht in der Nahrung, so wird etwas beim Bauen der Häuser verwendet oder bei der Bearbeitung von Stoffen, Farben und Ähnlichem. Die Lösung: Autarkie. Das bedeutet, nichts zu kaufen und 100 % Verantwortung für alles zu übernehmen, was man isst und trinkt oder nutzt. Sehr extrem, gewiss! Auf dem Weg dahin sollten wir mehr Rücksicht auf Harmonie und Gleichgewicht bei der Bearbeitung als auf die Komponenten selbst nehmen (vorausgesetzt, dass es sich nicht dreist und offensichtlich um Vogelfedern oder Tierhäute handelt), mehr Rücksicht auf alles, was wir bereits besitzen, pflegen und erhalten.

Das bedeutet beispielsweise, dass ich zur Zeit Socken bevorzuge, die von einem Menschen gestrickt werden, der seine Wolle bei einem Hirten kauft, welcher eine kleine Schafherde hat, die draußen aufgewachsen ist und mit relativ

viel Liebe und Sanftheit geschoren wird, anstatt Baumwollsocken aus einer Industrie zu kaufen, in der Menschen ausgebeutet werden, wo die Baumwolle auf verwüsteten Feldern geerntet wird, deren Baumbestand gefällt wurde, um einem Anbau mit unmäßiger Verwendung von Pestiziden und chemischen Düngemitteln Platz zu machen. Das bedeutet aber nicht, dass ich den noch besseren, idealen, Schritt vergessen habe, überhaupt keine Socken zu tragen.
Ich kann mir auch vorstellen, als eine Art Kunsthandwerk, Socken aus jener Baumwolle zu weben, die auf einem kleinen Stück Land, per Hand puristisch bewirtschaftet, biologisch angebaut wurde, aber nach meiner Auffassung leiden die Baumwoll-, Flachs- oder andere Pflanzen genauso wie die Schafe. Wir alle sind unterschiedliche Wesen bzw. Wesenheiten mit eigenen Energien und Emotionen. Es ist möglich, dass das Pflanzenreich eine andere Sprache verwendet als wir, aber darum sind Pflanzen weder leblos noch unsensitiv. Alles, was ich mit Hunden, Katzen oder anderen Tieren erlebt habe, hat mir gezeigt, wie sie „alles mitbekommen“ und wie sie lernen ihre Bedürfnisse zu übermitteln. Auf die gleiche Weise beobachtet der Pflanzenliebhaber die Sprache der Pflanzen und lernt sich mit ihnen zu verständigen. Beide unterstützen sich emotional und verbinden sich. Es ist leicht ersichtlich, wie der Mensch durch sein Gemüt, seine Einstellung, seine Abwesenheit oder gar den Tod die betroffene Pflanze beeinflusst.

Wie dem auch sei, es gibt Lebensbereiche, in denen es für mich nicht den geringsten Zweifel bezüglich des Veganismus gibt: die Freizeit und die Ernährung.

Es genügt schon, dass andere Wesen für unser Vergnügen leiden müssen. Kommt es dir nicht seltsam vor, dass unser Leben durch das Quälen von Stieren, Tauben, Eseln, Ziegen und anderen Wesen einen bitteren Beigeschmack bekommt? Wir verstehen uns nicht darauf, sie zu lieben, und bemühen uns nicht darum, aber wir erwarten, dass sie uns lieben. Beginnen wir mit unseren eigenen Handlungen. Umgeben wir uns bewusst und freiwillig mit Licht und Liebe. Lieben wir unseren Nächsten, wie es Jesus uns gesagt hat, und schließen wir in den Begriff unserer Nächsten auch alle Wesen ein, die keine Menschen sind. Es gibt viele Arten zu genießen ohne Leiden zu schaffen. Lernen wir davon. Bringen wir unseren Kindern bei, keinen einzigen Cent für Zoos oder Kinos mit Tierfilmen, für Zirkusse oder Stierkämpfe und andere „Festivitäten“ auszugeben, für die Tiere ausgebeutet werden.

Der Schaden, welcher durch den Konsum von Tieren in der Ernährung entsteht, ist enorm. Das Leben der Tiere wird dadurch kurz, grausam und elend. Wie könnte uns das zum Guten dienen? Es missfällt mir, dass Tiere auf die Weise eingesperrt, beengt und festgebunden werden, künstlich befruchtet werden, dass Schnäbel, Schwänze und Hörner abgeschnitten werden, Pfoten ange-

bunden werden etc. Ich werde sowohl im Kapitel über die roh-vegane Ernährung als auch über Impfungen auf das Thema eingehen, aber in der Bibliografie findest du auch gute Buchtipps. Bei Bio-Viehzucht müssten wir uns fragen, was wir denn als biologisch bezeichnen. Wenn ich das Natürlichste suche, ist das keine Herde von Kühen, denen man die Hörner oder Schwänze abgeschnitten hat, die von einem ausgesuchten Stier besamt werden statt von einer Spritze, die man in einer Umzäunung einsperrt, die man nicht denken lässt, denen man unzählige Impfungen und Antibiotika verabreicht und später zu einem Schlachthof bringt, wo sie auf diverse Arten „eliminiert" werden.
Als natürlich und biologisch würde ich einen Stier oder ein Wildschwein bezeichnen, die im Wald oder wo und mit wem sie wollen leben, denen man niemals irgendwelche chemischen Drogen injiziert hat und die einen Tod durch die physische Überlegenheit eines Gegners im gleichwertigen Kampf gestorben sind. Für mich ist es natürlich und biologisch, nach meinen eigenen biologischen Gesetzen zu leben und nur das zu verzehren, was meinem Körper nicht schadet, nämlich Obst und Gemüse.

Es fasziniert mich primitiv sein zu können.
Beim Essen von köstlichen Mangos zusammen mit einem guten Freund

Die roh-vegane Ernährung

Seltsam ist dieses Wesen,
das seine Natur ablehnt,
das misshandelt und straft
und das Krankheit, Angst,
Aggressivität und Ignoranz verzehrt.

Ich spreche vom Menschen.

Bei der roh-veganen Ernährungsweise werden nur natürliche und rohe Produkte verzehrt, die nicht tierischen Ursprungs sind und nicht gekocht werden wie beispielsweise Obst (Orangen, Bananen, Avocados, Äpfel etc.), Früchte (Melone, Tomate, Paprika, Aubergine, Kürbis etc.), Gemüse (Sauerampfer, verschiedene Salatsorten etc.) und Samen (Haselnüsse, Walnüsse, Pinienkerne, Leinsamen, Sonnenblumenkerne, Erbsen etc.).
Wenn wir ein Nahrungsmittel kochen, gehen die Vitamine verloren, die Mineralstoffe werden anorganisch, die Proteine verhärten sich, koagulieren und werden dadurch schlechter verdaulich. Fette verwandeln sich in freie Fettsäuren (Akroleine), die kanzerogen und toxisch wirken, während sie sich in gesättigte Fettsäuren verwandeln. Die Enzyme und Fasern in den Nahrungsmitteln werden zerstört, da die Nahrung länger im Darm bleibt und sich dort in den meisten Fällen zwei oder drei Tage statt maximal 24 Stunden aufhält und dadurch diverse Verrottungsprozesse, Gasbildung, Parasiten und Vergiftungsprozesse begünstigt. Die Phosphate verwandeln sich in freie Orthophosphate, die für uns nicht assimilierbar sind. Schwefel, Phosphor und Eisen oxidieren bei niedriger Temperatur. Die Zubereitung durch Erhitzen löst den Basenanteil der Nahrung auf und verwandelt ihn in säurehaltige Rückstände. Das in den Zellen der Nahrung enthaltene physiologische Wasser wird durch die Wärme zerstört. Das Aufweichen der Nahrungsmittel führt normalerweise zur Reduzierung des Kauvorganges mit allem, was dazugehört (weniger Vorverdauung durch den Speichel im Mund, weniger Bearbeitungszeit durch die Magensäfte, Einnahme von größeren Mengen an Nahrung, schlaffe Gesichtsmuskeln und eingefallenes Gesicht). Die Überreizung des Magens führt dazu, dass wir ständig ein Appetitgefühl haben, das schlicht und einfach durch die Säure in den Magensäften entsteht und sich erst beruhigt, wenn wir mehr Nahrung verzehren. Die unterschiedlichen Küchengeräte wie Pfannen, Löffel, Töpfe, Tabletts u. Ä. sondern diverse toxische Partikel ab, unabhängig davon, ob sie Hitze ausge-

setzt werden oder nicht. All diese Partikel werden unserem Organismus mit der Nahrung zugeführt und viele davon sind Schwermetalle.
Fazit: Das Einzige, das wir beim Kochen erreichen, ist das Töten der Nahrung, außerdem setzen wir unseren Körper enormem Stress aus, weil er sich bemüht, alle Stoffe, die wir ihm zugeführt haben, so schnell wie möglich zu eliminieren. Des Weiteren gibt man für das Konsumieren von gekochten Produkten viel mehr Geld aus, die Wahrscheinlichkeit von allergischen Prozessen ist viel höher und man wird manipuliert, da man sich nie vollständig über die Inhaltsstoffe seiner Nahrung sicher sein kann.

Mmh! Welch schmackhafte Wassermelone! Leila teilt mit ihren Freundinnen

Wenn wir kochen, verkomplizieren wir unser Leben. Das Kochen besteht nicht nur daraus, Zutaten zu mischen und zu erhitzen, sondern es sind auch noch beachtliche Mengen an Zubehör erforderlich, durch dessen Herstellung, Transport und Verkauf die Umwelt stark verschmutzt wird. Außerdem wird sehr viel Wasser verschwendet, es entstehen hohe Kosten für Brennstoff, Geschirrberge zum Abspülen, auf den Küchenmöbeln setzen sich flüchtige Fette ab und zum Säubern der Küche werden dann oft giftige Substanzen genommen (man kann allerdings immer Alternativen wie Essig oder Wasser mit etwas Zitronensaft nehmen). Wenn wir nicht mit unserer Umwelt solidarisch sind, ist das logische

Resultat, dass die Natur uns als Gegenleistung die Dinge zukommen lässt, durch die wir krank werden und durch die unsere Laune säuerlich und belastet wird, genau wie unsere Handlungen. Aber es ist nicht alles verloren, die Grandiosität der Natur bietet uns immer eine andere Möglichkeit.

In dem Moment, in dem wir unsere Handlungsweise ändern und in Übereinstimmung mit der Natur leben, ihre Gesetze respektieren und uns nicht mehr von ihr fortbewegen, beginnt sie sofort uns zu unterstützen, zu versorgen und sich um uns zu kümmern, unsere Gesundheit wiederherzustellen, unseren Optimismus zu stärken und unser Befinden immens zu verbessern. Wie der Anthropologe und Schriftsteller Thomas Henry Huxley sagte, „war der Mensch vor der Axt und dem Feuer da, demnach kann der Urmensch weder Jäger noch Karnivore (AdÜ: Fleischesser) gewesen sein".

Was die omnivore (AdÜ: gemischte) oder frugivore (AdÜ: früchtehaltige) Ernährung betrifft, gibt es für mich keinen Zweifel. Der Mensch ist ein Frugivore, ein Früchteesser, und zwar aus vielen Gründen, seien sie ethisch, psychisch, energetisch oder physiologisch. Was die Ethik betrifft, ist es eine Frage der Auffassung jedes Einzelnen. Ich ziehe es vor, Gewalt einem anderen Wesen gegenüber zu vermeiden, insbesondere wenn es nicht nur für mein Überleben und meine Gesundheit unnötig ist, sondern sich auch noch als äußerst schädlich dafür erweist. Vergleichen wir doch ein altes Mütterchen aus irgendeinem Dorf, das sich ihr ganzes Leben lang hauptsächlich von Obst und Gemüse aus dem eigenen Garten ernährt hat (auch wenn ein großer Teil davon gekocht verzehrt wurde) mit einer alten Frau aus der Stadt, die hauptsächlich von Fleisch- und Wurstwaren, Weißbrot und Süßigkeiten lebte. Welche von beiden kann besser eine Treppe hinauf steigen? Welche sieht besser aus, hat mehr Haare, weniger graue Haare und besseres Sehvermögen? Schon oft war ich überrascht, wie stark manche alte Frauen sind, wahre Säulen unserer Geschichte.

Was die psychische Seite betrifft, so wirst du den Einfluss der tierischen Produkte auf deinen Charakter erst dann begreifen, wenn du diese mal weglässt. Das habe ich nicht nur bei mir selbst, sondern auch bei meinen Kindern beobachtet. Wenn sie sich mal an einem Tag von tierischen Produkten ernähren, werden sie zimperlicher, sie streiten sich häufiger, sie weinen mehr und haben weniger Vitalität... Bei mir habe ich festgestellt, dass mit einer gesünderen und leichteren Ernährung, die unserer Physiognomie eher entspricht, Depressionen und schlechte Laune verschwinden. Laut Pedro Ródenas „steigen Aggressivität und Gewalt, wenn die Meinung vorherrscht, dass der Mensch weiterhin aus Lust töten kann, obwohl er für seine Ernährung kein Fleisch benötigt. Wie viele Menschen würden auf Fleisch verzichten, wenn sie selbst die Tiere schlachten müssten, die sie essen? (...) Wer die Tiere respektiert, wird auch leichter Menschen respektieren."

Einer der Vorwände, die wir normalerweise anbringen, wenn wir tierische Produkte verzehren, ist das Argument von Kalzium und Energie. Das Thema Kalzium erwähne ich mehrmals im Verlauf des Buches und in der Bibliografie kannst du noch mehr Hinweise finden. Das Thema der Energie, die wir angeblich durch tierische Nahrung erhalten, ist für mich etwas wie ein großer Mythos, der durch die Nahrungsmittelindustrie gefördert wird. Wie ich schon bei meinen Kindern beobachten konnte, sammelt sich beim Essen von tierischen Produkten die Lebensenergie im Magen und fehlt entsprechend woanders. Hingegen ohne tierische Nahrung fühlen wir uns leichter und haben alle Energien und Kräfte für die Projekte zur Verfügung, die wir durchführen möchten.
Wenn du bis vor kurzem tierische Nahrungsmittel gegessen hast, ist es normal, dass du dich am Anfang schwächer fühlst, weil dein Körper diverse toxische Rückstände eliminiert, die sich in ihm angesammelt haben. Lass dich dadurch nicht beunruhigen, mach weiter und nach sehr kurzer Zeit wirst du eine Besserung feststellen, die mit einer Zunahme deiner körperlichen Kraft einhergeht, welche die vorherige weit übertreffen wird.
Die spirituelle Energie ist ein weiteres Thema, das ich ansprechen möchte. Wie ich im Laufe meines Lebens beobachten konnte, hat die Ernährung einen starken Einfluss auf meine Energie und meinen seelischen Zustand. Je reiner die Nahrung ist, desto mehr Energie, Optimismus und Freude sind in meinem Leben. Depressionen und Tage schlechter Laune verschwinden, meine Sensibilität steigt. Wir alle haben eine Aura, einfach ausgedrückt ein Energiefeld, das uns wie eine dicke Haut umgibt und dessen Farben und Umfang variieren: je nach Person und Moment, Psyche, Grad der spirituellen Entwicklung, Gesundheit, Lebensgewohnheiten, Interessen, Arbeitsumgebung etc. Mit einer reinen, frischen und natürlichen Ernährung leisten wir einen Beitrag zu einer größeren und reineren Aura. Die Gegenwart einer Person kann Respekt, Schönheit, Frieden, Vertrauen und Weisheit in ihrem Betrachter beeinflussen, allein schon durch das unbewusste Lesen deren Aura.
Es gibt viele physiologische Gründe den Menschen als Pflanzenesser zu definieren. Natürlich hat sich das menschliche Wesen im Laufe der Zeit verändert und ist eine Evolution durchlaufen, aber seine derzeitigen anatomischen Merkmale stellen eine einzige Realität dar. Obwohl der Mensch in den letzten Jahren seiner Existenz ziemlich häufig Fleisch (gelegentlich werde ich unter Fleisch auch alle tierischen Produkte verstehen: Fleisch von Tieren und Vögeln, Fisch, Eier, Milch, Käse, Yoghurt...) gegessen hat, hat er sich einen viel längeren Zeitraum seiner Evolution auf der Basis von rohem Obst und Gemüse ernährt. Das menschliche Wesen kann seinen Unterkiefer nicht nur in vertikaler Richtung bewegen wie die Karnivoren, sondern auch in horizontaler Richtung. Dadurch kann er Obst, Samen und diverse Früchte zermahlen. Unsere Eckzäh-

ne ragen kaum über die anderen Zähne hinaus und sind nicht sonderlich spitz. Wenn man mir ein ganzes Kaninchen vorlegen würde, wäre mein Mund nicht sehr gut dafür geeignet, um das Fleisch – sagen wir es korrekt – zu zerreißen. Mir würde auch die „Kugel“, die sich danach im Mund bildet, nicht gefallen. Meine Psyche wäre auch nicht bereit dafür. Unsere Speicheldrüsen sind groß, genau wie bei den anderen Frugivoren, und sie spielen eine wichtige Rolle bei der Vorverdauung. Unser Speichel und unser Urin sind leicht basisch. Tiere, die sich von anderen Tieren ernähren, haben sauren Urin und Speichel. Die Karnivoren (besser gesagt Omnivoren, da ich sie auch schon diverse Früchte und Kräuter habe essen sehen) können über die Zunge atmen.

Wir Frugivoren dagegen atmen über die Haut. In unserer Verdauung wird kaum Salzsäure produziert, daher können wir Fleisch nicht gut in kleinere, unschädliche, Einheiten zersetzen. Wir können das Enzym Uricase, das die Zersetzung der Harnsäure in tierischen Produkten bewirkt, nicht herstellen und bereits dadurch schadet das Fleischessen unserer Gesundheit. Wir haben nur einen Magen, nicht viele wie die herbivoren Wiederkäuer, und dieser endet im Zwölffingerdarm, einem Organ, das wir bei den omnivoren Tieren nicht vorfinden. Unsere Magenschleimhäute sind sehr schwach und werden daher leicht durch Säuren, die aus einer tierischen Ernährung stammen, beschädigt.

Für mich ist der lange und faltenreiche Darm jedoch der entscheidende Faktor der Anatomie. Der Grund für diese Struktur ist, dass die Nahrung mit der größtmöglichen Fläche des Darms in Kontakt sein soll, um so vollständig resorbiert zu werden. Wäre der Darm glatt, würde sich die Oberfläche verringern. Auf den sieben Metern des Dünndarms werden die Nährstoffe aus den Nahrungsmitteln mit Hilfe der Zotten an dessen Innenwänden absorbiert. Die Nährstoffe müssen mit den Mikrozotten in Kontakt kommen und deren Zellen passieren, um in Blut und Lymphe zu gelangen. Auf diese Weise wird so gut wie nichts von den eingenommenen Nahrungsmitteln verschwendet. Die karnivoren Tiere dagegen haben einen sehr kurzen und glatten Darm, damit die Nahrung schnell ausgeschieden wird und deren Fäulnis und Fermentation vermieden werden.

Eins der großen und verbreiteten Gesundheitsprobleme in der heutigen Zeit ist das Problem der Verdauungsstörungen. Getreide, und insbesondere Weißbrot, erzeugt eine Art klebrige Masse, die sich an die Darmwände heftet und verhindert, dass diese die Nährstoffe absorbieren. Dadurch muss mehr gegessen werden, der Magen erweitert sich, es führt zum Magen-Darm-Katarrh, zur Verstopfung oder Verengung des inneren Teils des Verdauungskanals. Normalerweise kommt auch noch der Verzehr von tierischen Produkten hinzu, die in uns verfaulen. Die Darmbakterien (Darmflora) zersetzen Zucker und führen zur Fermentation von (hauptsächlich tierischen) Proteinen. Dabei treten Indol und Skatol auf, die für den Geruch der Fäkalien und Gase verantwortlich sind, welche den Darm dehnen und Symptome einer schlechten Gesundheit sind. Die bei der Fermentation der tierischen Eiweiße entstehenden Toxine werden vom Darm absorbiert und gelangen von dort ins Blut, wo sie weitere Schäden anrichten. Der Bauch bläht sich auf und drückt auf Herz, Lungen und weitere Organe. Große Schwierigkeiten nehmen hier ihren Anfang. Außerdem enthält Fleisch sehr große Mengen an chemischen Produkten, nicht nur durch die Art der Tierhaltung, sondern auch durch die Art der Fleischverarbeitung. Normalerweise wird Fleisch mit diversen chemischen Produkten wie Nitriten versetzt.

Wenn wir uns die Form unserer Hände anschauen, fällt uns auf, dass sie weder Krallen der Karnivoren noch Hufen der Herbivoren ähneln. Sie sind perfekt für das Pflücken von Obst und das Erklettern von Bäumen ausgelegt. Unsere Beine sind nicht schnell genug, um ein Rennen gegen Herbivoren und Karnivoren zu gewinnen. Dafür sind sie aber agil, sehr agil.

Die Ansicht, dass das Essen von tierischen Produkten den Cholesterinspiegel erhöht, ein Schreckgespenst der heutigen Gesellschaft, ist weit verbreitet. Cholesterin wird in allen Zellen des Organismus produziert, hauptsächlich in der Leber. Die Menge, welche gebildet wird, ist umgekehrt proportional zu der Menge, welche mit Nahrungsmitteln eingenommen wird: Nimmt die letztere zu, so nimmt die Synthese ab, und umgekehrt. Es funktioniert aber nur bis zu einer bestimmten Grenze, ab welcher der Cholesterinanteil im Blut stark ansteigt. 80 % des durch die Nahrung absorbierten Cholesterins wird in der Leber in Gallensäure umgewandelt.

Die Arteriosklerose ist eine Verhärtung der Arterien durch Cholesterinablagerungen in Verbindung mit Kalzium an den Innenwänden der Arterien. In Experimenten wurde festgestellt, dass es bei fleischessenden Tieren schwieriger ist, eine Arteriosklerose hervorzurufen, wenn man ihnen stark cholesterinhaltige Nahrung verabreicht, da ihr Stoffwechsel darauf eingestellt ist. Bei Tieren wie Kaninchen (ein Tier, das nur Pflanzen isst), ist es dagegen sehr leicht, eine Arteriosklerose hervorzurufen. Bei Menschen tritt die Arteriosklerose sehr häufig auf (Hauptursache für Todesfälle: Infarkte, Thrombose, Blutungen...), und das ist sehr aufschlussreich in Bezug auf die Nahrung, die wir essen sollten.

18 bis 19 % unseres Körpers wird aus Proteinen gebildet, die hauptsächlich für den Muskelaufbau verwendet werden. Täglich werden 200 bis 300 g Proteine auf- und abgebaut. Pflanzen wie Leguminosen entnehmen der Luft Stickstoff und bauen diesen mit Hilfe von Bakterien in ihren eigenen Organismus ein. Durch Gewitter, Tierleichen und Kot gelangt Stickstoff auch in den Boden. Der Stickstoff wird in Nitrate umgewandelt, aus welchen wiederum Proteine

synthetisiert werden. Stickstoff ist der Baustein für Aminosäuren, welche für das Leben unentbehrlich sind. Aminosäuren bestehen aus zwei Komponenten: einer Amidgruppe (basisch) und einem Säurerest (sauer). Sie ermöglichen den Ausgleich des Säuregehalts des Blutes und anderer Flüssigkeiten, indem sie basische Substanzen saurer werden lassen. Es gibt essentielle Aminosäuren (das sind zehn und unser Organismus kann sie nicht synthetisieren) und nicht essentielle (diese elf können durch andere oder Kohlehydrate synthetisiert werden).

Von Protein spricht man, wenn sich Aminosäuren miteinander chemisch verbinden und eine Kette bilden. Dabei wird Wasser abgespalten. Es gibt einfache Proteine (nur Aminosäuren), Bindungen (Aminosäuren und andere Moleküle wie Zucker, Fett etc.) und Derivate (Stücke von einfachen Aminosäuren oder von Bindungen, teilweise nicht eiweißhaltig wie Fett, Zucker etc.). Wenn wir Protein verwenden, um Energie zu bekommen, weil keine Fette und Kohlehydrate verfügbar sind, wird Ammoniak abgespalten (sehr toxisch).

Es heißt, dass die in Soja, Erdnüssen, Mandeln, Erbsen, Nüssen, Obst und Gemüse enthaltenen Aminosäuren eine geringere Qualität haben als Aminosäuren, die aus tierischen Proteinen stammen. Wenn man allerdings die pflanzlichen Proteine untereinander kombiniert, erhält man Proteine von besserer Qualität.

Proteine werden mit Wasser, Enzymen der Magensäure, der Bauchspeicheldrüse und des Dünndarms in Aminosäuren aufgespaltet. Danach absorbiert sie der Organismus und transportiert sie durch die Pfortader zur Leber, wo daraus menscheneigene Proteine aufgebaut werden, die ins Blut und damit zum jeweiligen Gewebe transportiert werden. Der Körper verwendet nur freie Aminosäuren oder Proteine aus dem Blut, daher ist es nicht notwendig, sich tierische Proteine zuzuführen, sondern lediglich Aminosäuren. Diese befinden sich auch in Früchten. Es ist die Aufgabe der Leber, die Menge der Aminosäuren im Blut auszugleichen: Wenn viele davon vorhanden sind, absorbiert sie die Leber, wenn wenige vorhanden sind, setzt sie die Leber frei.

Das menschliche Wesen benötigt bereits als Fetus und dann in den ersten Jahren seines Lebens eine größere Menge an Proteinen. In dieser Zeit nimmt es sehr schnell an Größe zu und daher muss neues Gewebe schnell und in großen Mengen produziert werden. In dieser Zeit ist die Muttermilch die ideale Nahrung für das Baby, die seine kompletten Bedürfnisse deckt. Die Muttermilch enthält aber nur 2 % Protein. Warum denn nehmen die Erwachsenen mehr Proteine ein?

Meine logische Schlussfolgerung bringt mich zu dem Gedanken, dass eine ausgeglichene Ernährung später einen geringeren Proteinanteil enthalten müsse, und zwar genau den, welchen uns rohes Obst und Gemüse liefern...

Enzyme sind Proteine, deren Aufgabe es ist, chemische Reaktionen zu ermöglichen, welche die Moleküle in der Nahrung in kleinere Moleküle aufspalten. Außerdem dienen sie der Transformation der Toxine, damit diese ohne Schaden für die Nieren aus dem Körper gelangen können. Eine weitere Funktion der Enzyme ist es, zwei Substanzen zu verbinden und den weißen Blutkörperchen zu helfen, schädigende Bakterien zu zerstören.
Enzyme befinden sich im ganzen Körper und sie sind für das Leben der Zelle und des Organismus unentbehrlich. Das Fehlen bereits eines Enzyms kann Krankheit und Tod hervorrufen. Enzyme können durch toxische Substanzen, hohe Temperaturen, Veränderungen des pH-Wertes etc. beschädigt werden. Der größte Teil der Arzneimittel wirkt direkt oder indirekt über Enzyme auf den Organismus. Wenn du der Meinung bist, dass du etwas an dir heilen möchtest, dann tu dieses über das Fasten, das Essen von rohem Obst und Gemüse, die liebevolle und warmherzige Zuwendung von jemandem, über bessere Lebensgewohnheiten und eine positive Geisteshaltung.
Ein weiterer sehr wichtiger Aspekt ist die Menge der Nahrung, die wir verzehren. Es nützt nichts, wenn du dich von gesunden Produkten ernährst und dich danach schlecht fühlst, weil du zu viel gegessen hast. Wann immer du Zweifel an der richtigen Menge an Nahrung hast, iss einfach weniger. Der Mensch müsste nur ein Fünftel seiner „normalen" Ration essen. Wenn dann noch hinzukommt, dass die Nahrung lebendig ist, nicht gekocht wurde und dass der Körper relativ gereinigt von den Resten ungesunder Nahrung der Vergangenheit ist, wird er fast alles verwerten, so dass die Menge noch weiter reduziert werden kann.
Es ist traurig anzusehen, wie einige Eltern versuchen ihre Kinder zu mästen, anstatt zuzulassen, dass sie sich einfach nur durch den reinen Instinkt leiten lassen. Es passiert gar nichts, wenn sie „fast nichts" oder ganze Tage lang gar nicht essen. Besser gesagt, es passiert doch etwas: Ihre Gesundheit festigt sich. Wir alle haben einen Überlebensinstinkt, die Kinder auch. Wenn du dich schon seit einiger Zeit roh-vegan ernährst und immer noch unter Blähungen leidest, rate ich dir mal auf die Menge an Nahrung, die du einnimmst, zu achten, bevor du deine Ernährung änderst. Vielleicht löst sich das Problem, wenn du wesentlich weniger isst.
Als letzten Punkt ist noch zu erwähnen, dass die eigene Einstellung und die Umwelt auch eine Rolle spielen. Eine besonnene, ruhige und langsame Haltung beim Essen fördert die korrekte Verdauung der Nahrung, während Eile, Sorgen und Ängste das Gegenteil bewirken. Es ist ein sehr schönes Gefühl, mit der Nahrung zu sprechen, ihr dafür zu danken, dass sie da ist, und sie darum zu bitten, uns allen die Jahrtausende alte Weisheit zu übermitteln, die sich in ihrem Zellgedächtnis befindet.

Strebst du eine gesündere Ernährungsweise an, weil du eine als unheilbar geltende Krankheit oder gar das letzte Stadium einer solchen hast? (Was meiner Ansicht nach sehr fragwürdig ist, da keine Krankheit unter adäquaten Bedingungen 100 % irreparabel ist.) Willst du einfach deine Lebensqualität verbessern? Oder führt dich dazu der Weg der Bewusstwerdung? Vertraue in jedem Fall bei dieser lobenswerten Entscheidung auf deinen Instinkt und gib dir Zeit. Wenn du genügend Kraft und Willenskraft hast, um eine drastische Veränderung vorzunehmen, mache weiter so, fasse Mut. Es ist dabei sehr wichtig, das Gesundsein und Kranksein, Reinigungskrisen und eigene Körperreaktionen zu kennen und deren Zeichen lesen zu können. Wenn du Zweifel hast, stütze dich auf jemanden, der schon durch diesen Prozess hindurchgegangen ist, damit du Probleme vermeiden und von der Veränderung Nutzen ziehen kannst. Wenn du das Gefühl hast, dass du nicht für eine so brüske Veränderung bereit bist, nähere dich der Veränderung Schritt für Schritt und versuche niemals dein Ziel zu vergessen, es immer vor dir präsent zu haben, obwohl du manchmal nicht in Übereinstimmung damit handelst. Nimm dir die kleinen „Sünden“ nicht übel. Sei ehrlich zu dir und deiner Umgebung. Wenn du dich unterdrückst, wird dein wahres Selbst eines Tages ans Licht kommen und die ganze Anstrengung wird dir wenig genützt haben. Gib dir Zeit, mache dir keine Schuldgefühle und habe Vertrauen. Du bist schon auf dem Weg, jetzt übernimmt das Leben die Aufgabe, dich nach und nach dorthin zu bringen, wo du sein möchtest. Lass dich tragen.

Kräutertees

Obwohl ich dieses Thema mehrmals kurz streife, möchte ich ihm aufgrund all damit verbundenen Überraschungen einen eigenen Abschnitt widmen. Vor einigen Jahren habe ich weder Kaffee, Kakao, Milch oder Ähnliches getrunken, dafür aber viel Kräutertee. Es gab Kräutertee zum Frühstück, Kräutertee nach den Mahlzeiten (besonders wenn diese schwer im Magen lagen), Kräutertee, wenn ich irgendwohin gegangen bin, um mich mit Freunden zu treffen: Kräutertee, Kräutertee und noch mehr Kräutertee. Die Mühe, die unterschiedlichen Pflanzen zu kennen und zu differenzieren, sie zu sammeln, zu trocknen und in Gefäße zu füllen, hat mir großes Vergnügen bereitet genau wie das bukolische Bild einer Gruppe von Freunden, die dabei vor dem Feuer oder in einem warmen Haus über das Leben oder die Kunst philosophieren...
So ein Unsinn! Diese festgelegten Bilder richten großen Schaden an und viele davon werden uns eingebläut. Seit meinem neunzehnten Lebensjahr (ich bin 1971 geboren) lebe ich ohne Fernseher und doch, wenn mir eine Frage gestellt

wird, kommen mir als Antwort immer noch Werbeslogans aus meiner Kindheit in den Sinn – obwohl ich praktisch nur samstags Nachmittag fernsehen durfte! Mir ist auch bewusst, wie es die Art, wie ich spreche, grüße, gehe, mich kleide, liebe, interagiere etc. beeinflusst. Wir sehen die Schönheit, Liebe und Harmonie in Mustern oder festgelegten Handlungen aus einer konkreten kulturellen Umgebung.

Als Roh-Veganerin habe ich weiterhin Kräutertees getrunken, obwohl nur, da ich die Küche aus meinem Haus verbannt habe, wenn ich ausgegangen bin. Das änderte sich eines Tages, als einer meiner Freunde die Bemerkung fallen ließ, dass er keine Kräutertees trinke, und meine Frage nach dessen Grund mit großer Nachsicht und Aufrichtigkeit erwiderte, ohne dem eine weitere Bedeutung beizumessen: „Weil es gekochte Kräuter sind."

Welche Enttäuschung empfand ich in dem Moment! Ich erinnerte mich an den Zeitpunkt, an dem ich mich entschied vegan zu leben. Am Anfang nahm ich ungewollt versteckte tierische Produkte wie auch viele andere Nebenprodukte durch die Nahrung auf, bis ich sie nach und nach entdeckte: Schildläuse als Farbstoff, Molke in Keksen, Spaghetti mit Fischmehl... (Letzteres habe ich vor einigen Monaten zu meinem Erstaunen erfahren und, wie es scheint, ist es fast überall enthalten, obwohl es nicht angegeben wird.) Ich habe beschlossen aus Prinzip keine Kräutertees mehr zu trinken, ich wollte keine gekochten Produkte mehr essen oder trinken. Gekochte Nahrung schafft Abhängigkeit und führt immer zur leichten Toxämie, davon abgesehen, dass die Umwandlung von organischen Mineralien in anorganische für nichts gut ist.

Einmal habe ich eine Studie über den Rachen von Menschen gelesen, die viele heiße Nahrungsmittel essen. Das Gewebe dieser Menschen war glatt und beschädigt wie eine Narbe in verbranntem Fleisch. Ein gesunder Rachen einer Person, die sich roh ernährt, muss uneben, rosig und gesund sein. Ich möchte mein Inneres nicht verbrennen, das ist ganz klar. Nachdem ich lange Zeit keine Kräutertees mehr getrunken habe, haben sie meine Aufmerksamkeit überhaupt nicht mehr auf sich gezogen. Heutzutage empfinde ich heiße Nahrungsmittel als aggressiv und überhaupt nicht mehr verführerisch, und genauso geht es mir mit kalten Nahrungsmitteln (Eis am Stil, Eiswürfel...).

Einmal habe ich wieder einen Kräutertee probiert und meine Geschmacksknospen reagierten mit Ablehnung auf dessen leicht bitteren Geschmack (früher habe ich die Tees weder als bitter noch als süßlich empfunden). Danach spürte ich übermäßigen Speichelfluss und ein Unwohlsein im Magen, wie damals als Kind, als ich meinte, Natron einnehmen zu müssen.

Meine Alternative zum gekochten Kräutertee wäre das Einweichen von Pflanzen innerhalb eines Tages – aber mach einfach weiter, lies mehr, suche dann in deinem Inneren und entscheide.

Ich könnte zu dem oben Gesagten noch hinzufügen, dass die meisten in Supermärkten angebotenen Kräuter mit Maschinen geerntet werden (ohne die Vögel, Nagetiere, Eidechsen und Insekten, die vielleicht zwischen den Pflanzen leben, nach ihrer Meinung zu fragen) und dass dafür ausgedehnte Felder in Anspruch genommen, Bäume gefällt und Böden kontaminiert werden (die Maschinen verwenden Brennstoff und hinterlassen Rückstände). Wir wissen außerdem, dass die geernteten Kräuter durch künstlich erzeugte Hitze und Lüftung maschinell getrocknet werden (Umweltverschmutzung und Energiekosten), dass eine beachtliche Menge Wasser dafür verwendet wird, die Erde von Wurzeln und Wurzelstöcken industriell abzuspülen, dass fast alle Blumen und Blätter sehr zart sind und einen Großteil ihrer Wirkstoffe während der Bearbeitung verlieren, dass sie in Lagerstätten aus Stahl (Industrialisierung, Verwüstung der Umwelt), aus Beton (enthält oft Tiermehl) oder aus Ziegelstein (erhöhte Energiekosten durch das Rösten und den Transport, Verwendung von künstlichem Ton, wodurch nicht abbaubare chemische Rückstände entstehen) aufbewahrt werden, um Licht (schädigt farbige Drogen) und Sauerstoff (Oxidierung) zu vermeiden. Darüber hinaus werden die Kräuter zur Abtötung von „lästigen“ Insekten, Bakterien und Protozoen normalerweise auf 65 °C erhitzt und später bei niedrigen Temperaturen über 0 °C konserviert.
So denke ich mir, dass die Mehrzahl der Kräutertees, die getrunken werden, nichts mit den Tees zu tun haben, die ich mir zubereitet habe. Das ist noch weniger der Fall, wenn die besagten Kräuter in kleinen Teebeutelchen abgepackt sind, denn das Papier wird noch intensiver als das Kraut selbst verarbeitet, von den Rückständen und von den für die Verpackung und Werbung gefällten Bäumen ganz zu schweigen. Magst du Pflanzen und die Natur? Ich auch, und daher halte ich es nicht für eine adäquate Handlungsweise eines Anhängers des Naturismus, Kräutertee zu trinken.
Ein weiteres Thema, das oft nicht berücksichtigt wird, sind die „Nebenwirkungen“ der Kräuter. Der Glaube, dass ein Kraut, da es natürlich und keine chemische Droge ist, uns nicht schaden könne, ist weit verbreitet. Ich möchte dich daran erinnern, dass die meisten Drogen aus dem Pflanzenreich stammen und sie alle Gegenanzeigen und Nebenwirkungen haben. Wenn wir einen Kräutertee trinken, um gerade ein gesundheitliches Problem zu lösen, handeln wir nach dem Konzept, dass die Heilung von außen kommt. Wir machen so weiter, ohne die mentale oder spirituelle Lebensgewohnheit oder Ernährungsweise zu verändern, welche die Krankheit verursacht hat. Jeder Kräutertee ist ein Diuretikum und dessen harntreibende Wirkung, so wie ich es heutzutage sehe, ist nur ein verzweifelter Kampf des Organismus um eine eilige Entfernung von toxischen Substanzen. Der Körper scheidet die Substanzen schnell aus (sei es durch Erbrechen, Urin, Kot, Schweiß oder Nasensekret), wenn er sie als nicht

kompatibel empfindet. Einen Grund wird es haben. Denk doch einmal daran. Wenn ich den bisherigen Text des Buches durchlese, erscheint es so, als führe ich eine Kampagne gegen den Materialismus. Wenn wir nicht mal ein Säckchen Königskerzenblüten kaufen können, was werden wir dann noch kaufen? Ich sage nicht, dass wir nichts kaufen sollen, sondern ich beschreibe nur, gegen was ich mich entschieden habe. Jeder geht seinen eigenen Weg. Ich zeige dir nur die Schritte auf, die dazu geführt haben, dass ich so handle, wie ich handle. Ich betone: Je mehr ich nachdenke, desto mehr verliebe ich mich in die Natur und die Einfachheit.

Kinder

In Bezug auf die Regeln, deren Befolgung ich meinen Kindern auferlege, habe ich verschiedene Phasen durchlaufen: je nach dem Prozess, in dem ich mich gerade befand, und nach meinem Kenntnisstand zu dem jeweiligen Zeitpunkt. Ich habe ständig mit meinen beiden Kindern Leila, geb. im März 1996, und Altair, geb. im August 1997, zusammengelebt. Obwohl ich zur Zeit nicht mit dem Vater der Kinder zusammenlebe und sie jedes Wochenende bei ihm sind, könnte man sagen, dass ich die Basis für die Erziehung lege, da wir die meiste Zeit gemeinsam verbringen.
Wie ich im weiteren Kapitel über das Stillen erwähnen werde, hatte ich bei den beiden Kindern das ernsthafte Konzept, ihnen immer die Brust zu geben, wenn sie es wollen, bis sie mich von sich aus nicht mehr darum bitten. Sie sollen erst in dem Moment vollständig abgestillt werden, in welchem ihre psychischen, emotionalen und physischen Körper dafür bereit sind, ohne durch die Umstellung einen Mangel zu erleiden. Ich würde dir raten dein Kind bis zum Alter von ca. sechs Monaten ausschließlich von Muttermilch zu ernähren. Es braucht weder Wasser noch Tee noch Säfte oder andere Dinge. Wenn du zu früh andere Nahrungsmittel hinzufügst, egal wie klein die Menge auch ist, kannst du dadurch sein Zellgedächtnis ändern, seine Darmschleimhaut und den Verdauungsapparat beschädigen und auf lange Sicht Verstopfung verursachen. Die Muttermilch liefert dem Kind absolut alles, was es braucht, und so hat es dann überhaupt keine Probleme mit Kälte und Hitze oder Dehydrierung.
Bei einer richtigen Ernährungsweise ist das Trinken von Wasser oder anderen Flüssigkeiten nicht notwendig. Wenn ein Mensch sich roh-vegan auf Basis von Obst und Gemüse ernährt, braucht er kein zusätzliches Wasser, da ihn die Nahrungsmittel mit dem Notwendigen versorgen. Nur wenn wir gekochte Nahrung, anorganisches Salz und/oder tierische Produkte essen, müssen wir unserem Körper Flüssigkeiten zuführen, um die Übersäuerung des Blutes zu be-

kämpfen, die Toxine aus besagter Nahrung zu verdünnen und so unheilvolle Konsequenzen für unseren Organismus zu vermeiden, welche sogar tödlich sein können. Außerdem rufen gekochte Nahrungsmittel gewöhnlich Süchte hervor.

Wenn dein Baby unter der so genannten Säuglingskolik leidet und du ihm einen Kräutertee geben möchtest, würde ich mich freuen, wenn du zuerst lesen würdest, was ich im vorigen Abschnitt zu diesem Thema geschrieben habe. Wenn du dann immer noch fühlst, glaubst oder denkst, dass dein Kind den Tee braucht oder es Nutzen daraus ziehen wird, ist es besser, wenn du den Tee trinkst, anstatt ihn direkt dem Baby zu geben. Seine diversen positiven Eigenschaften werden über die Mutterbrust an den Säugling weitergegeben, die negativen hingegen weitgehend abgefangen.

Meiner Beobachtung nach ist psychischer Stress die häufigste Ursache einer Säuglingskolik (als Folge einer schmerzhaften, instabilen oder ungesunden Schwangerschaft oder Geburt, als Überforderung durch Geräusche, Stimmen, Anblicke, Kleidung, Reize, Licht...). Diesen Stress nehmen wir dem Baby durch eine größere emotionale Aufmerksamkeit, Zärtlichkeit und das Engagement ALLER Mitbewohner ab. Vergessen wir nicht, dass jede „Krankheit" letzten Endes ein Ruf nach Zärtlichkeit und Aufmerksamkeit ist, eine verzweifelte Bitte um Erholung, Ruhe, Zuwendung und Liebe. Es genügt oft schon das Baby zu streicheln, sanft mit ihm zu sprechen, es an die Brust zu drücken. Das bedeutet für das Baby mehr Nähe und eine bessere Ernährung durch die Mutter. Ist es da, so gibt es keinen Grund zur Sorge. Wenn nicht, dann ist es wichtig, dass wir uns diesem Ziel so weit wie möglich nähern. Wenn du eine Mutter bist und dein Kind Koliken hat, such keine Heilmittel und äußeren Lösungen, verbessere etwas, ändere deine Gewohnheiten. Das ist mein Rat.

Meiner Meinung und Beobachtung nach gibt es kein genaues Alter, in dem unsere Kinder anfangen andere Nahrungsmittel zu essen, obwohl es besser ist, wenn es möglichst spät geschieht. Ich nehme weder das Zahnen (es gibt Kinder, die mit Zähnen auf die Welt kommen und noch keine feste Nahrung verdauen können) noch irgendwelche festgelegten Tabellen als Maßstab. Meine Basis ist schlicht und einfach die Beobachtung des Kindes in seiner Weisheit und seinem eigenen Instinkt. Ein Kind ist erst bereit für die feste Nahrung, wenn es eine richtige Gier nach Essen hat, wenn du ihm schon etwas geben musst, weil es beim Anblick des Essens „verrückt spielt".

Was solltest du ihm dann geben? Meiner Ansicht nach sollte es das bekommen, was wir selbst auch essen sollten: reifes biologisches Obst und Gemüse, das in der jeweiligen Jahreszeit in dem Gebiet geerntet wird, in dem du lebst. Gib ihm die ganze Frucht oder ein recht großes Stück, das es mit seinen Händen ergreifen kann, und bleib an seiner Seite und gib Acht, dass es sich nicht verschluckt.

Du kannst ihm Äpfel, Birnen, Mangos, Mispeln, Erdbeeren etc. geben und auf die Natur und die eigene Weisheit des noch nicht eingeengten Kindes vertrauen und dich über die Gesichter, die es zieht, amüsieren.
Deine Kinder lernen vom ersten Moment an zu essen ohne sich zu verschlukken. Das ist eine große Erleichterung für die spätere Zeit. Wenn du nicht zulässt, dass sie es lernen, werden sie sich später mit größerer Wahrscheinlichkeit öfter verschlucken. Es ist überraschend zu beobachten, wie unsere Kinder das ganze Gegenteil von dumm und unfähig sind, egal wie alt sie sind, wenn wir ihnen eine anfängliche Lernphase zugestehen.
Sicherlich haben sich meine Kinder das eine oder andere Mal auf die gleiche Weise verschluckt, wie sie sich in der Zeit, als sie anfingen zu laufen, einige saftige Beulen geholt haben: Es waren niemals gefährliche Verletzungen und die Kinder konnten allein das kaputte oder falsch eingenommene Stück wieder ausspucken. Daher sehe ich es als wichtig an, an ihrer Seite zu sein, damit man ihnen einen Klaps auf den Rücken geben kann oder sie mit dem Mund nach unten zeigend an den Füßen festhalten kann. (Ich kann mich nicht erinnern, dass etwas in der Art bei meinen Kindern notwendig war.)
Bedenke außerdem Folgendes: Wenn du vor vielen Jahrhunderten in der reinen Natur gewesen wärest, in ihrem ursprünglichen wilden Zustand, hättest du deine Kinder in keinem Moment allein gelassen und der Gefahr durch Räuber ausgesetzt. Irgendein Erwachsener wäre immer an ihrer Seite gewesen. Unter den Umständen hättest du auch keinen Brei, kein Besteck, keine Fläschchen, Zerkleinerungsmaschinen, Schneebesen, Küchen, Öfen und Mikrowellenherde gehabt. Du hättest nur deine Brüste und die Früchte, die dir Mutter Erde bietet, zur Verfügung gehabt. Dann hättest du dir von Zeit zu Zeit etwas in den Mund gesteckt, es gekaut und mit Speichel vermengt, die Nahrung „vorverdaut“ und sie dem Baby von Mund zu Mund gegeben... Es besteht ein großer Unterschied zwischen diesem natürlichen Vorgang und dem maschinellen oder mechanischen Zerkleinern von Nahrung, da auf die natürliche Weise die Oxidierung vermieden wird und die Zellen der Nahrung nicht so geschädigt werden wie bei irgendwelchen künstlichen Prozessen (besonders denen mit der hohen Geschwindigkeit). Die so genannte Bakterienkontaminierung in dieser Situation kann sich für dein Kind durch die Interaktion mit ihm und die Aktivität deines Speichels als günstig erweisen.
Das ist der heutige Stand meines Wissens, und meine Kinder hatten nicht das Glück, dieses Wissen in seiner Fülle zu leben. (Ich stelle mir die Möglichkeit vor, mit den Kenntnissen, der Reife und dem Vertrauen, dass ich heutzutage habe, noch mehr Kinder großzuziehen und diesen kleinen Wesen meine ganze Liebe zu jeglicher Form der Schöpfung zu übermitteln, all ihre Fähigkeiten und Weisheit anzuregen und zu potenzieren – wie schön wäre das!)

Leila habe ich Brei gegeben, einige Sorten aus der Apotheke (ich nehme an, mit gentechnisch veränderten Bestandteilen) und andere aus dem Bioladen, aber in beiden Fällen waren es unnatürlich getrocknete und gesüßte Fertigprodukte (die Breie aus der Apotheke haben mir manchmal sehr missfallen, weil sie so süß waren). Beide Kinder haben auch Brot gegessen (Vollkornbrot und gelegentlich Weißbrot), Getreide und von Zeit zu Zeit einige gekochte Gerichte, nicht täglich, weil ich damals schon auf dem Weg zur rohen Ernährung war, aber ab und zu schon. Ich habe ihnen auch ein Mixgetränk mit Joghurt und Früchten zubereitet und sie haben Eis bekommen. Trotzdem bestand der Hauptanteil aus rohen und vollwertigen Früchten.
Wenn ich sehe, was andere Kinder gewöhnlich essen, hatten meine noch großes Glück, und doch denke ich, dass ich Dummheiten begangen habe, mit ihnen wie mit meinem eigenen Körper. Meine Kinder müssen nun, ähnlich wie ich, ihren natürlichen Rhythmus wiederentdecken. Deshalb halte ich es für so wichtig, meine Erfahrung an andere weiterzugeben: Sie hilft den anderen aufzuspringen und sich mit der eigenen Weisheit, dem Instinkt, der Essenz und der Natur so früh wie möglich zu verbinden. Das bedeutet nicht, mich nachzuahmen, zu idealisieren oder mir zu folgen, sondern sich selbst zu beobachten und zu gestalten. In der Praxis bedeutet das, dass unser ureigenstes Wissen zu einem guten emotionalen und mentalen Befinden führt.
Tauche in dich selbst ein, in deinen eigenen Wesenskern, beobachte dich, höre auf dein Inneres. In einigen Dingen werden unsere Erfahrungen übereinstimmen, in anderen nicht, aber in jeder Hinsicht werden wir einen Nutzen daraus ziehen, denn wir lernen uns selbst zu respektieren und zu lieben. Wir lernen jedes Mal in Übereinstimmung mit dem Wissen zu handeln, das im gegebenen Moment für den Gesundheitszustand, die Bedürfnisse und die Abhängigkeiten unserer Körper und der Körper unserer Kinder am weisesten ist.
Als ich mit Altair (meinem zweiten Kind) schwanger war, habe ich bei einer astralen Konsultation erfahren, dass er eine Allergie gegen tierische Proteine haben würde. Mit dieser Tatsache bot mir die Natur die Gelegenheit, die Welt meiner Ideen zu materialisieren. Ich habe versucht 100 % vegan zu leben und nur noch roh zu essen, aber ich war stark von Eis abhängig. Ich ging dazu über, nur noch selbstgemachtes und natürliches Eis zu essen und künstliches Eis zu meiden, aber obwohl ich mich relativ gesund ernährt habe, hat dieser Aspekt den Rest heruntergezogen. Ein weiteres Mal haben meine Abhängigkeiten, mein Mangel an Selbstbeherrschung und meine Inkonsequenz einen machtvollen Einfluss auf mich ausgeübt. Auch hier musste ich lernen zu verzichten, mich von meiner Erziehung zu befreien um zu meinem Urwissen zurückzukehren, mein Zellgedächtnis zu ändern. Auch hier musste ich vertrauen und meine Gefühle überwinden, den Schritt gehen, und ich habe es getan.

Ich habe mich dafür entschieden, kein Eis mehr zu essen außer Eis aus verschiedenen Fruchtsäften und Möhren, die jeweils als einziger Bestandteil enthalten sind. Anfangs habe ich Unmengen davon verschlungen, aber später habe ich nach und nach weniger davon gegessen, bis ich keine Lust mehr darauf hatte. Heutzutage erscheint mir dieses Übermaß an Kälte äußerst unangenehm, genau wie die bombastischen Fabriken zur Herstellung von Süßstoffen und künstlichen Bestandteilen.

Alles ist ein Schritt für mich! Du kannst auch in jeder Hinsicht Schritte tun, wenn du möchtest. Hör einfach auf dich, vertrau dir und... gib dir Zeit! Das Leben übernimmt dann den Rest. Wir sind nichts weiter als Kanäle.

Es war dann wirklich so, dass Altair mit einer Allergie gegen tierische Eiweiße auf die Welt kam und er besonders im Gesicht eitrige, geschwollene Pickel oder Ekzeme bekam, wenn ich irgendein Eis gegessen habe (das er dann über meine Milch absorbiert hat). Diese Tatsache in Verbindung mit meiner wachsenden inneren Unruhe hat mir die Kraft verliehen, mich mit dieser Abhängigkeit zu konfrontieren. Seit diesem Zeitpunkt sind einige Jahre vergangen und seitdem ist es mir äußerst unangenehm, mich in Bezug auf Gefräßigkeit und Abhängigkeiten gehen zu lassen. (Ich war immer schon ein großer Vielfraß, in meiner Kindheit hat meine Mutter mir ständig gesagt, dass sie ein Vorhängeschloss vor den Kühlschrank anbringen würde.) Ich ertappe mich immer noch dabei, nicht alle meine Handlungen unter Kontrolle zu halten, und ich arbeite immer noch in vielen Aspekten meines Lebens daran.

Da nach meiner Lebensphilosophie die roh-vegane Ernährung die ideale Ernährungsweise für den Menschen ist, lege ich meinen Kindern diese Ernährungsweise auch nahe. Die Tatsache, dass der Vater meiner Kinder sich nicht so ernährt und sich in einer Umgebung befindet, die mit diesem Aspekt weder verwandt noch kompatibel ist, stellt eine große Herausforderung dar und kostet eine Menge Energie, aber glaubt mir, es lohnt sich für das Wohl eurer Kinder, der Tiere und des Planeten. Die Bemühung von heute ist die Realität von morgen. Um nicht zu leiden, muss man lernen sich abzugrenzen und an die Umstrukturierung durch das Universum zu glauben.

Jedes Mal, wenn meine Kinder, ihr Vater, ein Verwandter, Freund, Bekannter oder irgendein anderes Wesen Nahrung zu sich nimmt, die ich nicht für gut halte, weint meine Seele, sie weint bitter und schmerzvoll. Jedes Mal, wenn mir das Leiden bewusst wird, das Krankheit in anderen Wesen hervorruft, wenn meine Verwandten sich operieren lassen, wenn die Körper meiner Kinder eine Reinigungskrise durchmachen, um das Gift einer unreinen Nahrung auszuscheiden, weint meine Seele. Jedes Mal, wenn meine Kinder sich streiten, jedes Mal, wenn ich ein Lebewesen beobachte, das, gereizt, deprimiert und grau, der mangelnden Helligkeit und Darmhygiene seiner Ernährung zum Opfer fällt, weint meine Seele. Sie weint bitter und schmerzvoll. Jedes Mal, wenn ein Lebewesen Angst hat, wenn es „geopfert“ wird, um gegessen zu werden, oder schlimmer noch, wenn es ohne Liebe und Freiheit großgezogen und ausgebeutet wird, weint meine Seele. Jedes Mal, wenn der Planet eine Anstrengung macht, um zu atmen, um sein Wasser und seinen Grund, seine Luft und seine Pflanzen zu reinigen, und durch so viel Umweltverschmutzung und Zerstörung fast erstickt, wenn seine Ressourcen ausgebeutet und missbraucht werden und es so viel Respektlosigkeit gibt, weint meine Seele. Sie weint bitter und schmerzvoll.

All das war am Anfang ein großer Schritt für mich. Ich wollte stützen und helfen, aber der Schmerz, die Frustration und der Zorn verhinderten, dass man mir wirklich zuhörte, dass meine Botschaft übermittelt und gelesen wurde. Nur diejenigen, welche genauso fühlten wie ich, konnten mich hören und verstehen. Das bedeutet, dass es noch um mein Ego ging. Im Grunde habe ich dazu beigetragen, dass diese schreckliche Konfrontation mit der Dualität, in welche ein Großteil der Bevölkerung versunken ist, das Unverständnis und die Isolation noch aufrechterhalten werden. Ich wollte mich mitteilen, aber meine Stimme war stumm, sie traf auf taube Ohren.

Jedes Mal, wenn ich neue Lebensgewohnheiten angenommen hatte und psychische, physische und emotionale Gesundheit zu erlangen versuchte, gab es weniger Raum für Verbitterung, Zorn, Schmerz, Hochmut, Arroganz etc. Ich habe beschlossen, zuerst an mir selbst zu arbeiten, mich zu beobachten und mich lieben zu lernen. Ich habe beobachtet, was geschah.

Es geschah genau das, wofür ich keine Verantwortung übernehmen wollte und was mir heutzutage ganz klar ist – positives Denken, Liebe, Verständnis, Verantwortung und ein gutes Beispiel zu geben sind die besten Verbündeten. Ich selbst musste so erfüllt, glücklich, leuchtend, demütig, transparent, rein, aufrichtig, liebevoll etc. wie möglich werden, um etwas übermitteln zu können, transformieren zu können und mit anderen in einer besseren und schöneren Welt zusammenleben zu können. Wenn ich das lediglich für mich tat, änderte sich meine Umgebung. Wenn ich nur in mir selbst mit Demut, stetigem Interesse und Ernsthaftigkeit suchte, näherten sich die anderen und hörten zu. Es war nicht nötig, dass mein Mund sprach. Die Poren meiner Haut, meine Energie, meine Handlungen sprachen...

Natürlich musste ich mich dafür von Dingen trennen und mich im Detail betrachten. Ich musste mich innerlich von meinen Kindern trennen. Ich musste eins mit mir selbst als einzigem Bestandteil werden, mit mir selbst verschmelzen – und von dem Punkt aus eins mit allem werden. Das war eine klare Lektion für mein Ego und meine Abneigungen. Meine Kinder gehen ihren Weg, ihr Vater seinen und ich meinen...

Wenn meine Kinder mit ihrem Vater zusammen sind, ist alles, was passiert, ihre Sache, eine Angelegenheit zwischen ihnen. Ich musste lernen, mich von der Kontrolle zu befreien. Wenn das in der Zukunft Schäden für ihre Gesundheit oder psychische Schäden mit sich bringt, müssen sie das unter sich lösen. Wenn es zu Schäden führt, sind es Schäden, für die sie verantwortlich sind, durch die sie lernen müssen und für die sie Lösungen finden müssen. Sie müssen zuhören.

Wenn meine Kinder mit mir zusammen sind, ist alles, was uns geschieht, eine Angelegenheit zwischen uns und niemand hat einen Grund sich einzumischen. Wir müssen lernen zu interagieren, Grenzen zu setzen, uns zu konfrontieren, zu versöhnen, zu reinigen... Es nützt überhaupt nichts, wenn sich jemand einmischt, für uns spricht oder handelt, denn statt uns die Arbeit zu erleichtern, würde er sie dadurch nur erschweren. Früher oder später müssen wir lernen auf uns zu hören, die Verantwortung für uns zu übernehmen und in Übereinstimmung damit zu handeln, je früher desto besser.

Auf diese Weise habe ich den Entschluss gefasst bei den Entscheidungen des Vaters meiner Kinder in Bezug auf das, was passiert, wenn sie bei ihm sind, keine Partei zu ergreifen. Ich habe beschlossen meinen Kindern vollständige Freiheit zu gewähren, wenn sie das Haus verlassen und mit anderen Leuten oder Verwandten zusammen sind. Ebenso habe ich beschlossen meine Werte zu bekräftigen und sie als Lebensgewohnheiten aufzuerlegen, wenn meine Kinder in meinem Haus bei mir sind. Wenn ich beobachte, wie die Werte, welche mir meine Familie in meiner Kindheit vermittelt hat, meine Seelenstärke, mein Gleichgewicht, meine Gesundheit, meine Suche und meine Gewohnheiten beeinflusst haben, ist mir bewusst, wie ich meinen Kindern das, was ich wünsche, vermitteln kann.

Meine Kinder kennen die moralischen und physiologischen Gründe dafür, warum wir so essen, wie wir essen. Ich vermittle und erkläre ihnen diese immer wieder und ich motiviere sie zu beobachten, wie das Essen von anderen Dingen sie emotional, psychisch und physisch beeinflusst und wie sich ihre Handlungen ökonomisch und auf die Umwelt auswirken. Sie gehen ihren Weg, sie müssen auch lernen auf sich zu hören und den Blick in ihr Inneres zu richten. Da ich denke, dass es unsere Lebensweise ist, die wirklich bleibt, habe ich keine Befürchtungen und vertraue. Ich vertraue auf das Gleichgewicht des Universums und der Liebe. Meine Kinder sind weise. Es wird der Tag kommen, an dem sie ihre Körper und die Schöpfung vollständig lieben können und keinen Schaden anrichten oder diesen auf ein Minimum reduzieren.

Der große Nachteil, den ich darin sehe, dass ich ihnen erlaube alles zu essen, was sie möchten, ist, dass sie oft jemanden besuchen wollen, um gekochte Nahrung zu essen und nicht um die Bewohner des Hauses zu sehen. In solchen

Fällen versuche ich mit ihnen über das Thema zu sprechen oder ich kaufe ihnen etwas Gekochtes, damit Letzteres nicht zum Zweck des Besuches wird. Auf alle Fälle besteht in meinem Inneren immer noch ein starker Kampf in Bezug auf dieses Thema. Wenn ich meinen Kindern Ausnahmen erlaube, unterstütze ich diese. Untergrabe und widerspreche ich dann nicht in gewisser Hinsicht meiner Botschaft? Trage ich dann nicht zur Vermehrung von körperlichen Schäden, der kostspieligen Abhängigkeit von Nahrung und zu ihrer Unruhe bei? Ich könnte mich damit rechtfertigen, dass sie andere Dinge essen, wenn sie mit ihrem Vater zusammen sind und dass dadurch der Purismus dessen, was sie meiner Meinung nach lernen müssten, gestört wird, aber die Realität ist anders.

Der Konflikt resultiert nicht aus dem, was sie im Hause ihres Vaters essen (obwohl dieses sich erschwerend auswirkt), sondern aus meinen eigenen Abhängigkeiten, daraus, dass es mir schwer fällt, eine gerade Linie in aller Reinheit beizubehalten und meinen Kindern ständig Bitten abzuschlagen. Ich halte es für sehr wichtig, dass meine Kinder sich als unabhängige, einzigartige Wesen empfinden und auf diese Weise weniger Selbstbestätigung brauchen, damit sie nicht rebellieren und mich oder diesen Teil von sich selbst ablehnen, wenn sie das Jugendalter erreichen. Wieder einmal taucht die schwere Lektion der Ablehnung und des Egos auf...

Auf der Suche nach Weintrauben

Seit bereits vielen Monaten folgen wir einigen Richtlinien: Jeden Montag- und Freitagmorgen tun wir das, was wir wollen und wonach wir ein Bedürfnis haben, die Nachmittage gehören meinen Kindern und sie bekommen das, um was sie mich bitten. Dienstags befiehlt Altair und entscheidet alles. Mittwochs entscheide ich und Donnerstags Leila. Das praktizieren wir so, seitdem mein Sohn vier Jahre alt war und Leila fünf.

Ich möchte viel mit meinen Kindern erreichen. Sie sollen das Gefühl haben, dass ihnen jemand zuhört (ich tue alles, worum sie mich bitten, wenn es nicht erniedrigend für meine Person ist) und dass sie einzigartige Wesen sind. Sie sollen lernen die Verantwortung für jede Handlung zu übernehmen, einen guten Beitrag zur Gemeinschaft zu leisten und die Gefühle der anderen zu berücksichtigen. Ich will, dass das gegenseitige Vertrauen unter uns dreien wächst, dass dieses als ein Ausweg für all das dient, was sie aus Angst vor Zurückweisung oder Kritik unterdrücken. Dazu gehört auch eine Tüte Pommes frites, wenn sie mich darum bitten. Auf diese Weise reduziere ich auch mögliche Unruhe, welche unsere Ernährungsweise in einer so fremdartigen und inkongruenten Welt hervorrufen könnte. Ich lerne immer noch...

Ich lerne nicht nur aus der angeborenen Weisheit, die sie mir zeigen, sondern auch von mir selbst – dadurch, dass ich mich neu entdecke. Ich werde mir über die Präsenz meines Egos hinter jeder Handlung bewusst. Ich lerne, demütig zu sein, zuzuhören und zu gehorchen, uneigennützig zu sein – und das fällt mir überhaupt nicht leicht. Stell dir mal die Situation vor, dass du zwei ganze Tage in der Woche überhaupt nichts bestimmen kannst und zwei kleinen „Rotzlöffeln“ gehorchen musst, die mal mit großartiger Intuition und Weisheit entscheiden und mal mit hochgradigem Stolz, Arroganz und Tyrannei befehlen. Nein, das ist überhaupt nicht einfach. Auf jeden Fall sind wir, seitdem wir diesen Richtlinien folgen, nicht nur stärker zusammengewachsen, sondern wir verstehen uns mehr und nehmen uns ernster. Ich habe sowohl in psychologischer Hinsicht als auch in Hinblick auf die Ernährung eine große Verbesserung bei meinen Kindern beobachtet.

Salz

Bevor wir „Salz ja“ oder „Salz nein“ ausrufen, als ob es sich um einen Krieg handelte, sollten wir meines Erachtens klar definieren, was wir unter Salz verstehen. Wenn wir für das „wirkliche“ Salz die Substanz halten, die aus Magnesium, Kalzium und Kalium sowie Spurenelementen in kolloidaler Form (das ist die einzige Form, in der unser Körper Minerale assimilieren kann), insgesamt also aus 84 Elementen, besteht (die alle in unserem Körper vorkommen), dann erweist sich das „gewöhnliche“ Tafelsalz als pures Natriumchlorid, welches nur zwei der 84 Elemente enthält. Wenn wir das Natriumchlorid essen, versucht unser Organismus eine ihn schädigende Wirkung zu vermeiden und sucht sich die verbleibenden Elemente zusammen, um eine Einheit zu bilden. Damit bringen wir seine Reserven aus dem Gleichgewicht.

Die Alchimisten nannten das Salz zu ihrer Zeit das „fünfte Element“. Im Verlauf der Geschichte wurde es sehr geschätzt und auch als Zahlungsmittel im Austausch für Waren verwendet. Der Ehrgeiz, Salz aus dem Schwarzen Meer zu besitzen, hatte wohl zu mehreren angeblich religiösen Kreuzzügen geführt... Wenn reines, vollständiges Salz, das aus 84 Elementen besteht, in Wasser aufgelöst ist, entsteht eine elektrisch leitfähige Salzlösung, sie ist auch in unserem Blut vorhanden und leitet die „elektrischen Ströme“ in unserem ganzen Körper. Dank ihr können wir z. B. denken. Das Fruchtwasser ist die Flüssigkeit, welche sich in der Gebärmutter befindet und das Embryo schützt. Es ist eine perfekte Salzlösung, die mit dem Meerwasser identisch ist, bis auf ihre Temperatur von 37 °C. In einer Salzlösung können Aminosäuren aufgebaut werden, die wiederum einzellige Organismen bilden können: Wie oben, so unten – so das hermetische Gesetz (AdÜ: hier und weiter „hermetisch“ im Sinne der Gesetze von Hermes Trismegistos).

Laut Marion Kuprat fließen 93 % der weltweiten Salzproduktion in die Industrie, damit Plastik, Mineralöl etc. hergestellt werden können. Ein weiterer Anteil wird als Konservierungsmittel in diversen Nahrungsmitteln und Joghurts verwendet. Der verbleibende Anteil von 0,3 % ist das Salz, das in der Küche verwendet wird, ein Abfallprodukt der Industrie. Unser Körper kann am Tag 5 bis 7 g Natriumchlorid eliminieren. Der durchschnittliche Verbrauch beträgt 12 bis 20 g (verstecktes Natriumchlorid befindet sich an vielen Stellen), die tödliche Dosis für unseren Organismus beträgt 35 g. Um das übrig gebliebene Gift zu verdünnen, benötigen wir das 100 % reine Wasser aus unseren Zellen (23 g Wasser für jedes Gramm Natriumchlorid), damit es der Körper neutralisieren kann. Viele Zellen sterben bei diesem Prozess und andere werden durch diese Salzlösung aufgeschwemmt, weil sich Reststoffe, die unser Körper nicht eliminieren kann, dort ablagern. Wenn unser Körper kein Wasser mehr zur Verfügung stellen kann, verbindet sich das Natriumchlorid mit tierischen Aminosäuren und kristallisiert sich in den Knochen als Harnsäure, was zu Arthritis, Arthrose und Rheuma führt. Das besagte Tafelsalz hat weitere Zusätze, von denen die meisten Verbraucher keine explizite Kenntnis haben. Bekannt ist das Vorhandensein von Jod und Fluor (anorganische Mineralien, die uns auch schädigen), nicht aber das vom giftigen Aluminiumhydroxid.

Es gibt verschiedene Arten von Salz: Kristallsalz (weißrosa, wird in Salzminen abgebaut), Steinsalz (dunkelgrau, wird in Salzminen abgebaut), Meersalz (weiß,

wird durch Verdunstung von Meerwasser gewonnen) und Natriumchlorid (das sog. Tafelsalz). Kristallsalz wurde von den Königen verwendet und als Träger Universeller Weisheit angesehen. Das Salz in der Natur wurde durch die reine Energie des Sonnenlichtes gebildet und so ist jeder Salzkristall der Träger reiner Biophotonen. Steinsalz und Meersalz sind somit wesentlich besser als Natriumchlorid, aber wenn wir all die Zusatzstoffe wie Aluminiumhydroxid berücksichtigen, dann können wir das Tafelsalz als pures Gift bezeichnen.
Heutzutage gibt es Tausende von Personen, die seit mehr als 20 Jahren lediglich lebendiges Wasser trinken. Es gibt ein Kind, das seit 4 Jahren über die Mutterbrust nur dieses Wasser trinkt. Viele andere Menschen trinken nur Salzlösungen (Wasser mit Kristallsalz mit derselben Salzkonzentration/demselben Anteil an Salz wie unsere Körperflüssigkeiten, um die osmotische Interaktion von 0,97 % zu aktivieren) – und diese Menschen erfreuen sich einer perfekten Gesundheit.
Wie nützlich ist also das Salz? Diese Frage muss sich jeder selbst nach seinem eigenen Ermessen beantworten. Suche in deinem Inneren und handle in Übereinstimmung damit.

Die Konservierung von Nahrungsmitteln

Was die Konservierung von Lebensmitteln betrifft, bin ich über Prozesse des Nachdenkens, Experimentierens und Fühlens zu derselben Schlussfolgerung gekommen wie bei allen anderen Dingen, nämlich dass alles sich auf das Gleiche – die Verschmelzung mit der Natur, die Integration in die Natur, die Einfachheit – bezieht... Es gibt nichts, das so bequem, leicht, ökologisch, preiswert und hygienisch ist wie sich die Nahrung direkt von den Pflanzen, Bäumen und Sträuchern zu pflücken, wenn die Natur uns diese ohne Widerstand anbietet. Genau in diesen Momenten sind die Früchte am gesündesten und ganzheitlichsten.
Jetzt, wo sich mein Leben mehr und mehr in Richtung Einfachheit bewegt, wird mir bewusst, wie kompliziert wir uns das Leben machen. Wir belasten uns mit unnötigen Notwendigkeiten, die uns dann in gewissem Maß als Folge des Gesetzes von Ursache und Wirkung fesseln. Wenn du weit von der Natur entfernt an einem toten Ort lebst, musst du dir das Leben (die Nahrung) über ein Transportmittel in dein Haus holen (die Umwelt betreffenden ökonomischen und energetischen Kosten) und du benötigst einen Ort zur Lagerung (Raumkosten, Pflege des Gelagerten, Kosten in Bezug auf Ökonomie und Umwelt) und du musst dich vermehrt um deine Gesundheit kümmern (Verminderung der Qualität der Nahrungsmittel, mehr Stress durch mehr Arbeit,

die erforderlich ist, um mehr Geld zur Deckung der Kosten zu verdienen). Der bloße Gedanke daran macht mich schon müde. Uff, wie war ich nur in der Lage, so einen Lebensrhythmus zu haben?
Mir wird bewusst, wie erstaunlich, magisch, wunderbar und stark das menschliche Wesen ist. Letzteres bleibt genau wie der Planet Erde am Leben – egal, was es anstellt, es widersteht gewaltigen Schäden... und ich habe mich für sehr zerbrechlich gehalten, welcher Irrtum!
Als ich noch in Fresnedillas lebte, haben wir einen Mann aus Kuba gekannt, der keinen Kühlschrank benutzte. Sein Kühlschrank war immer abgeschaltet und daher waren die Stromkosten sehr gering. Da wir weder Fleisch noch Fisch oder Ähnliches im Gefrierfach hatten, war unser Kühlschrank immer auf der niedrigsten Stufe eingestellt. Die Überlegung, dass ein Kühlschrank stark umweltverschmutzend sein muss, sowie Schäden, die ich an der Nahrung beobachtete, haben mich sehr nachdenklich gemacht. Die Entschuldigung, dass dieser Kühlschrank nicht meiner war und sich schon im Haus befand (es war ein Mietshaus), hat nicht gezählt, denn wir hätten den Kühlschrank unserer Vermieterin zurückgeben oder einfach abschalten können.
Ich habe angefangen die Konservierung von Nahrungsmitteln mit kritischeren Augen zu sehen und ihren Zustand innerhalb und außerhalb des Kühlschrankes zu vergleichen. Zum Thema Ernährungswissenschaft habe ich sämtliche Theorien gelesen, aber rein physiologisch habe ich folgende Beobachtungen gemacht: Avocados sind im Kühlschrank dunkel geworden, Äpfel bekamen Flecken, statt gleichförmig zu verschrumpeln, und es gab viele verschiedene Variationen davon bei Bananen, Pfirsichen, Pflaumen, Tomaten, Mangos etc.

Wir bereiten uns für den Winter vor.
Da wir keinen Platz in der Horizontalebene haben, hängen wir alles auf

Ich habe damals – bereits vor zehn Jahren – aufgehört das Gefrierfach zu verwenden, weil ich die Lebensmittel immer hinten im Gefrierfach vergaß und sie dann doch ungenießbar wurden. Wenn eine Flasche Wasser gefriert, schwillt sie an, bekommt Risse oder explodiert. Mein vergleichendes logisches Denken sagte mir, dass jede Zelle der eingefrorenen Nahrung auf die gleiche Weise anschwillt, rissig wird (durch die Eiskristalle) oder explodiert und auf gewisse Weise stirbt. Ich habe mich in die Lage der Zelle versetzt und mein Herz hat sich zusammengezogen. Es erschien mir als unnützliche Grausamkeit und Leiden. (Aufgetaute Lebensmittel verderben schneller, und neulich habe ich irgendwo gelesen, dass bei den Temperaturen unter –18 °C Obst und Blattgemüse an Nährstoffen verlieren, so an Vitamin E bis 60 % und an Vitamin K bis 40 % des ursprünglichen Gehaltes. Ich nehme an, dass bei tierischen Produkten ein ähnlicher Prozess stattfindet.)
Als ich aufs Land gezogen bin, wollte ich mir eine Speisekammer anlegen. Da ich aber so langsam mit dem Bau des Hauses vorankam, hatte ich in den ersten beiden Jahren verschiedene Konflikte mit Frost, Sonne, Ameisen und Wespen auszustehen. Das war ja fast nichts! Im Winter fand ich morgens Früchte wie Tomaten und Orangen in gefrorenem Zustand vor und es war unmöglich und widerlich, sie zu essen. Im Sommer haben sich Aprikosen, Erdbeeren und andere Früchte zwei bis vier Tage gehalten, wenn ich nicht sehr viel Zeit dafür verwendet habe, sie je nach dem Stand der Sonne immer wieder ab- und aufzudecken. Ich sammelte Kirschen und ließ sie in der Schale stehen, bis ich dann eines Nachts entdecken musste, dass nur noch einige Kerne und viele Bröckchen übrig waren. Nachdem ich eine Nuss nach der anderen geknackt habe, musste ich feststellen, dass alle leer waren. Donnerwetter, wie schnell arbeiten die Ameisen! Im Herbst habe ich Weintrauben aufgehängt und bald nur noch die glockenartige Haut mit einem Kern in der Mitte vorgefunden, nachdem die Wespen eingefallen waren. Schön und gut, es macht mir nichts aus, mein Essen zu teilen, wenn man mir wenigstens noch etwas außer Schalen und leeren Häuten übrig ließe...
Die Vorräte zu vergraben erschien mir sehr aufwendig und aggressiv gegenüber dem Ort, außerdem bot das keine Garantie gegen die Ameisen und Regen. Daraufhin habe ich den Entschluss gefasst, häufiger Nahrungsmittel einzukaufen, also alle zwei bis drei Tage. Was für ein Umstand, das Hin- und Herfahren mit dem Auto oder die langen Fußmärsche mit dem Rucksack, so viel Energie, Zeit und Geld für das Essen oder für bestimmte emotionale Abhängigkeiten zu investieren! Muss ich wirklich im Winter Tomaten und Orangen essen, wenn diese nicht auf dem Boden, auf dem ich lebe, wachsen? Wird mir nicht kalt, wenn ich sie esse? Ist es wirklich nötig, dort, wo ich im Sommer schlafe, Nahrungsmittel aufzubewahren, zu lagern und zu pflegen? Ist es nicht

eine Angst vor Verlust und Mangel, eine Folge der Erziehung der Nachkriegszeit? Muss ich wirklich im Frühling und Herbst so viele von weit hergebrachte Nahrungsmittel verzehren?
Dabei ist es so einfach und bequem das Haus zu verlassen, zum Birnenbaum zu gehen, sich zu bücken und eine Birne vom Boden aufzuheben. Wie platzsparend ist es, nur einen Korb mit geerntetem, gekauftem oder geschenktem Obst für Regentage zu haben, statt Launen oder noch nicht überwundene Abhängigkeiten zu befriedigen, statt von allem raue Menge zu lagern... Im Winter weigere ich mich Nahrung zu essen, durch deren Verzehr mit kalt wird. Wenn der Ort, an dem ich lebe, diese Nahrungsmittel nicht akzeptiert, nehme ich an, dass sie für meinen Körper schädlich sind. Fazit: Einfachheit. Das ist die Basis der Gesundheit und des ökonomischen und ökologischen Denkens.

Trauben stampfen, um Most zu gewinnen

Da ich den Entschluss gefasst hatte, kein Glas in den Fenstern meines Hauses einzusetzen, hat sich die Notwendigkeit einer Speisekammer erübrigt. Um gewisse Abhängigkeiten, die wir noch von bestimmten Geschmacksrichtungen aus anderen Jahreszeiten haben, zu befriedigen, hat mir eine meiner Tanten einen Wasserkrug geschenkt. Ja, du hast richtig gelesen, einen Wasserkrug. Hier ist das Klima trocken und dafür ist er sehr nützlich. Der besagte Krug wird in der afrikanischen Wüste verwendet und besteht aus verschiedenen Gefäßen aus natürlichem porösen Ton. Diese Gefäße werden ineinander gestellt, zwischen die Gefäße wird Sand gefüllt und dann werden sie abgedeckt. Der Sand wird von Zeit zu Zeit befeuchtet und die Verdampfung des Wassers hält die Nahrung frisch und konserviert sie. Es passen zwei bis vier Kilos hinein und das ist genug, um Gelüste zu befriedigen. Auf jeden Fall erscheint es mir als ein „Luxus".
Zur Zeit geschieht mit den Nahrungsmitteln Ähnliches wie mit der Gesundheit. Wenn jemand krank wird, bringt er die Krankheit mit Tabletten, Kräutertees oder ähnlichen Mitteln zum Schweigen, statt von der Krankheit zu lernen, sich zu beobachten und Gewohnheiten und Gedanken zu verändern. Genauso frönen wir weiterhin unseren Abhängigkeiten und bringen die Stimme der Nahrungsmittel durch Feuer (Herd) oder Kälte (Kühlschrank) zum Schweigen, anstatt sich dessen bewusst zu werden.
Die Aufrechterhaltung des kapitalistischen Systems ist für viele sehr wichtig, insbesondere für die großen multinationalen Konzerne, die große Beträge in Werbung und das Schaffen von Abhängigkeiten investieren. Das System wird durch unsere Handlungen und unser Bewusstsein aufrechterhalten: Für uns und die Natur ist aber ein Umdenken unerlässlich.

Das Kombinieren von Nahrungsmitteln

Ich habe viele Zweifel daran, was das Kombinieren von Nahrungsmitten betrifft. Sicher ist, dass ich früher oft Entzündungen im Verdauungsbereich hatte, unter Blähungen litt und meine Exkremente übel gerochen haben. Ich fing an, Kohlehydrate nicht mehr mit Eiweiß und Fett zu mischen, saure Früchte nicht mehr mit süßen, Obst nicht mehr mit Gemüse etc. – und sofort wurde alles besser. Mir ist völlig klar, dass jedes Nahrungsmittel seine Zeit zur Verdauung, ein bestimmtes Enzym und daher einen bestimmten pH-Wert braucht. Ein Durcheinander im Magen führt zum Gärvorgang statt Verdauung und als Folge sogar zur Toxämie des Blutes. Man sollte jedoch bedenken, dass ein völlig gesunder Körper auch leidet, wenn er nicht schnell agieren kann oder wenn seine unterschiedlichen Enzyme nicht zusammenarbeiten können.

Ich kann mir vorstellen, dass meine Gedanken bestimmten Experten auf diesem Gebiet als widersprüchlich erscheinen...
Wie bereits gesagt, habe ich an meinem Körper den Nutzen einer „korrekten" Kombination beobachtet und ich habe genug Literatur zu diesem Thema gelesen, aber das reicht immer noch nicht aus, damit ich mich sicher fühle. Mir ist bewusst, das die Dinge, die sich im Kleinen ereignen, auch im Großen geschehen (Hermetisches Gesetz: „Wie oben, so unten"). Von dem Wenigen, das mir über den menschlichen Organismus bekannt ist, weiß ich, dass es darin zum Beispiel Glukolipide vorkommen, welche aus einem Zucker- sowie einem Fettanteil bestehen. Die Lipide kommen hauptsächlich im Gehirn vor und unterstützen die Leitfähigkeit der dort vorhandenen Nerven. Wenn es aber Organismen gibt, die aus Zucker und Fett bestehen, wieso kann man nicht beides gleichzeitig essen? Ich fühle mich heutzutage schlecht, wenn ich Nahrungsmittel mische, doch ich weiß auch, dass mein Körper nicht rein ist.
Dieser kleine Abschnitt reicht aus, um Überlegungen zu dem Thema anzuregen. In der Praxis folge ich weiterhin meinem Prinzip der Einfachheit: Wenn ich zum Weinstock gehe und mit großer Konzentration ein paar Weintrauben esse, bekomme ich keine Probleme mit der Verdauung – und das gilt für jede Art von Nahrung.

Ästhetik

Worin befindet sich die Schönheit, in dünnen, robusten oder in runden Formen? Wenn wir uns die Kulturen anschauen, finden wir in jeder Kultur ein unterschiedliches Bild. Suchen wir in der Geschichte, finden wir verschiedene Antworten. Für mich gibt es nur eine Schönheit, und das ist die strahlende Energie. Der Rest ist ein „Gesellschaftsspiel".
Im Mittelalter hatte die im ökonomischen Sinn höhere Gesellschaftsschicht wenig Kontakt mit der Sonne, während die anderen viele Stunden in der Sonne gearbeitet haben. Worin bestand damals das Schönheitsideal? In der weißen, blassen Haut. Heutzutage können sich die wohlhabenderen Gesellschaftsschichten gehobene Urlaube und Kontakt mit der Sonne leisten, während die anderen fast die ganze Zeit im Büro verbringen. Worin besteht heute das Schönheitsideal? In der braunen Haut. Mit Cremes und Pudern wird versucht diese vorzutäuschen. In der Nachkriegszeit herrschte Hungersnot. Nur diejenigen, die Geld oder Land besaßen, konnten dick werden. Worin bestand damals das Schönheitsideal? In der Rundheit. Heutzutage gibt es ein Übermaß an Nahrung in der westlichen Welt. Worin besteht heute das Schönheitsideal? In der Schlankheit.

Wir sind nur Marionetten, die nach der Pfeife des Neides und der festgelegten Normen tanzen. Nein! Die Schönheit ist in unserem Inneren, in unserer Reinheit und Aufrichtigkeit, in unserer Verbindung untereinander und unserer Liebe. Wenn wir Frieden ausstrahlen, strahlen wir Schönheit aus, unabhängig davon, welche Form unsere Augen, Lippen, Hände, Brüste, Füße oder was auch immer haben. Das ist ein wichtiges Konzept, das jeder berücksichtigen sollte, der seine Ernährung zugunsten unserer biologischen Auslegung umstellt, denn dabei verändert sich das Gewicht normalerweise sprunghaft, insbesondere am Anfang, wo der Körper damit beschäftigt ist, viel beschädigtes Gewebe abzubauen.

Später baut er sich wieder auf und bildet sich neu. Vergesse nicht, dass dein Körper voller Leben ist und sich verändert genau wie dein Leben selbst. Die Anstrengung ist lohnenswert. Vor allem wir Frauen werden dazu erzogen, zu gefallen statt unser Inneres zu stärken. Wir Mütter und diejenigen, die den größten Teil der Erziehung übernehmen, sind dafür verantwortlich, dass dieses Spiel weitergeht. Wünschst du dir das für dich und deine Kinder?

Gewöhnlich ändert sich die Figur eines Menschen, der aufhört tierische und gekochte Produkte zu essen. Der Mensch verändert sich, er wird nicht einmal schöner oder hässlicher, sondern er ist lebendig. Ich wiederhole es noch einmal: Ich halte es für wertvoller, die Veränderung zuzulassen statt an einem statischen Schönheitsideal festzuhalten und dafür zu leiden.

Meine Reinigungskrise

Eine Reinigungskrise ist ein Prozess, den der Körper durchläuft, um alle Toxine und beschädigtes Gewebe auszuscheiden und wieder zum Gleichgewicht und zur Gesundheit zurückzukehren. Unser Organismus ist weise und kann seinen Frieden wiederfinden, wenn wir es zulassen. Reinigungskrisen treten ein, wenn wir einen erhöhten Grad an Übersäuerung oder Toxizität haben, wenn wir fasten oder unsere Lebensgewohnheiten durch andere, gesündere, Gewohnheiten ersetzen, das heißt entweder wenn unser Organismus in Gefahr geriet oder wenn er genügend Kraft hat, um „die anstehende Arbeit in Angriff zu nehmen".

Bevor ich mit der roh-veganen Ernährung begann, hatte ich mich schon praktisch roh ernährt, hauptsächlich von Früchten und Reis oder Hafer, Cremes aus gerösteten Trockenfrüchten, etwas Vollkornbrot und sporadisch von vegetarischen Pastetchen als gekochter Nahrung. Eines Tages habe ich beschlossen, ein für alle Mal nur noch roh zu essen, auch wenn ich bei jemandem zu Besuch bin oder Besuch bei mir ist. Ich hörte auf, mich nur aus Angst vor Ablehnung oder Missbilligung, Unsicherheit und mangelndem Selbstvertrauen in Gesellschaft von jemand anderem anders zu verhalten, als ich mich verhielt, wenn ich allein war, insbesondere wenn es um meine physische Gesundheit und mein psychisches Gleichgewicht ging. Lust auf das Probieren von gekochter Nahrung zu haben ist eine Sache, aber aus Angst vor Ablehnung gekochte Nahrung zu essen, wie es mir oft passiert ist, ist eine ganz andere Sache.

Meistens esse ich nur eine Sorte Obst zu einer Mahlzeit, wenn mein Körper danach verlangt und bis er nicht mehr möchte. Von Zeit zu Zeit verzehre ich Gemüse, das ich aber lieber als Früchte bezeichne (Tomaten, Paprika, Kürbis...) und rohe Ölfrüchte (Walnüsse, Makadamianüsse, Pinienkerne, Mandeln, Pistazien, Pekannüsse, Haselnüsse, brasilianische Kokosnüsse...). Die letzten beiden Gruppen esse ich normalerweise, wenn ich hungrig oder unsicher bin und damit versuche, meine Gier zu beruhigen.

Man muss sich sehr klar über die Prozesse sein, die ablaufen, und sie kennen, um sie psychisch unterstützen zu können. Der physische Prozess, den ich durchgemacht habe, kommt mir sehr intensiv vor. Es ging nicht nur um das Schwächegefühl oder den eigenen Zweifel, sondern auch um den sozialen und familiären Druck. Ich bin während der dreieinhalbe Monate, die meine Umstellung gedauert hat, durch verschiedene kleine Krisen gegangen. Zuerst hatte ich eine sehr starke Gallenkolik, die bis zur Schulter ausgestrahlt hat. Ich habe mich geweigert irgendwelche Schmerzmittel oder Medikamente zu nehmen, um die Selbstreinigung in meinem Organismus abzuschwächen, sondern habe nur versucht, mich so gut wie möglich zu entspannen, tief einzuatmen und die Wut aus mir herauszulassen. Ich hatte einige schlaflose Nächte, zweimal am Tag leichten Durchfall und auf den Oberschenkeln bildeten sich kleine trockene Pickel. Morgens beim Aufstehen hatte ich einen schlechten Geschmack im Mund, besonders in den ersten zwei Monaten war das sehr lästig. Das kommt immer noch ab und zu vor, ich schließe daraus, dass sich mein Körper immer noch reinigt. Im ersten Jahr litt ich mehr oder weniger ständig unter Nasensekretion.

Meine Nase lief ein bis zwei Wochen, danach hatte ich zwei bis drei Wochen Ruhe, und dann fing es von neuem an – dabei hatte ich keine Schwäche oder Schmerzen. Mir wurde schon immer gesagt, dass ich Nasennebenhöhlenentzündung hätte, obwohl ich früher fast nie Schnupfen hatte. Heute weiß ich, dass es eine Folge der übermäßigen Verzehr von Milch- und Getreideprodukten war, insbesondere Brot.

Es folgten weitere Schleimabsonderungen über den Hals, die dickflüssiger waren und von tiefer unten im Körper kamen, als ob sie aus den Lungen stammten. Danach bildete sich eine große Geschwulst unter der Achselhöhle, die manchmal (nach irgendeiner Auseinandersetzung) einen Teil meines rechten Arms bewegungsunfähig machte und Schmerzen in der Schulter verursachte. Ich fühlte starke Stiche an bestimmten Stellen der Brust, besonders in der rechten. Mein Gewicht begann sich zu verringern. Früher hatte ich ungefähr 57 kg gewogen, dann wog ich zwischen 46 und 49 kg (ich bin 1,74 m groß). Ich habe mir höchst selten den Kopf über mein Gewicht zerbrochen, obwohl genau das der häufigste abfällige Kommentar von meinen Verwandten war. Zum Glück ist meine physische Erscheinung für mein Selbstwertgefühl nicht sonderlich relevant, andernfalls wäre es angesichts eines derartig heftigen Hagels an taktlosen Bemerkungen am Boden gewesen. Das Thema Menstruation ist eine weitere Veränderung, die mein Körper durchmachte, und ich werde im nächsten Abschnitt näher darauf eingehen.

Als ich anfing mich ausschließlich von Rohkost zu ernähren, verlockte mich gekochte Nahrung manchmal und ich musste dagegen „ankämpfen". Das habe ich allerdings auf sanfte Art getan, weder hart noch mühsam, sondern mit Willenskraft. Wenn ich mal gekochte Nahrung gegessen habe (ein kleines Stück Brotkruste, zwei Löffel von den Speisen, die meine Kinder von jemandem bekamen...) war ich – davon abgesehen, dass alles für mich fast gleich geschmeckt hat (nach Öl, Salz oder Zucker) – am nächsten Tag leicht verstopft, und gekochte Nahrung wurde für mich dann plötzlich viel verführerischer, als ob es sich um eine Droge handelte. Es war, als ob meine Geschmacksknospen oder mein Instinkt einen Rückschritt gemacht hätten.

Jetzt weiß ich, dass gekochte Nahrung in unserem Körper fermentiert und Gase produziert, die uns „berauschen". Es war dieser Rausch (ähnlich dem von Alkohol oder Drogen), den ich haben wollte, wenn ich wieder etwas Gekochtes gegessen habe. Ich glaube, diese Gärung in unserem Inneren ist der Grund dafür, dass mich Kartoffeln, egal ob gebraten, gekocht oder frittiert, immer noch stark in Versuchung führen, wenn ich sie rieche oder sehe.

Ich erinnere mich an einen Tag, an dem ich besonders unruhig und aufgewühlt war, weil ich eine wichtige Entscheidung in Bezug auf den Vater meiner Kinder getroffen hatte. Viele von uns Frauen wurden dazu erzogen, die Bedürfnisse der andern, insbesondere der Männer, auf Kosten unserer eigenen Wünsche und Interessen zu befriedigen. So fühlte ich mich an jenem Tag sehr nervös und ging in ein Restaurant, in dem eine gute Freundin von mir arbeitete. Ich bestellte einen Salat mit Oliven, Blattsalat, Tomaten und Zwiebeln, der nicht angemacht war, und meine Tochter bestellte eine Pizza 4-Jahreszeiten. (Wenn wir ausgehen, lasse ich meinen Kindern die Freiheit zu entscheiden, was sie essen möchten, erzähle ihnen allerdings von den Nahrungsmitteln, die sie aussuchen, von deren Toxizität sowie deren Folgen für die Umwelt.) Wir bestellten Mineralwasser. Zum Knabbern wurden uns geröstete Saubohnen und Erdnüsse auf den Tisch gestellt, von denen ich die eine oder andere gegessen habe.

Am Ende hat mich das Essen so verführt, dass ich alles über Bord geworfen und auch etwas Pizza gegessen habe. Ich kann nicht behaupten, dass sie besonders gut geschmeckt hat, ganz davon abgesehen, dass ich davon mit einer inneren Unruhe gegessen habe.
Ich habe mich danach mehr als eine Woche lang körperlich, psychisch und emotional schmutzig, energielos und dunkel gefühlt. Obwohl ich nur eine kleine Menge gegessen habe, begann meine Nase zu laufen. Ich war unruhig, unsicher, müde und deprimiert. Meine Willenskraft und mein Selbstbewusstsein haben sich verringert. Ich hatte wieder etwas aus Angst abgelehnt zu werden getan, etwas, das ich nicht tun wollte... Und nun habe ich mich so krank und vergiftet gefühlt... Mein Kopf schmerzte höllisch, meine Schulter bereitete mir Beschwerden, mein Bauch war aufgebläht, ich konnte nicht schlafen, meine Brüste taten weh und eine leichte Krampfader im rechten Bein, die schon verschwunden war, machte mir wieder zu schaffen. Mir ist mehrmals schlecht geworden, der untere Teil der Brüste und die umgebende Haut war voller Pickelchen, die ich längst nicht mehr gesehen habe, ich hatte Augenränder und die Haut am Gesäß und an den Oberschenkeln war rau. Meine Lippen waren trocken und hatten leichte Risse.
Alles lief schlecht, ich hatte schlechte Laune und habe die Kinder nicht ertragen, mir fehlte die Geduld. Erschöpft blickte ich auf alles, was getan werden musste: Meine Projekte, sie erschienen mir sehr groß, die ökonomische Situation und die Zukunft haben mich bedrückt... Ich fühlte mich hässlich und unsicher, die Toxine haben meinen Körper überflutet, die negativen Gedanken meinen Geist und zwischen beiden gab es einen engen Zusammenhang...
Wenn ich in den folgenden Tagen an Pizza oder Kochkost gedacht habe, habe ich mich sehr geekelt, so, wie wenn ich mir nach einigen Jahren vegetarischer Ernährung den typischen Kichererbseneintopf voll mit orange-gelblichem Fett vorstelle... Der positive physische, emotionale und energetische Zustand, den ich zum großen Teil Dank der Ernährung erreicht hatte, wurde nun zerstört. Die Pizza war vollkommen in Ordnung und meine Freundin, die auch davon gegessen hatte, hat nichts Seltsames gespürt. Ich denke jedoch nicht, dass mein Unwohlsein bezeugte, dass ich schwächer geworden war, sondern im Gegenteil: Mein Körper wurde weiser und stärker und übermittelte mir seine angeborene Weisheit, indem er mir zeigte, wie ich essen und fühlen soll. Übrigens hat sich meine Tochter, obwohl sie wenig gegessen hat, zu derselben Zeit auch physisch und psychisch schlecht gefühlt.
Einige weitere Monate lang habe ich alle paar Wochen ab und zu einen ganzen Tag lang leichten Durchfall gehabt – welche Reste kann unser Körper beherbergen! Ich denke, es kam vor, weil ich an jenen Tagen nur eine Sorte Obst gegessen habe, und/oder es war die Kraft meines Körpers, der es gelungen ist,

eine große Menge der klebrigen Substanz im Darm aufzuweichen und auszuscheiden. Ich habe dann angefangen, jede Woche einen Tag lang zu fasten und habe mich an diesem Tag kerngesund gefühlt. Das wirkte ebenfalls beruhigend in Bezug auf emotionale, ökonomische oder im Hinblick auf Kochkost bestehende Konflikte, die ich im Verlauf der besagten Woche durchlebt hatte.
Das mag wie eine Übertreibung erscheinen, aber wenn man die Situation mit den Erlebnissen anderer Roh-Veganer vergleicht, stellt man fest, dass derartige Erfahrungen sehr verbreitet sind, besonders am Anfang. Mit der Zeit lernt unser Körper sich umzustellen und anscheinend wird man dann nicht mehr krank, wenn man einmal im Monat etwas anderes probiert. (Ich kann mir vorstellen, dass dieses davon abhängt, wovon und wie viel man isst.)
Ich möchte hier all jene Personen unterstützen, die durch einen heftigen Prozess auf physischer, psychischer, energetischer und emotionaler Ebene gehen, all jene Menschen, die darum kämpfen, sie selbst zu sein, und mit Überzeugung versuchen, ihrem Ursprung und der Natur so treu wie möglich zu bleiben, egal welcher Druck von außen auf sie ausgeübt wird. Mit diesem Kapitel möchte ich dir meine ganze Unterstützung und Liebe anbieten und dir ganz viel Liebe, Licht und Vertrauen in deine Schritte wünschen!

Menstruation

Meine Menstruation war immer sehr regelmäßig, hell, überhaupt nicht schmerzhaft, spärlich und dauerte ca. 3 bis 4 Tage. Ungefähr fünf Tage vor Beginn der Menstruation hatte ich schlechte Laune, war traurig, melancholisch, unsicher und sehr abhängig von Liebe und Aufmerksamkeit. Mein Unterleib blähte sich beträchtlich auf. Wenn ich dann meine Regel hatte, fühlte ich mich schwächer als sonst, müde und energielos.
Ab dem Zeitpunkt, an dem ich angefangen habe mich roh-vegan zu ernähren, hatte ich nach sechs Wochen eine sehr schmerzhafte und dunkle Menstruation, die mit 2 Tagen aber wesentlich kürzer als die übliche war. In 25 Tagen folgte eine weitere schmerzhafte Menstruation, bei der nur eine Slipeinlage am Tag erforderlich war und ein dunkler Ausfluss austrat. In weiteren 20 bis 25 Tagen hatte ich einen Tag lang ziemlich viele körperliche Beschwerden und einen helleren Ausfluss in sehr geringer Menge. Es war noch nicht einmal eine Slipeinlage notwendig.
Heute bläht sich mein Bauch nicht mehr auf, bevor er ein Ei abstößt, und meine Energie verändert sich überhaupt nicht. Ich spüre weiterhin den Eisprung und einige hormonelle Prozesse, allerdings in wesentlich abgeschwächter Form, und die prämenstruellen Depressionen sind verschwunden.

Die meisten Frauen (wie ich selbst früher) halten die Menstruationsblutung mit all ihren Begleiterscheinungen für üblich und natürlich. Doch Blutung ist nicht gleichbedeutend mit Fruchtbarkeit. Gewiss gibt es unfruchtbare Frauen, die keine Menstruation haben, aber es gibt auch (und davon wesentlich mehr, als wir denken) sehr fruchtbare Frauen (wie mich selbst), bei denen die Menstruation und das PMS durch eine Verbesserung ihrer Lebensgewohnheiten, ihrer Gedanken und ihrer Ernährung verschwinden.

Ohne Menstruationen fühle ich mich den ganzen Monat hindurch stark, gesund, fruchtbar, lebendig, mein Bauch ist den ganzen Monat hindurch flach. Außerdem bedeutet das eine beachtliche Einsparung für mein Portemonnaie (auch bei der Verwendung von auswaschbaren Damenbinden) und eine Schonung der Umwelt und der Tiere, welche für Experimente und Allergietests benutzt werden, um jegliche Art von Infektion zu vermeiden. Die Gebärmutterschleimhaut stößt mein Körper heutzutage ab, ohne irgendetwas zu zerreißen oder zu beschädigen, und da meine Gebärmutter nicht durch schlechte Ernährung, übermäßige Fermentation oder eine Selbstreinigung des Körperinneren entzündet oder gereizt ist, reißt die Eizelle die uterine Membran nicht auf, wenn sie abgestoßen wird, sondern wird sanft abgegeben. Ich bemerke von diesem Vorgang so gut wie nichts mehr.

Ich habe abgesehen von vier kuriosen Anekdoten keine Menstruation mehr gehabt. Die erste hatte ich in dem Monat, in dem ich das bereits beschriebene Erlebnis mit der Pizza hatte. Sie hat zwei Tage gedauert, war ziemlich spärlich und von starken Schmerzen begleitet. Eine weitere Menstruation hatte ich in einem Monat, in dem ich fast ausschließlich von Mangos und Avocados gelebt habe. Ich denke, dass die große Menge Avocados der Auslöser war. Mein Körper ist diese Früchte nicht gewohnt und sie sind sehr fetthaltig. Ich hatte weder Schmerzen noch starke Blutungen. Die weitere Ausnahme trug sich zu, als ich den 21-Tage-Prozess durchlief, der im nächsten Kapitel beschrieben wird. Es trat nur sehr wenig Blut um die Mittagszeit aus, ohne dass ich körperliche Beschwerden hatte. Mein Körper wollte mir damit sagen, dass er zu dem Zeitpunkt die Menstruation nicht aus einer physischen Schwäche heraus brauchte, sondern – da ich zu der Zeit weder feste noch flüssige (auch kein Wasser) Nahrung eingenommen habe – als Mittel, um Toxine auszuscheiden. Wenn man fastet, reinigt sich der Körper, und genau das hat mein Körper im Verlauf dieser Tage getan. Dieses wurde mir bestätigt, nachdem ich ein anderes Mal zehn Tage lang nichts gegessen und nur Wasser getrunken habe. Während dieser letzten Menstruation hat mein Körper nur ein paar Tröpfchen abgesondert. Es ist faszinierend, dass die Natur uns Frauen diese Extramöglichkeit zur Ausscheidung von Toxinen bietet, um die Art zu erhalten.

Pranaernährung (Lichtnahrung)

Etwas mehr als eine Ernährungsfrage

Vertrauen,
blindes Vertrauen,
das verlangst du von mir, meine Welt.
Ich vertraue dir,
du vertraust mir.

Ja, obwohl es dir wie ein Witz, illusorisch, irreal oder als Spinnerei erscheinen mag, ich meine es ernst. Wenn ich von Pranaernährung spreche, dann meine ich – vom Licht zu leben, mich vom Licht zu ernähren ohne atmosphärische Produkte einzunehmen. Ja, ja, du liest schon ganz richtig. Kannst du dir die Freiheit, die Bequemlichkeit und den Nutzen vorstellen, den das für die Menschheit und die Natur bedeutet? Obwohl dich das, was ich schreibe, abschrecken mag, lies bitte weiter, um es zu verstehen, und wenn du das nicht möchtest, lies bitte trotzdem die anderen Kapitel des Buches.

Im Moment gibt es auf der Welt Lebewesen, die sich von Prana ernähren, und Lebewesen, die sich von flüssigem Prana ernähren. Wesen, die sich von Prana ernähren, leben einzig und ausschließlich von Licht, und die Wesen, die sich von flüssigem Prana ernähren, trinken auch flüssige atmosphärische Produkte (Wasser, Säfte etc.). Es ist möglich, dass du noch nie von ihnen gehört hast. Du kannst dir sicher vorstellen, dass diese Personen so ein hohes spirituelles Niveau haben, dass ihnen nichts daran liegt, im Guinness-Buch der Rekorde oder in den Sensationsnachrichten zu erscheinen, aber du kannst sie besuchen, mit ihnen sprechen und sie befragen, wenn du möchtest. Der wichtigere Gesichtspunkt bei der Pranaernährung oder den Menschen, die sich von Prana ernähren, ist nicht, ob diese Personen etwas essen oder nicht, sondern ob es möglich ist, von minimalen Mengen an Nahrung oder gar ohne sie zu leben. Essen wir, weil wir ein physiologisches Bedürfnis danach haben, oder ein psychologisches oder ein emotionales?

Während des Verdauungsvorganges verbraucht unser Körper unglaublich große Mengen an Energie. Jedes Nahrungsmittel hinterlässt einen Rückstand als Folge eines energetischen Missverhältnisses. Wenn wir uns von Nahrungsmitteln ernähren, die aus den gleichen Elementen wie wir selbst bestehen, fügen wir Wellen gleicher Länge, aber anderen Ursprungs hinzu und erhalten eine

Resonanzwirkung, welche die Energie anhebt. Materie ist Energie in Schwingung, und jede Schwingung wird durch ihre charakteristische Frequenz wie auch durch ihre Wellenlänge gekennzeichnet. Die deutschen Biophysiker Peter Ferreira und Peter Gross haben einen großen Teil ihres Lebens dem Studium dieser Phänomene gewidmet.

Im Grunde ist alles das Gleiche, sind wir alle gleich. Unsere Körper bestehen genau wie unser Planet zu ca. 70 % aus Wasser und zu 1 % aus Salz wie das Meer. (Der Prozentsatz an Wasser variiert bei jeder Person zwischen 60 und 95 % je nach Alter, 70 % sind Durchschnitt. Das biologische Alter jedes Wesens hängt von der Fähigkeit seines Körpers ab, Wasser zu speichern. Diese Fähigkeit kann man steigern, wenn man das richtige Wasser trinkt – lies dazu bitte den Abschnitt über Wasser in dem Kapitel „Bau meines Hauses".) Die Menge an Gold und anderen Spurenelementen ist in unserem Körper genau zu demselben Prozentanteil enthalten wie in der Erde. Die Schwingungen des Erdmagnetfeldes pulsieren mit einer Regelmäßigkeit von ca. 7,83 Hz, das entspricht dem Rhythmus des Thalamus, der für die elektrische Gehirnaktivität zuständig ist. Nach dem gleichen Prinzip ähnelt der Aufbau einer Zelle dem Körperbau als Gesamtheit und funktioniert entsprechend. Nach den Gesetzen der Physik kann Energie nicht zerstört werden, sondern sie transformiert sich. Wie können wir es mit diesem Wissen schaffen, unsere geistigen Begrenzungen zu überwinden und zu lernen, uns EINS mit dem Universum, unsterblich und als reines Licht und reine Energie zu fühlen?

Gemäß der traditionellen Physik verbrauchen wir Energie, wenn wir uns bewegen. Wir glauben, dass wir dafür Kalorien verbrennen müssen, die wir ausschließlich durch Nahrung erhalten können. Diese traditionelle mechanische Ansicht wurde durch den bereits erwähnten Peter Gross schon unzählige Male widerlegt. Wenn die o.g. Behauptung wahr wäre, wie lässt es sich dann erklären, dass es auf der Erde ca. fünftausend Menschen leben, die seit Jahren keine Nahrung zu sich genommen haben, ohne dabei einen Verlust an Kräften zu erleiden? Wir sind keine Maschinen, die Kraftstoff benötigen, um funktionieren zu können... Außerdem verüben unsere Ess- und Trinkgewohnheiten einen negativen Einfluss auf den Wasserhaushalt unseres Körpers und erzeugen ein ständig wachsendes Wasserdefizit. Laut Peter Gross und dem Physiker Erwin Schrödinger sind wir Lebewesen, die auf geordnete Lichtstrukturen in der Nahrung angewiesen sind, welche unsere Körperzellen für die zelluläre und interzelluläre Kommunikation benötigen. Diese innere Ordnung, bzw. der Lichtgehalt, ist das Einzige, was den biologischen Vitalwert unserer Nahrung ausmacht – je höher der Letztere, umso weniger Nahrung müssen wir zu uns nehmen. Bei Treibhäusern ist übrigens Vorsicht geboten, denn sie verhindern das vollständige Eindringen des Lichtes!

Eine Salzlösung ist flüssiges Sonnenlicht, Träger von reinen Biophotonen. Das Meer ist eine Salzlösung. Das Fruchtwasser des Uterus einer Mutter ist eine weitere Salzlösung, unser Blut ebenso, alles ist eins. Wenn alles flüssiges Sonnenlicht ist, sind wir Licht und leben von Strukturen der Ordnung.
Ich muss gestehen, dass ich leichte Befürchtungen habe, dieses Thema zur Sprache zu bringen, da mir bewusst ist, dass es bei vielen Menschen auf Ablehnung stößt. Ich kann das Thema jedoch nicht umgehen, da es für mich ein wichtiger Aspekt des Lebens und ein Teil meiner existentiellen Suche wurde. Ich beschäftige mich schon seit geraumer Zeit damit und bemühe mich meinen physischen, mentalen, emotionalen und spirituellen Körper zu reinigen, um ein Teil des Lichtes zu werden und die Materie zu beherrschen. Vielleicht stammt das buddhistische Sprichwort, dass es wichtiger ist zu atmen als zu essen, aus diesem Konzept der Pranaernährung.
Nach dieser Einleitung möchte ich dir eine Geschichte erzählen, meine Geschichte (oder zumindest einen Teil davon). Hier ist etwas, womit ich mich im Moment identifiziere – etwas, was ebenso wichtig wie hilfreich wäre, um mich kennen zu lernen, um mich zu fühlen. Im übrigen Teil des Buches spreche ich davon, dass das menschliche Wesen sich grundsätzlich auf roh-vegane Weise ernähren sollte. Ich behandle dort weder das Thema dieses Kapitels noch meine Erfahrungen damit. Obwohl ich denke oder fühle, dass die Pranaernährung das Ideal ist, auf welches wir uns ausrichten müssen, ist es im Moment noch ein neues „Arbeitsgebiet“ für mich, das ich noch nicht vollständig beherrsche und das ich daher mit Vorsicht behandle. Nichtsdestoweniger möchte ich eine Einführung in diesen Bereich geben, denn dank dieser Erfahrungen habe ich das Gefühl, neugeboren zu sein.
Ich war schon immer, selbst als Baby, verfressen und hatte immer Hunger. Ich habe nicht hastig, sondern langsam, aber viel gegessen. Mir fällt kein Nahrungsmittel ein, das mir nicht geschmeckt hätte. Natürlich hatte ich Lieblingsgerichte und spezielle Gelüste, aber ich habe nichts abgelehnt. Ich habe am Tag mindestens fünf reichhaltige Mahlzeiten verzehrt. Mittags habe ich immer mindestens einen der drei Gänge (oder alle) wiederholt und beim Abendessen habe ich drei Viertel der Mahlzeit noch einmal als Nachschlag gegessen. Außerdem habe ich zwischen den Mahlzeiten ständig an Früchten, Brot oder Keksen geknabbert. Ich habe niemals über die physischen oder psychischen, emotionalen oder spirituellen Vor- und Nachteile dieses Verhaltens nachgedacht. Ich habe weder den Verzehr von Nahrung an sich noch die Quantität oder Qualität in Frage gestellt. Wenn in meinem Elternhaus alles zu meiner Verfügung stand, warum sollte das dann schädlich sein? Wie hätte ich die Augen öffnen und anfangen sollen mir Fragen zu stellen? Außerdem hatte ich eine schlanke und athletische Konstitution, ich wurde nicht krank, habe mich intensiv

körperlich betätigt und war Hochleistungssportlerin. Mein Organismus ist trotz dieser Ernährungsweise gut mit allem zurechtgekommen.

Nach und nach hat sich mein Essverhalten in meiner Jugend geändert, nachdem ich das Elternhaus verlassen hatte. Ich begann zeitweise mit Menschen zusammenzuleben, die kleinere Mengen an Nahrung aßen, aber der wichtigste Grund wurden meine Ersparnisse, die sich nun einmal auf dem Nullpunkt befanden. Eine Zeitlang war ich so destabilisiert, dass ich mich nur von Wasser und Brot und sporadisch von Dingen ernährt habe, die mir ein Freund oder eine Freundin geschenkt oder von zu Hause mitgebracht hat. Ich ging durch eine intensive Phase der inneren Suche, in der meine Identität nicht zutage treten konnte. Durch diese starke Destabilisierung des Daseins, durch alle Dinge, die mir widerfahren waren und noch widerfuhren, und durch eine so starke und plötzliche Veränderung der äußeren Rahmenbedingungen, Parameter und Werte hatte ich keine Energie mehr, um ein Minimum an wirtschaftlicher Stabilität zu erreichen, was sich natürlich auf die Nahrung und Lebensweise auswirkte.

All diese Erfahrungen haben mich stark geprägt. Auch wenn ich am Tag ganz kleine Mengen gegessen habe, durchlief mein Körper eine Art unfreiwilligen Fastens (gut, ich gebe zu, dass es kein richtiges Fasten war, da ich etwas gegessen und viel Wasser getrunken habe, aber die Menge an fester Nahrung erreichte nicht eine Spur dessen, was ich früher in meinem Elternhaus verzehrt habe). Diese Zeit in meinem Leben hat mich zum Nachdenken veranlasst (und das ist immer noch der Fall). Wenn du nicht gelernt hast auf das Leben zu hören, wird es dir schon seine Lektionen erteilen. So sehe ich die Sache. Als ich noch bei meinen Eltern gewohnt habe, wusste ich die Möglichkeit, einfach in die Küche zu gehen und zu essen, nicht zu schätzen. Ich hatte keine Ahnung davon, welche Anstrengungen in Bezug auf Energie, Arbeitseinsatz und Geld für die Beschaffung der Nahrung nötig sind und welche Folgen für die Umwelt und Gesundheit dieses in sich trägt. Ich hatte auch keinen Respekt vor den Dingen, die ich verzehrt habe, da ich Nahrungsmittel nicht als diverse Wesen mit einem Eigenleben gesehen habe, denen Ehrfurcht und Dankbarkeit entgegengebracht werden müssen und die um Verzeihung gebeten werden müssen. Die Situation wurde also durch meine Egozentrik verursacht. Was will mir das Leben damit sagen, was soll ich aus dieser Situation lernen? Das waren die Fragen, die ich mir ständig innerlich gestellt habe.

Für meinen Geist waren es Streichhölzer, die kurz aufflackerten und wieder erloschen...

Zu der Zeit hat sich die Familie eines Freundes entschieden mir zu helfen und ich habe daraufhin dort gelebt. Diese Menschen haben stärker an mich geglaubt als ich selbst, aber ich bin weiterhin völlig im Zickzack herumgeirrt.

Mir waren in Bezug auf mein Leben nur zwei bis drei Dinge klar, sonst nichts. An diesem Punkt fand wieder eine Veränderung in mir statt, nach und nach hat sich die Tür einen Spalt weit geöffnet.
In dem Haushalt wurden wesentlich kleinere Mengen an Nahrung gegessen als bei meinen Eltern und der Esstisch war eine Art Treffpunkt zum gemeinschaftlichen Feiern, bei dem über alle möglichen Themen gesprochen wurde, auch über sehr private Themen. Es gab gemeinsame Teller und keine erzieherischen Regeln. Dort hat im Vergleich zu der strengen, schweigsamen und hyperformellen Umgebung meiner Familie jeder getan, was er wollte. Ich hatte vorher noch nie mehrere Tage hintereinander im Haus einer anderen Familie gegessen, daher haben mich diese Details beeindruckt und meine Überlegungen verstärkt... Meine Gastgeber oder besser gesagt ihre bedingungslose Liebe hat mir geholfen meine vier Körper neu zu strukturieren und Vertrauen und Wertschätzung zu lernen.
Doch in dieser Familie wurde geschlachtet und es wurden eigene Hühner verzehrt, was mir ebenfalls noch nicht bekannt war. Einmal hat sich die Familie über meine angeblich übertriebene Sensibilität lustig gemacht, vor mir ein Kaninchen getötet und dieses ausbluten lassen, indem sie ihm ein Auge ausgerissen haben, während es sich im Todeskampf befand. Ich werde diese Situation niemals vergessen. Ich erinnere mich intensiv an den letzten Blick des Tieres, der mich immer noch jetzt beim Schreiben zum Weinen bringt.
Zu der damaligen Zeit und auch in den letzten drei oder vier Jahren waren die Pflanzen und Tiere zusammen mit meinem Tagebuch meine einzige Stütze und mein einziger innerer Trost, meine einzige Quelle des Friedens, der Stabilität und der Liebe. Nur von ihnen habe ich diese Gefühle bekommen und nur ihnen konnte ich diese Gefühle entgegenbringen. Die Phasen der Einsamkeit in Gemeinschaft von Fauna und Flora waren sehr häufig, tief und stabilisierend. Sie waren Teil meiner Welt, das Einzige, das ich verstand, und das Einzige, das mich verstand. Und was habe ich getan? Ich habe sie immer wieder verraten und ihnen Schaden zugefügt. Der von Entsetzen und einem Hilferuf erfüllte Blick des Kaninchens hat mir das mitgeteilt.
Dieser Blick verdichtete sich in mir zu einer Kerze...
Obwohl ich mich selbst als Vegetarierin bezeichnete, habe ich tierische Produkte gegessen, wenn ich bei jemandem zu Hause war, da ich etwas wie eine emotionale Abhängigkeit von Nahrung hatte. Ich habe damit viele Dinge in meinem Leben überdeckt... Manchmal ist es einfach, die Augen zu schließen oder in bestimmten Momenten den Schleier herunterzulassen.
Die Phasen der Einsamkeit und des Kontaktes mit der Welt der Tiere und Pflanzen wurden in meinem Leben immer ausgedehnter, bis ich eines Tages anfing das Leiden der Pflanzen wahrzunehmen. Ich hörte und fühlte die Pflanzen, ich

überdachte viele Dinge, aber wie konnte ich mir selbst glauben? Ich habe mich damals sehr unsicher, unangepasst und zurückgewiesen gefühlt, wodurch alles für mich erschwert wurde. Hatten die anderen nicht Recht mit dem, was sie über mich sagten? Vielleicht, aber mein Gefühl war so tief und rein, dass ich es trotz aller Konsequenzen, die dieses in der Zukunft mit sich bringen würde, nicht verleugnen oder übergehen konnte. Ich wollte das Reich der Pflanzen, das mich so sehr unterstützt hat, nicht mehr verraten. Was sollte ich also tun? Wenn ich mich dafür entscheiden würde, auch die Pflanzen nicht mehr zu essen, wie sollte ich dann weiterbestehen? Ich habe dann begonnen an das Licht zu glauben. Wenn das Universum gerecht ist, muss es das für alle sein, auch für Tiere und Pflanzen, und ich wollte ein Teil dieser Gerechtigkeit sein.
Das brennende Streichholz näherte sich der Kerze...
Und dann überfiel mich das Entsetzen. Mir wurden einige immense Hindernisse bewusst: der Mangel an Vertrauen, an Willenskraft und das Übermaß an emotionalen und materiellen Abhängigkeiten. Mein Körper hat meinen Geist beherrscht. Die Emotionen und Gedanken haben mich rasend gemacht und zu allem Unglück konnte ich mein wahres inneres Wesen mit keinem anderen Menschen teilen. In dieser Zeit bin ich mit dem Vater meiner Kinder zusammengekommen und selbst ihm, der in mich verliebt war, erschien ich als gefühlsduselig, streng und extremistisch, ohne dass er meine tiefsten Intentionen und Gefühle kannte. Wie würde es erst den anderen gehen, wenn ich sie an meinen Zweifeln und an meiner Suche teilhaben ließe? Die Angst vor Zurückweisung ließ mich nicht authentisch sein, aber sie hat mich auch nicht gebremst.

Ich traf die Entscheidung nur rohe Früchte zu essen, um dem Wesen, von dem ich mich ernähre, keinen Schaden zuzufügen, und ich habe versucht die Samen der Früchte zu respektieren, wenn meine Gier das nicht verhindert hat. Ich habe versucht, meinen physischen, emotionalen und psychischen Körper zu beherrschen. Mein Weg ist in keiner Hinsicht glatt verlaufen, aber immer beharrlich. Eines Tages habe ich entdeckt, dass die Art und Weise, wie ich mich ernährte, als roh-vegan bezeichnet wird und dass es nicht nur eine rohvegane Bewegung gibt, sondern auch eine Menge Literatur zu diesem Thema, in der die Vorteile für die Gesundheit dargelegt werden. Diese Entdeckung hat mir sehr geholfen und meinem Selbstvertrauen Auftrieb gegeben. Meine große Lektion war zu der Zeit das Erlernen von Selbstvertrauen sowie Vertrauen auf das Leben und das Universum. Ich habe genügend Kraft gesammelt, um den nächsten Schritt zu planen, mir sind meine Ziele keinen Tag mehr aus dem Kopf gegangen. Um Abhängigkeiten zu zerstören und mich immer stärker zu reinigen, habe ich damit angefangen, jede Woche ein oder zwei Tage trockenes Fasten durchzuführen.

Ein sehr spiritueller roh-vegan lebender Freund fragte mich eines Tages, ob ich an die Pranaernährung und die Unsterblichkeit glaube. Ich hatte bisher noch mit niemandem jemals über dieses Thema gesprochen und seine Fragen überraschten mich. Ich habe immer danach gestrebt, rein und aufrichtig zu sein, da ich der Meinung war, dass ich andernfalls keins der Ziele erreichen könnte, die ich mir gesteckt hatte. Daher habe ich seine Frage bejaht und wir haben unsere Meinungen zu diesem Thema ausgetauscht. Das Leben hat mich belohnt, der Freund hat mich in die Theorie eingeführt, die dann ihrerseits meinen Glauben und meine Suche gestärkt und mein Selbstvertrauen gesteigert hat. Er hat mir von Jasmuheen, Theresa Neumann, Babaji und diversen Personen, die von Prana leben oder gelebt haben, erzählt, von denen ich nichts wusste und von denen ich noch nie gehört hatte.

Da das Universum sehr weise und wunderbar ist, kam mich wenige Monate später ein Freund besuchen, der gerade aus Indien zurückgekommen war und mir von seinen Reiseerfahrungen an der Seite einer Frau, die sich von flüssigem Prana ernährte, und von der Existenz des Buches *„Lichtnahrung"* von Jasmuheen erzählte. Ich habe mir das Buch gekauft, es gelesen, viel darüber meditiert und hineingespürt. Es erschien mir als zu große oder übermäßige Herausforderung für mich, ich wusste um die Armut meines Geistes und meine geringen spirituellen Kenntnisse, aber der Ruf war so stark, dass ich den Schritt einfach gehen musste.

Nach einer Reise nach Marokko, während der ich sehr viel Liebe erhalten habe, fasste ich den Entschluss, den 21-Tage Prozess, von dem Jasmuheen spricht, durchzuführen. Am Anfang hatte ich vor, meine Kinder über eine Woche lang nicht bei mir zu haben, da ich das Gefühl hatte, dass dieses der geeignetste Moment war, die Einsamkeit, den unglaublichen Frieden und die immense Stille zu nutzen, die dort herrschen, wo ich lebe. Außerdem gab es keine Versuchung in Bezug auf Ausschweifungen, da das Dorf kilometerweit entfernt ist.

In diesem Moment habe ich die Kerze angezündet und, obwohl ihre Flamme immer noch sehr schwach ist, ist sie seitdem nie ausgegangen.

Es gibt keinen Weg zurück. Nun, da ich einmal das gesehen, gefühlt und erkannt habe, brauche ich mir nur noch Zeit zu gewähren, auf meinem Weg beharrlich weiterzuschreiten, zu vertrauen, zu lernen und zu lieben. Der Rest ergibt sich von allein. Das Überraschende war die Entdeckung, dass jeder Mensch diesen Weg gehen kann, der daran glaubt und ein unerschütterliches Gefühl dazu hat. Man muss kein besserer, besonderer Mensch, Yogi oder etwas Ähnliches sein. Die Pranaernährung ist schlicht und einfach ein weiterer Aspekt des Lebens, ein Teil der Sehnsucht nach unserer eigenen Wesensessenz, nach dem Verschmelzen mit dem Universum und seiner/unserer Energie, nach dem Licht, nach der Liebe...

Der Prana-Prozess begann am 20. Februar 2002 und ich bin immer noch dabei, mein Leben darauf abzustimmen. Die ersten beiden Tage ohne Essen und Trinken habe ich in völliger Einsamkeit und Ruhe verbracht. Ich habe mich stark und vor Kraft strotzend gefühlt. Ich habe 31 Bäume gepflanzt und alles getan, worauf ich Lust hatte. Am ersten Abend ist zur Zeit des Sonnenuntergangs allerdings das geschehen, was mir immer widerfahren ist, wenn ich gefastet habe: der innere Kampf kam auf.

Ein Teil von mir hat gesagt: „Nun gut, wenn du essen oder trinken möchtest, dann tu das, du kannst auch morgen anfangen zu fasten." Die andere Seite hat aber widersprochen: „Nein, morgen wird genau das Gleiche passieren. Denk daran, es sind deine Abhängigkeiten, du willst andere Lebewesen nicht schädigen und dich auch nicht von ihren Ängsten ernähren. Stell dir eine Zukunft voller Obstbäume vor, die keine Angst vor dir haben und dich lieben."

Am zweiten Tag kam mir das Essen sehr oft in den Sinn, aber sobald ich mit mir selbst gesprochen habe, ist die Anspannung verschwunden. Ich glaube, am dritten oder vierten Tag kamen die Kinder und danach wurde alles wesentlich komplizierter. Da ich immer ein Vielfraß gewesen bin, war es für mich schwer, ohne innere Kämpfe fest zu bleiben und gleichzeitig den Kindern in den Momenten Gesellschaft zu leisten, in denen sie gegessen haben. Unser Zuhause ist klein und ich musste ständig das Obst anschauen und der Versuchung widerstehen.

Den vierten und fünften Tag habe ich ganz entspannt und ohne Appetit verbracht. Ich hatte weder Lust zu schreiben noch Spaziergänge zu machen, zu putzen oder zu zeichnen, sondern nur zu meditieren oder meinen Gedanken freien Lauf zu lassen. Ich hatte nach der dritten Nacht meinen Geist um die Öffnung gebeten, und er kam mir entgegen. Ich konnte alles fühlen. Es gab Momente, in denen die Häufigkeit und Intensität der extrasensorischen Erfahrungen zunahm. Auf der anderen Seite habe ich mich am vierten und fünften Tag oft unfähig und wie ein Zombie gefühlt. Ich lag nackt oder halbnackt auf dem Boden und verhätschelte mich und meine Kinder. Als es Zeit wurde die Esel zu versorgen, hat mich das eine starke energetische Anstrengung gekostet. Ich hatte einen sehr schlechten Geschmack im Mund und ich habe ihn oft mit Wasser ausgespült. Ich war mir sehr bewusst wie wichtig es ist, sich selbst zu lieben und zu kennen, Zeit für sich selbst zu haben, rein und aufrichtig zu sein, aber auch der Abhängigkeiten aus der Vergangenheit. Mir kamen verschiedene Nahrungsmittel in den Sinn, von denen ich einige früher nicht gegessen hatte.

Am sechsten und siebten Tag musste ich das Gelände mehrmals verlassen und große Entfernungen mit dem Auto zurücklegen. Ich habe mich körperlich sehr schwach gefühlt, dafür aber spirituell stark. Nach einem Moment des Zweifels

und der inneren Gespräche mit meinen Geistführern materialisierte sich bei Tagesanbruch ein Vogel in unserem geschlossenen Wohnwagen. Das vermehrte Auftreten von Kommunikation und Wahrnehmungen hat mir Kraft gegeben. Ich bekam zum ersten Mal ganz deutlich zu spüren, dass ich davor in völliger Dunkelheit in einem Schrank gelebt hatte. Die Welt aber war so schön und so leuchtend, es gab so viele Lebewesen, die ich erst jetzt bemerkte... Ich begann gelegentlich die Energien und Auras zu sehen und zu hören.
Das Unangenehme in jener Zeit war das klebrige Gefühl von einer belegten angeschwollenen Zunge in meinem Mund. Himmel, was für eine Menge Unrat befand sich in meinem Körper! Ich träumte davon, mit dem Orangensaft, der zu 75 % mit Wasser verdünnt war, mein Fasten zu brechen. Welch eine Enttäuschung! Als ich ihn am achten Tag probierte, erschien er mir extrem stark, widerlich und ungenießbar. Nach einem Viertel eines Holzbechers, der so groß ist wie die typischen Weingläser, fühlte sich mein Magen an, als wäre er so voll, dass an allen Seiten Flüssigkeit herausliefe. Ich konnte nichts mehr trinken. Die Erleichterung bestand nicht im Trinken an sich, sondern darin, dass als Folge der schlechte Geschmack im Mund einige Minuten danach verschwand.
Ich stand die ganze Zeit mit meinen vier Körpern (physisch, emotional, mental und spirituell) in Kommunikation und habe ihnen von meinen Absichten, von ihrer Fähigkeit, sich ausschließlich von Prana zu ernähren, und von dem, was ich von ihnen erwartete, erzählt. Auf der anderen Seite habe ich die Orangen und das Wasser gebeten, mir ihre Weisheit zu übertragen und mit mir zu verschmelzen, um dadurch meinen Zellen zu helfen den Schritt zu tun. Ich versuchte ihnen meine Liebe zu übermitteln und ihre Liebe zu fühlen.
Nach und nach fühlte ich mich besonders bei Sonnenuntergang immer stärker. Obwohl mir die Bilder und Versuchungen der Nahrung gelegentlich durch den Kopf gingen, kamen diese Bilder nicht allein, sondern in Verbindung mit schönen Erlebnissen aus der Vergangenheit. Ich wollte nicht das Nahrungsmittel an sich essen, sondern diese Momente emotionaler Fülle wieder erleben. Um die Versuchungen aufzulösen, musste ich lernen diese schönen Erinnerungen in meine Gegenwart zu integrieren und sie dabei von der Nahrung abzuspalten. Ich bin immer noch mit diesem Prozess beschäftigt.
Nach den sieben Tagen ohne Flüssigkeit und feste Nahrung habe ich eine Woche lang Wasser mit 25 % Orangensaft getrunken und eine weitere Woche Wasser mit 40 % Orangensaft. In den letzten beiden Wochen musste ich mit dem Zug nach Barcelona fahren und mit dem Auto nach Vera (Almería), Reden halten, arbeiten, mich 24 Stunden am Tag um meine nicht eingeschulten Kinder kümmern, ein Minimum an Ordnung und Sauberkeit in meinen Haushalt schaffen, einkaufen, die Esel versorgen und so weiter.

So fiel mir alles viel schwerer, aber ich konnte bestimmte Verpflichtungen, die ich vorher eingegangen war, nicht ablehnen oder ich wusste nicht, wie ich das anstellen sollte. Andererseits war mir aber bewusst, dass ich durch das Erreichen jedes Ziels an Kraft und Vertrauen auf mich selbst, das Licht oder die Universelle Energie gewonnen habe. Ich sah es so, dass das Universum mich auf die Probe gestellt hat, weil es die Reinheit meines Herzens in der Tiefe meines Wesens erforschen wollte, um herauszufinden, wie groß der Anteil des Egos und der Liebe in meinen Handlungen war. Das ist ein Punkt, den ich selbst heute immer noch überprüfe.

Ich erinnere mich an die ständige Angst, den Prozess nicht gut genug durchzuführen und dadurch zu scheitern. Ich kannte niemanden, der durch solchen Prozess gegangen wäre, und ich hatte mit niemandem gesprochen, der sich von Prana ernährte. Ich habe mich sehr allein gefühlt, aber aus solchen Momenten heraus konnte ich in die Einheit und die Verschmelzung finden. Und wieder tauchte das Ego auf und erzeugte diese Angst...

Nachdem die 21 Tage beendet waren, ertappte ich mich dabei, ausgerechnet karamellisiertes Popcorn zu essen. Ich habe automatisch und unbewusst gehandelt. Es war so lange her, dass ich mal Popcorn gegessen hatte... Meine erste Überraschung war die Feststellung, dass es mir nicht schmeckte. Das Popcorn schmeckte nach verbranntem Plastik, und das obwohl es jahrelang eins meiner größten Laster gewesen war. Die zweite Überraschung war meine geistige Haltung. Mein erster innerer Kommentar war etwas wie: „Dummerchen, du lebst schon so lange roh-vegan, machst dann den so intensiven 21-Tage-Prozess – und das Erste, was du dir in den Mund steckst, ist gekochter, gezuckerter, gesalzener und möglicherweise genmanipulierter Mais. Morgen wirst du am Boden zerstört sein, du wirst dich hundeelend fühlen." Dann tauchte aber sofort die Antwort darauf auf: „Das stimmt nicht, du ernährst dich von Licht, dein physischer Körper ernährt sich von Licht, morgen wird es dir nicht schlecht gehen, weil du das Popcorn in Licht transformierst. Es ist nur Nahrung für deinen physischen Körper und deinen emotionalen Körper, um diese wieder aufzubauen."

Ich habe auch andere Nahrungsmittel probiert, aber keins hat mir geschmeckt. Ich sah Früchte als nicht essbar an, als auf der Werteskala auf einer ähnlichen Stufe befindlich wie Mineralien. Sie haben tatsächlich nach Rinde oder Erde geschmeckt, auch die süßen Früchte. Es ist ein äußerst seltsames Gefühl, bei dem die vorherigen Anhaltspunkte verschwunden sind, damit ein Schritt in die Leere erfolgt, auf dem aufgebaut wird. Ich habe mich an den folgenden Tagen nicht körperlich schlecht gefühlt.

Ich teile nun die Meinung von Claudia Franco, dass Nahrung eine Droge ist. Nahrung schafft Abhängigkeit, sie ist nicht notwendig, sondern schädlich. Jedes Mal, wenn wir etwas essen, wächst die Abhängigkeit und die Gesundheit wird geschädigt (die Gründe für Gesundheit liegen nicht nur im physischen Bereich, sie steht auch mit emotionalen, psychischen und/oder spirituellen Bereichen in Verbindung). Wenn man auf eine Droge verzichtet, bekommt man Entzugserscheinungen. Aber wir können über den Dingen stehen und die Entzugserscheinungen überwinden.

Im Moment befinde ich mich in der Phase des „Entzugs", oder wie meine guten Freunde, die Runen, sagen, in der Rune „Jera" (Ernte, fruchtbare Phase, ein Jahr). Ich bin mir der anderen Realitäten und meiner Abhängigkeiten bewusst geworden. Ich hatte geglaubt, dass ich nicht stark auf Konsum ausgerichtet bin, aber jetzt sehe ich, mit welcher Freude ich Früchte kaufen oder ernten gegangen bin. Ich hatte geglaubt, dass ich ziemlich frei und unabhängig bin, aber jetzt sehe ich, dass ich voller Ketten bin. Ich hatte geglaubt, dass ich meinen Geist und meine Freizeit mit meinen vielseitigen Interessen füllen kann, aber heute sehe ich, dass in mir eine immense Leere ist, ein schwarzes Loch. Seitdem ich durch den Prozess gegangen bin, haben sich sowohl meine geistige Klarheit als auch meine körperliche Gesundheit gebessert (obwohl ich durch eine Phase starker Unausgeglichenheit gegangen bin und zur Zeit mein Verdauungssystem und mein Kreislauf immer noch etwas „aus dem Lot" sind), allerdings fühle ich mich körperlich schwächer. Früher habe ich viele körperliche Anstrengungen auf mich genommen, mehr als die meisten Männer, aber heute sagt mir das überhaupt nicht mehr zu. Vielleicht weigert sich mein Körper Energie dafür zu verbrauchen. Vielleicht verbinde ich mich nach und nach mit meinem Wesenskern und meiner Weiblichkeit. Vielleicht ist das auch ein Teil des Prozesses und ich befinde mich, wie es Jasmuheen in ihrem Buch beschreibt, gerade in der Phase der „postoperativen Rekonvaleszenz" nach einer ätherischen Operation. Ich mache mir keine Sorgen darüber. Denn ich habe entdeckt, dass die Pranaernährung etwas ist, was ich erreichen kann.

Meine sensorischen Wahrnehmungen sind gestiegen, seitdem ich den Prozess durchlaufen habe. Das Gleiche gilt für mein Freudegefühl und für meine Fähigkeit, mit der Umgebung zu verschmelzen. Andererseits verringern sich jedes Mal, wenn ich etwas esse, meine Energie, meine gute Laune und es besteht eine Tendenz, dass sich mein Bauch schwer anfühlt und aufbläht.

Im Bereich der Nahrungsaufnahme erlaubte mir mein Gehirn noch nicht dort zu sein, wo ich sein möchte. Ich habe über längere Zeiten nichts gegessen und nichts getrunken, in anderen Phasen habe ich nur flüssige Nahrung oder nur Wasser getrunken und manchmal habe ich auch eine Woche lang jeden Tag irgendeine Frucht gegessen. Es ist auch vorgekommen, dass ich etwas Erhitztes wie ein Stück trockenes Brot, geröstete Erdnüsse oder Mandeln, Bratkartoffeln oder eben das erwähnte Popcorn gegessen habe.

Wenn ich rein mental vorging und mir sagte, dass ich von Licht lebe, oder wenn ich versuchte, die ungefähre Anzahl der Tage zu ermitteln, die ich ausschließlich von Licht gelebt habe, wies mich das Leben mit seiner großen Weisheit zurecht und ich erlag irgendeiner Versuchung und trank einen Schluck oder aß ein Stück Obst. Damit habe ich mir dann alles „versaut". Nach einem Schluck oder einem Bissen kam der nächste und danach noch einer... Am Ende aß ich nicht nur viel, sondern auch noch ohne dabei zu meditieren.
Nach einer solchen Chaosphase kam dann eine Phase, in der ich fünf bis zehn Tage lang nicht gegessen oder getrunken habe. Dann eine weitere, in der ich mich entschied nur Wasser zu trinken (obwohl ich manchmal doch nichts getrunken habe, weil ich keine Lust dazu hatte). Wenn die Verlockung groß war, habe ich außerdem etwas verdünnten Saft getrunken. Außerdem kaute oder lutschte ich manchmal etwas, ohne es herunterzuschlucken. Auf diese Weise genügte es mir, ein bis dreimal im Monat als Gaumengenuss oder als soziales oder emotionales Spiel zu essen.
Wenn ich allerdings mit mehr als einer Person zusammen war, bestand eine stärkere Tendenz dazu, aus meiner Mitte zu geraten und exzessiv zu essen. Meine Ängste sind besonders dann aufgekommen, wenn ich mich mit meinen Verwandten oder dem Vater meiner Kinder traf, denn diese Situationen wurden oft durch das Gefühl von Unverständnis und Einsamkeit wie auch durch ironische Bemerkungen in spaßigem Ton begleitet.
Das, was ich verzehrt habe oder verzehre, wird nicht von meinem Körper oder Geist benötigt, es ist auch nicht so, dass mir am Geschmack besonders gelegen ist, sondern mein Kopf und mein emotionaler Körper brauchen es. Ich hoffe, dass ich nach und nach emotionale Bindungen und Abhängigkeiten auflösen kann.
Ich hoffe, dass die Leuchtkraft der Flamme, die ich nicht mehr ausblasen möchte oder kann, ständig zunimmt.
Ich habe beobachtet, dass die Vorgänge in meinem Körper nicht mehr so ablaufen wie früher. Ich fühle mich nie „schlapp", wenn ich nichts esse (mein Körper wird wohl jedes Mal freier von Toxinen), und in jeder neuen Phase kommen mir wesentlich weniger Gedanken an Nahrungsmittel in den Kopf. Wenn ich merke, dass in mir ein Kampf stattfindet, dann esse ich eben, aber ich habe bemerkt, dass mich das Leben ohne mein Zutun dazu führt, jedes Mal weniger zu essen, und dass diese Zeiträume immer größer werden. Eine große Hilfe zu diesem Schritt war ein sehr kraftvolles Ritual, das ich im letzten Drittel des Jahres 2002 auf dem Grundstück, auf dem ich lebe, durchgeführt habe. Ich habe mich ungefähr zwei Wochen lang körperlich, psychisch und spirituell darauf vorbereitet, dass Nuria (AdÜ: der ursprüngliche Vorname der Autorin) stirbt und Sibila geboren wird.

Ich war eine ganze Nacht lang vollständig (einschließlich Kopf) nackt unter der Erde in derselben Stellung vergraben, wie man die Toten begräbt. In jener Nacht habe ich viele Dinge gefühlt und es ist viel geschehen. Ich habe gelernt, dass Schmerz, Kälte und Schwierigkeiten nicht existieren, sie existieren lediglich auf der Mentalebene. Ich habe in der Nacht gesehen, dass wir wirklich machtvolle Götter sind. Ich habe wahrgenommen, wie wichtig es ist, Entscheidungen zu treffen. Ich habe mich mit Mutter Erde und Vater Kosmos verbunden. Nuria ist gegangen (oder gestorben), diverse Wesenheiten sind in ihren Körper eingetreten – und Sibila wurde geboren. Ich habe gelernt das Licht in den dunklen Bereichen meines Seins anzuzünden...

Vor kurzem wurde mir erzählt, dass gegen Jasmuheen, die Autorin des Buches *„Lichtnahrung"*, das ich auch in der Bibliografie erwähne, Anzeige erstattet wurde, weil durch ihr Buch angeblich Anorexie und Bulimie gefördert würden. Das stimmt mich aus verschiedenen Gründen traurig. Ein Grund ist der schreckliche Mangel an oder Bedarf nach Liebe, den bestimmte Personen haben, die so beleidigt auf ein Buch reagieren und sich angegriffen fühlen, wo sie es doch ohne weiteres ignorieren könnten. Ein weiterer Faktor ist die in dieser Gesellschaft übliche Praktik, sich äußerer Mittel zu bedienen statt auf innere zurückzugreifen. Anstatt auf das Leben zu hören und dadurch zu lernen, erscheint es machbarer, andere zu ändern.

In diesem Punkt bin ich derselben Meinung wie Ptahhotep, der ägyptische Weise aus der fünften Dynastie und der Epoche des Pharaos Djedkare-Isesi (AdÜ: Ptahhoteps Maximen wurden uns durch die späteren Abschriften überliefert). In seinen Grundsätzen betont er, dass man den Rechtsweg vermeiden sollte. Wir selbst sind die einzigen, die dafür verantwortlich sind, was uns in unserem Leben passiert. Die Veränderung liegt in unserem Inneren und nicht in der Außenwelt (die Rosenkreuzer, das Gesetz der Ursache und Wirkung).

Ein weiterer Grund, warum mich die Anzeige gegen Jasmuheen traurig stimmt – abgesehen von der Solidarität, die ich gegenüber einer so mutigen und bedeutenden Frau empfinde – ist die traurige Tatsache, dass diese Gesellschaft so viel Kraft einsetzt, um etwas so Erhabenes und Spirituelles auf die materielle und banale Ebene zu ziehen. Natürlich gibt es Leute, die an Unterernährung und Erschöpfung sterben. Natürlich ist bei Anorexie und Bulimie ein großer psychologischer Konflikt vorhanden, aber keiner dieser vier Punkte hat irgendetwas mit der Pranaernährung zu tun.

Magersucht und Bulimie sind Folgen von persönlicher Unsicherheit, Identitätskonflikten, Störungen des Ego und einer übermäßigen Gewichtung der Ästhetik. Unterernährung und Tod durch Erschöpfung sind Folgen von Gewohnheiten, die man angenommen hat, und von Abhängigkeiten, in die man geraten ist, Folgen eines mentalen Prozesses und eines Mangels an Vertrauen.

Die Pranaernährung ist die Folge eines sehr hohen Grades an Spiritualität, einer starken Beherrschung der Materie, einer großen inneren Sicherheit und eines erlangten Vertrauens in den eigenen Instinkt, in das Universum, die aufgestiegenen Meister, die Geistführer und in die Universelle Energie.
In unserem Zellgedächtnis sind alle unsere Fähigkeiten gespeichert, wir müssen sie nur mit Geduld, Aufrichtigkeit und Reinheit wecken. Wir können unseren Organismus neu programmieren. Ich werde den wissenschaftlichen und physikalischen Teil des Prozesses hier nicht darlegen, weil das nicht mein Weg ist. Diese Einzelheiten könnt ihr in dem Buch *„Lichtnahrung"* und anderen Büchern über Quantenphysik nachlesen. Ich beschränke mich darauf, meine Suche und meine Erfahrungen zu übermitteln.
In dem Kursus „Wie man zu einem besseren Leben gelangt" vom John Baines Institute for Hermetic Philosophy wird in einer der ersten Lektionen folgendes Beispiel gebracht, das mir sehr gut gefällt: Wenn fast alle Menschen durch die Einwirkung irgendeiner äußeren oder inneren Kraft (Fehlernährung, operative Entfernung, kein weiterer Gebrauch...) aufhören würden, einen unserer Sinne wie beispielsweise den Geruchssinn zu gebrauchen, ist es sehr wahrscheinlich, dass wir irgendwann an einen Punkt kommen, an dem wir unsere olfaktorische Fähigkeit vergessen. Wenn wir dann von jemandem etwas darüber hören, werden wir diese Fähigkeit als illusorisch oder irreal betrachten oder höchstens als außergewöhnliche Befähigung einer auserwählten Person. Dabei würden die wenigsten berücksichtigen, dass diese Fähigkeit – auch unaufgefordert – weiterhin latent in unserem Inneren vorhanden ist.
Für mich ist der Geist machtvoll und wir können viele Dinge damit verwirklichen. Es reicht schon aus, an etwas fest zu glauben und unsere Energien, Gedanken und Gefühle gezielt darauf zu lenken, um das zu erreichen oder gelingen zu lassen. So auch die Pranaernährung.
Ich habe den 21-Tage-Prozess durchgeführt, um meine Zellen und Fähigkeiten zu programmieren und sie daran zu erinnern, dass sie von Licht leben können. Ich kann nur eins sagen: Es ist etwas äußerst Wunderbares, obwohl die unermessliche Freiheit und Einsamkeit, die dadurch entsteht, dass man nicht über das Thema sprechen kann, manchmal herzzerreißend ist. Auch die Menge an Zeit, die man jeden Tag zusätzlich zur Verfügung bekommt, kann bedrückend wirken, wenn wir nicht mit uns selbst im Klaren sind.
Fasse Mut und vertrau auf dich selbst und das Universum. Ich habe das getan und mich neu entdeckt. Wichtig ist, dass wir uns durch uns selbst wahrnehmen und nicht über die anderen oder unsere vorgefassten Meinungen definieren.

Das Leben auf dem Land

Von der Ewigkeit des Seins

Natur,
lebendig und wild,
Spiegel meines Inneren,

mit dir verschmelze ich,
ich bin ein Teil von dir,
du bist in mir,

wenn ich dich betrachte, sehe ich mich,
wenn ich dich fühle, fühle ich mich,
und daraus schöpfe ich Kraft.

Ich möchte von meinen Erfahrungen berichten, damit die Unentschlossenen motiviert werden, ein für allemal den großen Schritt zu tun, den sie sich im Inneren schon lange gewünscht haben.

Ich bin in Madrid geboren und im Stadtteil Campamento aufgewachsen. Fast jedes Wochenende sind wir in eine Villa im Besitz der Familie oder genauer gesagt aufs Land gefahren. Im Sommer sind wir immer mit einem Wohnwagen durch Spanien oder andere Länder gereist. Obwohl meine Eltern kein „Heimatdorf" hatten, in das wir fahren konnten, kann man sagen, dass ich immer auf irgendeine Weise in Kontakt mit der Natur blieb. Als ich mich in meiner Jugend emanzipiert habe, wollte ich nicht aus Madrid fortgehen. Das lag nicht nur daran, dass dort meine Freunde lebten, sondern auch an der Tatsache, dass ich in der Stadt an sich das große Allheilmittel gesehen habe: viele verschiedene Arbeitsstellen, viele Möglichkeiten zum Studieren, viele Kinos, Theater, Kneipen, Kunstgalerien, Museen etc., also viele Möglichkeiten der Arbeit und der Muße nachzugehen.

Mein Leben und meine Ernährungsweise waren ähnlich wie bei vielen Menschen in dieser Gesellschaft, leer und überladen, obwohl ich viel gereist bin, viele Freunde hatte, mir das Studium leicht gefallen ist, obwohl ich kreativ und unruhig war und keinen Fernseher hatte. Pessimismus und Negation waren so präsent, dass ich das Tagebuch, welches ich zu dem Zeitpunkt geschrieben habe, Depressionsbuch nannte. Sexuelle Verfolgung, Umweltverschmutzung,

Raub, Misshandlung, Krankheiten... – all diese Dinge erschienen mir wie eine schwarze Kralle, die immer bereit war mich zu fangen, wenn ich einmal nicht auf der Hut war. Ja, ich hatte auch viele Momente voller Schönheit und Fülle, aber diese kamen nicht jeden Tag vor, und wenn ich unter emotionalen Konflikten litt, überfiel mich die Enttäuschung.
All diese Dinge haben sich geändert und ich werde dir erzählen, wie es dazu gekommen ist.
Ich habe angefangen, in meinen Ferien als Gruppenleiterin in Ferienlagern zu arbeiten. Die Unkosten, die für die Miete meiner Wohnung, für meine Ernährung und meine Lebensweise anfielen, waren weit davon entfernt, preiswert zu sein, und doch resultierte meine ökonomische Krisensituation hauptsächlich aus den ganzen materiellen Bedürfnissen, die ich trotz meines geringen Einkommens hatte.
Die Rückkehr zu häufigerem Kontakt mit der Natur hat mir zu einer vegetarischen Lebensweise verholfen, außerdem beschloss ich, nur in Bereichen zu arbeiten, die mir wirklich gefielen. Ich begann als Leiterin von Kanutouren und Naturseminaren, als Fremdenführerin etc. zu arbeiten und mit der Zeit bedeutete mir die Stadt immer weniger. Ich lebte aber weiterhin in der Stadt, denn einen Umzug, der mit hohen zeitlichen, ökonomischen und die Umwelt betreffenden Kosten verbunden wäre, konnte ich mir noch nicht vorstellen. Mein Körper und mein Instinkt ließen jedoch nicht zu, dass ich mehrere Tage im Haus verbrachte ohne hinauszugehen. Wenn es doch vorkam, verschwanden meine Energie und mein Mut.

Der Eingang des Grundstücks

Klar, in der Stadt gab es alles, aber ich bin gewöhnlich immer in dieselbe Fakultät gegangen, in dasselbe Kino, in dieselben Galerien, in dasselbe Theater... In Kneipen bin ich nicht gegangen.
Warum auch nicht dort leben, wo es mir wirklich gefällt und die Stadt nur für das nutzen, was ich als positiv ansehe? Mit Unterstützung meines damaligen Partners sind wir zuerst nach El Escorial gezogen und danach nach San Lorenzo de El Escorial. Gewiss habe ich in den ersten Monaten die Einsamkeit, die Unruhe der Umzüge und die Angst vor dem Unbekannten als drückend empfunden. Und dabei hat San Lorenzo de El Escorial sicher 10.000 Einwohner! In der ersten Zeit bin ich stärker mit meiner emotionalen und materiellen Abhängigkeit in Konflikt geraten als mit dem Leben auf einem Dorf und seiner Kultur – und ich begann das Ausmaß meiner Abhängigkeiten zu begreifen. Damals fing ich an mich innerlich zu „häuten".
Nachdem sich die Beziehung aufgelöst hatte, ging ich durch eine Phase von starkem Leiden und Unsicherheit. Im Gegensatz zu dem Eindruck, den ich vielleicht nach außen hin machte, fühlte ich mich sehr leer. In der darauf folgenden Zeit habe ich angefangen für ein Umweltbüro zu arbeiten. Jeden Morgen war ich auf dem Land und die Nachmittage bin ich spazieren gegangen, habe geerntet, studiert, gelesen, meditiert... bis mir nach ca. einem Jahr San Lorenzo de El Escorial so groß vorkam, dass ich mit dem Vater meiner Kinder nach Fresnedillas de la Oliva gezogen bin, einem Dorf, das im Sommer wie im Winter 400-600 Einwohner hatte.
Ich war von der Natur umgeben, aber diese Natur war künstlich und aus ihrer Ordnung gebracht. Ich muss dazu sagen, dass sich meine Gefühle, Wahrnehmungen und Instinkte zusehends verschärft haben. Nun verstand ich Ángel, einen Freund aus einem Dorf aus der Gegend von La Rioja, mit dem ich einige Monate lang in einer Wohngemeinschaft in Madrid gelebt habe. Ángel hatte gesagt, dass die Stadt in jeder Ecke nach Füßen, Erbrochenem und Müll riecht. Mir erschien das damals übertrieben und nur auf bestimmte Gebiete und auf das eine oder andere Stadtviertel begrenzt. Im Gegensatz zu früher erschien mir nun Madrid durch das Leben in Fresnedillas stinkend und ekelhaft. Wenn ich in Madrid war, kam ich immer gestresst, mit einem unangenehmen Geruch behaftet, beunruhigt und energielos zurück, obwohl ich meine Familie oder Freunde besucht und mit ihnen eine angenehme Zeit verbracht hatte. Ich hatte immer weniger Lust dorthin zu fahren, es kostete mich sehr viel Energie und danach fühlte ich mich schlapp und schlecht gelaunt.
Fresnedillas hat mir geholfen mich stärker mit meinem Wesenskern zu verbinden, Selbstvertrauen und Selbstsicherheit zu schöpfen, auf die Natur und das Leben zu vertrauen. Oftmals haben wir Angst nicht vor der Einsamkeit an sich, sondern vor der Tatsache, dass uns nichts anderes übrig bleibt als unser

Inneres anzuschauen und uns mit unserem Wesen zu konfrontieren. Als ich noch von vielen Menschen umgeben in Madrid lebte, fühlte ich mich sehr oft allein. Als ich von wenigen Menschen umgeben in Fresnedillas lebte, fühlte ich mich relativ oft allein. In dem Zeitraum, in dem ich allein auf dem Land lebe, hat es nur ein Ereignis gegeben, bei dem ich mich wirklich allein gefühlt habe, und das war die Woche, nachdem der Vater meiner Kinder ging und die Wut bei mir eine Gallenkolik auslöste.

Ich habe mich dann keinen weiteren Tag mehr allein im eigentlichen Sinn gefühlt. Ich denke, dass die Einsamkeit nicht so viel mit dem zu tun hat, was uns umgibt, sondern mit uns selbst und unseren Abhängigkeiten. Ich lebe ja nicht völlig allein, sondern zusammen mit meinen Kindern, mit den Pflanzen, mit der Tierwelt, mit dem Wind und den Sternen... Ich lebe mit einem Herzen voller schöner und inniger Freundschaften.

Noch in Fresnedillas bin ich durch einige harte Momente gegangen, insbesondere während meiner beiden Schwangerschaften. Ich erinnere mich an den ersten Winter, als ich in Begleitung von Hunden und Katzen durch ein menschenleeres vom Nebel bedecktes Dorf spazieren gegangen bin. Ich entsinne mich daran, wie ich bei einem der zwei einzigen Lebensmittelläden etwas gekauft habe, nur um mit jemandem reden zu können. Jedes Mal wurde mir meine emotionale Abhängigkeit stärker bewusst. Ich musste jemanden anrufen, ich wollte angerufen werden, meinen Partner und meine Freunde häufiger sehen... Ich hatte keinen Fernseher, aber ich hatte das Bedürfnis mich hinter jemandem zu verstecken, mich um jemanden zu kümmern, gelobt zu werden oder die „Chemie“ zu spüren, die bei Diskussionen bewegt wird, ich wollte mich nützlich fühlen...

Wenn wir mal an einem Tag einen ernsthaften emotionalen Konflikt hatten, fühlte ich mich an dem Tag oder auch an den folgenden Tagen aufgelöst, ohne Energie und ohne Lebenslust. Ich wollte oder musste viele Dinge tun, aber ich tat nichts, ich war noch nicht einmal in der Lage, es zu versuchen. Es mussten vier Jahre vergehen, bevor ich mir meines unterdrückten Bedürfnisses bewusst wurde, vollständig auf dem Land so natürlich wie möglich zu leben. Nach zwei Jahren fing ich an, Fresnedillas als zu groß und künstlich zu empfinden, obwohl es mir am Anfang sehr klein, entspannt und besinnlich erschienen war. Dann waren zwei weitere Jahre nötig, damit ich genug Kraft hatte für meinen nächsten Schritt. Ich habe mir immer Vorwände ausgedacht (die Partnerschaft, wirtschaftliche und materielle Lage, die Kinder...), irgendwelche Gründe, die mich davon abhielten, wirklich für mich und mein Leben einzustehen. Damit habe ich mich verleugnet, ich habe meine Wesensessenz zugunsten einer stärkeren Akzeptanz durch meine Familie, meinen Partner und das soziale Umfeld ignoriert.

Wenn du nicht das tust, was du wirklich willst, wenn du nicht dort bist, wo du wirklich sein willst, dann wird sich etwas in dir verändern, etwas wird verbrennen und Gereiztheit, emotionaler Stress, schlechte Laune, Depressionen und destruktive Kritik werden sich in deinem Inneren einnisten. Wenn du andere kritisierst oder schlechte Laune hast, musst du dich wirklich fragen: Was tue ich gerade? Was möchte ich tun? Wo bin ich? Wo möchte ich sein? Mit wem bin ich zusammen und wie ist das? Mit wem möchte ich zusammen sein und wie sollte das sein? Danach, wenn du dir diese Fragen beantwortet hast, hast du die Wahl in die Verdrängung oder in die Fülle zu gehen...
Nachdem ich mich mehrmals in solchen Zuständen beobachtet habe, wurde mein Bedürfnis auf dem Land zu leben so zwingend, dass es mir ganz egal wurde, ob ich mit meinem Partner dorthin gehe oder allein, mit Ersparnissen oder ohne, ob die notwendigen Vorrichtungen bereits vorhanden sind oder alles noch installiert werden muss. Ich weiß nur, dass jedes Atom in meinem Körper in dieselbe Richtung ausgerichtet war. Nachdem ich mir ziemlich viele Grundstücke angesehen hatte, traf ich eines Tages auf eins, mit dem ich im Einklang stand – und schon war der Schritt getan. Nun ging es nur noch darum, den Besitzer zu finden, die Bürgschaft, die Bank... Es vergingen fast vier Monate, in denen sich Hoffnungen, Ängste, Enttäuschungen und Freuden vermischten wie ein Wirbelwind. Am Schluss war der Vater meiner Kinder auch motiviert und wir haben uns dort niedergelassen.

Am Anfang haben wir uns an das Leben in verschiedenen Zelten gewöhnt

Zuerst haben wir in einem Igluzelt gelebt, dann in einem Familienzelt und am 23. Dezember 2000 sind wir in einen Wohnwagen mit Vorzelt gezogen. Zur Zeit wohne ich immer noch in dem Wohnwagen mit Vorzelt, die meisten Tage zusammen mit meinen Kindern und an anderen Tagen allein, wenn ich das auf menschliche Wesen um mich herum beziehe.

Später wohnten wir in diesem Wohnwagen mit Vorzelt

Eins kann ich dir sagen: Ich habe an allen Tagen, wirklich an jedem einzelnen Tag, den ich hier verbracht habe, mehrere unglaubliche Momente der Fülle und Ausdehnung erlebt, selbst zu der Zeit, als der Vater meiner Kinder ging und die Kolik mich „zerfressen" hat. Dieses Geschenk hat mir das Land mit seinem Frieden und seiner Energie gemacht. Dieses Geschenk habe ich mir selbst gemacht, indem ich mich von meinem Gefühl habe führen lassen, meine Lebensenergie geschont und mich dem Raum geöffnet habe. Du lebst dann einfach nicht mehr so materiell, viel unbeschwerter und ätherischer, um mit dem Ganzen eins zu sein und zu verschmelzen. Du wirst winzig klein und doch gleichzeitig das ganze Universum. Manchmal wirkt es erschreckend, wie wenn du nach einem anstrengenden Aufstieg zum Gipfel eines großen Berges ins Leere schautest, manchmal hingegen bedeutet es Sicherheit, wie wenn du als Neugeborenes zwischen den Brüsten der Mutter lägest.
Meine Kinder sind agil, gesund und stark. Wenn sie mehr Kontakt mit Menschen, dem Dorf oder der Stadt möchten, brauchen sie nur darum zu bitten und ich komme ihrem Wunsch nach, ebenso wie wenn sie sich das Gegenteil wünschen. Es kommt selten vor, dass sie sich wohl fühlen, wenn sie mehr als drei

Tage in der Woche herauskommen, das bedrückt, stresst und beunruhigt sie. Unser Leben gestaltet sich immer einfacher und geradliniger. Ich fühle in jedem Moment mein Wachstum, mir wird immer klarer, dass ich für ein gesundes, ruhiges, erfülltes und glückliches Leben wirklich nur mich selbst und meine Liebe brauche, das Stück Erde, auf das ich meine Füße setze, und auf dem ich lernen muss zu fühlen und zu lieben.
Sicher, ich habe wenig finanzielle Mittel, aber ich benötige auch wenig zum Leben. Ich habe beschlossen, mein Arbeitsleben auf die anderen Menschen, die Kreativität und die Natur zu fokussieren. Ich brauche nur das zu tun, was ich gern tue – so kann ich abgesehen von der Freude viele Erfahrungen mit meinen Kindern teilen.
Durch das Leben auf dem Land lerne ich eine andere Sichtweise: Wenn ich innehalte, um die Menschen zu beobachten, werde ich nicht nur neugierig, sondern mir erscheinen alle sehr schön, die einen genau wie die anderen. Dasselbe gilt für Gegenstände und die Natur. Wenn du glücklich bist, strahlt alles, was du siehst, Fülle und Optimismus aus. Der Körper hört auf, etwas Kleines und Konkretes zu sein, du dehnst dich aus und lernst auch jenseits seiner Reichweite zu sehen, zu hören und zu fühlen.

Der Innenraum des Wohnwagens ist lichtdurchlässig und er hat uns mehr als genug Platz geboten

Während meines Lebens auf dem Land habe ich Momente körperlicher Angst durchlebt. Einige Male haben sich mir Männer aus der Umgebung genähert, die ich vorher nicht kannte, und ich habe gespürt, dass ich im Fall einer Konfrontation körperlich unterlegen wäre. Damals habe ich aber mit fünf Hunden zusammengelebt und meine Unruhe wurde dadurch beschwichtigt. Jetzt denke ich, dass diese Energie im Leben keinen Platz hat, wenn man sich nicht mit ihr

verbindet. So wie ich das Leben sehe, so stellt sich das Leben mir dar. Heutzutage vertraue ich auf mich selbst, auf meine Fähigkeit Situationen zu lösen und auf meine körperliche Stärke.
Die anderen Momente der Angst, bzw. der Ehrfurcht, haben mit der Großartigkeit der Natur zu tun. Ich habe mich so winzig klein und unwichtig gefühlt und habe die Natur als so großartig, stark und wunderbar empfunden... Wenn wir in unseren Häusern in den Dörfern und Städten Unterschlupf finden, haben wir die Tendenz, uns stark, machtvoll und überlegen zu fühlen. Dort haben wir die Kontrolle über alles, was wir sehen, dort beherrschen wir alle Zwischenfälle und wir wissen, dass die Natur sehr stark außer Kontrolle geraten müsste, um uns zu bezwingen. Wir verlieren das Bewusstsein für die Natur und entfernen uns von ihr. Unser Bewusstsein beschränkt sich praktisch auf unseren Gesichtskreis. Wenn man hier auf dem Land lebt und die wilden Kräfte der Natur sieht und hört, kommen sofort Verehrung und Bewunderung auf.

Auch bei Schnee ist es magisch, hier zu leben

Ich war machtlos gegenüber einem Wind, der alles mit seinen Wirbeln durchpflügte, ich habe einen Hagelschauer erlebt, der es geschafft hat, den dünnen Stoff zu zerstören, der mich von ihm trennte, ich habe die machtvollen Blitze einschlagen sehen und mich vor ihrer Anziehungskraft gefürchtet, ich bin aufgestanden und habe eine völlig durchnässte Matratze zum Trocknen aufgestellt – und wenn mir jemand aus meinem Freundeskreis sein Haus angeboten hat, habe ich ohne den geringsten Zweifel geantwortet: „Ich bleibe hier."

Nein, das ist kein Masochismus, das Leben hier bietet einfach so viel inneren Frieden und eine so starke Verbindung mit dem Universum, dass es mich im Übermaß für jede Furcht entschädigt. Jeder Zwischenfall erscheint vor einer derartigen Schönheit winzig klein. Die Nachteile sind punktuell, während die Vorteile dauerhaft sind.

Hier habe ich gelernt mit immer weniger Geld zu leben. Die Vereinfachung gibt Raum für viele andere Dinge. Ich verwende keine Uhr mehr und die Tage sind länger und erfüllter geworden, sie sind so ergiebig, dass ich irgendwann beschlossen habe, bei Verabredungen mit jemandem keine feste Uhrzeit, sondern nur eine ungefähre Zeit auszumachen (vormittags, mittags, ab 2 Uhr nachmittags...), damit ich die nötige Zeit für meine routinemäßigen Handlungen habe oder eine angenehme Lektüre weiterlesen oder ein lustiges Spiel weiterspielen kann, ohne durch Eile gestört zu werden, die durch die Vorgaben der Uhr geboten wird, insbesondere wenn die Kinder bei mir sind.

In unserem Wohnwagen bereitet uns die Kälte auch keine Probleme, da wir einen mit Butangas betriebenen Ofen in den Eingangsbereich oder ins Vorzelt stellen. Die Tür des Wohnwagens besteht aus zwei Teilen und, wenn ich den Ofen einschalte (an manchen Tagen zur Zeit des Sonnenuntergangs und im Winter auch bei Sonnenaufgang), öffne ich den oberen Teil, um so den Wohnwagen zu heizen, während wir uns im Vorzelt beschäftigen. Wenn wir schlafen gehen, schalte ich den Ofen aus und schließe die Tür des Wohnwagens vollständig. Wir schlafen in Wolldecken in unserem lichtdurchlässigen Wohnwagen und ich kann dir versichern, dass weder meine Kinder noch ich in irgendeiner Weise frieren. Wir schlafen alle auf einem Fleck und nackt oder höchstens an manchen Tagen im T-Shirt. Die Heizkosten sind minimal, wir verbrauchen im Schnitt eine Gasflasche pro Monat je nach Jahreszeit, was für den Geldbeutel erschwinglich ist. Das Gas im Vorzelt stellt keinerlei Risiko dar, weil an vielen Stellen kleine Öffnungen sind.

Ich möchte dir etwas von dem, was ich gelebt und gefühlt habe, übermitteln. Es gibt nichts Wirklicheres als das Wissen von dem, was du vollbringen möchtest, wie du dich verwirklichen kannst... Von diesem Punkt aus wird dir dein inneres Gleichgewicht helfen die größten Hindernisse zu überwinden und rein und reif zu werden. Die innere Sicherheit ist unermesslich. Wenn du den Wunsch hast auf dem Land zu leben, tue es. Das wird dir so viel Liebe, Kraft, Energie und Mut geben, und die Fülle, die dir dadurch geboten wird, wird deine Ängste entschädigen – und du wirst ja immer in die Stadt zurückkehren können...

Neulich habe ich mit einem Freund gesprochen und ihm von verschiedenen Veränderungen erzählt, die ich durch dieses neue Leben in mir bemerkt habe. Eine davon ragt heraus: Mir sind meine Gefühle bewusster geworden und ich lebe jeden Moment mit größerer Intensität. Hier verlangsamt sich der Tag und die Zeit wird komprimierter und dehnbarer zugleich, nicht nur weil sie hier nicht (durch ungesunde Transporte und durch die Verzettelung meiner Sinne) verloren geht, sondern auch weil ich jeden Schritt, jede Bewegung, jede Brise, jede Farbe und jede Handlung intensiver wahrnehme. Meine Sinne vermitteln mir ein höheres Bewusstsein, Tiefe und Spiritualität, sie helfen mir jede Sekunde auszukosten und dadurch das Leben zu fühlen. Da ich außerdem nicht koche und keinen Fernseher habe, gelange ich in eine andere Zeitdimension. Ich lade dich ein das auszuprobieren. Es ist phantastisch!

Altair

Wenn ein Mensch sich der Natur, dem Naturismus und dem Naturalismus nähert, werden ihm diese Dinge immer wichtiger. Ich nähere mich in meiner Entwicklung immer stärker der Natur. Wenn ich einen Schritt gehe, öffnet sich meine Sichtweise und verlangt, dass ich einen weiteren Schritt gehe, um danach einen nächsten Schritt zu gehen und so setzt sich das fort. Obwohl vom Begriff her der Naturismus stärker mit dem Nudismus in Verbindung steht und der Naturalismus mit einer Annäherung an die Natur, werde ich von jetzt an den Begriff Naturismus verwenden, um beide Aspekte zu beschreiben, da mir dieses bequemer und leichter erscheint. Ich empfinde es auch wirklich so, dass beide Definitionen so stark verbunden sind, dass sie auch unter einen Begriff fallen könnten. Für mich bedeutet der Naturismus nicht mehr die Annäherung an die Natur, sondern die Verschmelzung mit ihr: Ich verbinde mich mit mir selbst und meinem Wesenskern, ich kehre zu meinen Vorfahren zurück und lasse die Energien von Mutter Erde in mir fließen.

Wie erreiche ich das? Dadurch, dass ich mich roh-vegan und hauptsächlich von Früchten ernähre, nicht rauche, keinen Alkohol oder andere künstliche Getränke trinke, so wenig wie möglich besitze, mich so einfach und umweltschonend wie möglich kleide, so oft wie möglich auf Schuhe und Kleidung verzichte, vollständig in der Natur in einem lebendigen Haus aus biologischen Baustoffen lebe und versuche, so oft wie möglich draußen zu schlafen, dass ich zum Stein, zur Pflanze oder zum Stern werde, mich dort, wo ich lebe, auf natürliche Weise ausdrücke, meine Kinder stille, bis sie es nicht mehr möchten, sie selbst großziehe, in Übereinstimmung mit den Rhythmen der Sonne und der Jahreszeiten lebe, so wenig wie möglich Elektrizität oder andere Mittel verwende, welche die Wahrnehmungen verändern, störenden Lärm vermeide und mich weder enthaare noch meine Haare schneide, auch nicht aus ästhetischen Gründen.
Für mich bedeutet Naturismus die Brise, den Regen, die Sonne und das Universum auf meiner Haut und in meiner Seele zu fühlen und von Frieden, Hoffnung, Freude und Leben erfüllt zu sein, eine Wolke, einen Vogel, eine Blume oder einen Stein anzulächeln, die Schöpfung zu lieben, das Wesen des Mitmenschen und seine Art zu sein zu verstehen. Der Naturismus hilft uns nicht zu urteilen, sondern zu lieben. Es ist eine andere Ebene der Existenz auf der Basis von Einfachheit, Licht und Verschmelzung mit dem Universum.

Leila lernt in Freiheit

Es kann sein, dass dich das Leben in Einsamkeit, die Weite und der Mangel an Kontrolle über die Natur abschrecken. Ich muss zugeben, dass es mir leicht fiel, weil ich in einem ruhigen und intellektuellen Haus aufgewachsen bin, weil meine Eltern meine Wünsche akzeptiert haben und weil sie uns in ihrer Freizeit ständig den Kontakt mit der Natur angeboten haben. Auf der anderen Seite gibt es etwas, das ich seit neun bis zehn Jahren ausübe und das mir seitdem sehr viel bedeutet: Es ist die Meditation.

Meiner Auffassung nach kann man auf viele Arten meditieren. Nachdem ich mich davon überzeugt hatte, hörte ich auch auf zu denken, dass ich keine Zeit zum Meditieren habe, weil ich ständig von Menschen umgeben bin (Arbeitskollegen oder Kinder). Die Meditation ist keine Zeitverschwendung, sie ist nichts Unproduktives für die Gesellschaft.

Im Fernen Osten unterstützt die Gesellschaft eine meditierende Person, weil man der Auffassung ist, dass die Energie, die von dieser Person ausgeht, wichtig ist. Ich kann meditieren, ohne dass die Leute wissen, dass ich dieses tue. Die Meditation überwindet die Schranken meines Daseins, durch das Meditieren lerne ich meine Handlungen, Gedanken und Gefühle beobachten und kennen, ich bringe meine Überlegungen zum Anhalten und richte meine Energien auf einen einzigen Punkt.

Je nach meinem mentalen und emotionalen Befinden und den anfallenden Tätigkeiten verändert sich die Art meiner Meditation. Generell kann ich heute jeden Tag meines Lebens als eine Meditation bezeichnen, doch wenn ich genauer werden sollte, dann praktiziere ich bewusst fünf Techniken, denen ich eine unterschiedliche Zeitspanne von je 10-15 Minuten bis zu 4-5 Stunden widme. Ich kenne die üblichen Namen dieser Meditationstechniken nicht und bitte deshalb diejenigen, die dieses lesen, nicht beleidigt zu sein, wenn meine Bezeichnungen nicht korrekt sind. Abgesehen von der ersten Technik, die ich beschreiben werde, habe ich nirgends etwas über eine der anderen gelesen, ich lasse mich einfach nur führen.

Eine meiner Meditationen (diese führe ich täglich mehrmals mindestens fünf Minuten lang aus) wird als „bewusstes Fühlen“ bezeichnet und basiert auf der Theorie von Dr. Vittoz, bei der daraufhin gearbeitet wird, dass der Verstand nur als Empfänger – ohne zu senden – agiert und man dadurch lernt, sich vor Ermüdung und geistiger Anspannung oder schädigenden äußeren Einflüssen zu schützen. Zuerst sagt man: „Ich sehe“, und konzentriert sich einige Minuten lang nur einzig und ausschließlich auf das, was man sieht, ohne es geistig zu verarbeiten, ohne Kommentare. Danach geht man zum: „Ich höre“ über, und konzentriert sich auf das Hören, man wird ein kleiner Geräuschempfänger. Diesen Teil führe ich mit geschlossenen Augen aus. Ich analysiere oder bewerte nicht, woher das jeweilige Geräusch kommt. Dann sage ich: „Ich fühle“, und konzentriere mich auf irgendeinen Teil meines Körpers, auf den Kontakt, den meine Haut mit irgendetwas hat. Dabei denke ich nicht darüber nach, was für Eigenschaften das jeweilige Objekt hat. Zwischen dem Sehen, Hören und Fühlen mache ich einige tiefe Atemzüge, bevor ich zum nächsten Schritt übergehe. Ich wiederhole die Übung mindestens fünfmal. Das macht sehr viel Spaß!

Eine weitere Technik, die ich praktiziere, nenne ich Zen-Meditation oder buddhistische Meditation. Diese Meditationstechnik führe ich nicht täglich aus, sondern wöchentlich und ich widme ihr viel Zeit, manchmal sogar drei oder vier Stunden. Dabei setze ich mich mit gekreuzten Beinen hin oder lege mich hin, entspanne meinen Körper, atme tief und leere meinen Geist. Manchmal kommt ein Gedanke auf, aber ich lasse ihn vorüberziehen, ohne mich darauf zu konzentrieren. Das tut mir sehr gut, wenn ich mich unruhig oder nervös fühle, wenn ich mit vielen Menschen zusammen oder in der Stadt war, wenn mein Geist sehr aktiv ist oder wenn ich meinen Kopf nicht von einem Gedanken befreien kann.

Eine weitere Meditationsart ist die Technik des „Vokalisierens". Diese praktiziere ich im Schnitt drei bis vier Tage pro Woche, manchmal einmal und manchmal bis zu dreimal am Tag. Auch die Dauer der einzelnen Meditationen variiert, ab und zu übe ich diese Meditation zehn Minuten lang aus und manchmal zwei Stunden. Ich begebe mich an einen Ort, den ich als kraftvoll empfinde, löse mein Sein auf und lasse durch meinen Mund Vokale und Töne fließen, die herauskommen möchten. Das ist für mich sehr hilfreich, wenn ich Wut oder Machtlosigkeit herauslassen möchte oder wenn ich die höchste Euphorie und Fülle ausdrücken muss (von Zeit zu Zeit sind diese Gefühle so intensiv, dass sie meinen Körper wortwörtlich sprengen, wie ein Küken die Eierschale seines Mutterhauses aufbricht). Ebenfalls durch die Stimme versuche ich mich auszudehnen, meinen Körper zu verlassen und mit den anderen Wesen zu kommunizieren. Oftmals passiert es, dass ich, statt die Stimme hervorzuholen, in lautes Gelächter ausbreche und dass ich so vor Energie aufquelle, dass ich zum Universum rufe: „Nimm diesen Überfluss von meiner Energie, ich gebe sie dir zurück, damit du sie verteilst oder nach deinem besten Ermessen wieder verwendest", und ich fühle mich dabei wie eine Batterie, die an das Einssein angeschlossen ist. In anderen Momenten empfinde ich so ein starkes Gefühl der Liebe, dass ich es in Worte kleiden will: „Leben, ich danke dir dafür, dass du so schön bist! Nimm mich und verwende mich für den Zweck, den du als am besten erachtest. Ich bin deine Dienerin." Dabei werde ich zu einem Kanal. Ich spüre, wie die Energie der Liebe durch meine Vagina in mich eintritt und durch meinen Mund wieder austritt. Manchmal nehme ich wahr, wie diverse Wesenheiten aus mir heraustreten oder in mich eintreten, das variiert je nach Moment oder Ort.

Harmonie in der Natur

Eine weitere Technik ist die der Konzentration auf mein Tun. Diese Art der Meditation praktiziere ich täglich häufig und versuche die gesamte Zeit, die ich für die jeweilige Tätigkeit brauche, deren ganz bewusst zu bleiben. Wenn ich mit der Hacke umgrabe, verweigere oder lösche ich die Gedanken, die mir in den Sinn kommen und mit dem Hacken nichts gemeinsam haben, und konzentriere mich auf meine momentanen körperlichen und emotionalen Wahrnehmungen. Das Gleiche praktiziere ich, wenn ich Auto fahre, Nahrung verzehre, male, am Haus baue etc. Damit versuche ich, mich im Hier und Jetzt zu konzentrieren, mit größerem Bewusstsein in der Gegenwart zu leben, meine Gedanken unter Kontrolle zu haben und meine Energien zu bündeln.
Die letzte Meditationstechnik führe ich täglich in meinem Bett beim Erwachen und beim Einschlafen aus: wenn ich kurz davor bin, in den Schlaf überzugehen oder aufzustehen. Zu diesen Zeiten schließe ich meine Augen, entspanne meinen Körper und Geist und versuche, in mein Inneres zu schauen. Ich stelle mir meine verschiedenen Organe vor. Es ist, als wäre ich ein rotes Blutkörperchen, das in meinem Körper herumwandelt. Nachdem ich mich in mein Inneres versetzt habe, tue ich das Gegenteil, ich gehe aus meinem Körper heraus. Ich denke an jemanden, der mir sehr viel bedeutet, oder an jemanden, der gerade eine schwere Zeit durchmacht, fühle die Liebe, die ich für diese Person empfinde, und versuche ihr diese zu senden. Ich stelle mir auch den Ort vor, an

dem sich die Person befinden könnte, versuche dorthin zu gelangen, diesem Menschen die Hand zu reichen, einen Kuss zu geben oder ihn zu umarmen, mit ein paar Worten Mut einzuflößen, einfach etwas zu tun, das ihn wieder in Schwung bringt. Ich spreche in der Nacht mit meinen Freunden oder mit meinen Geistführern. Ich freue mich sehr auf das Zubettgehen...

Durch meine heutige Lebensart habe ich viel Frieden und Stille, so dass ich meiner Suche Zeit widmen kann. Lebst du auch hektischer, so bin ich doch sicher, dass du eine der Techniken, die ich praktiziere, auch in deinen Alltag eingliedern kannst. Hör auf dich. Wenn du eine dieser Techniken ausführen sollst und es der richtige Zeitpunkt ist, wirst du es ohne Zweifel wissen. Mein Beispiel könnte eine kleine Stütze sein, aber ich empfehle dir nichts buchstabengetreu nachzuahmen. Lass dich von deinem Instinkt leiten und von dem, was dein Sein braucht. Das ist genau das, was ich tue. „Rezepte" helfen nicht, wenn sie nicht von innen kommen. Glaub an dich und steh zu dir. Jeder Moment ist gut für den Anfang.

Oft meinen die Leute, dass ich schon alle Verstecke und magischen Orte in dem bewaldeten Gebiet in der Umgebung kenne, da ich seit Juni 2002 auf diesem Grundstück wohne, aber nichts ist weiter von der Realität entfernt. Natürlich bin ich viele Wege mit dem Auto entlang gefahren, aber eher um die verschwundene brünstige Eselin zu suchen als aus Neugierde. Ich bin längst nicht alle Wege abgelaufen, längst nicht alle schönen Orte genossen. Erst jetzt beginne ich damit. Erst jetzt fange ich an, mit den Kindern Ausflüge zum Fluss zu machen. Warum nicht schon früher?

Nun, zuerst bestand die Notwendigkeit mich um die Unterkunft zu kümmern und meine Gefühle fließen zu lassen, mich kennen zu lernen, mich mit meinem Inneren zu verbinden und mich selbst lieben zu lernen. Meine Energien und meine Suche waren in mir zentriert. Erst jetzt, wo meine Liebe sich ausgedehnt hat, bin ich in der Lage, mich nach und nach auszudehnen, nicht nur im ätherischen Bereich, sondern auch auf der physischen Ebene. Jetzt kann ich aus meinem Inneren heraus die Umgebung erkunden, mich an ihr, wie sie ist, freuen, und das auch wenn ich in die Stadt fahre oder eine Gruppe von Freunden es geschafft hat, mich in eine Diskothek mitzunehmen. An jedem Ort bin ich nur eine von vielen. Ich genieße den Moment und den Ort. Ich werde zum Chamäleon.

In diesen ersten Jahren hier ist mir bewusst geworden, dass ich gar nichts tun muss. Ich muss lediglich zulassen, dass das Universum für mich agiert, durch mich wirkt. Manuel Aguilar hat in seinem Buch *„Von Liebenden und Bettlern"*, das im Sufi-Verlag erschienen ist, geschrieben: „Für den Menschen, der glaubt, er könne alles durch persönliche Anstrengung erreichen, sind Probleme nur auf die Umstände zurückzuführen. Auf diese Weise bestätigt er sein

Ego und das Siegespotential jeglicher Art von Kämpfen unter günstigen Umständen. Dadurch erscheinen ihm seine Zweifel als permanente Wahlmöglichkeit und nicht als seine Unfähigkeit, hinter die Muster zu blicken, durch die er konditioniert wird."
Dieses Prinzip des Fütterns des Egos und des Zweifelns an Entscheidungen habe ich die ganze Zeit, die ich hier gelebt habe, gesehen und gefühlt. Im Moment ist es für mich praktisch unmöglich, mein Ego aufzulösen, aber ich sehe eins ganz klar: Je größer das Ego wird, desto weniger bin ich mit meinem wahren inneren Wesen verbunden und desto weniger lebe ich die Universelle Energie, die Liebe und die Fülle.
Das bewusste Leben auf dem Land auf natürliche Weise ist eine große Lektion, die das Ego, Abneigungen, die Verbindung mit dem Inneren und die Liebe betrifft, eine Lektion in Geduld und Demut, Einfachheit und Aufrichtigkeit, Reinheit... Das bewusste Leben auf dem Land hat mir geholfen mich mit mir selbst zu verbinden.

Die Uhr

Könntest du dir vorstellen, wie angenehm es wäre ohne feste Zeitpläne und ohne dauernde Kompromisse zu leben? Du kannst einen großen Schritt in Richtung Freiheit gehen, wenn du die Uhr aus deinem Haus entfernst oder, was noch besser ist, wenn du nicht nach deren Vorgaben lebst, sondern nach deinem Inneren. Für einige Menschen ist das wahrscheinlich absolut nicht möglich, aber ich bin sicher, dass man in einigen Lebensbereichen aufhören kann nach der Uhr zu leben oder sich davon leiten zu lassen. Ich muss zugestehen, dass die Freiheit auch erschreckend sein kann, aber mach weiter, der Sprung ins Leere ist getan. Nach der turbulenten Phase von Ängsten und Unsicherheiten, Ankünften und Abschieden kommt die Phase der Landung.
Seitdem ich hier auf dem Land lebe, habe ich einige sehr seltsame Wahrnehmungen in Bezug auf die Zeit. Letztere stellt sich als äußerst relativ heraus, wobei ich diese viel intensiver empfinde. Die Tage sind nicht nur ergiebiger, sondern es kommt mir auch noch so vor, als hätte sich das, was ich am Tag zuvor getan habe, vor mindestens einem Monat ereignet. Ich muss mich schon anstrengen, wenn ich im Bett liegend meinen Tag noch einmal gedanklich durchgehe, um das, was am Morgen geschah, als etwas zu empfinden, das an demselben Tag und nicht vor einigen Wochen stattgefunden hat. Eine Wahrnehmung, die ich immer wieder beobachte und erforsche.
Durch mein Leben auf dem Land habe ich das Gefühl, dass sich die Zeit in der Gegenwart verlangsamt. Ich weiß nicht, wie ich das erklären soll, aber es fühlt

sich an, als ob der gegenwärtige Moment sich verlängerte, als ob die Zeit intensiver verliefe. So hat sich mein Leben auf dem Land in reine Bewegung verwandelt. Die Zeit ist nicht mehr linear, sondern räumlich.

Bei mir zu Hause isst jeder, immer wenn er Lust darauf hat. Wenn sich die Nahrung zu dieser Jahreszeit an der Pflanze oder am Baum befindet, geht derjenige einfach dorthin und pflückt sich, was er mag. Wenn nicht, nimmt er sich etwas aus dem Korb. Die häusliche oder familiäre Atmosphäre existiert sowieso, da wir viele Momente des Tages miteinander verbringen (in diesem Punkt ist es sehr praktisch, dass meine Kinder nicht eingeschult sind und ich mit ihnen arbeiten kann). Da unser Haus eher ein Zufluchtsort als ein Wohnhaus ist, leisten wir alle jemandem Gesellschaft, der im Innenraum des Hauses etwas isst, da die räumlichen Verhältnisse sehr begrenzt sind. So geht die Atmosphäre der Gemeinschaft beim Essen nicht verloren.

Ein wesentlicher Punkt, mit dem ich bei der Schulpflicht nicht einverstanden bin, sind die Stundenpläne. Die Kinder verbringen den ganzen Tag außerhalb des Hauses und sind nicht mit ihrer Familie zusammen. So wird die Kommunikation auf beiden Seiten erschwert. Wie sollen sie dann als Erwachsene keine Probleme mit dem Zusammenleben haben? Wie sollen sie sich dann nicht allein fühlen, obwohl sie von Menschen umgeben sind? Im Erwachsenenalter bleiben die Regeln bestehen, die man als Kind gelernt hat. Wenn die Schulen einen freien Stundenplan hätten, würden sich viele Dinge ändern. Wenn der Vater eines Kindes sich jeden Dienstag einen arbeitsfreien Tag nimmt, wäre es sehr gut, wenn das Kind an den Dienstagen nicht in die Schule geht, um mit dem Vater zusammen zu sein. Warum ist das nicht erlaubt? Ich glaube nicht, dass die Lernergebnisse dadurch zerstört werden, da diese sich wirklich auf einem sehr geringen Niveau befinden.

Zu Hause kann man die Zeit zur Erziehung wesentlich besser nutzen. Wenn ein Kind an einem Tag mal müde ist und länger schlafen möchte, ist es doch förderlicher, dass das Kind in der Schule fehlt, damit sein Körper die notwendige Erholung und als Folge den geistigen und körperlichen Frieden erhält. Durch die strengen Zeitvorgaben im frühen Kindesalter erziehen wir die Kinder dazu, nicht auf die inneren Signale zu hören – und als Erwachsene tun sie alles andere als das, was sie wirklich fühlen.

Wenn wir einem Baby alle drei oder vier Stunden die Brust oder die Flasche geben und es auch noch dazu wecken, berauben wir es nicht nur seiner Fähigkeit, auf sich selbst zu hören, wir rufen bei ihm nicht nur eine Abhängigkeit von der Nahrung hervor, sondern wir verlieren außerdem noch in mehr oder weniger großem Ausmaß die Fähigkeit mit dem Kind zu kommunizieren. Wir akzeptieren nicht seine Bedürfnisse – wir konzentrieren uns stärker auf die Handlung als auf die Beobachtung.

Wir stehen hier nicht zu einem festgelegten Zeitpunkt auf und gehen nicht zu einer bestimmten Zeit ins Bett. Wir lassen uns durch unsere Bedürfnisse leiten, welche vom jeweiligen Wetter und vom Sonnenstand abhängen. So stehe ich fast immer vor oder zu Sonnenaufgang auf und wir gehen bei Sonnenuntergang zu Bett. Wenn es kalt ist, bleibe ich nach dem Aufwachen im Bett und meditiere, lese, zeichne, schreibe, erzähle meinen Kindern etwas, plaudere oder spiele mit ihnen, bis die Sonne hoch genug steht, um die Umgebung zu erwärmen. Auf dieselbe Weise gehen wir bei Sonnenuntergang zu Bett, denn diese Stunden sind wie jene um den Sonnenaufgang herum die kältesten Stunden des Tages. In der warmen Jahreszeit geschieht das Gegenteil, wir stehen früh auf und gehen spät ins Bett (die Zeiten, zu denen der Magen Lust auf Nahrung hat, variieren auch stark je nach Wetterlage).

Wir nutzen die Zeit, damit sich jeder zurückziehen und lernen kann, oder für das Familienleben, oder für das Faulenzen. Die Tage, an denen es regnet oder sehr kalt ist, sind eine Freude, weil sie förderlich für die Selbstbeobachtung sind. Die hellen, leuchtenden und heißen Tage sind auch ein Genuss, weil sich die Sinne zu diesen Zeiten nach außen richten. Jeder Tag ist wunderschön. Ein Tag ist nicht mehr oder weniger schön aufgrund seines Wetters, sondern er ist durch die einfache Tatsache, dass wir ihn fühlen dürfen, wunderbar, das Leben und die Natur sind einfach unbeschreiblich schön.

Wenn wir uns mit anderen Leuten verabreden, versuchen wir keine genaue Uhrzeit abzumachen. Wir gehen zu der Person nach Hause oder an einen Ort, an dem diese die Zeit des Wartens sinnvoll nutzen kann, oder wir rufen die Person an, wenn wir das Haus verlassen. Das ist, besonders wenn man Kinder hat, eine große Erleichterung, denn da diese einen viel langsameren Rhythmus haben, kann es äußerst stressig sein, sich an feste Uhrzeiten halten zu müssen. Wenn ich zu einem bestimmten Zeitpunkt eine Arbeit aushändigen oder einen Vortrag halten muss, versuche ich diesen Termin auf den Nachmittag zu legen. So können wir morgens in Ruhe das Haus verlassen, in die Nähe des entsprechenden Ortes gehen und den Vormittag in einem Park verbringen oder etwas in der Gegend erledigen – und der feste Zeitpunkt ist überhaupt kein Stressfaktor mehr.

Bis vor einigen Monaten gehörten für mich das Einkaufen und die Behördengänge zu den unangenehmsten Tätigkeiten. Ich habe es so stark abgelehnt, die ländliche Umgebung zu verlassen und mich in den Trubel zu stürzen, dass ich dann alles an einem Tag erledigen wollte. Dadurch ist natürlich Stress entstanden. Es konnte vorkommen, dass ich irgendeinen Laden gerade geschlossen vorfand oder bei einer Behörde mit ein oder zwei Sachen aufgehalten wurde. Manchmal habe ich nach der Erledigung dieser Angelegenheiten meine Augen zugemacht und die Situation rekapituliert. Ich habe mir dann vorgestellt,

wie ich vor meinen Kindern stehe und sage: „Schnell, schnell, beeilt euch, die Läden schließen und wir haben keine Zeit“, oder wie ich mit einem Freund spreche, ohne mich richtig mit ihm zu unterhalten: „Hallo, ja, nein, nein, OK, gut, ich habe es eilig. Ich muss jetzt gehen, sonst schließen die Läden...“. Ich war weder an einem Ort noch an dem anderen. In solchen Momenten habe ich nicht gelebt, sondern nur existiert.
Ist es das, was ich will? Nein. Ich möchte kein Leben voller Stress und Ängste führen, ich möchte jede meiner Handlungen mit so viel Bewusstsein wie möglich ausführen. Es liegt an mir, ob ich das erreiche oder nicht.
Ein großer Schritt in diese Richtung ist es, nicht in der Zukunft zu leben, sondern im Hier und Jetzt. Ein weiterer großer Schritt – nicht den ganzen Tag zu verplanen, sondern meine Bedürfnisse bis zum Schluss zu erfüllen, egal wie lange das dauert. Wenn ich lerne, das Einkaufen und Erledigungen bei der Bank oder bei Behörden zu genießen, wenn ich an diesen Tagen nicht mehr nervös werde und keine hohen Ansprüche an meine Kinder stelle, wird es mir egal sein, ob ich einen, zwei oder fünf Tage dafür investiere, und ich werde in der Lage sein, die Schönheit auch in diesen Dingen zu sehen.

Fliegen, Spinnen, Zecken, Wespen, Bienen, Stechmücken und Bremsen

Dank dieser Insekten habe ich sehr viele tiefe und ausgiebige Lernerfahrungen gemacht. Meine erste Lektion über Fliegen habe ich schon vor einigen Jahren gelernt, als ich noch auf dem Dorf wohnte und das Buch *„Traumfänger“* von Marlo Morgan gelesen habe. In diesem Buch kommt ein Absatz vor, in dem beschrieben wird, wie die Autorin angesichts eines riesigen Fliegenschwarmes hysterisch wird, während sich ihre Reisegefährten einfach dem Schwarm überließen. Das Ergebnis war, dass sie sehr gelitten hat und weiterhin sehr schmutzig, mit verklebten Augen, voller Wüstenstaub und Ohrenschmalz blieb, während ihre Freunde eine saubere Haut hatten.
Früher habe ich immer gedacht, dass Fliegen viele Infektionen übertragen und ich habe sie vertrieben. Heute denke ich auch – abgesehen davon, dass Infektionen nur einen Organismus befallen können, der innerlich verschleimt ist und ihnen einen Nährboden bietet – dass die Fliegen dazu dienen, uns zu reinigen. Am Anfang ist es eine Herausforderung für die Geduld, wenn du dich mit ausgestreckten Armen und Beinen, offenen Augen und offenem Mund auf den Boden legst und zulässt, dass sich die Fliegen auf dich niederlassen, wenn du darauf wartest, dass sie dir vertrauen und dich lieben, dass du sie rufen und mit ihnen verschmelzen kannst, dass du dein Kitzeln überwinden und deinen Körper beherrschen kannst. Auf jeden Fall kostet es dich viel mehr Konzentration,

als es auf den ersten Blick erscheint, und du lernst dadurch zu lieben und dich zu beherrschen. Ich werde oft gefragt, ob ich mich hier nicht allein fühle. Wie soll ich mich bei so viel Leben allein fühlen? Wenn die Fauna und Flora auch meine Freunde sind, bin ich fast immer in Gesellschaft.

In meiner Kindheit und Jugend begegnete ich den Spinnen mit Widerwillen – eine Ausnahme waren die Weberknechte, die so schön auf der Haut kitzeln. Die Spinnen, die in Spanien vorkommen, sind nicht gefährlich und ihre Arbeit kann sehr nützlich sein. Wie ich in den letzten acht bis neun Jahren beobachten konnte, stechen Hausspinnen nicht – im Gegensatz zu dem, was man ihnen nachsagt. Wenn du ihnen nichts tust, ignorieren sie dich. Wenn du ihnen gewährst, sich in deinem Zuhause niederzulassen, erweisen sie dir eine Gegenleistung, ihre Netze halten den für deine Lungen schädlichen Staub zurück und sie essen Zecken, Fliegen und die lästigen Stechmücken. Der einzige Nachteil ist, dass sie die Ästhetik deines Hauses verunstalten. Und was bevorzugst du? Außerdem ist Ästhetik ein dehnbarer Begriff. Mir bereitet es heutzutage Freude, wie sich das Haus mit verschiedenen Arten von „Ungeziefer" füllt, denn das bedeutet, dass mich die Tierchen akzeptiert haben und wir miteinander umgehen lernen.

Zecken mag ich nicht und ich habe sie nie gemocht, aber sie sind ein Teil der Existenz und haben ihre Aufgabe. Wenn wir eine Zecke an unserem Schlafplatz oder auf unserem Körper sehen, nehmen wir sie einfach und befördern sie ins Freie. Wenn sie sich bereits in einen Teil unseres Körpers festgebissen hat, drehen wir sie einfach gegen den Uhrzeigersinn heraus und befördern sie ebenfalls hinaus. Das Drehen gegen den Uhrzeigersinn hat seine Berechtigung: Die Widerhaken am Stechrüssel der Zecken sind leicht in Richtung des Uhrzeigersinnes gekrümmt. Wenn du die Zecke einfach so herausziehst, kann es passieren, dass du nur den Kopf entfernst und die Haken unter der Haut bleiben. Wenn du die Zecke wie oben beschrieben drehst, lösen sich die Haken ganz leicht und werden dabei nicht zerstört.

Ich spreche aus Erfahrung. Wir haben schon viele Zecken von unseren Körpern entfernt und mit dieser Methode kann man sich von ihnen befreien, ohne ihnen zu schaden. Wir haben auch keine Angst vor möglichen Infektionen oder Komplikationen, da unsere Auffassung von Krankheit (nähere Einzelheiten dazu sind in dem Kapitel über die natürliche Gesundheitslehre erläutert) absolut nichts mit dem zu tun hat, was der Staat mit seinen Steuern und seinen Pharmaziekonzernen fördert. Außerdem sind wir fest von der regenerativen und selbstheilenden Kraft eines jeden Organismus überzeugt. Man muss ihm nur gewähren, seine Arbeit zu verrichten.

Wespen und Bienen stellen für uns überhaupt kein Problem dar, weil sie nur Menschen angreifen, die eine gestörte Energie haben, die durch eine Ernäh-

rungsweise mit tierischen Produkten ein Übermaß an Harnsäure im Körper haben oder aggressiv reagieren, als ob sie um ihr Leben kämpfen müssten. Wespen und Bienen führen eine großartige Bestäubungsarbeit aus und dank ihrer Tätigkeit erscheinen dort, wo du lebst und dich am Leben freust, mehr Vögel. Während ich geschrieben oder gemalt habe, hat sich oft eine Biene oder Wespe auf meine Hand oder meinen Körper gesetzt. Ich habe einmal beschlossen, sie dort zu lassen und mit meiner Beschäftigung fortzufahren, und wurde damit belohnt, dass ich nicht gestochen wurde und auf diese Weise eine große Lektion der Selbstbeherrschung gelernt habe.
Ab und zu sind meine Kinder oder ich versehentlich auf eine Wespe oder Biene getreten und diese hat uns dann gestochen. In diesen Fällen haben wir auch nichts weiter getan als „Autsch!" zu schreien und uns nicht zu kratzen. Ich weiß, dass es andere Möglichkeiten gibt wie Schlamm oder Zahnpasta auf die Stelle zu tun oder sich mit Aloe Vera einzuschmieren, aber damit würden wir von äußeren Dingen abhängen und der Erfolg davon ist auch relativ. Wenn ich weder mich selbst noch meine Kinder mit irgendetwas einschmiere, lernen wir uns zu beherrschen und über dem Schmerz zu stehen. Wir lernen Selbstgenügsamkeit und nehmen unserem Körper nicht die Fähigkeit zur schnellen Selbstheilung.

Leila und Altair mit ihren Cousins und Cousinen

Wenn wir nichts Vorgefertigtes anwenden, drängt uns der Vorfall zum Überlegen, wir überdenken, welche Energie wir in dem Moment haben, welche psychosomatische Verbindung zwischen unserem Verstand oder unseren Emotionen und der betroffenen Körperregion besteht, und wir lernen uns mehr im Hier und Jetzt zu zentrieren und jede unserer Handlungen mit mehr Bewusstsein und Aufmerksamkeit auszuführen. Das Selbstwertgefühl und die Selbsterkenntnis werden gefestigt.

Je stärker dein Organismus vergiftet ist, desto mehr allergische Reaktionen werden hervorgerufen. Die Lösung: Änderung der Ernährungsgewohnheiten.

Mücken und Bremsen können wirklich zur Qual werden, wenn man auf dem Land lebt, oft draußen schläft und nicht diverse Cremes oder Öle anwenden möchte, die für unseren Organismus schädlich sind, weil sie durch die Haut in den Blutkreislauf gelangen und diesen vergiften. Alle, absolut alle diese Mittel sind in mehr oder weniger großem Ausmaß giftig, das gilt auch für die Produkte aus dem Reformhaus oder Naturkostladen. Die Produkte aus der Apotheke zeichnen sich meistens dadurch aus, dass für ihre Herstellung sehr grausame Tierversuche durchgeführt werden.

Um mich nicht verrückt zu machen, bin ich in Bezug auf dieses Thema zu einem Schluss gekommen: nichts zu tun. Wenn ich sehe, dass sich eine Bremse auf mir niederlässt, verjage ich sie natürlich. Wenn ich aber schlafen oder meditieren möchte und das Summen einer Mücke höre oder wenn ich etwas tue und eine Mücke oder Bremse umherfliegen sehe, entspanne ich mich, konzentriere mich auf das, was ich gerade tue, und ignoriere das Insekt, statt an ihm zu verzweifeln oder die ganze Zeit mit dem Versuch zu verbringen, es zu vertreiben. Logischerweise werde ich dann gestochen, aber ich habe festgestellt, dass der Stich nach sehr kurzer Zeit verschwindet, wenn ich mich nicht kratze.

Ich kann die Einstellung der Bremsen oder Stechmücken nicht ändern, da die Stiche ihr Lebensextrakt sind, aber ich kann meine Einstellung ändern und diese meinem Körper mitteilen.

Ich kann versuchen ein Mindestmaß an Gelassenheit unter allen Umständen zu bewahren, mich nicht zu kratzen und meinen Körper darum zu bitten, die Energie in dem betroffenen Bereich zu sammeln und für eine schnelle Heilung anzuwenden. Im Übrigen ist der Körpergeruch umso schlechter und anziehender für Insekten, je belasteter das Blut ist. Auch in diesem Punkt ziehe ich es vor, meine Ernährung und die Ernährung meiner Kinder umzustellen.

Mein fast fünfjähriger Sohn ist derjenige, der sich am schlechtesten ernährt, und ich habe in diesen fünf Jahren festgestellt, dass er derjenige von uns dreien ist, bei dem sich Wunden öfter entzünden und den die Mücken und Bremsen am häufigsten stechen. Für mich liegt das auf der Hand, es ist kein Zufall.

Die Jäger

Unter den Menschen, die keine tierischen Produkte essen, ist es ebenso verbreitet, äußerst misstrauisch und unangenehm berührt auf die Jäger zu reagieren, weil diese deren Privatsphäre stören und der Umwelt und den Tieren großen Schaden zufügen. Ich weiß nicht, ob das Gleiche für die Fischer gilt, da ich mich noch nie in dieser Situation befunden habe, aber ich kann mir vorstellen, dass es im Prinzip genauso ist.
Das Grundstück, auf dem wir leben, hat keinen Zaun und hier in der Gegend werden diverse Tiere wie Turteltauben, Hasen, Rebhühner, Füchse, Hirsche und Wildschweine gejagt. Wenn die Schonzeit beendet ist, erscheinen aus allen Ecken Jäger mit ihren Hundemeuten, zeigen keinerlei Respekt vor den Gehwegen für die Fußgänger und fallen überall ein. Sie tauchen dort auf, wo man sie am wenigsten erwartet, und es ist üblich, dass sie dann über alles Gesehene tratschen: Privateigentum und Privatsphäre hören vollständig auf zu existieren.
Das Privateigentum an sich stellt für mich so gut wie kein Problem dar, denn ich denke, dass ich vor allem dafür verantwortlich bin, das sehr gestörte Gleichgewicht dieses Ortes wieder herzustellen. Das Grundstück selbst gehört ohne jeden Zweifel dem Universum. Der Eingriff in meine Privatsphäre schmerzt mich stärker, denn ich bin in einer Umgebung aufgewachsen, in der Raum und Stille sehr respektiert wurden. Da ich versuche in jedem Moment rein und aufrichtig zu sein, wird sich dieses Problem im großen Rahmen lösen.
Weitere Aspekte, die es zu berücksichtigen gilt, sind das Risiko, dass meine Kinder von einem Schuss verwundet oder von einem aggressiven Hund angegriffen werden, und die Verschmutzung des Erdbodens und des Wassers durch die abgeschossenen Kugeln. Das Wichtigste ist aber: Ich will nicht, dass der Ort, an dem ich lebe, von der Energie der Tötens erfüllt wird und dass die Tiere, die es hier gibt, vertrieben oder vernichtet werden. Das ganze Jahr über hoffe ich, dass die Tierwelt sich vermehrt, um dann ansehen zu müssen, wie die Jäger zu ihrem Verschwinden beitragen. Ich habe den Entschluss gefasst, sie über mein Grundstück ziehen zu lassen, allerdings dürfen sie hier nicht jagen. Warum? Weil alle Menschen einen wunderschönen Wesensanteil haben und das gilt auch für die Jäger. Außerdem erscheint es mir konsequenter, dass ein Mensch einen Hasen jagt, der in Freiheit gelebt hat und versuchen kann zu entkommen, anstatt er im Supermarkt einen Hasen kauft, welcher sein ganzes Leben in einer Kiste eingesperrt war und mit Antibiotika, Impfstoffen und Fertigfutter vollgestopft wurde.
Viele von uns haben Großeltern oder Urgroßeltern, die einst Jäger waren, und das bedeutet nicht, dass sie nicht auch Glück und Liebe gesucht haben und dass

es nicht auch etwas gibt, was wir von ihnen lernen können. Jeder Mensch ist in seinem Stadium des Entwicklungsprozesses und jeder von uns sucht und keiner ist besser als andere, erst recht nicht wenn er aus Arroganz oder Argwohn handelt. Es gibt Leute, die meinen, sie könnten andere Menschen verurteilen, weil diese jagen oder fischen, aber im Gegenzug rauchen sie, leben in Städten oder benutzen Sonnencreme. Wer setzt die Grenzen?

Eine gute Hilfe, um diesen möglichen Hass oder Groll aufzulösen, ist, sich an die Phasen in unserem Leben zu erinnern, in denen wir uns in einem destabilisierenden Prozess befanden, und dadurch zu verstehen, dass alles Prozesse durchläuft und wir durch Beurteilung nichts erreichen. Wenn wir im Gegensatz dazu ein Gespräch mit den Jägern beginnen und versuchen sie zu verstehen, kennen zu lernen, mit ihnen zu teilen und sie zu lieben, ist das wahrscheinlich viel effektiver in Bezug auf ihren Respekt vor der Tierwelt des Ortes.

Erstens stellen sie fest (und wir genauso), dass wir (oder sie) auch nur Menschen mit Ängsten, Sorgen, Gefühlen und Herz sind. Vielleicht finden wir sie oder sie uns interessant und es entwickelt sich eine schöne Freundschaft. Warum auch nicht? Nur durch unser Beispiel, durch unser tägliches Leben können wir in die Tiefe des Herzens vordringen und zeigen, dass der Mensch keine tierischen Produkte essen braucht, um vollständig gesund leben zu können, und dass es nicht notwendig ist, andere Lebewesen zu töten. Wenn wir dann noch das Gefühl hinzufügen, dass sie (oder wir) geliebt und respektiert werden können und jemand ihnen (uns) zuhört, egal was sie (wir) tun, dann dient das wieder der Universellen Energie.

Hier ist auf jeden Fall noch ein Hinweis: Es ist verboten, zwischen Bäumen, auf bewohntem Privatgelände und auf abgegrenztem Gelände, dessen „Besitzer“ die Jagd nicht wünscht, zu jagen.

Krankheit bei Tieren

Vor etwas mehr als einem Jahr habe ich einige Tage mit Mitra, der Hündin einer Freundin, verbracht. Diese Hündin konnte nicht laufen, weil ihre Hinterpfoten gelähmt waren und sie auch an Beweglichkeit in den Vorderpfoten verlor. Anscheinend hatte sie seit ca. eineinhalb Jahren Leishmaniose. Durch diese Erfahrung gingen mir einige Überlegungen durch den Kopf.

Wenn es in dieser Gesellschaft in Bezug auf Krankheit ein Konzept gäbe, das mehr in Richtung der natürlichen Gesundheitslehre ginge, hätten wir weniger Ängste in Bezug auf die Kranken und würden ihnen mehr Aufmerksamkeit, Pflege und Liebe geben. Durch unsere Angst vor Krankheit geschieht es viel

eher, dass wir die Kranken (schon einer möglichen Ansteckung wegen) ablehnen, vernachlässigen und damit schwächen. Fangen wir stattdessen an Krankheit nicht als ein bösartiges Wesen zu sehen, das jede Unzulänglichkeit von uns bestraft, sondern als Reinigungsprozess unseres Organismus zur Ausscheidung von übermäßigen Toxinen, so verbessern wir unsere Lebensqualität und die des Kranken und werden viel offener für die Liebe.
Seit meiner frühesten Kindheit habe ich mit verschiedenen Tieren zusammengelebt: Hunden, Hamstern, Kanarienvögeln, Fischen, Kaulquappen, Süßwasserschildkröten... Meine Eltern mussten sich sehr genau an Impfkalender halten, alle möglichen Arten von Medikamenten verwalten und den Tieren Spritzen verabreichen, um sie zu töten, wenn sie der Meinung waren, dass ein Tier stark leiden müsse oder die Krankheit unheilbar sei. Seitdem ich auf eigenen Beinen stehe, habe ich meinen Lebensraum je nach Situation mit verschiedenen Lebewesen geteilt: Katzen, Hunden, Eseln, Kaninchen und Schildkröten. Im Verlauf ihrer unterschiedlichen Krankheiten habe ich viel gelernt und bin durch einen großen Prozess gegangen.
Das erste Haustier, das ernsthaft krank wurde, war mein erster Kater Michi: Er erkrankte an Katzenseuche, genau zu dem Zeitpunkt, als ich ihn dagegen impfen sollte. Ich erinnere mich lebhaft an den Tag, als er sehr geschwächt zu mir kam und sich auf meine Füße legte, während ich eine Kunstmesse vorbereitete. Sowohl sein körperlicher Zustand als auch sein Blick haben mich tief getroffen. Er konnte kaum laufen und war vollständig dehydriert. Sein Blick war nicht traurig, aber sehr tief. Mit diesem Blick hat er nur Wärme und Liebe, ganz viel Liebe gesucht. Wir haben so Stunden verbracht. Der Kater wollte weder essen noch trinken. Am nächsten Tag war er so schwach, dass er sich nicht mehr bewegen konnte. Von großer Angst erfüllt beschloss ich, ihn zum Tierarzt zu bringen. Michi protestierte schwach, als ich ihn hochnahm und ins Auto beförderte. Die Ärztin entschied ihn mit Serum zu hydrieren, ihm bestimmte Medikamente zu spritzen und ihm einige Tabletten zu geben. Ich folgte dem medizinischen Plan. Dem Kater ging es mit der Zeit etwas besser und er begann zu essen und zu trinken, aber ich fühlte, dass etwas zerstört worden war. In mir kam ein leichtes Misstrauen auf... Als der Kater wieder auf den Beinen war, haben wir die Behandlung eingestellt und nach einigen Tagen fing seine Kraft wieder an zu schwinden.
Eines Tages kam er in seinem ziemlich abgemagerten Zustand aus meinem Arbeitszimmer und beschloss, sich nicht auf meine Füße sondern in die Nähe des Balkons zu legen. Ich legte mich eine Weile neben ihn und streichelte ihn. Am nächsten Tag war er verschwunden (ich habe damals in einem Landhaus gelebt und die Tiere kamen und gingen, wann sie wollten). Ich bin sicher, dass er zum Sterben in den Wald oder wohin auch immer gegangen ist, da ich bei

seiner Erkrankung nicht zugelassen habe, dass er frei stirbt (oder sich erholt), und da ich zu stark von meiner Angst beherrscht war, statt ihn sich selbst helfen zu lassen. Die Traurigkeit übermannte mich.

Ein weiteres Bild, das ich schmerzhaft in Erinnerung habe, ist das Katerchen YingYang. Beim Spielen hat einer der Hunde das Katerchen in den Kopf gebissen und es lag im Todeskampf. Seine Augen waren geschlossen, der Mund stand offen und seine Körpertemperatur war so stark gesunken, dass ich es leicht zugedeckt in einem Korb an dem Ort stehen gelassen habe. Nach einigen Stunden ging ich dorthin zurück und erwartete, es dort tot vorzufinden, und fast so war es auch. Am Abend bin ich noch lange Zeit bei dem Katerchen geblieben, bis ich dann zu Bett ging. Am nächsten Tag war ich wieder lange dort und die Ameisen liefen schon in seinen Mund. Ich habe es sanft hochgehoben und an einen anderen Ort gebracht.

Am Nachmittag beschloss ich, es zum Tierarzt zu bringen. Der Arzt sagte mir, dass es praktisch tot sei und dass es das Beste wäre, ihm die bekannte Injektion zu verabreichen, um ihm so mehr Leiden zu ersparen. Ich habe das akzeptiert. Der von Furcht erfüllte Blick, den mir das Katerchen zwischen der Verabreichung der Spritze und seinem Tod zuwarf, hat sich für den Rest meines Lebens in meiner Seele eingebrannt. Ich werde bei keinem Lebewesen mehr auf so abrupte Weise in den Lauf der Natur einschreiten oder diesen unterbrechen.

Das Leben hat mich für diese Entscheidung belohnt. Nach einiger Zeit wurde eine weitere Katze krank, nachdem sie ein totes und zwei weitere sehr schwache Kätzchen geboren hatte. Die Kätzchen starben bald, weil sie weder ihre Mutter noch die anderen beiden Katzen, die gerade Junge hatten, angenommen haben. Der Unterleib von Rayas war stark entzündet und aus der Vagina trat eine übelriechende grünweißliche Flüssigkeit aus. Sie weigerte sich zu essen oder zu trinken und verbrachte den ganzen Tag schlafend in meiner Nähe. Der Tierarzt sagte mir, dass sie ein totes Katzenbaby im Leib habe, das so verwest sei, dass die Toxämie weit fortgeschritten sei. Er sagte, dass es keine andere Möglichkeit gäbe, als die Katze zu töten, um den Leidensprozess zu verkürzen. Ich habe mich geweigert und ihr einfach nur Wärme und Zärtlichkeit gegeben und ihren Unterleib ganz sanft massiert. Bei diesen Massagen traten einige wirklich ekelhafte und stinkende Substanzen aus. Ich habe ihr immer Wasser, rohes Geflügel und ein paar Obstschalen in eine Ecke gestellt. Sie hat weder gegessen noch getrunken... bis sie nach einigen Monaten schnurrend zu mir kam. Welche Freude habe ich empfunden!

Sie hat sich nach und nach erholt und ich hatte absolut nichts getan, ich hatte nur versucht, ihr die ganze Liebe zu geben, die ich geben konnte, und den Zyklus der Natur nicht zu unterbrechen. Außerdem habe ich versucht, sie so zu ernähren, wie ich es machen würde, wenn wir mitten im Wald in einer völlig

natürlichen Umgebung wären und nicht in einer künstlichen Umgebung wie in dem Dorf, wo ich lebte. Die Katze hat sich allein geheilt.
Wir alle tragen einen Samen des Lebens in uns, es ist nur schwierig, ihn mit Liebe zu gießen und ihm nicht das Licht zu entziehen, ihn allein keimen zu lassen und auf seine Kraft zu vertrauen.
Mehr Tiere sind erkrankt und ich habe mich ähnlich verhalten – alle sind wieder gesund geworden. Bei einem Tier wurde ein leichter chirurgischer Eingriff vorgenommen, von meiner Liebe und dem Prinzip unterstützt, so wenig wie möglich zu tun. Dabei ging es um die Eselin Luna.
Ein Esel hat versucht sie zu besteigen, als sie trächtig war. Als Luna das nicht zuließ, hat sie der Esel in die Schamgegend gebissen und dadurch sind einige Wunden entstanden. Ich habe nichts unternommen, sondern mir ihre Wunden nur von Zeit zu Zeit angeschaut, um zu sehen, wie sie sich entwickeln. An einem Tag habe ich gedacht, dass sich darin sehr viel Eiter bildet – und als ich am nächsten Tag genau hinschaute, sah ich, dass die Wunden voller Würmer waren. Zu diesem erschreckenden Anblick trug ein sehr intensiver Geruch bei.

Beim Spielen mit unserer Freundin Luna

Der Tierarzt nahm meinen Anruf mit Ruhe entgegen. Er sagte, dass ich mir keine Sorgen machen sollte und dass dieses Phänomen ganz normal sei. Ich folgte seinem Rat, besorgte mir Latexhandschuhe und zog die Würmer nach und nach mit einer Zange und den Fingern heraus. Wie ekelhaft! Nach einer halben Stunde war mein Widerwille stärker als mein Pflichtgefühl und daher habe ich mir eine Pause gegönnt. Das Schlimmste war, dass man noch nicht einmal sah, dass ich etwas getan hatte. Am Nachmittag bin ich mit der Hilfe des Vaters meiner Kinder wieder zur Tat geschritten. Nachdem wir mehr als 200 (gezählte) Würmer entfernt hatten, beschlossen wir, dass es doch besser ist, wenn der Tierarzt diese Arbeit beendet.

Als der Tierarzt Luna untersuchte, sagte er, dass es viel schlimmer sei, als er gedacht hätte und dass eine große Menge beschädigten und toten Gewebes vorhanden sei (an einigen Stellen hatten sich die Würmer schon durch die Vulva gebohrt). Wir beschlossen der Eselin ein orales Beruhigungsmittel zu verabreichen, eine Lokalanästhesie vorzunehmen, das tote Gewebe herauszuschneiden und alle Würmer gründlich zu entfernen. Danach haben wir den betroffenen Bereich gewaschen und mit pulverisierter Aktivkohle behandelt, um die möglicherweise noch vorhandenen Wurmeier abzutöten. Solche Waschungen mit dem anschließenden Auftragen der Aktivkohle habe ich noch eine Zeitlang täglich wiederholt. Die Wunde verheilte schnell.

Die Kraft und Leidensfähigkeit von Tieren ist erstaunlich. Luna hat nicht nur keinen Protest von sich gegeben, sondern verhielt sich auch ganz zahm. Laut Aussage des Tierarztes ist es sehr wahrscheinlich, dass die Leibesfrucht nicht geschädigt worden wäre und sich das Problem von allein gelöst hätte, wenn wir nicht eingeschritten wären, allerdings unter beträchtlichem Schaden und Verlust an Gewebe, was entsprechende Komplikationen bei der Erweiterung der Vulva während der Geburt bedeutet hätte. Der Sohn von Luna, Hijo del Viento, wurde in keiner Weise davon beeinträchtigt und lief nach sechs Monaten schon frei herum.

Hijo del Viento wurde allerdings mit einem Defekt der Vorderhufe geboren. Da er eine schlechte Position im Mutterleib hatte, waren diese deformiert und nach innen gerichtet. Hinzu kommt, dass er im November geboren wurde und durch eine schlechte Kalzium-Versorgung an Rachitis litt. Das Eselchen kam kaum auf die Beine und wenn es aufstand, hat es sich auf die Knie der Vorderbeine gestützt. Nach einem Monat brachte ich es zum Tierarzt und der sagte mir, dass der Prozess schon sehr weit fortgeschritten sei. Er würde dem Tier zwei Wochen lang Vitamine verabreichen und, wenn sich sein Zustand in der Zeit nicht bessert, würde er es „opfern". Ich rief bei einem Verein für Eselfreunde in Andalusien an und dessen Mitglieder empfahlen mir meinem Gefühl zu vertrauen, den Esel bei seiner Mutter säugen zu lassen und ihm viele zusätzliche

Vitamine zu geben. Mir war völlig klar, dass ich ihn nicht töten lassen würde, denn obwohl laut dem Tierarzt ein Esel, der keine Lasten tragen kann, zu nichts nütze wäre, hat er mir sehr viel „genützt".
Er hat uns Liebe gegeben und sich lieben lassen, er beschenkte seine Mutter mit einem Glücksgefühl, er hat meinen Kindern geholfen Krankheit und Verantwortung zu verstehen, er isst das Gras auf dem Grundstück und vermeidet dadurch möglicherweise Brände im Sommer, er hilft dabei den Ort zu düngen, die Energie des Ortes auszugleichen, er nützt zu so vielen Dingen... Weiß ich wozu? Was gibt er mir noch und wofür? Wer bin ich, dass ich für ihn handele? Wer bin ich, dass ich im Namen der Universellen Gesetzte handele? Wenn er sterben muss oder will, dann wird er das von allein tun.

Hijo del Viento in seinen ersten Lebensstunden

Ich bin in Wirklichkeit nicht so wichtig oder notwendig für diesen Sachverhalt. Ich habe den Esel also in Ruhe gelassen, er blieb bei seiner Mutter, hat ihre Milch getrunken und Gras gegessen, ich habe ihm weder Vitamine noch irgendwelche anderen Dinge verabreicht außer getrockneten Brennnesseln, die er verschlungen hat. Ich habe ihn so viel davon essen lassen, wie er wollte, und ihm viel Liebe gegeben. Heute ist er zwei Jahre alt und jeder Bauer, der ihn sieht, sagt mir, wie gesund und schön mein Esel ist.
Die Natur ist stark – sehr, sehr stark. Die multinationalen Pharmakonzerne wissen unter anderem, wie man uns über unsere Kultur viele Ängste eintrichtern kann, und dienen damit den Geldbeuteln einiger weniger Leute, aber nicht dem Universellen Gleichgewicht des Planeten.

Es begeistert mich, die Umarmung meines Bruders zu spüren.
Es ist so schön zu lieben...

Meine Freundin hat durch die Zweifel, ob sie ihrer Hündin Mitra Medikamente verabreichen soll oder nicht, sehr gelitten. Sie hat beschlossen die Hündin nicht töten zu lassen, aber sie wusste nicht, ob sie das Tier ohne Medikamente sterben lassen kann. Ich habe ihr ganz klar meine Meinung gesagt: Ich würde die Hündin weiterleben lassen – nicht um zu sterben, sondern um zu leben, egal welcher energetische Prozess bei ihr ansteht. Ich würde sie nicht zwingen zu essen und ihr nur rohes Fleisch von solchen Tieren anbieten, die sie auch selber jagen könnte (Kaninchen, Geflügel, Schlangen...), und Schalen von Obst oder anderen Pflanzen. Wenn sie fasten möchte, soll sie fasten, wenn sie essen möchte, soll sie essen, wenn sie sterben muss, soll sie sterben, aber zu ihrem Zeitpunkt. Niemand außer uns selbst und unserem eigenen Instinkt weiß, was wirklich gut für uns ist. Nur wir selbst haben den Schlüssel für unsere eigene Gesundheit. Wenn der Zeitpunkt des Todes gekommen ist, sollten wir so viel Liebe wie möglich und so wenig Aggressivität wie möglich in und haben, damit die Energie so rein wie möglich gehalten wird.

Ich muss gestehen, dass es an dem Tag, an dem ich von der Krankheit der Hündin erfuhr, eine leichte und doch grausame Veränderung in meinem Verhalten stattfand. Wenn ich sie gestreichelt habe, habe ich mir dafür nicht mehr so viel Zeit genommen und war auch nicht mehr so herzlich. Ich glaube, ich habe aus Angst vor Krankheit und Ansteckung sowohl in Bezug auf mich selbst als auch auf meine Kinder und die anderen Tiere, mit denen ich zusammengelebt habe, gehandelt. Der Grund für diese Haltung ist normalerweise unabhängig davon, ob man den Verlauf der Krankheit kennt oder nicht oder ob eine Ansteckung möglich ist. Es ist eine irrationale Angst. Im Laufe der Zeit wurden mir diese Einstellung und die Angst bewusst und ich begann Mitra mit anderen Augen zu sehen, nämlich als ein Lebewesen, das sich wünscht, Zärtlichkeit zu geben und zu bekommen.

Uns allen gefallen Liebkosungen und Zärtlichkeiten

Wenn ich mit meinen Kindern und den Tieren, mit denen wir zusammenleben, mit meinen Lebensgewohnheiten, meinen Ernährungsgewohnheiten und der natürlichen Gesundheitslehre die Türen für Krankheit öffne und zulasse, dass mein Körper sich ständig regeneriert und reinigt, wovor sollte ich mich fürchten? Wenn ich weiß, dass sich sowohl Samen der Krankheit als auch Samen der Gesundheit in mir befinden und welche Nahrung die Letzteren benötigen, wovor soll ich dann Angst haben? Habe ich nicht vielmehr Angst davor, etwas zu integrieren und vor der Liebe? Oder habe ich Angst verlassen zu werden?
Ich weiß nur, dass Mitra genau wie die anderen Lebewesen, mit denen ich zusammen gelebt habe, mir unabhängig von meiner emotionalen Verfassung viel Liebe gegeben hat. Ich weiß nur, dass alles frei fließt, wenn ich den anderen Lebewesen auf dem Weg helfe, den sie ausgewählt haben oder leben können. Ich weiß nur, dass ich gelernt habe zu lieben und meine Gefühle zu geben. Danke, Mitra, für das, was du mir gegeben hast (die Hündin starb später bei meiner Freundin)!

Die wohltuende Wirkung des Nudismus

Eine andere Art des Sehens und Fühlens

Wasser, Luft, Sonne und Erde,
kommt zu mir
und lasst mich fühlen.

Möge eure Weisheit
mich lehren zu leben.

Seit langer Zeit haben wir nicht mehr berücksichtigt, wie wichtig es ist, die Sonne und das Licht auf unserer gesamten Haut zu spüren, oder besser gesagt wir haben uns davon abgewandt. Der Nudismus bringt viele Vorteile mit sich – das gilt sowohl für den physio- als auch den psychologischen, energetischen und spirituellen Bereich. Bereits im 5. Jahrhundert v. Chr. empfahl Herodot seinen Zuhörern zur Erhaltung der guten physischen und psychischen Gesundheit Sonnenbäder zu nehmen. Hippokrates, der von vielen Menschen als Vater der Medizin betrachtet wird, sagte einst, dass die Natur mit ihrer heilenden Sonne die einzige Medizin sei. Die Sonnenstrahlen galten für einen Kranken als eine der größten Wohltaten, die ihm geboten werden konnten.
Heutzutage werden hingegen kranke und alte Menschen in dicht verschlossene Krankenhäuser und Heime gesperrt, die mit ungesundem und viel zu intensivem Neonlicht beleuchtet sind und vor elektromagnetischen Feldern nur so strotzen. Ein Genesungshaus sollte mit einem Innenhof, Gärten und Schwimmbecken oder Teichen, einem Flur, auf dessen Gesamtlänge große Fenster eingebaut sind, und mit warmen und heimeligen Lampen, die ein gelbliches Licht geben und an günstigen Plätzen aufgestellt sind, ausgestattet sein. Die Menschen dort sollten eine viel gesündere Ernährung bekommen, die hauptsächlich aus rohem Obst und Gemüse besteht und frei von tierischen Produkten ist (statt Milch – Milch aus Pflanzen, statt Weißbrot – Vollkornbrot). Das Verabreichen von gekochter Nahrung und vollwertigem Brot und Getreide sollte nur dazu dienen, den alten und kranken Menschen dabei zu helfen, sich an die neue Ernährungsweise zu gewöhnen, und man sollte immer versuchen sie darauf vorzubereiten, in der Zukunft nur noch rohes Obst und Gemüse, Nüsse und Samen, Sesam, Sonnenblumenkerne, Kürbiskerne etc. zu essen und natürliche und frische Säfte zu trinken.

Wenn der Garten noch voller Vogelhäuschen wäre, die sich die Kranken und Alten anschauen könnten, und mit einer großen oder besser noch vielen kleinen ökologischen Anlagen bestückt wäre, in denen jeder arbeiten kann, der dazu Lust verspürt, und wenn sowohl innerhalb als auch außerhalb der Gebäude, im Wasser des Sees, im Bach oder im Schwimmbad Nudismus erlaubt wäre, bin ich sehr sicher, dass sich der gesundheitliche und psychische Zustand vieler Menschen in großem Umfang bessern würde.

Ungefähr um die Lebzeit des Römers Cicero begannen all diese Prinzipien zur Genesung der Kranken (und zur Erhaltung der Gesundheit für die Gesunden) in Vergessenheit zu geraten, man griff immer öfter nach künstlichen Medikamenten und ungesunder Nahrung. Zum Glück haben sich viele Menschen im Laufe der Geschichte zum Nudismus bekannt und ihre Rechte, diesen zu leben und zu praktizierten, verfochten, nachdem sie auf ihre Instinkte gehört haben und ihre Schlüsse aus der Selbstbeobachtung, der Beobachtung der Natur und der anderen Personen gezogen haben (Alexander der Große hielt es z. B. für unerlässlich, jeden Morgen einen Nacktlauf zu machen, um dabei die wichtigste Medizin zu erhalten – Poren zu öffnen, Kapillaren zu erweitern und Nerven zu stärken).

Wenn wir die jüngere Vergangenheit beleuchten, gelangen wir in die Zeit um das Ende des 19. und den Anfang des 20. Jahrhunderts zu Rikli, der sein auf Luftbädern (sich nackt der Luft und der Sonne aussetzen) basierendes „Rikli-System" vertreten hat, das unter den Anhängern des damaligen Naturismus sehr bekannt war. Durch die Luftbäder verbessert sich die Blutzirkulation, unsere Atmung wird tiefer und Kohlendioxid wird besser ausgeschieden. Sonnenlicht regt unser endokrines System und unser Immunsystem an, das lymphatische System wird aktiviert, die Schilddrüse funktioniert besser und dadurch werden unsere Zellen vitalisiert, die Luft reinigt unsere Haut und lässt unsere Wunden verheilen. Oftmals wird das Rikli-System in Verbindung mit dem Müller-System eingesetzt, bei dem die Haut abgerieben und durch ein Bad belebt wird.

In der Zeit, als viele Menschen der Tuberkulose zum Opfer fielen, rief der französische Arzt Malgat die Menschen zur sog. Heliotherapie auf (so viele Bezeichnungen für etwas so Einfaches...) und verhalf damit einer großen Zahl von Kranken zur Genesung. Als diese ins Gebirge gingen, um reine Luft zu atmen und die direkte Sonne und den Frieden der Umgebung zu fühlen, gab es äußerst überraschende Heilungserfolge.

Einzig und allein vier Dinge sind für die Genesung notwendig: Sonne, Luft, Wasser und Früchte (Erde). Wenn wir uns beharrlich auf diese Dinge konzentrieren, wird sich unsere Lebensqualität immens verbessern und unserem Körper – und unserer Psyche – wird geholfen, falls wir mal krank sind. Schon

Almicar de Souza hat um das Jahr 1915 herum gesagt: „Luft, Licht, Sonne und Früchte bilden genau die wissenschaftliche Basis, auf die sich die Revitalisierung der Menschheit gründet." Ich würde es noch anders ausdrücken: „Wenn wir die Einfachheit und die Natur in Ehrfurcht, Reinheit und Liebe in all ihren Facetten suchen, dann kommen wir ins Gleichgewicht und finden Fülle und Heilung."

Keine Angst, du bekommst keine Falten, wenn du diese Grundsätze praktizierst, sondern du verjüngst sogar noch. Außerdem profitierst du durch den Nudismus nicht nur vom Sonnenlicht und vom Prana der Luft, sondern auch von der Energie der Erde, die durch deine Füße deinen ganzen Organismus füllt, die energetischen Kanäle öffnet und Anspannungen und elektrische Staus entlädt. Dein Blut wird reiner, es enthält weniger Toxine und mit vermehrter Lebensenergie regeneriert dein Organismus all seine Zellen schneller, so dass du ca. alle zwei Jahre „neu geboren" wirst. Meine Haut und die Haut meiner Kinder fühlt sich zart, glatt und rein an. Ich habe weder Falten noch Schwangerschaftsstreifen am Körper, obwohl ich zwei Kinder zur Welt gebracht habe. Ich werde normalerweise auf fünf bis zehn Jahre jünger geschätzt.

Fühlen, fühlen, fühlen... welch ein Vergnügen!

Ich glaube nicht, dass an dieser Stelle tiefgehender erklärt werden muss, dass ein großer Teil der nützlichen Wirkung der Elemente in den Städten verloren geht und umso geringer wird, je größer die Stadt ist. An solchen Orten gibt es nicht nur wenige Stellen, an denen wir die Erde mit unseren Füßen spüren können, wir können durch unsere Nase und Haut nicht mal reine Luft aufnehmen oder in frei fließendem Wasser baden, das uns das Wissen des Universums übermittelt, geschweige denn Sonnenstrahlen genießen, die durch die Glocke der Umweltverschmutzung dringen. Aus diesen Gründen ist die Rückkehr aufs Land, zur Natur und zu unseren Ursprüngen im Prinzip ein obligatorischer Schritt für die Regeneration unserer vier Körper (physisch, emotional, mental und spirituell). Wenn du dich nicht in der Lage fühlst, deinen Wohnsitz in der Stadt aufzugeben, versuch zumindest als Ausgleich in deiner Freizeit in Harmonie und im Fluss mit der Natur zu sein.

Es heißt, dass die ersten organisierten Nudistengruppen in Spanien im Jahre 1923 in Alicante, dieser Wiege des spanischen Nudismus, entstanden sind. Bereits die alten Griechen nannten diese Region Gymnetas (von „gymnos" – nackt), weil deren Bevölkerung nackt lebte. 1953 wurde der internationale Nudistenverband gegründet und aus dieser Wurzel entstanden verschiedene größere Vereinigungen (s. Bibliografie). Zur Zeit gibt es in Spanien die folgenden beiden Gebiete für den organisierten Nudismus: Vera (Almería), mit Campingplätzen und Siedlungen für Nudisten, und El Fonoll (in der Nähe von Tarragona).

El Fonoll ist ein interessantes Projekt mit einer Fläche von 152 Hektar Wald, Wiesen und Wegen, wo gesunde und unternehmungslustige Menschen ein Dorf aus Stein mit romanischem Kulturgut und vielfältigen Freizeitmöglichkeiten bauen. Du kannst bei dem Projekt mitwirken, dort leben oder deine freien Tage verbringen, an Kursen und Veranstaltungen teilnehmen und vieles mehr, während du die vier Elemente auf deiner Haut und eine Umgebung voller Frieden und Harmonie genießt. Ich möchte das Projekt mit seinen schönen Aktivitäten an dieser Stelle unterstützen und dich dazu ermutigen, so etwas auch zu tun.

Normalerweise tragen die Menschen unter dem Einfluss der patriarchalischen Konsumgesellschaft, die auf der Förderung von Verkäufen und Abhängigkeiten sowie der Übertragung von Verantwortlichkeit auf den Staat in großem Umfang basiert, diverse Cremes auf ihren Körper auf, wenn sie das Sonnenlicht genießen wollen. Es tut mir wirklich weh, wenn ich das sehe, weil ich mit der erstickenden Haut (bitte verzeih mir den Ausdruck, aber ich sehe es so) mitfühle, die nach Luft und Freiheit ruft.

Die uns umgebende Luft besteht zum größten Teil aus Stickstoff. Obwohl es viele gegensätzliche Theorien zu diesem Thema gibt, unterstütze ich die Ansicht, dass sich unsere Haut an der frischen Luft (logischerweise ohne Cremes,

sonst funktioniert es nicht) von dem Stickstoff aus der Umgebung ernährt und unser Organismus dadurch dieses Nahrungsmittel aufnehmen kann. Dadurch befreien wir uns von der Notwendigkeit unserem Körper bestimmte stickstoffhaltige Nahrung (ölhaltige Früchte, Nüsse, Mandeln... und Fleisch) zuführen zu müssen, wir werden so eine Sorge los, weil wir das Gefühl haben, dass wir „gegessen haben" und können dann gesündere Nahrung verzehren.
Zu den vielfältigen Aufgaben unserer Haut gehört auch die Produktion von Sekreten wie Talg und Schweiß, die als Schmierstoffe dienen und mit ihrem leicht sauren Milieu Schutz vor externen Infektionen bieten. Dank der Haut können wir das hydro-elektrolytische Gleichgewicht aufrechterhalten und toxische Rückstände ausleiten. Zu diesem Zweck benutzt der Körper den Schweiß. Letzterer besteht aus Wasser, Natriumchlorid, Kalium, Milchsäure, Harnstoff (stickstoffhaltiges Endprodukt des Stoffwechsels) etc. Wenn wir Hautcremes benutzen (egal ob Sonnencreme oder andere Arten von Cremes), verstopfen wir zeitweilig die Poren und erschweren der Haut die Ausübung ihrer oben genannten Funktionen. Akne wird durch eine Tiefeninfektion von Poren, die mit Fett verstopft sind, verursacht und der Körper versucht durch die Krankheit Toxine und übermäßigen Schleim auszuleiten.

Zusammen mit einem guten aufrichtigen Freund

Wenn wir Cremes auf unsere Haut auftragen und damit versuchen die ultravioletten Strahlen abzuschirmen, schirmen wir in Wirklichkeit die uns von der Natur gebotene mikrobentötende Wirkung ab. Diese Wirkung der UV-Strahlen ist in der wissenschaftlichen Literatur ausführlich erläutert worden. Das mikrobizide Prinzip wirkt in unserem Organismus, wenn wir die UV-Strahlung aufnehmen, unser Körper reinigt sich, er wird gestärkt und die besagten langwelligen Strahlen helfen auch dabei, den Stoffwechsel im Darm zu verbessern. Ich halte es für absolut wichtig, täglich mindestens eine halbe Stunde Sonnenbäder zu nehmen. Das ultraviolette Licht wirkt außerdem auf unsere Fortpflanzungsorgane, beseitigt Entzündungen der Eierstöcke, falls dort Probleme vorhanden sind, und es steigert die Produktion von Ei- und Samenzellen. Das durch die UV-Strahlung im Körper produzierte Vitamin D interagiert mit Cholesterin und fördert die Vitaminsynthese.
Wir wissen, welche Auswirkungen es auf einen Motor hat, wenn er an irgendeiner Stelle verstopft ist. Wir sind immer sehr darauf bedacht, die ganzen Filter so sauber wie möglich zu halten, aber wir sind nicht in der Lage dasselbe mit unserem Körper zu tun. Wann werden wir endlich damit anfangen, uns selbst wertzuschätzen und sorgsam mit uns umzugehen?
Traditionsgemäß wird in Spanien, im Mittelmeerraum und in den lateinamerikanischen Ländern die Wäsche in der Sonne aufgehängt (besonders die Weißwäsche), damit sie gut durchgelüftet und von allen Mikroben gereinigt wird. Es ist wirklich schade, dass es Mode geworden ist Wäschetrockner zu benutzen, die eine stark kontaminierende Wirkung auf die Umwelt haben und keinen Raum für die reinigende Wirkung der Sonne lassen. So positiv sich Letztere auf die Wäsche auswirkt, so wirkt sie sich auch auf unseren Körper.
Wenn du nicht die Möglichkeit hast oder dich nicht traust dich nackt an der frischen Luft aufzuhalten, kannst du immerhin ein Fenster in deinem Haus öffnen, dich dahinter legen und das Sonnenlicht durch das Fensterglas aufnehmen. Durch das Glas wird die UV-Strahlung allerdings abgetönt und du musst dich daher länger sonnen.
Das Gleiche gilt für Babys. Die Toxine, die in den Cremes enthalten sind, gelangen schnell ins Blut und vergiften den ganzen Körper. Die Neugeborenen sind mit einer weißen Fettschicht bedeckt, die man Lanugo oder Vernix nennt. An vielen Orten ist es Brauch, dieses Fett mit einem Tuch zu entfernen und das Baby danach zu waschen. Es ist relativ verständlich, dass man ein Neugeborenes badet, wenn bei der Mutter ein Dammschnitt vorgenommen wurde und das Kind voller Blut zur Welt kommt, aber ich sehe es unter keinen Umständen gerechtfertigt, dass man das weiße Fett entfernt. Letzteres hat eine schützende und wärmeausgleichende Wirkung, es schirmt das Baby vor pathogenen Stoffen und diversen Hautinfektionen ab.

Wenn dein Baby voller Blut zur Welt kommt, ist es nicht nötig, es sofort zu baden. Lass ihm einige Stunden Zeit, damit sein Körper die Vernix-Schicht absorbieren kann (außerdem gibst du ihm damit Zeit sich an die Umgebungstemperatur und an seine neue Umwelt zu gewöhnen, zu trinken und dich und euch kennen zu lernen). Später kannst du es leicht mit einem Schwamm säubern, der vorher in lauwarmes Wasser getaucht wurde. Wenn sich kein Blut am Körper deines Kindes befindet, rate ich dir, es einige Tage lang einfach zu lassen, wie es ist, und dich einfach nur an ihm und deinem neuen Lebensabschnitt zu freuen.

Wenn ein Kind geboren wird, spielen die UV-Strahlen der Sonne eine wichtige Rolle für das Bilirubin. Das Wissen, dass Babys besonders in den ersten Wochen ihres Lebens durch einen Überschuss an Bilirubin eine gelbe Farbe annehmen, ist ziemlich verbreitet. Der momentan in den Krankenhäusern übliche Brauch, die Kinder keinem direkten Sonnenlicht auszusetzen und sie darüber hinaus auch noch anzuziehen und bis zu den Augen zu vermummen, verstärkt die Wahrscheinlichkeit dieser Gelbfärbung und die Ängste der Eltern immens.

Es macht Freude, mit dem Körper zu spielen

Normalerweise haben Kinder, die auf natürliche Weise zur Welt kommen, weniger Probleme mit Gelbsucht, da sie einen größeren Anteil an Sonnenlicht erhalten. Wenn du deinem Kind vorsichtig und sorgfältig auch am Tag seiner Geburt ermöglichst einige wenige Minuten lang nackt, nicht eingecremt und nur leicht mit einem dünnen Laken bedeckt der direkten Einwirkung der Sonne ausgesetzt zu sein (wenn du dich nicht traust auf die Straße zu gehen, kannst du einfach dein Fenster öffnen), wirst du dadurch nicht nur seine Haut kräftigen und Gelbsucht verhindern, sondern auch seinen Körper dabei unterstützen, sich zu reinigen und möglicherweise vorhandene Bakterien aus dem Blut zu entfernen.

Wenn du das Gefühl hast, dass deine Haut oder die Haut deines Babys nach dem Sonnenbad Feuchtigkeit benötigt, könntest du natürliche Produkte verwenden, die nicht toxisch sind. Solche Produkte sind preiswerter und stehen nicht mit Tierversuchen und dem damit verbundenen Leiden und sozialen Kosten in Verbindung. Sie erzeugen keine Plastikrückstände bei ihrer Herstellung oder Entsorgung. Nimm Einfaches wie eine Avocado, Olivenöl, das Öl von Aloe Vera oder das Zitronenöl.

Was die Dauer eines Sonnenbades betrifft, halte ich es für sehr wichtig, auf das Leben und die Natur zu hören, statt sie herauszufordern und gegen sie anzugehen. Wenn deine Haut beginnt sich zu röten und du das Gefühl hast, dass du einen Sonnenbrand bekommst, geh einfach aus der Sonne, begib dich in den Schatten oder bedecke dich. Das ist meiner Ansicht nach viel einfacher und gesünder als die Augen zu schließen, dich mit Cremes einzuschmieren und dich so viel Zeit wie nur möglich der Sonne auszusetzen. Wenn du dich aus irgendwelchen Gründen doch verbrennst, gibt es Abhilfe. Die verbrannten Zellen, die auch die Temperatur der Zellen in ihrer Umgebung erhöhen, können mit aufgeschnittenen Blättern der Aloe Vera gekühlt werden, insbesondere wenn ein Kleinkind betroffen ist.

Es stimmt, dass die Ozonschicht immer dünner wird und dass es ein Ozonloch gibt. Ich vertraue allerdings auf das Leben und die Natur. Ich weiß, dass mein Körper sich an die Veränderungen der Umwelt anpasst und sich umstellt. Wenn ich mich richtig und rein ernähre und positive Gedanken und Gefühle habe, regenerieren sich meine Zellen ständig und schnell, somit wird Schaden verhindert und Licht, Leben und Reinheit geschaffen. Wenn ich mich nicht sicher fühle, kann ich die Sonnenstrahlen meiden, die am senkrechtesten einfallen (hauptsächlich zwischen 11.00 und 13.00 Uhr). In dieser Zeit kann ich mich hinter einem Glasfenster sonnen, weil dadurch die Intensität der Strahlen verringert wird. Um diese Uhrzeit kann ich mich bekleiden und anderen Aktivitäten nachgehen. Es gibt viele Alternativen, die sich nicht schädigend auf die Umwelt, andere Lebewesen und uns selbst auswirken.

Auf alle Fälle ist es sehr schwer, einen Sonnenbrand zu bekommen, wenn man das Leben an der frischen Luft führt. Weder meine Kinder noch ich achten darauf, wie lange wir in der Sonne sind. Wir cremen uns nicht ein, wir laufen oft barfuß, sind oft nackt oder versuchen so wenig Kleidung wie möglich zu tragen. Im Laufe des Jahres gewöhnen sich unsere Körper Schritt für Schritt an die Intensität der Sonne und passen sich ihr an.

Viele Menschen frieren besonders an den Extremitäten (Hände und Füße) im Winter bei der kleinsten Temperaturänderung schnell, wenn sie nackt oder leicht bekleidet sind. Dieses ist meiner Meinung nach hauptsächlich auf übermäßige Mengen an Harnsäure im Blut oder in den Gelenken zurückzuführen, die sich durch eine Ernährung mit tierischen Produkten dort ansammelt. Ein weiterer Grund kann eine schlechte Blutzirkulation sein, die durch ein Übermaß an Toxinen im Blut bedingt ist und ein Gefühl von Kälte bewirkt. Diese Toxine werden sowohl durch unreine Ernährung als auch durch ungesunde Luft oder kritische und negative Gedanken verursacht. Kälte hat wie alles im Leben auch mit psychologischen Faktoren zu tun – wenn du denkst, dass du frieren wirst, dann wird das auch der Fall sein.

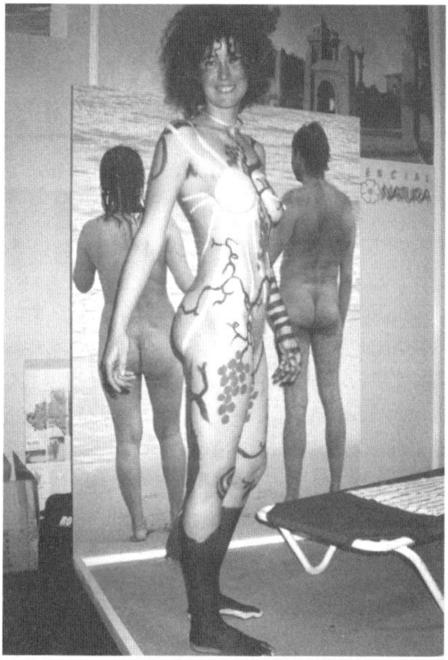

Wir sind Natur

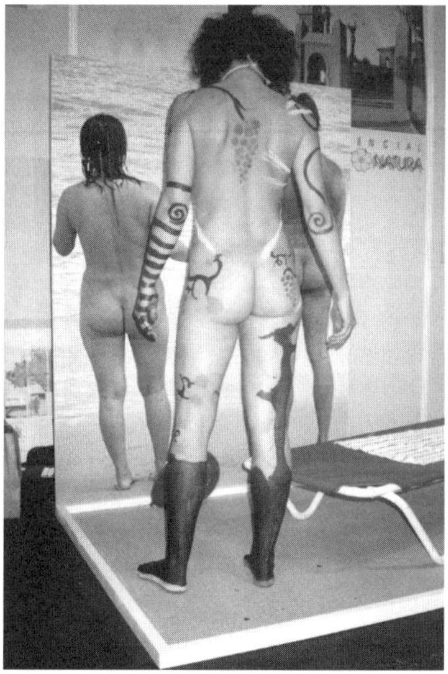

Alles ist EINS

Wenn du auf der Straße, zu Hause oder an einem anderen Ort die Leute oder ihre Haustiere gelangweilt vorbeigehen siehst, ist es sehr wahrscheinlich, dass du dich unpässlich fühlst oder stärker frierst als in einer Situation, in der du dich auf das konzentrierst, was du gerade tust, das Leben und dich selbst intensiv wahrnimmst... In diesem Fall ist es – genau wie in allen anderen Situationen – wichtig, eine Lösung für das Problem zu finden, anstatt zu versuchen, es mit mehr Kleidung zu überdecken.
Wenn du den Nudismus täglich praktizierst, wird sich die Blutzirkulation an deiner Körperoberfläche verbessern und deine Sensibilität wird sich unglaublich erhöhen. Kannst du dich trotz allem nicht von deinen Handschuhen trennen, dann verwende wenigstens keine Handschuhe aus Leder oder Wolle, damit deine Haut besser transpirieren kann (es sei denn du befindest dich an einem Ort mit extrem hoher Luftfeuchtigkeit, an dem Baumwolle nicht hilfreich ist). Es ist wichtig, dass du dir weite Handschuhe kaufst, damit sich ein Luftpolster zwischen deinen Händen und dem Material bildet. Zu enge Handschuhe geben zwar am Anfang das schnelle Wärmegefühl her, erweisen sich jedoch als „kalt“, wenn du sie eine Weile getragen hast.
Das Bett ist ein weiterer Ort, an dem die Menschen dazu neigen, sich zu warm anzuziehen und dadurch richtige Schweißabsonderung und einen kräftigenden Schlaf zu verhindern. Es ist verständlich, dass man bekleidet zu Bett geht, wenn man allein daran denkt, sich in einem kalten Zimmer auszuziehen und sich in eiskaltes Bettzeug zu legen... Aber unser Organismus zieht einen großen Nutzen daraus, wenn wir uns entkleiden und über uns nicht übermäßig viele Decken legen. Nichts ist so gut wie früh, nackt und mit leerem Magen zu Bett zu gehen, wenn man am Morgen entspannt und mit einem Lächeln auf den Lippen aufwachen möchte. Außerdem friert man langfristig gesehen dann nicht mehr so leicht. Probiere es mal aus!
Wenn du den Nudismus akzeptierst und in dein Leben integrierst, bringt das abgesehen von den bereits genannten Vorteilen noch viele weitere. Nudismus besteht nicht nur aus dem materiellen Aspekt, er ist kein Spiel, welches sich um entkleidete Körper, braune Haut, Bequemlichkeit und Einfachheit dreht... Nein, der Nudismus ist viel mehr, und wenn du dir diese Lebensweise zur Gewohnheit machst, lässt du auch zu, dass du dich in deiner Ganzheit wahrnimmst und anderen Menschen gegenüber aufrichtig bist, du zeigst dich, wie du bist, und lernst, dich bis in den verstecktesten Winkel deines Körpers und Wesens zu akzeptieren und zu lieben. Nach und nach befreist du dich von Komplexen und deine Einstellung dem Leben gegenüber wird weniger von Dogmen, Argwohn und Tabus geprägt. Mit der Zeit lernst du über das Physische, Oberflächliche und Banale hinaus zu sehen. Die physische Form verliert ihre ästhetische Wichtigkeit, um der „energetischen Form“ Platz zu machen.

Deine Augen und Sinne bekommen ein weiteres Wahrnehmungsfeld. Du hörst auf, das Körperliche mit Sex gleichzusetzen, nimmst diesem die Wichtigkeit und hilfst damit auch anderen Menschen, die große sexuelle Probleme haben. Du nimmst jeden Menschen als schön wahr, weil jeder eine gewisse Harmonie und ein Licht in seinem Inneren besitzt, das nach außen durchscheint.
Wenn wir Kleidung tragen, blockieren wir damit nicht nur unsere energetischen Kanäle und den Energiefluss an bestimmten Stellen durch Gürtel, Schnallen oder Metallbügel, sondern wir bewirken, dass sich unsere schöpferische Energie nach innen zurückzieht und es für sie schwieriger wird in unsere Außenwelt zu expandieren. Auch die Aura tendiert dazu, sich zu verkleinern oder zumindest durch die Farben und Formen der Kleidung verborgen zu werden, insbesondere wenn wir Schwarz oder sehr dunkle Farben auswählen.
Wenn du nackt bist, wirst du für deine Mitmenschen und gegenüber dem Leben durchsichtiger, und du kannst dadurch deinem Weg eine größere Reinheit geben. Du lehnst ein Schutzschild ab, mit dem du dich abschirmen könntest, du vermeidest ebenfalls eine elektrostatische Überladung, und wenn deine Energie reiner geworden ist, kannst du leichter als Kanal arbeiten und deine außersinnlichen und spirituellen Fähigkeiten vergrößern.

Möchtest du mit uns spielen?

Dein nackter Körper lädt sich mit der magnetischen Lebensenergie der Erde auf und verbessert und stärkt damit deine körperliche und deine Vitalkraft. Dadurch kannst du dich besser seelisch und körperlich entspannen und unter anderem auch Schlaflosigkeit verhindern (es sei denn, eine Person ist noch nicht an den Nudismus gewöhnt und setzt sich sofort über lange Zeiträume der Sonne aus, wodurch die Energiebahnen überreizt werden).
Laut Aussage von Galvez Cañero, Professor für spanische Kultur und Verbreiter des Nudismus, „ist der Nackte ein natürliches Medium, das sich harmonisch in seine Umgebung integriert und sich niemals schämen muss, denn die Nacktheit an sich ist weder moralisch noch unmoralisch, sondern ein natürlicher Zustand. (...) Der Anhänger des Naturismus empfindet die Nacktheit anderer Menschen als natürlich, macht keinen Unterschied in Bezug auf Schönheit (gemäß den anerzogenen Normen und geltenden ästhetischen Vorschriften) und erkennt in erster Linie die Würde einer Person an. (...) Naturisten beurteilen andere Menschen grundsätzlich nach ihrer geistigen Einstellung und ihrem Herz und nicht nach ihrer äußeren Erscheinung und ihrem Körper."
Was die Legalität betrifft, so ist der Nudismus als solcher in Spanien an keinem Ort verboten, es sei denn, er steht im Zusammenhang mit Exhibitionismus oder Voyeurismus. Im Jahre 1989 wurde das Gesetz über die Erregung öffentlichen Ärgernisses abgeschafft und seitdem ist es erlaubt, an öffentlichen Orten nackt zu sein.
Das lässt sich allerdings nicht so leicht umsetzen, weil sich bestimmte Leute durch deine Nacktheit vor den Kopf gestoßen fühlen und unnötige Spannungen aufbauen, du wirst an manchen Lokalitäten des Ortes verwiesen oder man versucht sogar dir eine Strafe aufzuerlegen und dich wegen Exhibitionismus zu verklagen. In dieser Situation kannst du unter Einsatz von viel Energie, Zeit und Geld den Rechtsweg beschreiten.
Am 21. April 1998 fasste das Parlament der Gemeinde Madrid folgenden Beschluss:

„Das Parlament von Madrid fordert den Regierungsrat auf, die in seinem Kompetenzbereich liegenden folgenden notwendigen Maßnahmen zu ergreifen:

- *zusammen mit den interessierten Gemeinderäten zu untersuchen, ob ein bestimmtes Gebiet in ihrem Gemeindebezirk als naturistischer Bereich erklärt werden kann, um sportliche und erholsame naturistische Aktivitäten in der Gemeinde Madrid zu ermöglichen;*
- *die Durchführbarkeit und das Wachstumspotential des Tourismus im naturistischen Bereich zu untersuchen, um festzustellen, ob dieser dafür genutzt werden kann, die regionale Entwicklung von wirtschaftsschwachen Regionen, die ihre natürliche Umgebung bewahrt haben, über entsprechende Freizeitaktivitäten zu fördern, die in die Umwelt integriert werden und diese respektieren."*

Ungefähr zur gleichen Zeit hat das katalanische Parlament genehmigt, dass ein Strand mitten im städtischen Bereich als Nudistenbereich gekennzeichnet wird und dass im Schwimmbad Bernat Picornell zu bestimmten Zeiten nackt gebadet werden darf (Beschluss 899/V-Mitteilungsblatt 392-06-04-1999):

„Das katalanische Parlament fordert die Regierung auf, die örtlichen Körperschaften an den Beschluss 245/V über das Praktizieren des Nudismus zu erinnern, damit sie im Rahmen ihrer Kompetenz die Vorschriften anwenden, welche das Recht auf Nudismus garantieren, falls dieses erforderlich ist."

In anderen Ländern wie Frankreich, Holland, Belgien oder Deutschland ist der Nudismus bereits soweit akzeptiert, dass bestimmte Zeiten in den Schwimmbädern für Nudisten reserviert sind. Außerdem gibt es beispielsweise in Frankreich Nudistenzentren und -hotels wie das Zentrum Héliomonde, das einige Kilometer von Paris entfernt im Landesinneren liegt. Diese Zentren finden großen Anklang, was leider in Spanien nicht der Fall ist, da man sich diesem Bereich nicht nähern will oder kann.

In einem Sommer, den wir im Bereich der Küste von Granada verbracht haben, sind wir immer, wenn wir ans Meer wollten, an Nudistenstrände gegangen. Andere Strände kamen für mich aus zwei Gründen nicht in Frage: Erstens waren sie voller Leute und zweitens besitze ich keinen Badeanzug. Wir haben mehrere Nächte lang ohne Probleme am Strand übernachtet. Die Nacht vor der Rückfahrt haben meine Kinder, ein Freund von uns und ich beschlossen, am Strand von Tesorillo in Almuñécar zu schlafen. Nachdem wir aufgewacht sind, haben wir gebadet, den Geburtstag meines Sohnes gefeiert und dann einige Mangos zum Frühstück gegessen, während sich nach und nach der Strand mit Leuten füllte, die unterschiedliche Kleidungsstücke trugen.

Eine Frau ließ sich in unserer Nähe nieder und kommentierte auf eine sehr unhöfliche Weise, dass wir dort nicht nackt sein dürfen. Ich habe sie dann ganz ruhig gefragt, warum sie uns dieses mitteile, und sie sagte mir daraufhin mehrmals, dass wir es eben nicht dürfen. Nach mehreren immer gleichen und stupiden Antworten hat sie sich endlich geöffnet und ausgesprochen, was sie dachte, nämlich dass wir kein Recht dazu haben, in der Öffentlichkeit nackt zu sein, dass sie sich schäme und dass sie nicht möchte, dass ihre Kinder uns so sehen. Wir erwiderten, dass es kein Gesetz gebe, welches uns verbiete nackt zu sein, aber dass sie beruhigt sein könne, weil wir sowieso innerhalb von kurzer Zeit gehen müssten, um nicht den Bus zu verpassen.

Als wir alle außer meiner Tochter schon angezogen waren, tauchten zwei Polizisten auf, um uns mitzuteilen, dass man an dieser Stelle nicht nackt sein dürfe und dass es dafür spezielle Strände gebe, die mit Schildern gekennzeichnet sind. Ich habe sie gefragt, warum man nicht nackt sein dürfe, und ihre Antwort lautete (alles in einer höflichen, aber angespannten Atmosphäre): „Weil es verboten ist." Ich teilte ihnen mit, dass ich von keinem Gesetz wüsste, das den Nudismus verbiete, und sie sagten daraufhin, dass es sich nicht um ein Gesetz handele, sondern um eine Angelegenheit der Stadt. Ich erörterte mit ihnen, wo ich das nachlesen könnte, und sagte ihnen, dass sie sich auf jeden Fall keine Gedanken machen sollten, da wir sowieso wegfahren müssten. Nach dieser Äußerung verstummte der Polizist, der wilder und überheblicher geredet hatte, und der andere, der sympathischer war, sagte, dass es kein Gesetz gebe, welches den Nudismus an sich verbiete, dass es aber welches gegen den Exhibitionismus gebe. Daraufhin verabschiedeten wir uns und gingen.

Es macht Spaß schöne Erfahrungen zu teilen

Es würde mir gefallen, wenn die Menschen ehrlich zu mir wären und mit dem auf mich zukämen, was sie wirklich fühlen: nicht damit, dass etwas verboten ist, sondern damit, dass sie sich unwohl fühlen. Wie einfach wäre dann alles! Ich halte es jedoch für sehr wichtig, dass wir unsere Rechte mit Gelassenheit und Natürlichkeit geltend machen, uns nicht in destruktive Kämpfe begeben und immer in Ruhe und Aufrichtigkeit sprechen. Wenn es uns gefällt nackt zu sein, ziehen wir uns doch aus. Wenn man uns bittet uns anzuziehen, ziehen wir uns ohne Streit oder Konflikte wieder an. Allerdings geben wir bekannt, dass wir nichts Illegales tun und dass unsere Handlungen nichts mit Bosheit, Perversion oder Schande zu tun haben, sondern einfach nur mit Natürlichkeit, Einfachheit, Reinheit, Schönheit und Energiefluss, sprich Liebe. Die anderen sollen sehen, dass wir genau wie sie Menschen mit Händen, Füßen und Herz sind. Sie sollen sehen, dass wir gut informierte Menschen sind, trotzdem wir es lieben, die Sonne, den Wind und das Wasser auf der gesamten Haut zu spüren. Ich glaube, dass sie auf diese Weise aufgeschlossener werden, vielleicht sogar Dogmen und Paradigmen in sich zerstören, und einige werden sich eventuell dazu entschließen, ihren Körper von künstlichem Stoff zu befreien. So schaffen wir mehr Verständnis und Einigkeit.

Barfuß gehen

Es gibt sehr viele Gründe, die mich dazu veranlassen, barfuß zu gehen, außerdem erscheinen mir Schuhe unnatürlich und lästig, wo ich doch keinerlei andere Kleidungsstücke trage und, wenn sich meine Füße und damit meine Wurzeln ausdehnen können, ein starkes Gefühl der Freiheit bekomme. Jede materielle und/oder emotionale Abhängigkeit schränkt die Freiheit ein und bringt weitreichende Folgen mit sich, deren wir uns oft gar nicht bewusst sind, bis wir damit brechen wollen. Ich habe das Gefühl einer großen Befreiung im Bereich der Füße und des Rückens, wenn ich nicht ständig ein Gewicht mit mir herumtrage und wenn ich jedes Bewegungsspiel meiner Fußsohle spüren kann. Ich habe stärkeren Halt und kräftige die Muskeln meiner Füße, Beine, des Gesäßes und des Rückens. Ich empfinde ein Gefühl von Großartigkeit und Weisheit dadurch, dass ich mir meiner Handlungen stärker bewusst bin, indem ich in jedem Moment über meine Füße die Temperatur, Feuchtigkeit und Struktur des Bodens spüre. Ich fühle mich stärker im Einklang mit der Natur, mit meinem Ursprung und meiner Wesensessenz und vermeide außerdem Umweltverschmutzung und Leiden der Tiere und des Planeten, da ich auch in diesem Fall keine unnötigen Gegenstände benutze, deren Herstellung, Transport und zukünftige Entsorgung zerstörerische Folgen haben. Außerdem ist ein großer Teil der herkömmlichen Schuhe mit salpeterhaltigen Farbstoffen gefärbt, von denen man weiß, dass sie krebserregend sind, dazu kommen noch PVC und andere Erdölderivate wie Polyurethan, die nicht abbaubar sind. Leder wird mit solchen Metallen wie Chrom, Aluminium, Eisen, Zirkon, Titan und/oder Lösungsmitteln gegerbt.

Wenn ich barfuß gehe, verwandle ich eine auf Konsum ausgerichtete Handlung (das Tragen von Schuhen) in ein Ritual und etwas Spirituelles. Wenn ich keine Schuhe trage, füge ich der Flora weniger Schaden zu, da ich auf eine flexiblere und weniger aggressive Art und Weise auf sie trete. Wenn ich Schuhe trage, werden die Stiele und Keimlinge der Pflanzen zerstört und zerrissen. Wenn ich keine Schuhe benutze, spare ich damit eine beträchtliche Menge Geld und integriere mich durch die Energien meiner Umgebung, die ich über meine Füße aufnehme, in meine Umwelt. Es findet ein besserer Austausch von negativen und positiven Ionen zwischen meinem Körper und der Erde statt, mein Körper kann elektrostatische Ladung abgeben und ich habe stärkere außersinnliche Wahrnehmungen. Über die Akupunkturpunkte an den Füßen werden meine inneren Organe ständig massiert. Und es gibt noch viele weitere Aspekte, auf die ich an dieser Stelle nicht weiter eingehe...

Im Gegensatz dazu, wie es auf den ersten Blick scheinen mag, sind meine Füße nicht verhornt, sondern gepolstert wie die Fußsohlen eines Tieres, sie werden beim Gehen geschliffen und sind an allen Stellen unglaublich sensibel. Außerdem haben meine Füße gelernt zu sehen und sie meiden von allein schneidende oder unangenehme Gegenstände (Abfall, Fäkalien, Glas, Fettflecken etc.). Was mache ich, wenn mir kalt ist? Ich ziehe Socken oder Schuhe an, aber ich verwende diese nicht automatisch oder unbewusst.

Gefällt dir mein Krake?

Es ist faszinierend, die perfekte Anatomie unserer Füße zu betrachten, sie enthalten eine unglaubliche Menge an Knochen. Es gibt die Fußwurzelknochen (Sprungbein, Fersenbein, Kahnbein, Keilbeine, Würfelbein), den Mittelfuß (Mittelfußknochen) und die Zehenglieder (1., 2. und 3.) sowie die Sesambeine. Wenn wir mit so vielen komplizierten „Mechanismen“ erschaffen wurden, hat das einen Sinn!

Bei den Schuhabsätzen von nur 2 cm Höhe erhöht sich der Druck auf den Mittelfuß um 22 %; bei den 8 cm hohen Absätzen um 76 %. Ich denke, dass jede noch so kleine Veränderung, die wir an unserer natürlichen Beschaffenheit vornehmen, uns zumindest minimal beeinflusst. Ist dir schon mal der unglaubliche Unterschied zwischen dem Gang eines Menschen, der nie oder fast nie Schuhe trägt, und einer Person, die täglich Schuhe trägt, aufgefallen? Hast du dir schon mal die Struktur der Knie von Frauen angesehen, die hohe Absätze tragen? Achte mal auf eine Gelegenheit und schau dir das gut an. Als ich die Folgen das erste Mal gesehen habe, war ich sehr erstaunt, und der Anblick hat einen bleibenden Eindruck hinterlassen. Die geschwungene Form der Wirbelsäule kann enorm beeinträchtigt werden und der Schaden wird noch größer, wenn die betreffende Person korpulent oder schwanger ist. Ist es nicht besser, sich selbst zu akzeptieren und sich nicht von den ästhetischen Ansichten der Umwelt beeinflussen zu lassen? Jede Körperform hat ihre Vorteile und ihren Charme, genau wie jeder Mensch.

Ich ziehe es vor, das mir gegebene Maß an Schönheit (innen wie außen) zu fördern, das heißt so rein, transparent und aufrichtig wie möglich zu sein, anstatt mit besonderem Nachdruck meine Mängel zu betrachten. Wenn ich versuche, einen Teil von mir zu verstecken (der auch sehr schön ist), schade ich nur meiner Psyche, meiner Gesundheit, meinem Körper und meiner Beziehung zu anderen Menschen und dem Universum. Ich habe mehrere sehr kleine Freunde und Freundinnen, über deren Statur ich niemals einen kritischen oder negativen Gedanken hatte, und daher blieb die Tür für Freundschaft oder sentimentale Beziehungen offen.

Wenn du klein bist und dich von irgendwelchen Bekannten missachtet fühlst, dann danke dem Leben dafür, dass es dir diese Statur und damit einen natürlichen Filter gegeben hat, durch welchen du sofort sehen kannst, ob die jeweilige Person ehrlich zu dir ist oder nicht, ob sie für Liebe offen ist oder nicht, ob sie sich für dich wirklich interessiert oder nicht.

Was Kinder betrifft, halte ich es für äußerst wichtig, dass sie so oft wie möglich barfuß gehen, da die Fußknochen noch nicht vollständig ausgebildet sind und noch die Konsistenz von Knorpeln haben. Wenn ein Kind oft oder ständig Schuhe trägt, kann es in der Zukunft, wenn die Knorpel sich zu Knochen entwickeln, unter anderem orthopädische Probleme oder Schwierigkeiten mit den Hüften oder der Wirbelsäule bekommen. Wenn du mehr Zeit barfuß gehen möchtest, ist es am Anfang normal, dass sich die Füße nicht wohl fühlen, weil sie nicht kräftig sind. Gib ihnen Zeit, ohne sie zu zwingen, und mit der Zeit werden sie immer häufiger danach verlangen, aus dem Gefängnis namens Schuhe befreit zu werden. Nach nur ca. drei Monaten wirst du Veränderungen deiner Laune und Gesundheit bemerken. Freu dich an deinen Füßen!

Von der Wichtigkeit Kleidung zu tragen

Was die Kleidung betrifft, die wir anziehen, und den Zeitpunkt, zu dem wir sie anziehen, bin ich ebenfalls Befürworterin des Prinzips der größtmöglichen Einfachheit und Natürlichkeit. Ich meide gefärbte Kleidung und Wäsche aus Kunstfasern, da mir deren elektrische und energetische Ladung missfällt. Größere Mengen an Kleidung zu besitzen impliziert einen größeren Bedarf an Lagerfläche, die Pflege von vielen Kleidungsstücken macht viel Arbeit und der Schaden an der Umwelt ist größer. Halten wir doch mal inne und denken darüber nach, mit wie viel Kleidung wir zur Zeit leben können. Mir genügen zwei langärmelige Tuniken für kalte Tage und zwei kurzärmelige Tuniken mit Knöpfen an der Vorderseite, die ich auch als Laken, Handtuch, Decke oder für die Lagerung von Nahrungsmitteln verwende, also vier oder fünf Stück Stoff zum Schutz vor Kälte oder der Sonne, fünf oder sechs Paar Socken von unterschiedlicher Dicke, ein Regenmantel und ein paar wasserdichte Schuhe für Kälte und Schnee.

Da ich meine Tuniken in Handarbeit herstelle, lerne ich mich dabei selbst gut kennen, ich lerne Abneigungen zu überwinden und befreie mich von der Lust immer mehr Kleidung zu besitzen. Auf der anderen Seite versuche ich zu lernen, die Materie zu beherrschen und dadurch meinem Wärmehaushalt zu helfen, seine Funktion zu optimieren. Wenn ich mit der Herstellung meiner Tuniken fertig bin (ich komme nur sehr langsam voran, da ich mich dieser Tätigkeit nur widme, wenn ich viel Lust dazu habe, damit sie mit positiver Energie durchtränkt werden), werde ich weitere Tuniken für meine beiden Kinder herstellen. Bis dahin verwenden wir Baumwollkleidung aus zweiter Hand, die uns die Leute geben. Wir haben uns für den Weg der Wiederverwendung und Erhaltung entschieden.

Enthaarung und Haare schneiden

Ich erinnere mich daran, dass ich als Kind einmal die Beine meiner Mutter sah, nachdem sie längere Zeit nicht enthaart worden waren, und ich fand diesen Anblick überhaupt nicht schön. Mir fällt der Kommentar eines Freundes aus meiner Jugendzeit über die „Schlamperei“ ein, womit er bestimmte Italienerinnen meinte, die sich nicht unter den Achselhöhlen rasierten. Ich weiß noch, wie weh es mir getan hat, als der Vater meiner Kinder, kurze Zeit nachdem er mich kennen gelernt hatte, zu mir sagte, dass ich Fußballerbeine hätte (einige Tage später erklärte er, dass sie stark und muskulös seien). Unabhängig davon, worauf er angespielt hat, hinterließ die Bemerkung ihre Spuren.

In diesem Bereich verhält es sich genauso wie auf den anderen Gebieten – die Werbung, das Kino und das Fernsehen erlegen uns direkt oder indirekt Regeln auf, denen wir folgen sollen, Konzepte über das Gute und das Böse, über die Liebe, Familie, Schönheit... Wenn alle Frauen sich enthaaren, das Haar und die Augenbrauen nach einer bestimmten Mode tragen, eine bestimmte Statur und einen bestimmten Körperumfang haben, wenn alle Männer rasiert sind, kurze Haare tragen und eine bestimmte Konstitution haben, dann kann jede Abweichung von diesem Bild bei uns mehr oder weniger heftige Konflikte auslösen. Das Abweichende erscheint uns dann als billig, schmutzig, unordentlich, unmodern, mickrig, hässlich etc. Wie schade! Diese Sichtweise hat eine sehr negative Auswirkung auf Toleranz, Respekt, Demut und die Vielfalt unserer Art. Wir haben die Neigung zu kritisieren und Werturteile abzugeben, statt einverstanden zu sein und von Herz zu Herz zu kommunizieren.

Ich muss zugeben, dass ich mich einige wenige Male enthaart habe, weil mein Bedürfnis zu gefallen stärker war als der Schmerz und das Leiden durch die Enthaarung. Ich konnte es dann durch mein Erscheinungsbild anderen recht machen und wurde akzeptiert, aber mein Herz war nicht erfüllt, es fühlte sich allein und ungeliebt. Die Beziehungen waren nicht aufrichtig und nicht rein, denn ich war jene andere, mit meinen Haaren, meiner eigenen Schönheit und meinen eigenen Gefühlen.

Es gibt in dem Zeichentrickfilm *„Mulan"* ein Lied, das all diese Dinge beschreibt und das mich sehr faszinierte, als ich den Film sah. Das Lied heißt *„Reflexionen"*. Aufgrund des Copyrights darf ich den genauen Text leider nicht wiedergeben, aber ich werde ihn zusammenfassen. Es geht darum, dass die Hauptdarstellerin das Gefühl hat, dass sie niemals ein gutes Mädchen oder eine gute Ehefrau sein wird, da sie den vorbestimmten Plan nicht erfüllen kann. Ihr wird bewusst, dass sie sich verändern muss, damit sich ihre Verwandten an ihr freuen. Sie schaut ihr Spiegelbild an und sieht eine Person, die nicht sie selbst ist. Sie sieht ein Bild, das jemand von außen sehen würde, doch so sehr sie es auch möchte, kann sie nicht diese fremde Vorstellung erfüllen. Danach zeigt sie den Wunsch, aufrichtig zu sein und ihr Inneres auszudrücken.

Wie oft habe ich genau das gelebt und gefühlt! Zu sich selbst zu stehen und sich für Reinheit, Transparenz und Aufrichtigkeit einzusetzen bringt besonders am Anfang einen sehr starken inneren Kampf mit sich. Ich möchte keine Unruhe stiften, aber sind denn meine Eltern, Schwestern, Verwandten oder Partner wirklich glücklich, wenn ich ihnen ein Bild vorspiele, dass ihre Sorgen beruhigt, dabei aber eine ungesunde Gesichtshaut und einen traurigen leeren Blick habe, weil meine Wesensart und meine Gespräche leer und banal sind?

Ich halte es für sehr wichtig, für sich selbst einzustehen, an sich selbst zu glauben und sich selbst zu vertrauen. Nachdem die ersten Ängste auf beiden Seiten überwunden sind, wird sich alles beruhigen. Wenn wirklich Liebe vorhanden ist, sollte sie sich durchsetzen. Wenn das nicht der Fall ist, dann... Die Welt ist voller wunderbarer Menschen. Folge deinem Weg und die Liebe wird auftauchen und dich umgeben. Du brauchst einfach nur Zeit. Denk daran, dass eine Olive sehr viel Zeit braucht, bevor sie sich zu einem mit Früchten behangenen schönen Olivenbaum entwickelt. Dasselbe gilt für den Samen der Reinheit, Schönheit, Demut und Liebe. In der Zwischenzeit genieße einfach den Weg.

Wenn eine Frau sich enthaart, führt das abgesehen von der Abhängigkeit und Beschneidung ihrer Freiheit, die dieses mit sich bringt, zu großen Ängsten, Beunruhigung und der Sorge, dass man ihr wahres Erscheinungsbild sehen könnte, wenn sie sich nicht enthaart. Sie leidet – es leidet ihr Körper: durch sehr toxische Substanzen, die über ihre Haut in den Blutkreislauf gelangen (diverse Cremes, Enthaarungswachs, die Anwendung von Rasierklingen...), durch das Verbrennen ihrer Hautzellen (Heißwachs), durch die Entstehung von Krampfadern in größerem Ausmaß, wenn ihre Blutgefäße beeinträchtigt werden (Pinzetten, heißes und kaltes Wachs), durch die Abstumpfung der Sensibilität ihrer Haut, wenn die Nervenenden beschädigt werden (elektrisch, durch Pinzetten, Wachs, Messer...). Ist das die Mühe wert? Natürlich fühlst du dich am Anfang unsicher, wenn du dich nicht enthaarst, aber das wirst du überwinden und es wird dir helfen innerlich zu wachsen. In meiner Jugendzeit habe ich mich ab und zu enthaart. Ich bin später dazu übergegangen, mich einmal pro Jahr zum Sommeranfang zu enthaaren, weil dann die Haare dunkler als die Haut waren und ich mich damit unsicher und hässlich fühlte.

Bin ich nicht entzückend?

Ich habe mich nun seit vielen Jahren nicht mehr enthaart und ich fühle nicht den geringsten Anflug von Unsicherheit. Zuerst entstand eine unausgewogene Behaarung und ich hatte an den Beinen viel dickere Haare. Jetzt ist die Menge und Stärke weniger geworden. Da ich oft nackt bin, ist meine Haut viel dunkler und der Kontrast tritt nicht so stark hervor.
Erscheinen mir unbehaarte Beine nicht schöner? Doch, das ist schon der Fall, auch ich bin in dieser Gesellschaft aufgewachsen, nur hat es für mich keine Gewichtung mehr. Cremes und Wachs sind sehr giftig und stehen mit vielen Tierversuchen und Leiden in Verbindung, die anderen Methoden wirken sich schädigend auf die Gesundheit und Sensibilität aus. Wo es doch so schön ist, auch nur die kleinste Unebenheit zu spüren!
Das gleiche Prinzip gilt für den Bartwuchs. Wir streben immer nach angeblicher Jugend und haben keine Wertschätzung für die Schönheit und Weisheit des reiferen Alters. Ein rasiertes bartloses Gesicht ist auf den ersten Blick jugendlicher und unschuldiger, es erinnert uns an die Pubertät, aber das können wir auch durch einen reinen, fröhlichen und glänzenden Blick erreichen. Die Jugend, Freude und Frische, die wir in unserem Inneren empfinden, strahlen wir durch die Poren unserer Haut aus, egal ob wir einen Bart tragen oder nicht. Wenn wir uns rasieren, schneiden wir mit Messern in die Zellen unserer Haut, beschädigen sie, wir verlieren an Sensibilität und absorbieren diverse giftige Substanzen. Dieses hat eine sehr aggressive Wirkung auf den Mikrokosmos unseres Gesichts.
Für mich wirft sich folgende Frage auf: Wenn wir an bestimmten Stellen unseres Körpers ausgeprägteren Haarwuchs haben, dient das nicht irgendeinem Zweck? Die Haut reguliert die Temperatur des Organismus über die Regulierung ihrer Kapillaren, das Aufstellen der Körperbehaarung und den Schweiß. Die Natur investiert ihre Energien nicht vergeblich. Die Tatsache, dass uns manchmal die Gründe nicht klar sind oder nicht definiert wurden, bedeutet nicht, dass diese Gründe nicht existieren. Ich denke, dass die Körperbehaarung, auch wenn wir Kleidung tragen, eine wichtige Rolle für unseren Wärmehaushalt spielt, genau wie das Schwitzen und das Abfangen von absorbierten Partikeln über unsere Haut wichtig sind. Die Azteken haben sich bis zu ihrem dritten Lebensjahr nicht die Haare geschnitten. Für sie war das Kopfhaar einer ihrer wichtigsten Bestandteile (wenn nicht sogar der wichtigste) beim Auffangen von außersinnlichen Energien. Das Haar schützt mich vor zu starker Sonneneinstrahlung oder Kälte. Dank meinem Haar kann ich leichter mit dem Universum kommunizieren! Warum sollte ich es schneiden?
In Bezug auf die Haarlänge habe ich meine besondere Theorie, die von Menschen bestätigt wurde, die den gleichen Lebensstil wie ich haben. Für jeden von uns ist eine bestimmte Haarlänge vorgesehen, genau wie jede Hunderasse

nur eine bestimmte Felllänge haben kann, ab der das Fell nicht mehr wächst, sondern sich erneuert. Meine Fingernägel wachsen ständig, aber mein Haar hört bei einer bestimmten Länge auf zu wachsen. Im oberen Stirnbereich finde ich immer kleine Haare, weil dieser Bereich sich ständig erneuert.

Bequemlichkeit basiert lediglich auf Gewohnheiten. Früher habe ich meine Haare immer zusammengebunden und, wenn ich das Haarband gelöst habe, störten mich die Haare. Jetzt trage ich mein Haar normalerweise lose (in der Stadt dient es mir außerdem als Filter gegen die verschmutzte Luft), und wenn ich es zusammenbinde, empfinde ich die Spannung auf der Kopfhaut als lästig. Wenn ich dann am Abend mein Haar löse, habe ich ein Gefühl der Befreiung und Ausdehnung. Nach einem Stadtbesuch wasche ich mir die Haare. Mit meinen Kindern verfahre ich logischerweise genauso, ich schneide ihre Haare auch nicht.

Hast du schon einmal darüber nachgedacht, wie viel Zeit, Geld und Umweltverschmutzung eine vierköpfige Familie im Laufe eines Jahres einsparen kann, wenn sie sich nicht rasiert, enthaart oder die Haare schneidet? Und wenn man das erst auf ein ganzes Land überträgt... Du kannst anfangen und deinen Beitrag dazu leisten, es liegt an dir. Mir kommt es manchmal unglaublich vor, wie bedeutungsvoll viele anscheinend unwichtige Aspekte sind. Es sind diese kleinen Bewusstwerdungsprozesse, die zum Wohlbefinden des Planeten und der eigenen Psyche führen.

Bau meines Hauses

Aufzeichnungen über ökologische Bauweise

Was ist der Sinn eines Zuhauses?

Vielleicht sehe, höre oder fühle ich es nicht.

Ich bin mein Zuhause!

Ich habe beim Bau meines Hauses Neues über mich selbst erfahren. Am schwersten fiel es mir andere um Hilfe zu bitten, und ich danke allen, die mich mit ihrem Einsatz unterstützt haben. Ich weiß noch, wie mir die Beobachtung von Betty Bethards aus ihrem Buch *„There is no death"* in den Sinn kam, dass Menschen, die daran gewöhnt waren, viel zu geben und wenig zu empfangen, oft schwer erkrankten und qualvoll starben, wobei sich jemand um sie kümmern und sie pflegen musste (Krebs, Lähmung etc.). Ich wollte keinen harten und schweren Tod sterben und... ich war wirklich auf andere angewiesen. So habe ich mich dazu durchgerungen, andere um Hilfe zu bitten.
Ich war tief berührt, als ich die großartige Unterstützung und Aufrichtigkeit meiner Freunde erfuhr. Ich fühlte mich sehr geliebt. Einige haben mich durch ihrer Hände Arbeit unterstützt, andere materiell oder finanziell – und alle emotional. Überraschenderweise hat mir eine Person ernsthaft geantwortet, dass sie nicht kommen würde, da sie es nicht einsieht, in ihrer Freizeit zu arbeiten, und sich lieber in ihrem Häuschen ausruhen möchte. Ich habe diese Antwort als Beweis der Liebe aufgefasst und als Zeichen für die große Reichweite unserer Freundschaft.
Die Tage, an denen die Leute gekommen sind, waren schön, voller Freude und Ideen. Während wir am Haus gearbeitet haben, sind wir zusammengewachsen. Obwohl ich glaubte alles sehr gut geplant zu haben, kamen ständig begründete Verbesserungsvorschläge. Es gab auch viele Tage, an denen ich allein gearbeitet habe, weil niemand kommen konnte. Jetzt bin ich glücklich, in einem Haus zu leben, das mit so viel Leben und Energie erfüllt ist, voller Charisma und Liebe jedes Einzelnen, der es berührt hat. Vielen Dank, liebe Freunde!
Der Bau eines Strohhauses nach der Nebraska-Bauart ist dadurch gekennzeichnet, dass dessen Dach und Wände sich gegenseitig stützten, so dass die Wände ohne Balkengerüst aufgebaut werden. Ich habe davor noch nie ein Wohnhaus

aus Stroh gesehen und auch noch nie ein kreisförmiges, aber ich hatte viel Freude beim Bauen und lernte wirklich jede Anstrengung oder andere Art von Arbeit zu schätzen.
Ich begreife jetzt, wie wichtig die Instandhaltung des Hauses ist, sie ist viel wichtiger als dessen Instandsetzung. Jeglichem Schaffensakt wohnt auch die negative Energie der Zerstörung inne, welche erst durch die Liebe, Sensibilität und Sorgfalt nach und nach ausgeglichen wird. Mir wird bewusst, dass wir nicht für uns selbst bauen und pflegen, sondern für das Universum arbeiten. Das Universum offenbart sich uns durch uns und unsere Handlungen, es ist ein Teil von uns und lässt uns es greifbar machen und mit ihm verschmelzen.
So wie der Ort ist, an dem du lebst, so wird auch dein Leben sein, da sich die Aura, die Schwingungen und Energien des Ortes mit denen von dir vereinigen und entsprechend deine psychische, physische, emotionale und/oder spirituelle Gesundheit unterstützen oder schädigen.
Wenn du den Ort, an dem du wohnst, mit viel Liebe und Freude, Respekt und Aufrichtigkeit gestaltest, und so dem Universum eine schöne Form zur Verfügung stellst, damit es zusammen mit all seinen Lebewesen davon Gebrauch machen kann, bin ich sicher, dass auch dein Leben bereichert wird. Der Ort, an dem du wohnst, liebt dich dann und erfüllt dein Leben mit Liebe.

Der Graben für das Fundament

Einsetzen der Stützstäbe

Die Fundamentmauer wird gebaut

Wenn im Gegensatz dazu dein Wohnort durch die Ausbeutung und das Leiden von Menschen, Tieren und/oder der Umwelt geschaffen wurde, kann dich dieser mit einer Energie voller Schmerz, Beklemmung und Angst durchtränken. Wenn du nicht in der Lage bist, eine Veränderung herbeizuführen, kannst du die Energie mit verschiedenen Techniken wie zum Beispiel mit Feng Shui ausbessern, bis du genug Kraft hast, um den Schritt zu tun, aber bevor du aktiv wirst oder umziehst, gibt es einige wichtige Dinge, die du bedenken solltest.
Der erste und wichtigste Schritt ist, dir klar zu machen, welche Bedürfnisse du wirklich hast und welche kurz-, mittel- und langfristigen Konsequenzen das hätte. Nachdem ich mehr als zwei Jahre auf diese Art gelebt und gefühlt habe, würde ich mir heute, wenn ich an einen anderen Ort zöge, kein Haus bauen, weil das sehr ökologisch wäre. Ich meine die Ökologie des Nichttuns. Wenn ich etwas tue, bringe ich die Ordnung der Umwelt durcheinander und richte Schaden an. Außerdem sind die Energien von Häusern und die Luft darin normalerweise sehr stickig und ihre Wartung erfordert einen hohen Aufwand an Kosten, Zeit und Mühe. Heute würde ich mir einfach nur noch einen natürlichen Ort wie eine kleine Höhle oder ein Erdloch suchen, der mir in Momenten der Unsicherheit und bei Unwetter Unterschlupf bietet.

Die Steine werden abgedeckt, um das Stroh vor Feuchtigkeit zu schützen

Die Größe der Behausung wäre ebenfalls zu überdenken. Benötigen wir wirklich so viel Platz? Ich habe festgestellt, dass die räumlichen Verhältnisse unwichtig sind, wenn man mit sich selbst im Reinen ist. Die Vertrautheit bleibt unabhängig von der Anzahl der Menschen erhalten, egal wie klein die Wohnstätte ist. Wenn wir nach Reinheit und Aufrichtigkeit streben und in Übereinstimmung mit unserem Herz und dem Universellen Gleichgewicht handeln, brauchen wir nicht zu befürchten, dass sich andere Menschen über längere Zeiträume auf dem Territorium aufhalten, das wir als unseren ureigenen Bereich ansehen.

Wenn du in Verbindung mit dir selbst stehst, bist wirklich frei und kannst es genießen, allein zu sein, dann gelangst du zu einer solchen Fülle, dass ein intensiver Wunsch zu teilen entsteht, ein Wunsch, die schönen Erfahrungen, die du durchlebst, auch mit anderen Lebewesen zu teilen. So ist es mir mit meinem Grundstück ergangen.

Eine weitere Erfahrung, die ich gemacht habe, ist die Veränderung meiner Auffassung von Gemeinschaft. Ich habe lange Zeit allein in Wohnungen gelebt, die so groß waren, dass ich sie gar nicht füllen konnte. Es gab immer Zimmer, die ich kaum genutzt habe oder nur dafür, um Energien zum Stillstand zu bringen oder Gerümpel abzustellen.

Der erste Strohballen der Ringmauer wird befestigt

Altair arbeitet, während Leila die Gelegenheit zum Schlafen nutzt

Als ich sieben Monate lang ein Zelt mit drei weiteren Personen teilen musste, hat sich mein Lebensraum auf mich selbst reduziert, und dadurch habe ich mich besser kennen gelernt und erforscht, weil ich ja auf mich selbst zurückgeworfen wurde. Als ich mit meinen Kindern im Wohnwagen mit Vorzelt gelebt habe, war nicht mehr viel Privatsphäre möglich und die Momente, in denen ich allein sein und expandieren konnte, reduzierten sich auf die Zeit, in der meine Kinder schliefen. Ich habe diesen Zustand mit einem Mangel an Reinheit von meiner Seite gleichgesetzt. Um an den Regentagen oder an einem längeren Besuch nicht zu leiden, musste ich lernen mich auszudehnen und weiterhin 100 % ich selbst zu bleiben, während ich mit anderen Personen zusammen bin – ohne Ego oder Heimlichkeiten.
Als ich mir früher die ideale Lebensform vorgestellt habe, dachte ich immer an die Essener und an ein Leben als Einsiedlerin. Wie bereits erwähnt, erlebte ich aber jeden Tag so unendlich viele intensive Momente, dass ich es als ungerecht und egoistisch empfand, dieses magische Leben an dem Ort, der mich so gut aufgenommen hat, anderen Menschen vorzuenthalten. Daher habe ich beschlossen, eine Gemeinschaft nach „Essener-Art" zu gründen, in der sich jeder ein

kleines autarkes Refugium bauen könnte und wir uns nun in einem Gemeinschaftshaus treffen würden, wenn wir den Tag der Gemeinschaft widmen möchten. Jetzt, nachdem ich immer mehr Selbstsicherheit und Fülle empfinde, habe ich festgestellt, dass ich meine engen räumlichen Verhältnisse außer mit meinen Kindern auch mit ein, zwei oder drei Personen über längere Zeiträume teilen kann, ohne das als Invasion zu empfinden. Ich glaube, dass wir einfach nur in Liebe, Einfachheit und Aufrichtigkeit handeln und den Rest dem Leben überlassen sollten.

Wenn du dich liebst, ist es egal, wo du bist. Dann wirst du beginnen, alles und alle zu lieben und die Anhaftung an Gegenstände, Ortschaften, Menschen oder Tiere wird verschwinden. Wenn du dich selbst entdeckst, entdeckst du den Sinn des Lebens, seine Bedeutung und seine Grandiosität. Du bist das Leben. Jetzt beginne ich das Konzept von Gemeinschaft zu verstehen, das Osho so oft erwähnt hat.

Für uns hat das Haus nur die Funktion einer Schutzhütte. Sobald es nicht mehr regnet oder friert, übernachten wir drei wieder auf unserem Stück Stoff im Freien. Es ist für uns äußerst angenehm, völlig reine Luft einzuatmen, zu spüren, wie unterschiedliche Tierchen über uns herumtollen und uns in ihrem Zuhause akzeptieren, mit dem Trällern verschiedener Vögel einzuschlafen und aufzuwachen, mitten in der Nacht die Augen zu öffnen und über die Schönheit eines Himmels voller Sterne zu staunen – die Großartigkeit der Natur zu genießen, anstatt dauernd das Zimmer reinigen zu müssen.

Freundschaft ist ein schönes Geschenk, das man würdigen sollte

Ich werde dir nun den Bau meines Strohhauses Schritt für Schritt erläutern:

- Die Skizze des Hauses mit Maßangaben, Formen, Proportionen und Farben wird gezeichnet.
- Der Bauplatz wird unter Erspüren der tellurischen Energien des Grundstücks ausgewählt.
- Der Umriss der künftigen Mauer wird mit Hilfe eines Metermaßes und eines Stocks auf den Boden übertragen (mit einer Mauerdicke von 45 cm).
- Der Boden für das zukünftige Fundament wird mit einem Spaten unter Berücksichtigung des Geländegefälles ausgehoben (die Tiefe variierte von 30–35 cm bis 60–70 cm, der Aushub wurde später planiert und als Fußboden des Hauses verwendet).
- Der entstandene Graben wird mit verschiedenen Steinen aus dem umliegenden Gebiet verfüllt, wobei die größeren Findlinge an den äußeren Rand kommen. Ca. alle 60 cm wird ein Stützstab von ca. 15–20 mm Dicke und 1 m Länge mit weiteren Steinen in der Mitte der künftigen Strohmauer befestigt. (Im künftigen Eingangsbereich (im Osten) wird weder ein Graben gezogen noch ein Fundament gelegt.)

Ein Fensterkasten entsteht

- Die künftige Mauer wird bis zu der Höhe von 30 cm mit weiteren Steinen und einem Lehm/Kalk-Gemisch (1/9) aufgefüllt, um zu verhindern, dass vorbeifließendes Regenwasser mit der zukünftigen Strohwand in Berührung kommt. (Nach Fertigstellung des Fundaments haben wir noch einige große flache Steine waagerecht oben auf die Fundamentmauer gelegt, damit die Strohballen besser aufliegen.)
- Da ich noch einige Stücke Butylkautschuk habe, legen wir diese ohne Klebemittel oben auf das Fundament für die Ringmauer. (Das Gummi wirkt abdichtend und verhindert, dass die durch die Steine vom Boden absorbierte Feuchtigkeit durch Kapillarwirkung in die Strohwände gelangt und dort zur Verrottung führt.)
- Markierung für die Tür wird angebracht.
- Die Strohballen werden eingesetzt. Man beginnt seitlich neben der Tür und legt die Ballen auf die im Fundament befestigten Stäbe. Da es sich um ein kreisförmiges Haus handelt, werden die Strohballen mit leichtem Druck ausgebeult. Wir stapeln die Ballen wie bei einer Ziegelmauer versetzt übereinander. Ab der zweiten Runde werden zwei Befestigungsstöcke von ca. 75 cm Länge in jeden Strohballen eingeschlagen, damit die neue Schicht auf der vorigen Reihe fest liegt.

Auch in den Arbeitspausen ist es wichtig, das Stroh vor Regen zu schützen

- Die Löcher für die Fenster werden ausgespart und mit Latten kastenförmig ausgekleidet. (Für die Fenster und die Tür haben wir unterschiedliches Abfallholz verwendet, daher sind Form, Breite und Abmessungen aller Fenster verschieden. Vor dem Einbau des Ständerwerkes haben wir noch Hühnergitter auf den Strohballen daraufgezogen, damit das Holz später beim Verputzen mit Lehm besser am Stroh haftet.)
- Auf dem gesamten Umfang über den Fenstern wird die letzte Strohschicht angebracht. (Wenn z. B. neben Fenstern und Türen die kleineren Ballen notwendig waren, haben wir den gesamten Ballen fest zusammengebunden und danach in der Mitte geteilt.)
- Alle 1,50 bis 1,70 m werden Pfosten aufgestellt, um die Mauer zu verstreben. (Einige dieser Pfosten waren Bretter, andere alte Eisenbahnschwellen, wieder andere sind große Stöcke und Äste, einige Pfosten wurden gekauft und es wurden auch Balken verwendet, die wir in Abfallcontainern gefunden haben.)
- Bretter werden waagerecht über die Strohballen gelegt und (durch kürzere Bretter) untereinander vernagelt, damit das Stroh von oben geglättet wird.
- In der Mitte des künftigen Hauses wird ein stabiles quaderförmiges Gestell zum Abstützen der Dachkonstruktion errichtet. Darin wird zugleich der Rauchabzug für den späteren Ofen installiert.

Befestigung der Fensterrahmen am Haus

So sieht die Wand vor der Verschalung aus

- Das Balkengeflecht wird zwischen dem Gestell in der Mitte und den waagerecht auf den Strohwänden liegenden Brettern angebracht, damit das spätere Dach durch seinen nach außen gerichteten Druck auf die Ringmauer sie nicht auseinanderreißt.
- Die Dachträger werden mit einem Neigungswinkel von über 45° zur Mauer angebracht. An jedem Dachträger wird eine Art Keil befestigt, damit sie gut auf dem Gestell aufliegen, bevor sie vernagelt werden. (Die Träger wurden nach Augenmaß befestigt und ihre Lage ist nicht gleichförmig. Im unteren Bereich misst der größte Abstand zwischen ihnen 125 cm. Das Vordach ragt nach außen ungleichmäßig heraus und schafft somit einen Raum, in den weder direkte Sonneneinstrahlung noch Regen dringen können. Die längste Stelle dieses Bereiches liegt im Süden und beträgt in ihrer Ausdehnung 140 cm.)
- An den äußeren Enden von einigen Dachträgern werden Pfosten angebracht, um sie zu stützen und im Boden zu verankern. (Das ist die einzige Stelle, an der Zement verwendet wurde.)
- Die Dachlatten werden versetzt montiert und jedes Brett liegt mindestens 1 cm auf einem anderen auf. Es wird von unten angefangen und zum oberen Bereich hin gearbeitet. Die Bretter wurden per Hand nach dem Maß eins zu eins geschnitten. (Schneiden, nageln, schneiden, nageln...) Zuerst werden die Bereiche zwischen den ungeraden Dachträgern überdacht – und dann die noch offenen Bereiche zwischen den geraden. (Im südöstlichen Quadrant ließen wir etwas Raum frei, in dem später die Heckscheibe eines Autos als Dachfenster eingefügt wurde, unter ihr entstand eine Art Dachkammer für persönliche Gegenstände und Werkzeug.)

- Schicht um Schicht wird pflanzliches Material, ebenfalls von unten nach oben, angebracht (Einige Lagen Heidekraut-Matten mit den Kiefernnadeln als Zwischenfüllung). Wenn das Dach an einer Stelle durchnässt, wird dieses Problem dadurch behoben, dass man noch mehr pflanzliches Material hinzufügt. Idealerweise sollten mindestens vier Schichten dickes Heidekraut verwendet werden. (Wir haben weder eine Isolierfolie eingefügt noch das Holz behandelt.)
- Der Innenbereich des Hauses wird mit weiteren Pfosten versehen, welche die Mauer von innen stützen und bei Bedarf genutzt werden können (zum Anbringen von Hängematten für Besucher etc.).
- Die gesamte Ringmauer mit ihrem Fundament wird innen und außen mit einer Masse aus Lehm, Stroh und Kalk bedeckt, um sie gegen Wasser, Feuchtigkeit und diverse Tiere zu schützen. Die Lücken im äußeren Bereich der Strohballen, die durch die Kreisform der Mauer entstehen, werden verfüllt. Es wird eine weitere Schicht aufgetragen, die nur aus Ton besteht, der dem Boden des Geländes entnommen wird, um die Unauffälligkeit und Integration des Hauses in die Umgebung zu verstärken.

Aufstellung der Außenpfosten zur Verstärkung der Ringmauer

Verschalung der Mauer mit Hilfe eines ganz besonderen Freundes

- Der Boden des Innenraumes wird zur Isolation gegen Feuchtigkeit mit Feinkies bedeckt.
- Weitere Erde und Stroh werden auf dem Boden des Innenraumes angehäuft und plattgedrückt. Dieses ist der Boden, den wir am Schluss betreten werden. Wenn gewünscht, kann man noch Öl auftragen, damit der Boden kompakter wird.
- Der Ofen wird in der Mitte des Hauses mit Ausrichtung nach Süden aufgestellt.
- Die aus Stöcken und Ginsterzweigen bestehende Tür wird nach Maß gefertigt und eingesetzt.
- Die Vorhänge für die Fenster werden aus Hanffäden gehäkelt und die Fensterläden aus Holz werden angebracht.
- Der Dachboden wird eingerichtet, indem man zwei Balken und Bretter zwischen den Zugbalken befestigt.
- Dann freuen wir uns unglaublich an unserem neuen Zuhause mit seiner reinen und harmonischen Energie!

Rahmengestell zur Dachbefestigung

Blick auf ein Dachfenster vom Innenraum des Hauses aus

Es gibt verschiedene Aspekte, die ich noch nicht erwähnt habe, die meiner Ansicht nach jedoch wichtig sind und berücksichtigt werden sollten:

- Während des Hausbaus darf das Stroh nicht durch Regen befeuchtet werden. Falls das doch passieren sollte, warte bitte, bis es wirklich gut getrocknet ist, bevor du es mit Lehm bedeckst. (Andernfalls kann die Feuchtigkeit nicht entweichen und das Innere der Strohballen wird vermodern und unangenehm riechen.) Wenn du nicht genug Zeit zum Warten hast, entnimm das feuchte Stroh und fülle die betroffenen Bereiche mit Lehm.

Stützgerüst des Daches im mittleren Bereich

- Warte bitte, bis das Dach durch sein Gewicht gut auf das Stroh nachsackt, bevor du die Wände verputzt. (Ihre Höhe verringerte sich bei uns noch um mindestens 30 cm.) Eventuelle Ausbesserung der Verputzung und Anpassung der Pfostenhöhe könnten die Folgen sein.
- Es wird empfohlen, die Strohballen nach Fertigstellung der Wand mit einer Handsäge abzugleichen. Natürlich wird das Auftragen von Lehm auf diese Weise erleichtert, aber ich persönlich ziehe die unregelmäßigen Wände vor – ich finde sie so schöner.

- Normalerweise wird die gesamte Wand mit Hühnergitter abgedeckt, damit der Lehm gut anhaftet. Diese Technik gefällt mir allerdings nicht, weil das Metall ein Magnetfeld erzeugt. Man kann auch ohne diese Hilfe bauen, obwohl die Arbeit dadurch mühsamer wird und der Anblick danach nicht so „perfekt" ist. (Der Lehm muss etwas flüssiger sein und wird in mehreren Schichten aufgetragen.)
- Beim kreisförmigen Haus wird dessen Einstürzen durch die simmetrische Kräfteverteilung verhindert, trotzdem ist es hilfreich die Fundamentmauer zu nivellieren, damit sich die Wände nicht zur Mitte neigen. (Wir haben die Mauer nicht nivelliert und in einem Bereich steht ihre obere Kante ca. 20 cm nach innen vor. Dadurch entsteht kein Risiko für das Haus, es kann nur eine unangenehme psychologische oder visuelle Wirkung haben. Wir haben das Problem gelöst, indem wir in dem erwähnten Bereich zwei Innenpfosten statt einem aufgestellt haben, damit sie als Verstärkung dienen und Druck nach außen erzeugen.)
- Zwischen der Strohmauer und dem Dach sind einige Lücken, die mit Lehm und Stroh gefüllt werden müssen, wenn du nicht möchtest, dass dadurch Luft eintritt. (Ich habe sie gelassen, damit die Energie besser zirkuliert und damit die Schwalben darin nisten können.)
- Wenn du bei der Herstellung des Lehm/Kalk-Gemisches oder des Zements etwas Seife hinzugibst, brauchen diese Substanzen weniger Wasser und werden daher nicht so brüchig. (Ich habe keine Seife verwendet, weil mir das kontaminierend und unnötig erschien, die Verputzung ist kaum aufgeplatzt und ich kann sie jederzeit ausbessern.)
- Deckst du das Dach mit breiteren Brettern, wird der Aufwand arbeits- und materialmäßig geringer sein, wie auch das Gewicht des Daches.
- Achte darauf, dass die Zugbalken nicht über den Fenstern und Türen (erst recht nicht in deren Mitte) angebracht werden und somit der Fenster- oder Türsturz entlastet wird.
- Es kann sehr viel Freude machen, mit vielen Menschen zusammenzuarbeiten. Und es kann sehr lehrreich sein, Phasen zu durchleben, in denen aus den begeistert Arbeitenden die künftigen Bewohner des Ortes werden. Für Kinder kann das eine Quelle der Weisheit und Verantwortung sein, ein Beispiel für Einigkeit und Hilfe in der Familie. Alle Beteiligten durchdringen den Bau mit ihren Energien, und die Anstrengungen, die für den Bau des Hauses nötig waren, werden durch seine Ausstrahlung von Harmonie und Frieden ausgeglichen.

Licht, Wasser, WC, Telefon und Fensterscheiben

Welche Entwicklung habe ich in so kurzer Zeit in Bezug auf diese fünf Themen durchlebt! Du lässt dich vom Lebensfluss tragen – du lebst, du fließt, du veränderst dich. Jetzt habe ich manchmal, wenn ich etwas tue, die „Befürchtung", dass es „nichts bringt", weil meine Entwicklung und meine Annäherung an die Einfachheit so schnell vor sich geht, dass Dinge mir nichts mehr bedeuten. Ist das Nichttun die Lösung? Um zu erschaffen, zerstören wir unweigerlich. Vielleicht liegt der springende Punkt in der Erhaltung?
Ich hatte einmal den Plan, eine kleinere Behausung von ca. 60 m² zu bauen, später ein größeres Haus von ca. 100–125 m² entstehen zu lassen und das erste dann als Werkstatt oder für öffentliche Aktivitäten zu nutzen. Nachdem ich aber sieben Monate im Zelt und einige weitere im Wohnwagen gelebt hatte, schrumpfte sich meine Vorstellung von einer Behausung auf ein rundes Strohhaus von mindestens 20 m² Wohnfläche und meine Vorstellung von einem Gemeinschaftshaus auf die 60 m². Zum jetzigen Zeitpunkt habe ich nicht einmal mein Strohhaus fertiggestellt, aber ich habe, wie bereits erwähnt, die Vorstellung, an einem anderen Ort bei Null anzufangen und nichts mehr zu bauen, sondern eine Höhle oder einen natürlichen Schutz zu nutzen als eine Zufluchtsmöglichkeit für kalte oder verregnete Tage.

Anbringung der Dachlatten

Was das Licht und weitere sogenannte „Bequemlichkeiten“ betrifft, habe ich schon seit Jahren immer gesagt, dass ich auf dem Land leben wollte, aber mit allen Vorzügen, die mir die Gesellschaft bietet (Badewanne, Waschmaschine, Telefon...). Heutzutage möchte ich weder Licht noch fließendes Wasser, weder Badezimmer noch Telefon oder Glas in den Fenstern. Wie bin ich zu diesem Punkt gelangt? Ich weiß es nicht. Ich vermute, es liegt daran, dass ich entdeckt habe, wie gut mir ohne diese Dinge geht.
Nachdem wir einige Monate auf dem Grundstück gelebt hatten, installierten wir elektrisches Licht mit 12 V-Glühbirnen eines Autos und zwei Autobatterien. Wenn die mit dem Netz verbundene Batterie leer wurde, habe ich sie ausgetauscht und so ging es weiter. Ein Freund hat mir für den Fall, dass ich mal etwas Größeres anschließen möchte, einen Transformator von 12 auf 220 V geliehen. Ich habe mindestens ein Jahr lang so gelebt, bis ich entschieden habe, dass dieses nicht mein Weg ist, und gelernt habe ohne Elektrizität zu leben.
Sowohl Batterien als auch elektrische Systeme bewirken immer eine leichte Veränderung der Magnetfelder und beeinflussen meine Gesundheit, die Gesundheit meiner Kinder und die Umgebung mit ihren unterschiedlichen Lebewesen, die mit uns zusammenleben. Aus diesen Gründen sehe ich die Elektrizität heute auch als etwas Aggressives, das kann ich dir versichern. Man kann ohne elektrischen Strom leben und das übrigens sehr gut! Das Sehvermögen verbessert sich, man hört intensiver zu und beachtet seinen Körper mit den verschiedenen Organen stärker.
Was die Ökologie betrifft, haben wir uns überlegt, dass Recycling eine gute Lösung ist und dass die Gegenstände, die sich bereits in unserem Besitz befinden, nicht viel Schaden anrichten. Gut, das ist bereits ein großer Schritt, aber für mich genügt es noch nicht. Meiner Meinung nach ist die beste Lösung für die Ökologie, Dinge nicht zu benutzen und sich über Gegenstände Gedanken zu machen, noch bevor sie in unsere Hände gelangen. Hat sich jemand schon mal überlegt, was die Produktion von Kabeln, Steckern, Glühbirnen und/oder Batterien für Auswirkungen auf die Umwelt hat? Ich wollte noch nie dazu beitragen und möchte das auch jetzt nicht. Die Herstellung dieser Gegenstände richtet Schaden an, also ist ihre spirituelle Energie nicht sauber und rein. Da unsere Energiefelder verschmelzen, ist meine Energie auch nicht rein, wenn ich sie benutze.
Da ich gelernt habe ohne Elektrizität zu leben und entdeckt habe, dass es viel gesünder, ökologischer, sorgenfreier und bequemer ist (ja, du hast richtig gelesen, bequem!), fiel es mir sehr leicht, darauf zu verzichten. Danach habe ich begonnen Kerzen zu verwenden, wenn ich Licht benötigte und mich nicht dazu überreden konnte, in Übereinstimmung mit dem zu leben, was mir das Leben bietet (schlafen, meditieren oder plaudern, wenn Dunkelheit herrscht).

Doch keine Kerze war mir gut genug – die aus Paraffin hatte sich für sehr toxisch und umweltverschmutzend erwiesen, die aus Bienenwachs war eine „Sauerei“ den Bienen gegenüber, und außerdem verursachten beide Sorten Kosten, was wieder einen Einschnitt in die Freiheit bedeutete. Was ist die Lösung? Es gibt keine, außer auf den Gebrauch von Kerzen zu verzichten.
Natürlich ist es viel schwieriger, mit der Natur zu verschmelzen, wenn ich versuche so zu handeln, als wäre ich ihr überlegen. Das war mir auch bewusst und die Kerzen haben viele innere Konflikte bei mir ausgelöst. Wenn ich mir heutzutage mehr Licht wünsche als mir die Natur bietet (ich versuche es zu vermeiden), verwende ich Olivenöl oder Sonnenblumenöl mit einem Docht (dafür benutze ich die typische zusammengerollte weiße Schnur aus unbehandeltem Material, das auch für Spüllappen verwendet wird). Das ist im Moment die gesündeste und ökologischste Methode, die ich im Rahmen der künstlichen Möglichkeiten entdeckt habe (die Herstellung von Streichhölzern und Feuerzeugen verlangt der Umwelt auch einen hohen Preis ab).
Ich möchte allerdings noch einmal betonen, dass ich es für ideal halte, kein künstliches Licht zu verwenden – alle weiteren Möglichkeiten bringen Nachteile und Nebenwirkungen mit sich. Nach der Benutzung der Öllampe sehe ich, dass meine Umgebung durch Öl und Staub verschmutzt ist. Ich nehme an, dass diese Verschmutzung durch die flüchtigen Stoffe entsteht, die durch die Wärme frei werden. Hier stellt sich dann die Frage, wie sich das wohl auf die Lunge auswirkt.

Auftragen der ersten Schicht Heidekraut auf das Dach

Falls ich eines Tages doch elektrisches Licht auf dem Grundstück verlege, wird das im Gemeinschaftshaus sein und nur dann, wenn es für einige Mitglieder der Gemeinschaft wirklich notwendig ist. Ich werde das sehr sorgfältig abwägen und dabei vorausschauend denken, wobei ich mir sehr unschlüssig in Bezug auf die Frage bin, wie das Licht installiert werden soll. Solarzellen kommen für mich nicht in Frage, weil ihre Herstellung die Umwelt verschmutzt, und dasselbe gilt für Batterien mit ihrer zusätzlichen Recycling-Problematik. Eine selbstgebaute Windmühle kann eine sehr romantische Lösung sein, aber sie macht viel Lärm und ich werde erst mit den Vögeln des Ortes darüber sprechen müssen. Ein Generator im Bach funktioniert das ganze Jahr über außer im Sommer und ist ebenfalls eine hübsche, reine und wilde Lösung, allerdings verlaufen die Kabel durch das halbe Grundstück, egal ob sie in der Luft oder unter der Erde verlegt werden. Aus diesen Gründen möchte ich lieber auf Elektrizität verzichten.

Wozu brauche ich fließendes Wasser? Wozu soll ich die Mühe, die Unkosten und die Umweltverschmutzung auf mich nehmen, wenn ich einen Bach und einen Brunnen auf dem Grundstück habe, wo ich mich baden oder Wasser zum Waschen holen kann? Ich habe doch einen Krug und ein Waschbecken, damit wir Wasser im Haus haben, falls wir uns waschen möchten, wenn es draußen sehr kalt ist. Da ich nicht koche, verwenden wir kaum Wasser. Da wir fast ausschließlich Früchte essen, benötigen wir auch kein Wasser zum Trinken, und natürlich wasche ich mich lieber mit reinem, kristallklarem fließendem Wasser beim Quaken der Frösche und Trillern der Vögel als mit abgestandenem Leitungswasser. Eine Dusche mit heißem Wasser habe ich schon ab und zu mal vermisst. In solchen Fällen gehe ich zu jemandem nach Hause und damit ist der Fall erledigt. Ich nehme an, dass ich eines Tages nicht mehr daran denken werde. Es war sehr weise von den Menschen im Altertum, öffentliche Bäder zu benutzen. Wie viel haben sie dadurch gespart!

Als ich hierher gezogen bin, hatte ich den Plan, eine Obstplantage anzulegen und diese mit einer Sprenkelanlage zu bewässern. Jetzt lasse ich nur noch Bäume zu, die sich an den Ort anpassen und die nicht bewässert werden müssen. Wenn ich das Wasser aus dem Brunnen des Grundstücks kanalisieren würde, müsste ich einen ziemlich großen Bereich des Geländes aufreißen, um Rohrleitungen in der Erde zu verlegen, deren Herstellung wiederum kontaminierend ist, zumal sie vor Frost geschützt werden müssen. Ich bräuchte dann einen Ort, an dem das Wasser aufbewahrt wird, und da dieser Ort abgeschlossen ist, könnten andere Lebewesen sich nicht an diesem Wasser freuen. Ich bräuchte außerdem eine Wasserpumpe, welche auf irgendeine Weise gespeist werden müsste und womöglich auch noch Lärm erzeugen würde. All das würde geschehen, weil ich, allein und ausschließlich ich und keins von den anderen

Tieren, Stauwasser benutze, das mit den Partikeln des Materials versetzt ist, aus dem die Leitungen bestehen. Würde mich der Ort dann auf dieselbe Weise akzeptieren und lieben? Ich glaube es nicht. Ich fühle mich hier sehr geliebt und integriert und ich glaube, dass all diese kleinen Details einen großen Einfluss haben.

Das Wasser ist ein lebendiges Wesen mit Bewusstsein, das wir respektieren und wertschätzen müssen. Wenn Wasser mehrere hundert Meter durch Rohrleitungen fließt, ist es dem Druck durch die Rohre ausgesetzt und durch diesen Druck wird die Eigendynamik des Wassers oder ein Teil seiner kristallinen geometrischen Struktur zerstört – es verliert seine biophysikalischen Eigenschaften. Diese Tatsache wurde durch die Forschungen des Japaners Masuro Emoto untersucht und wird durch die schönen Fotos in seinem Buch *„Die Botschaft des Wassers“* dargestellt.

Das Trinken von totem Wasser kann nur zu Tod führen, da es unserem Körper die Lebensenergie entzieht. Laut Peter Gross wird eine Substanz sofort von Wassermolekülen umgeben, sobald sie in unseren Körper eintritt. Daraufhin verändert sich die innere Wasserstruktur und passt sich der Anordnung der jeweiligen Substanz an. Die Wirkung auf das Wasser wird genau wie bei der Homöopathie durch Substanzen verursacht, die noch nicht auf der Ebene der Materie existieren. In England wurde eine haarsträubende Studie mit Katzen durchgeführt, die niemals der Sonne ausgesetzt sein durften. Jegliches Wasser und die gesamte Nahrung, die sie bekamen, wurde vorher Mikrowellen ausgesetzt und dadurch destrukturiert. Nach spätestens drei Wochen starben alle Katzen ohne Ausnahme. Auch hier kommen wir wieder auf einen anscheinend signifikanten Zeitraum von 21 Tagen zurück. Ich nenne diesen Zeitraum die kosmische Zeit. Sie taucht beim Pranaernährungsprozess auf, in dem Abschnitt „Kuhmilch“ aus dem Kapitel über die Stillzeit und jetzt erscheint sie an dieser Stelle... das macht mich nachdenklich.

Zur Zeit wird Wasser danach bewertet, wie viele schädliche Substanzen es enthält, obwohl eigentlich sein Zellgedächtnis der wirklich wichtige Faktor ist. Außerdem stellt sich die Frage, was Trinkwasser ist. Jedes Land hat andere Vorschriften und das geht so weit, dass in Österreich die doppelte Menge an Nitraten zugelassen ist wie in Deutschland, wobei ein Säugling sterben kann, wenn er nur ein Fünftel der Menge einnimmt, die in Deutschland zugelassen ist. Was soll man denn als Maßstab nehmen? Die Qualität des Wassers kann an der Menge des ultravioletten Lichts gemessen werden, die es aufnimmt. Je geringer diese Menge ist, desto besser ist das Wasser. Wenn Wasser einen sehr intensiven gründlichen Reinigungsprozess durchlaufen hat und danach immer noch sehr viel ultraviolettes Licht aufnimmt, war seine Qualität vorher nicht gut.

Nur das Wasser selbst kann sich reinigen und das geschieht durch verschiedene Arten von Strudeln, die in der Natur, in Flüssen und Bächen vorkommen. Diese Verwirbelung ist für die Existenz des lebendigen Wassers unerlässlich und die Wasserqualität ist umso besser, je stärker der Strudel ist. Die Wellenlänge von behandeltem Wasser kann trotz seiner anscheinend einwandfreien Zusammensetzung für uns schädlich sein, auch wenn das Wasser destilliert wurde. In diesem Bereich ist die Biophysik wichtiger als die Chemie.
Laut Aussagen des deutschen Wissenschaftlers Peter Gross trinken wir auch nach der Filtration des Wassers die Milliarden von Schwingungsfrequenzen der kontaminierenden Stoffe, deren Wirkung im Gedächtnis des Wassers gespeichert ist. Andererseits: So verschmutzt der Ganges in Indien auch sein mag, ist sein wohltuendes Informationsspektrum für das Leben fast ideal, ähnlich wie es bei dem Wasser in Lourdes in Südfrankreich der Fall ist. Diese feinstoffliche Wirkung kann mit einem Spektralmeter von Null bis zu Megahertzbereichen gemessen werden. Ich versuche möglichst nur Wasser zu trinken, das frei von Quecksilber, Psychopharmaka, Arsen, Blei, Kadmium, Chlor und anderen Chemikalien ist, gleichzeitig lebendig ist und ein positives Informationsspektrum hat.
Was ist das beste Wasser? Geh zu der reinsten Quelle, die du in einem Umkreis von hundert Kilometern in der Umgebung deines Zuhauses kennst. Gibt es noch etwas Besseres? Nur von Licht zu leben...
Wenn ich von einer Quelle spreche, meine ich eine Quelle in der Natur und nicht in Flaschen abgefülltes totes Wasser (wenn es nicht tot wäre, ließe es sich nicht konservieren). Lebendiges Wasser bewirkt durch die Zunahme von roten Blutkörperchen innerhalb von sechs bis acht Wochen einen Anstieg des Sauerstoffgehaltes in unserem Blut um 20 %, was alte Ablagerungen in unseren Arterien auflöst und das Bindegewebe entgiftet, indem es Toxine aus dem Stoffwechsel ausscheidet. Das lebendige Wasser ist von energiereichen Photonen umgeben, deren Schwingung auf andere biologische Systeme übertragen werden kann. Kommt das Wasser mit Blei oder anderen schädlichen Substanzen in Kontakt (jede dieser Substanzen hat eine bestimmte Eigenfrequenz), wird deren Schwingung auf das Wasser übertragen und es bildet sich ein neues Spektrum. Wasserkristalle bilden sechseckige Strukturen und jeder Kristall ist einzigartig. Im Gegensatz dazu ist das Leitungswasser in den Städten nicht in der Lage Kristalle zu bilden, da es keine biologische Kraft besitzt.
Die Frequenzen, die vom Wasser übertragen werden, können gemessen werden. Sie können sich an jeden Menschen anpassen, obwohl das Wasser aus derselben Quelle stammt. Das bedeutet, dass das lebendige Wasser „weiß", welche Schwingungsfrequenzen jeder Einzelne braucht. Unser Körper absorbiert ALLE Frequenzen, die in seiner Umgebung vorkommen. Aus diesem

Grund können wir uns mit ungeeignetem Wasser Schaden zufügen. Es gibt Studien, die zeigen, dass durch die Verseuchung des Wassers mit Schwermetallen eine Schwingung mit der sehr niedrigen Frequenz von 1,8 Hz entsteht, die krebserregend wirkt. Auch wenn dieses Wasser gereinigt oder behandelt wird, verschwindet diese Schwingung nicht automatisch. Der deutsche Forscher Dr. Gerhard Orth aus Leutkirchen hat Peter Gross berichtet, dass seine Blutanalysen mit Dunkelfeldmikroskopie dasselbe zerstörte Bild mit einem katastrophalen Hämogramm zeigten wie das Leitungswasser, das die jeweiligen Personen tranken. Wenn deine Ernährung und deine Gedanken nicht angemessen sind, hat dein Körper vielleicht nicht ausreichend Kraft, um sich selbst täglich zu heilen und zu regenerieren.
Die Übernahme der Verantwortung für die Fäkalien war ein weiterer großer Schritt für mich. Ich hatte anfangs geplant, ein WC nach dem Prinzip einer Kompostierungsanlage aus biologischen Materialien zu bauen. Es kam wieder auf das Gleiche zurück: Zeit, Geld, Energien und Umweltverschmutzung – obwohl biologische Baumaterialien verwendet und die Fäkalien verwertet werden, ist es nicht ökologisch. Obendrein bewirkt die Ansammlung von vielen Fäkalien an einem Ort immer eine gewisse energetische Veränderung. Das gilt auch für Kompost, der um Bäume herum angehäuft wird. In der Natur habe ich noch keine Situation gesehen, in der plötzlich solch ein Übermaß an tierischen Hinterlassenschaften auf einen Schlag entsteht.

Jetzt ist nicht mehr so viel zu tun...

Ich glaube, dass wir genau das tun, was für den Ort am angebrachtesten ist. Wenn wir Wasser lassen müssen, tun wir das dort, wo wir wollen. In der trokkenen Jahreszeit nutzen wir den Urin, um damit die Bäume zu bewässern. Da wir keine tierischen Produkte essen, ist der Urin eher basisch und dadurch werden die Pflanzen nicht verätzt oder beschädigt. Wenn wir Stuhlgang haben, schaufeln wir mit einer Hacke ein kleines Loch, das wir benutzen und hinterher bedecken. Auf diese Weise belüften wir nicht nur auf eine leicht aggressive Weise den Boden, sondern wir säen auch Tomaten und vermeiden es, auf Fäkalien zu treten. Manchmal hinterlassen wir unseren Stuhlgang in der Umgebung von Bäumen, um sie zu düngen. Dabei werden die Fäkalien nicht vergraben, um damit anderen Lebewesen (Insekten etc.) eine Wohnstätte und Nahrung zu bieten. Da wir uns nur von Rohkost ernähren, keimen die Samen der Nahrung, die wir gegessen haben, wie die zuvor erwähnten Tomaten, und erzeugen wieder Pflanzen und Früchte.

Wenn es regnet oder sehr kalt ist, verwenden wir einen Nachttopf. Wir haben einen Vorrat davon, damit wir die Stoffe sammeln können, bis das Klima wieder milder wird und wir die Fäkalien vergraben können. Unsere Ernährungsweise führt normalerweise nicht zu Fäulnisprozessen und daher stellen unangenehme Gerüche auch kein Problem dar. Ich habe vor, eine Art größeren Nachttopf für die Zeit nach der Fertigstellung des Hauses zu entwerfen, aber ich habe noch keine ganz klare Vorstellung davon.

Eine Einstellung, die zur Zeit sehr stark verbreitet ist und die meiner Meinung nach die Wüstenbildung und das Ungleichgewicht auf diesem Planeten fördert, ist der Egoismus des Menschen. Wir lassen nicht zu, dass sich andere Tiere, Pflanzen oder das Land selbst von dem ernähren, was auch wir essen (indem wir absolut alle Früchte abernten) und trinken (indem wir die Trinkwasserreservoire verschließen). Wir gewähren diesen Lebewesen noch nicht einmal sich von unseren Abfällen zu ernähren (indem wir unsere Nahrungsreste in den Abfalleimer werfen und auf Mülldeponien bringen, wo sie verrotten und diese Orte kontaminieren). Wenn die Fäkalien im WC heruntergespült werden, ist das nicht nur eine falsche Verwendung, sondern außerdem eine Kontaminierung des Wassers. Dadurch werden negative Energiefelder erzeugt und man benötigt Kläranlagen, die immense Energiekosten verursachen. Wenn mehr Menschen ihre Obst- und Gemüseabfälle sowie ihre Fäkalien unter Sträuchern und Bäumen deponieren würden, hätte die Erde nach einiger Zeit wieder mehr Biomasse und eine größere Artenvielfalt.

Als ich auf das Land gezogen bin, erschien es mir unerlässlich, ein Telefon zu haben, oder besser gesagt, ich wollte nicht darauf verzichten, da es mir in psychologischer Hinsicht viel geboten hat. Ich hatte etwas Angst vor der Einsamkeit und es gefiel mir sehr von Zeit zu Zeit mit meinen Freunden zu telefo-

nieren und mich geliebt zu fühlen. Da mir damals die Interaktion der Energien nicht bewusst war und ich einen möglichen Unfall nicht ausschließen konnte, habe ich mir die Notwendigkeit eines Telefons schnell erklärt. Heute sehe ich die Dinge anders, es gibt keinen Grund für einen Unfall, wenn wir ihn nicht auf energetischer Ebene verursachen. Ich wollte nach Fertigstellung des Hauses ein Feldtelefon verwenden und hatte in der Zwischenzeit ein Mobiltelefon. Um mich gegen die starken Schäden durch Letzteres zu schützen, habe ich ein Kabel mit Mikrofon und Kopfhörer so angebracht, dass das Mobiltelefon von meinem Körper getrennt war. Außerdem habe ich das Telefon wie ein Haustelefon benutzt und es nicht überall mit hingenommen, es sei denn, ich habe einen Anruf erwartet.
Heute verwende ich es nicht mehr. Abgesehen von den Kosten, die ein Telefon mit sich bringt (wenn du ein Telefon zur Hand hast, verwendest du es viel häufiger, als wenn du dafür ins Dorf gehen müsstest), habe ich festgestellt, dass dadurch eine Art Abhängigkeit entsteht und dass es mir nicht dabei behilflich ist, aufrichtig und rein zu sein. Ich habe mich dabei ertappt, dass ich, wenn ich nach Hause kam, als Erstes nachgesehen habe, ob jemand angerufen hat, und sich meine Laune je nach dem Ergebnis geändert hat. Ich halte es für wichtig, die Verantwortung für meine Emotionen selbst zu tragen. Außerdem habe ich mir sehr gewünscht, dass jemand anruft, wenn ich traurig war. Wäre ich aufrichtiger gewesen, hätte ich jemanden angerufen und gesagt, dass ich traurig bin. Wäre ich es gewesen, hätte ich mich mit meiner Traurigkeit konfrontiert und sie nicht als Vorwand für eine Kommunikation benutzt. Ich habe mich mehrmals dabei erwischt, eine gute Unterhaltung mit einem Freund oder meinem Partner zu unterbrechen, um zu telefonieren, als ob das wichtiger wäre, oder zu telefonieren, während ich eins meiner Kinder gestillt habe, statt mich auf das Stillen zu konzentrieren.
Wie oft weigert sich eine Mutter – mich selbst eingeschlossen – mit ihrem Kind zu spielen oder sich um es zu kümmern, wenn sie angeblich keine Zeit hat, wenn sie eine Arbeit oder etwas anderes beenden muss, wenn gerade das Telefon klingelt usw. Wundert es dich dann noch, dass es den Kindern später so gefällt mit dem Telefon zu spielen, wenn die Erwachsenen diesem oft den Vorrang vor allen anderen Dingen geben?
Als ich mich dabei beobachtet habe, empfand ich das als so traurig, dass ich beschlossen habe, in dieser Hinsicht an mir zu arbeiten: Ich verwende einen Kopfhörer, damit die Strahlung des Telefons mich nicht übermäßig schädigt, aber damit trage ich zur Herstellung von weiteren Telefonen bei. Ich verwende eine Antenne für das Telefon und dadurch wird die Gesundheit von anderen beeinträchtigt. Ich verwende Batterien, die morgen schon sehr giftiger Abfall sein werden. Ich schone mich, doch nicht meine unmittelbare Umgebung.

Wie widersprüchlich war damals mein Leben! War ich denn verrückt? Ich beschloss, das Telefon nicht mehr aufzuladen und es noch einige Monate zu behalten, bis die Verbindung gesperrt würde, habe so nach und nach meine Freunde und meine Familie überzeugt und, was noch wichtiger ist: Ich habe gelernt, mich von ihm unabhängig zu machen. Heute habe und brauche ich kein Telefon mehr und genieße das. Bravo! Ich habe es geschafft, einen weiteren Schritt auf meinem Weg zu gehen!

In Bezug auf die Fenster meines Hauses habe ich auch einen Entwicklungsprozess durchlebt. Ich sehe noch das Bild vor mir, wie ich hier und dort Fenster abgeholt, aufgeladen und mitgebracht habe... Uff, so viel Arbeit für nichts. Aus diesem Grund sage ich heute manchmal, dass es mir Angst macht, eine Sache in Angriff zu nehmen, da ich so schnell auf meinem Weg voranschreite, dass Dinge, die mir heute viel bedeuten, morgen für mich wertlos werden.

Die Idee, keine Scheiben in die Fenster zu setzen, war die Folge verschiedener Aspekte. Auf der einen Seite habe ich mich an das Buch *„Der Naturismus"* von Almicar de Souza erinnert, in dem davon gesprochen wird, dass das ideale Haus keine Fensterscheiben hat, sondern nur ein Fliegengitter, um lästige Insekten abzuhalten. Nur so ist es möglich, das die Luft sich ständig erneuert und so sauber und rein wie möglich bleibt. Dieses Buch, das ich vor einigen Jahren gelesen hatte, kam mir in den Sinn, aber Almicar hatte natürlich ein Haus in den Tropen beschrieben und nicht in Ávila mitten in Spanien. Obwohl dieser Aspekt zur Zeit manchmal eine Herausforderung darstellt, verursacht er in mir keine Konflikte.

Wenn ein Mensch sich bereits einige Jahre hauptsächlich auf der Basis von rohen Früchten und ab und zu von einigen grünen Blättern oder rohen Samen ernährt, wenn seine Nahrung möglichst aus dem Bereich, wo er lebt, stammt, wenn diese Nahrung biologisch, wild gewachsen ist und der jeweiligen Jahreszeit entspricht, wenn der Mensch wenig isst und positive Gedanken und Gefühle hat – dann wird sein Organismus irgendwann so rein sein, dass sein Wärmehaushalt perfekt funktioniert. Irgendwann ist seine Spiritualität so groß, dass sie die Materie beherrscht und die Raumtemperatur überhaupt kein Problem mehr darstellt. Das ist der Weg, für den ich mich entschieden habe. Ich muss mir nur Zeit geben, genau wie ich sie mir damals gegeben habe, als es um das Telefon, die Elektrizität und andere Dinge ging. Wenn ich keine Scheiben in den Fenstern habe, ist die Energie im Hausinneren viel reiner und bleibt ständig in Bewegung.

Um zu vermeiden, dass wir im Herbst von Hunderten von Insekten belästigt werden, setze ich in den Fenstern Netze ein, die aus Hanfgarn gehäkelt sind, weil diese keine Proteine enthalten und somit nicht von den Nagetieren gefressen werden (obwohl ich mir in Bezug auf diesen Punkt noch nicht sicher bin).

Außerdem möchte ich noch Fensterläden aus Holz einbauen, die ich je nach Windrichtung und in sehr kalten Nächten verwenden kann. Wenn mein Körper und die Körper meiner Kinder gut funktionieren, habe ich theoretisch nichts zu befürchten, da das Haus aus Stroh ist und Letzteres ziemlich gut isoliert. Jedenfalls gestehe ich mir zu, dass ich noch nicht so weit entwickelt bin und vielleicht in einer Übergangsphase einen kleinen Holzofen brauchen werde. Ich ziehe diese Möglichkeit in Betracht. Ich werde diese Entscheidung im nächsten Winter fällen, je nachdem, wie meine Kinder und ich uns fühlen.

Jeder Mensch, der dieses schöne Haus berührt hat, hat Liebe und Freude in dessen Energie hinterlassen. Vielen Dank für alles, liebe Freunde!

Schwangerschaft, Geburt und Stillzeit

Ein weiterer natürlicher und bewusster physiologischer Prozess in unserem Leben

Und der Storch kam...
nach der dunklen Nacht
im heimeligen Winter

Und der Storch kam...
beim Gesang des Frosches,
beim Schrei der Kröte
und beim Schleichen der Schlange

Und der Storch kam...
mit wachen Augen,
anmutiger Gestalt und weiser Seele

Und der Storch kam...
setzte sich auf das Nest,
und aus seinem Schnabel
wurde die Saat der Liebe geboren

Und der Storch kam...
und es wurde die BLUME geboren.

Ich habe den Titel „Schwangerschaft, Geburt und Stillzeit, ein weiterer natürlicher und bewusster physiologischer Prozess in unserem Leben“ für das, was ich dir mitteilen möchte, gewählt, um besondere Betonung auf die Wichtigkeit der Geburt zu legen und sowohl die Geburt als auch das Stillen sozusagen zu „entmystifizieren“. Gewöhnlich haben Frauen sehr viel Angst vor der Geburt und denken, dass ihnen oder dem Baby etwas zustoßen kann. Es herrscht die Meinung, dass das Stillen von Anfang an immer sehr angenehm ist und dass es sehr ratsam ist, einer Reihe von festgelegten Grundsätzen zu folgen. Später in diesem Kapitel werde ich meine Gedankengänge gegen diese Meinungen darlegen und mich dabei zum großen Teil meiner intellektuellen Kenntnisse und meiner umfangreichen Erfahrung bedienen.

Ich halte es für sehr wertvoll, wenn sich beide Elternteile schon vor der Empfängnis informieren und sich durch Meditation, Fasten, Gespräche etc. mental, emotional, physisch und spirituell vorbereiten. Mit dem Begriff „informieren" meine ich insbesondere Bücher oder erfahrene Menschen und nicht die typischen Babyzeitschriften, die man an jedem Zeitungsstand kaufen kann, oder die pessimistischen Nachbarinnen, Verwandten oder Freundinnen. Ich sage das nicht, weil die Erfahrungen der Letzteren nichts wert sind. Und doch neigt sich unsere Umgebung in einem derartig delikaten und sensiblen Moment wie die Geburtsvorbereitung manchmal zu der Tendenz, einen destruktiven oder herzzerreißenden Sensationalismus zu zeigen. Die Zeitschriften haben normalerweise kein Fassungsvermögen für eine andere Ansicht über das Leben in einer physisch und psychisch gesunden Partnerschaft, während Bücher Alternativen bieten können.

Schwangerschaft

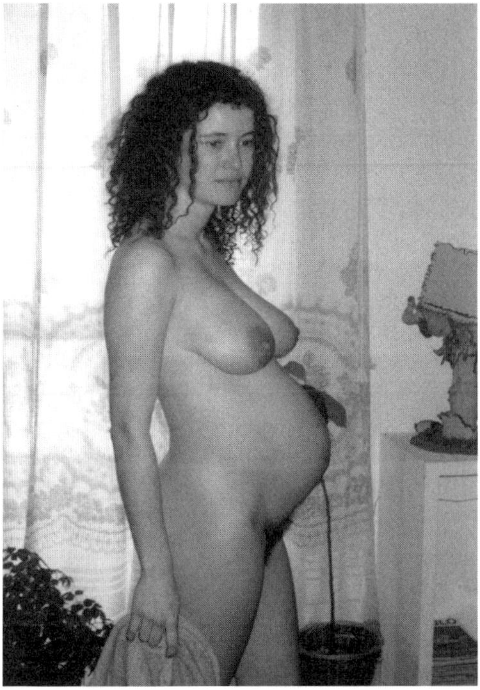

Achter Schwangerschaftsmonat mit Leila (der Älteren)

Die Wichtigkeit der Gemütsverfassung
Sofrologie

Während der Schwangerschaft kann eine Frau vielen verschiedenen Gemütsschwankungen ausgesetzt sein und es ist nicht leicht, diese Instabilität zu vermeiden, aber wir können dem Baby, der Mutter und allen anderen helfen, indem wir Dinge fördern, die Glück und Ruhe der Mutter, d.h. physisches und psychisches Wohlbefinden unterstützen. Es gibt Studien, die zeigen, dass allein die Tatsache, dass die Mutter ans Rauchen denkt, den Embryo in Unruhe versetzt, obwohl sie die Zigarette noch nicht angezündet hat. Etwas, das uns unbedeutend vorkommt, kann den Embryo schwer schädigen, denn eine Anomalie in irgendeiner seiner Keimschichten kann sich in der Zukunft in einen Organschaden verwandeln. Es ist also stark anzunehmen, dass ein psychisches Unwohlsein der Mutter sich negativ auf die Entwicklung des Embryos auswirkt und psychisches Unwohlsein des ungeborenen Kindes bewirkt. Wir können davon ausgehen, dass psychisches Wohlbefinden der Mutter zu psychischem Wohlbefinden des Embryos führt und so wahrscheinlich ein gesünderes Baby geboren wird, das weniger aufbrausend und ängstlich ist.

Die äußeren Einflüsse verändern unsere Persönlichkeit Schritt für Schritt, aber die grundlegenden Charakterzüge ändern sich gewöhnlich nicht, sie wurden in der ersten, embryonalen, Phase unserer Entwicklung gefestigt, wenn wir noch keine eigenen Verteidigungsmechanismen entwickelt haben. Damals wurden die Botschaften und Emotionen der Mutter intensiv in unserer Psyche eingraviert und daran lernten wir zu fühlen.

Von vorübergehenden depressiven oder ängstlichen Stimmungen der Mutter wird der Fetus nicht ernsthaft beeinflusst, umso mehr jedoch von ihren ständig vorhandenen oder extrem langen Verstimmungen. Wenn die Mutter sich dauernd emotional schlecht fühlt, sondert sie große Mengen eines neurohormonalen Sekrets ab, welches das Nervensystem des Kindes überlastet, und das kann später zu Magenbeschwerden, Legasthenie oder Verhaltensauffälligkeiten etc. führen. Manche Leute glauben wiederum, dass der emotionale Zustand des Fetus einen Einfluss auf die Gefühle der Mutter habe. Ich weiß das nicht und ich gehe auch noch nicht so weit.

Die Technik der Potenzierung von positiven Gedanken durch Selbstkontrolle nennt man Sofrologie. Wir können dem Baby nach seiner Geburt durch Fußreflexzonenmassage helfen, die Traumata, die es im Mutterleib erlebt hat, zu überwinden, indem wir eine Art Revision der Schwangerschaft und der Geburt vornehmen und versuchen, die Prozesse abzuschließen, die vorher nicht korrekt abgeschlossen wurden. Bei der Massage wird der entsprechende Bereich sanft, langsam und zart massiert, wobei man immer von den Zehen zur Ferse hin arbeitet. Der entsprechende Bereich ist die Linie, die an der Fußinnenseite vom großen Zeh zum unteren Bereich über die Fußknöchel verläuft. Man kann die Massage mit kontinuierlichen kreisenden Bewegungen im Uhrzeigersinn ausführen und dabei nach und nach vom großen Zeh aus massieren oder kurze, gerade Bewegungen in der besagten Richtung ausführen.

Toxoplasmose

Das Wort Toxoplasmose ruft bei Paaren, die ein Kind erwarten, ziemlich viel Angst hervor und diese überträgt sich sofort auf die Beziehung zu Katzen. Ich erinnere mich daran, dass ich in meiner ersten Schwangerschaft stark unter diesem Aspekt gelitten habe. Die Konflikte in meiner Partnerschaft haben sich durch alles, was mit diesem Begriff in Verbindung stand, sehr verschärft.

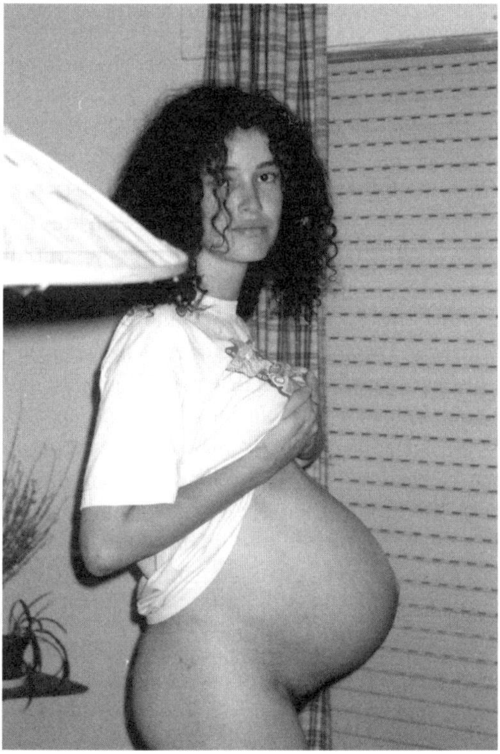

39. Schwangerschaftswoche mit Altair, fünf Tage vor der Geburt

In unserer heutigen Gesellschaft, in der das Thema Geld einen großen Einfluss hat, ist es einfach, Menschen zu manipulieren, um ökonomische Beeinträchtigungen zu vermeiden. Normalerweise wird einer schwangeren Frau, die keine Toxoplasmose hat, eher gesagt, dass sie alle Katzen hinauswerfen soll, die möglicherweise bei ihr zu Hause leben, statt ihr zu sagen, dass sie auf Wurst und Fleisch verzichten soll. Selbstverständlich fließt im letzteren Bereich wesentlich mehr Geld als im Ersteren.

Ich hatte weder in der ersten noch in der zweiten Schwangerschaft Toxoplasmose. Ich habe mit diversen Katzen zusammengelebt (insgesamt waren es zwölf) und wenn du in meinen Kühlschrank geschaut hättest, wäre das Letzte, was du dort gefunden hättest, Fleisch oder Wurst gewesen. Meine Frauenärztin hat nach einer Blutanalyse die Hände über dem Kopf zusammengeschlagen und unzählige Male betont, wie „unverantwortlich" es von mir sei, mit Katzen zusammenzuleben, und wie wichtig es sei, mich von ihnen zu trennen. Nachdem der Vater meiner Kinder dieses immer wieder gehört hatte, bestand er darauf, diese Tiere aus unserer Wohnung zu vertreiben, was mir sehr missfallen hat. Ich habe eines nicht verstanden: Die Möglichkeit, dass ein Baby Schäden davonträgt, wenn man diese Krankheit bekommt, ist immer nur genau das gewesen – nämlich eine Möglichkeit. Im Gegensatz dazu war die Schädigung des Babys durch die Vertreibung meiner geliebten Geschwister, die zusammen mit meinen beiden Hunden die einzige Gesellschaft in meiner täglichen Einsamkeit waren, ganz offensichtlich, denn es hätte für mich einen sehr starken emotionalen Einbruch bedeutet, eine Depression mit allen entsprechenden Folgen für das Baby.

Ich begann mich über die Krankheit und die Ansteckungsmöglichkeiten zu informieren. Wenn eine Frau nicht schwanger ist, erlebt sie diese Krankheit wie eine leichte Erkältung und ist sich dessen häufig nicht einmal bewusst. Ist sie jedoch schwanger, kann die Toxoplasmose auf den Fetus übertragen werden und bei ihm diverse Schäden in unterschiedlicher Ausprägung bewirken. So wie ich das Leben heutzutage sehe, hätte ich nicht den geringsten Anflug von Bedenken in dieser Situation, da ich der Meinung bin, dass sowohl die Krankheit als auch die Heilung von innen und nicht von außen kommen. Ich würde nur darauf achten, mich korrekt auf roh-vegane Weise zu ernähren, mir selbst treu zu sein, negative Gedanken und Gefühle aufzulösen, sie in positive zu verwandeln und zu meditieren. Als ich schwanger war, hatte mir das Leben noch nicht all das Wissen gezeigt, das ich heute habe und auf das ich vertraue, aber ich werde dir jetzt meine Gedankengänge aus dieser Zeit darlegen.

Ich erfuhr, dass Toxoplasmose über rohes oder wenig gekochtes Fleisch, Gemüse, das mit Abwasser oder schlecht gereinigtem Wasser bewässert wird, Wellensittiche und Katzen sowie über kontaminierte Erde, die sich unter den

Fingernägeln abgesetzt hat, übertragen werden kann. Dank meiner ersten Schwangerschaft konnte ich mich mit meiner Gewohnheit des Nägelkauens konfrontieren und habe zum ersten Mal in meinem Leben damit aufgehört. Seitdem habe ich nie wieder Nägel gekaut. Es ist sehr angenehm, neue Situationen als Veränderungen zu akzeptieren, die uns helfen, uns selbst wahrzunehmen, Verantwortung zu übernehmen und zu wachsen. Ich hatte keine Bedenken in Bezug auf Fleisch und Wurst, da ich diese nicht gegessen habe. Menschen, die diese Nahrungsmittel aus Gewohnheit essen und sich nicht in der Lage fühlen, sie aus ihrer Ernährung zu streichen, sollten bedenken, dass die Mehrzahl der Fälle von Toxoplasmose damit zusammenhängen. Es gibt nichts Besseres als die Situation der Schwangerschaft zu nutzen, um Ernährungsgewohnheiten zu verändern.

Obst und Gemüse kann durch „kontaminierte“ Fäkalien „verseucht“ sein. Hierbei hilft gründliches Waschen (nicht mit Waschlauge, Chlor oder anderen chemischen Produkten, sondern mit Hingabe, Geduld und mit Wasser, das so rein wie möglich ist). Katzen können die Krankheit über ihre Fäkalien und über ihren Speichel übertragen, nachdem sie sich geputzt haben. Die Lösung in Bezug auf den Speichel ist ganz einfach: Du solltest nur verhindern, dass sie dich am Mund lecken, oder dir die Hände waschen, wenn du eine Katze länger gestreichelt hast. Du solltest sie auch nicht beim Essen streicheln. Was die Übertragung über Fäkalien betrifft, müssen mindestens 24 Stunden nach deren Abgabe vergehen, damit sie die Krankheit „übertragen“ können. Wenn du täglich die Katzenstreu wechselst, verschwindet diese Angst. Noch besser ist es, wenn der Partner oder eine andere Person dieses tut, wie ich es damals gefordert habe.

Schauen wir uns mal an, wie die Ansteckungskette bei den Katzen funktioniert. Am Anfang der Kette brauchen wir einen Vogel oder ein anderes Kleintier, das mit Toxoplasmose infiziert ist. Die Katze muss dieses Tier jagen und essen (also können Katzen, die nicht jagen, sich nach den normalen Kriterien nicht anstecken). Damit eine Katze daran erkrankt, müssen ihre Abwehrkräfte sehr schlecht sein und sie muss sehr geschwächt sein. Ich als Mitbewohnerin der Katze muss nach dem Kontakt mit ihren Fäkalien etwas essen oder meinen Mund berühren, ohne mir vorher die Hände zu waschen. Ich muss über eine schlechte Gesundheit verfügen, damit es möglich ist, dass mein Körper nicht in der Lage ist, sich zu verteidigen, und krank wird. Die Toxoplasmose muss durch den Filter der Plazenta gelangen und auf den Fetus „übergehen“. Dieser muss wiederum auch gesundheitlich geschwächt sein, so dass er krank wird.

Gemäß der Schulmedizin gibt es je nach Phase der Schwangerschaft ein mehr oder weniger großer Ansteckungsrisiko für den Fetus und die größte Wahrscheinlichkeit besteht in den letzten drei Monaten (bis zu 60 %). In den ersten drei Monaten ist das Risiko minimal, aber die Schäden können wesentlich ausgeprägter sein, weil sich in dieser Zeit das spätere Gehirn bildet. Wenn sich der Fetus später ansteckt, kann das keine Auswirkungen haben oder unbemerkt vorübergehen.

Wie ich bereits erwähnt habe, muss erst eine weitgefächerte Reihe von Umständen eintreffen, die sich sehr leicht vermeiden lassen, wohingegen der Kummer und die Verzweiflung sowie das Fehlen von emotionaler Unterstützung sich ganz gewiss auf das Baby auswirken. Die depressiven Zustände oder die von Kummer erfüllte Einsamkeit haben beispielsweise zur Folge die geringere Sauerstoffversorgung des Fetus.

Jede/r Einzelne muss seine Gefühle nach ihrem/seinem Wertesystem beurteilen, beobachten und mit Bewusstsein und Konsequenz handeln. Ich habe mich dafür entschieden, weiterhin mit meinen kleinen Freunden zusammenzuleben. Ich erinnere mich daran, dass sich damals, als ich ein junges Mädchen war, eine Nachbarin (es handelte sich um ein Ehepaar, das gut mit meinen Eltern befreundet war) mit Toxoplasmose angesteckt hat, als sie mit einem ihrer Kinder schwanger war. Hinzu kam noch, dass sie über vierzig Jahre alt war, dadurch die Ängste potenziert wurden und der Kummer sie quälte. Der soziale Druck und der Druck seitens der Ärzte haben noch alles verstärkt und das hätte dem Baby in Verbindung mit den Angstzuständen der Mutter wirklich schaden können. Das Kind kam jedoch perfekt zur Welt und hatte überhaupt keine Probleme, nicht mal Legasthenie. Meine Güte, wie viel Kummer und Leiden hätte man der Mutter ersparen können!

Das „Nestsyndrom"

Wenn du die neun Monate der Schwangerschaft hinter dir hast und dich dabei beobachtest, wie du auf einer Leiter stehst und den Staub von den Gardinenstangen oder die Flecken von der Zimmerdecke wischst und dabei versuchst, das Gleichgewicht mit deinem riesigen Bauch zu halten, dann bekomm keinen Schreck, du bist nicht verrückt geworden. Mir ist es auch so ergangen, genau wie vielen anderen Frauen. Diese Tätigkeit hat einen Namen, es handelt sich um das Nestsyndrom oder den Nestbauinstinkt. Wir Frauen als gute Tierweibchen möchten auch den Ort für unsere zukünftigen Jungen vorbereiten und daher fangen wir an zu putzen, zu malen, Kunsthandwerk herzustellen und vieles mehr, um unseren Babys ein warmes Willkommen zu bieten. Das Überraschende ist, dass wir dafür manchmal die unpassendsten Momente benutzen, aber hab Geduld, alles geht vorbei. Wenn du erst das Baby in den Armen hast, wirst du wieder „vernünftiger".

Das Verhalten des Mannes während der Schwangerschaft
Couvade

Gemäß der gängigen Meinung spielt der Mann während der Schwangerschaft so gut wie gar keine Rolle. Das mag daran liegen, dass dieses Thema als „Frauensache“ angesehen wird, oder daran, dass er sie „überbeschützt“ und ein Bild der völligen Sicherheit darstellt, in dem die Auseinandersetzungen oder Veränderungen in der Beziehung immer durch die erhöhte Sensibilität der Frau verursacht werden und er nur der „Leidende“ ist, der sie ertragen muss. Meiner Ansicht nach wird durch diesen Standpunkt die Verantwortlichkeit der Frau überbeansprucht und das ist ein ziemlicher Irrtum.
Bernard This betont den Begriff „Couvade“ stark. Letzterer umfasst eine Reihe von physiologischen Störungen des Mannes während der Schwangerschaft der Frau. Diese Probleme werden oft auf die Arbeit geschoben, wobei etwa 65 % der zukünftigen Väter darunter leiden sollten. Die Beschwerden können sich wie folgt äußern: Unterleibsschmerzen, Migräne, Erbrechen, Schmerzen in den Backenzähnen, Anstieg des Gewichts, Magenschleimhautentzündung, Nierenschmerzen, Ängste, Schlaflosigkeit, Schwerfälligkeit... Aus der Sicht der Psychologie können auch die schwersten Störungen auftreten wie Alkoholismus, Wutausbrüche, Aggression und Selbstaggression bis zu dem Selbstmord hin... Jedoch die üblichen Krisen sind Eifersucht, Machtkämpfe und eine gewisse Rivalität, da der Mann Schwangerschaft, Geburt und Stillen nicht selbst erleben kann.
Er kann versuchen seine Lage zu ändern, indem er krank wird (um umsorgt zu werden), sich streitet (um Vergebung und Trost zu bekommen), seine Arbeit aufgibt (um bemitleidet zu werden) etc. Weitere Gefühle neigen dazu, in latenter Form vorhanden zu sein, weil sie mit Feindseligkeit gegenüber dem ungeborenen Kind und einer damit verbundenen Schuld im Zusammenhang stehen und einen Spiegel des aggressiven Verhaltens gegenüber den Geschwistern und dem eigenen Vater, das in der Kindheit unterdrückt wurde, darstellen.
In meiner Partnerschaft hat sich ein großer Teil dieser Dinge unbewusst abgespielt und dadurch hat die Beziehung Schaden erlitten. Aus diesem Grund halte ich eine psychische Vorbereitung bereits vor der Empfängnis für sehr weise. So kann eine zukünftige Schwangerschaft in größerer Fülle erlebt werden und es kann zu der körperlichen und emotionalen Gesundheit des Babys und sogar zur Verbesserung der zwischenmenschlichen Beziehungen in der Familie beigetragen werden.

Wie man mit dem Kind kommunizieren kann
Haptonomie

Es gibt eine Art Geburtsvorbereitung, die sich Haptonomie nennt. Diese Methode basiert auf einer Kommunikation zwischen dem Vater, der Mutter, dem Baby und den Geschwistern (falls vorhanden). Man verwendet dafür den bewussten Tastsinn. Sowohl der Vater als auch die Mutter und die Geschwister streicheln auf emotionale und sensible Art den Bauch, in dem sich das neue Wesen befindet. Über den Tastsinn werden ihre Gedanken und Gefühle übertragen, gelangen über die Verlängerung dieser Wellen zum ungeborenen Kind und bewirken eine Vereinigung.

Die Mutter übermittelt dem Ungeborenen außerdem geistige Botschaften mit einer bestimmten Frequenz wie: „Mach dir keine Sorgen, mein Liebes, Mama und Papa haben gestritten, weil es uns nicht gut geht, nicht wegen dir. Wir lieben dich beide sehr“, „ich habe dich sehr lieb und freue mich sehr darauf, dich bald zu sehen“, „wir sind deine Mannschaft“, „ich hoffe, dass ich dich im Moment der Geburt ganz leicht auf die Welt bringen werde, versuch zum Licht zu kommen, du wirst schon sehen, alles wird sehr gut gehen, ich weiß, dass du mir sehr helfen wirst“ oder irgendeine andere Botschaft dieser Art, als ob das Baby schon außerhalb des Uterus wäre und du es im Arm hättest.

Es ist wichtig zu wissen und zu fühlen, dass dieses neue Wesen bereits ein Lebewesen ist, dass es schon eine Reihe von Emotionen empfindet und lebt und deshalb nicht nur körperliche und biologische Bedürfnisse hat, sondern auch psychische und emotionale. Während du mit dem ungeborenen Kind sprichst, solltest du es streicheln oder die Hand auf den schwangeren Leib legen. Es gibt diverse Studien, die zeigen, dass Kinder, die nach einer derartigen Beziehung geboren werden, sehr lebhaft, wissbegierig, intelligent und gesund sind.

Wenn die Mutter diese Botschaften auch während der Entbindung übermittelt, schüttet ihr Körper eine größere Menge an Endorphinen (Hormone, die auf natürliche Weise den Schmerz verhindern, auch „Glückshormone“ genannt) aus, die den guten Verlauf der Geburt unterstützen. Die Haptonomie wird auch oft verwendet, wenn sich das Baby in einer falschen Lage befindet. Dabei wird dem Baby über den Tastsinn und geistige Botschaften des Paares die Notwendigkeit einer Veränderung seiner Lage mitgeteilt und dadurch können viele Kaiserschnitte verhindert werden.

Psychoprophylaktische Vorbereitung auf die Geburt
Konditionierte Reflexe
Geburt und Orgasmus

Für die psychoprophylaktische Geburtsvorbereitung oder die „schmerzlose Geburt“ ist die vollständige Kenntnis des Geburtsvorgangs von großer Wichtigkeit, damit konditionierte Reflexe wie Geburt/Schmerz, Wehen/Schmerz etc., die tief in unserem Geist eingraviert sind, umgepolt werden können.
Unser Gehirn erzeugt Gefühle wie Schmerz, Hunger, Durst, Kummer, Angst etc., um Aktivitäten zu vermeiden, die unserem Organismus schaden können. Die „Daten“ erhält es über die Erfahrungen, die in der Hirnrinde gespeichert sind (die äußerste Schicht des Gehirns). Auf die gleiche Situation reagiert unser Körper gleich. Obwohl eine Frau noch nie entbunden hat, besitzt sie bereits ihre konditionierten Reflexe, die sie dadurch erhalten hat, dass sie anderen Frauen zugehört hat, wenn diese von ihren Erfahrungen berichtet haben (diese Erfahrungen werden normalerweise übertrieben, negativ und verändert dargestellt...). Diese Botschaft, die Geburt mit Leiden, Gefahr, Schmerz und Schmutz assoziiert, wird in unserem Gehirn aktiviert, wenn die Geburt beginnt, und angesichts einer solchen Fülle von destruktiven Mustern reagiert unser Gehirn mit Schmerz und Anspannung.
Wenn wir die Geburt hingegen als einen weiteren natürlichen Prozess unseres Lebens wie essen, Stuhlgang haben oder schlafen verstehen und uns eine Vorstellung über seinen realen Ablauf bis hin zu den Muskelbewegungen bilden würden, wäre es uns vielleicht möglich, die negative Botschaft zu löschen und stattdessen unserer eigenen Natur zu vertrauen und sie in ihrer Arbeit positiv zu unterstützen.
Wir können die derzeitigen konditionierten Reflexe in Bezug auf die Geburt umpolen, indem wir zum Beispiel eine starke Ähnlichkeit der physiologischen Reize zwischen Geburt und Orgasmus feststellen... Warum weigern wir uns die Geburt wie einen Orgasmus zu erleben?

Sexuelle Beziehungen

Eine der Überlegungen, die man gewöhnlich in der Schwangerschaft anstellt, betrifft das Thema, ob man sexuelle Beziehungen haben sollte oder es möglicherweise besser wäre, abstinent zu bleiben. Es ist bekannt, dass die Penetration der Vagina, der Samenerguss und der Orgasmus selbst die Absonderung von Oxytozin und damit die Einleitung der Geburt bei der Frau anregen können. Wenn ein gesunder Körper dieses geschehen lässt, dann aus dem Grund, dass er schon für die Geburt bereit ist und es ihm helfen kann, die Geburt entspannter und glücklicher zu vollbringen oder sie zu beschleunigen. Das Baby wird immer für Endorphine, die von der Mutter durch ihr Wohlbefinden ausgeschüttet werden, und für die Zärtlichkeiten und Liebe des Vaters dankbar sein.

Ich habe während meiner beiden Schwangerschaften weiterhin ohne irgendwelche offensichtlichen Schwierigkeiten für mich oder das Baby Geschlechtsverkehr genossen. Wenn ich jetzt jedoch wieder schwanger wäre, würde ich mich vom Zeitpunkt der Kopulation an weigern, Geschlechtsverkehr zu haben. Es gibt unglaublich viele angenehme Arten die Sexualität oder den Körperkontakt anders zu leben. In seinem interessanten Buch „*Does Woman exist?*" behandelt John Baines das Thema, wie sich Geschlechtsverkehr in der Schwangerschaft spirituell und energetisch auf das Baby auswirkt. Dieses Thema ist eine sehr delikate Angelegenheit, die jede/r für sich selbst nach eigenen Bedürfnissen und Gefühlen, nach dem eigenen Weg und dem eigenen Glauben bewerten muss.

Abtreibung

Das Thema Abtreibung ist ein ganz subtiles Thema, das viele unterschiedliche Energien in Bewegung setzt. Ich werde mich nicht in die Diskussion für oder gegen die Abtreibung einmischen. Wie ich schon sagte, handelt es sich um eine sehr persönliche Angelegenheit, die jeder für sich selbst durchdenken muss und dabei die größtmögliche Anzahl von Folgen, die auftreten können, berücksichtigen muss (psychologisch, spirituell, energetisch, physisch, physiologisch, emotional...). An dieser Stelle werde ich nur meine eigene Erfahrung darlegen. In meinen beiden Schwangerschaften hat sich meine Sensibilität extrem entwickelt und beide haben mir geholfen, mich mit mir selbst, meinem weiblichen Anteil und meinen Emotionen zu verbinden. Manchmal kann das Übermaß an Wahlmöglichkeiten die Unsicherheit mit uns durchgehen lassen, wir verlieren dadurch die Verbindung zu uns selbst, es ist uns nicht mehr klar, was unser Kopf oder unser Herz sagt, und es kann dann vorkommen, dass sie genau entgegengesetzte Dinge sagen. Als ich mit meinem zweiten Kind schwanger war (die Schwangerschaft war nicht verhindert worden), sind meine Bedürfnisse, Anforderungen und Abhängigkeiten unglaublich gestiegen, ohne dass ich es wahrgenommen habe. Logischerweise hat sich das auf meine Partnerschaft ausgewirkt und dazu geführt, dass sich mein Partner sehr erschöpft und stark gefordert fühlte. Diese Tatsache in Verbindung damit, dass ihm meine Hypersensibilität missfiel, führte dazu, dass sich unsere Beziehung destabilisierte.

Die Ultraschallbilder und die Tests besagten, dass ich nicht schwanger war, aber ich habe weiterhin darauf bestanden, dass sich etwas in mir befindet, ich spürte ja seine Bewegungen und seine Lage. Nach den ganzen diversen negativen Schwangerschaftstests kam auch ich zu dem Schluss, dass es vielleicht ein Bandwurm oder etwas Ähnliches sein könnte.
Als die ernsthaften Konflikte anfingen, konnte ich keine Verbindung zu meiner Schwangerschaft herstellen, was mir sehr geholfen hätte die Probleme zu verstehen. Als endlich ein Test die Schwangerschaft bestätigte, war unsere Beziehung fast nicht mehr aufrechtzuerhalten und ich litt unter immensen Gefühlen von Unfähigkeit und Verzweiflung.
Der positive Test war wie ein Eimer kaltes Wasser für mich und ich muss zugeben, dass ich mir zwar vorher gewünscht hatte, wieder schwanger zu werden und noch mehr Kinder zu bekommen, nun aber eine Abtreibung in Erwägung zog. Ich stellte die Überlegung an, dass es sehr schwierig werden würde, allein mit zwei Kindern zu leben (ich sah in der Beziehung keine große Zukunft mehr). Wie sollte ich die finanziellen Bedürfnisse von drei Personen abdecken, was würde passieren, wenn ich mein Leben nicht in den Griff bekomme, wie sollte ich ohne finanzielle Unterstützung oder die Hilfe von Verwandten und anderen Menschen Kinder großziehen? Hierzu kamen die bukolischen Bilder einer vollständigen Familie aus dem Kino oder Fernsehen und die mir anerzogene moralische Verpflichtung.
Ich habe das neue Leben in mir sehr geliebt, aber ich sah in meiner momentanen Situation keinen gangbaren Weg. Als ich mit dem Vater des Kindes über meine Zweifel sprach, sagte er, dass wir seiner Meinung nach nicht abtreiben sollten, dass er nicht wieder in das Muster aus der vorherigen Schwangerschaft verfallen würde (ich werde später noch davon erzählen) und dass er ohne mein Durchsetzungsvermögen auch keine Tochter hätte, die er so vergöttere.
Ich rief eine Freundin an, die sofort kam und mich in einer Gefühlsturbulenz vorfand. Wir haben einen Spaziergang gemacht und meine Freundin fragte mich direkt:

- *Willst du es haben?*
- *Ja, aber ich weiß nicht, ob ich es schaffe, in Zukunft allein zu leben und mich um beide Kinder zu kümmern oder im Moment mit so einer schlechten Beziehung zu leben.*
- *Diese Angst hast du schon in deiner vorigen Schwangerschaft gehabt, als nur ein Kind geplant war. Siehst du dich in der Lage, jetzt mit Leila allein zu leben und dich um eure Bedürfnisse zu kümmern (Leila war damals neun Monate alt)?*
- *Na klar, das wäre für mich keine große Anstrengung.*

In dem Moment bin ich schwach geworden. Mein ganzes Sein wollte das Baby haben. Ich fühlte, dass eine Abtreibung mich auf spiritueller und emotionaler Ebene stark treffen würde, weil sie gegen meine inneren Gesetze verstöße. Ich wollte diese Erfahrung nicht durchleben und nach den ganzen Ängsten, die ich in der vorherigen Schwangerschaft hatte, habe ich gesehen, dass ich jetzt meine Tochter unabhängig aufziehen konnte. Wieso sollte es also mit zwei Kindern anders sein? Ich wollte meinen Sohn bekommen, das war die Tatsache. Und meine Zweifel wurden durch etwas Irreales ausgelöst, durch eine Phantasie der Zukunft, die mit einer moralischen Kultur/Erziehung und ihren süßen Mustern verflochten war.

Mein Leiden verschwand sofort und ich wurde von Wellen der Euphorie überschwemmt. Ich würde einen heißgeliebten Sohn haben! Die damit überwundenen Zweifel hielten nur einen Tag an, aber es ist unglaublich, wie schlecht ich mich an diesem Tag gefühlt habe. Die Außenwelt (die Kultur und die Möglichkeiten der Wissenschaft) hat bewirkt, dass ich mich von meinem Inneren (die starke Sehnsucht nach Mutterschaft) abwenden konnte.

Während der ersten Schwangerschaft ist alles viel traumatischer gewesen. Ich glaube, das war die schlimmste Zeit meines Lebens in Bezug auf die Welt, die ich selbst geschaffen habe, oder die Außenwelt, es war extrem schrecklich. Da diese Erinnerung immer noch sehr schmerzhaft für mich ist, habe ich sie für den Schluss dieses Abschnitts gelassen. Obwohl es sich vielleicht um einen der wichtigsten Punkte handelt... Ich werde jetzt meine Erinnerung an die erste Schwangerschaft, so gut es meine emotionalen Kapazitäten zulassen, erwähnen und hoffen, dass sie jemandem helfen kann, der dieselben Gefühle durchmacht wie ich damals.

Leila war ein Kind, das wir uns mit großer Freude herbeigesehnt haben. Ich erinnere mich an verschiedene sehr schöne Beischlafsituationen, die in vollem Bewusstsein für die Zeugung erfolgten. Die Veränderungen der Sinne und Emotionen und die instinktive Steigerung der Bedürfnisse sind in mir schon vor der Bestätigung der Schwangerschaft zutage getreten. Unsere Partnerschaft wurde jedoch genau wie in der zweiten Schwangerschaft ziemlich verworren und unangenehm.

Als der Test ein positives Ergebnis zeigte, erfüllte sich mein ganzes Wesen mit Euphorie. Ich erinnere mich ganz deutlich an jenen Tag, an dem ich allein in der Sonne auf dem Land spazieren ging und ununterbrochen meinen Bauch gestreichelt und mit dem Baby kommuniziert habe. Der Kontakt zwischen mir und dem Baby war während der gesamten Schwangerschaft wunderbar und ich habe in der Zeit gelernt, mich zu lieben. Ich habe allerdings gezögert, dem Vater die Neuigkeit mitzuteilen, weil ich mich instinktiv vor dem Moment gefürchtet habe.

Ich erinnere mich nicht mehr genau, wann der Begriff Abtreibung anfing wie ein schrecklicher Schatten über unser Zuhause zu fallen, ich müsste in meinem Tagebuch von damals nachlesen – das möchte ich aber nicht – auf jeden Fall haben seine Krallen uns fest im Griff gehabt. Der Vater hat sich in dem Moment gegen die Vaterschaft geweigert und ich wollte weiter mit dem Wesen zusammenleben, das ich bereits in mir spürte und das ich so sehr liebte. Wie schrecklich, beide Partner haben am jeweils anderen Ende des Seils gezogen und in der Mitte befand sich ein Mädchen, das schon einige Monate lebte und sich dessen bewusst war, bereits im Moment der Empfängnis und vielleicht sogar vorher, wer weiß? Dieses Wesen fühlte und registrierte alles in seinem Zellgedächtnis.
Es waren furchtbare Tage, und ich glaube, es hat länger als einen Monat angedauert – oder mehrere Monate? In mir kamen Zweifel auf. Ich musste mich dazwischen entscheiden, die Beziehung mit einem Mann weiterzuführen, in den ich glaubte grenzenlos verliebt zu sein, oder die Beziehung mit einer Tochter, die ich sehr liebte, mir wünschte und die ich in mir spürte.
Ich sah die Partnerschaft als realistischer an, weil sie bereits bestand, greifbar war, während sich die Beziehung zu meiner Tochter eher wie eine Phantasie anfühlte, weil ich sie nicht anfassen konnte. Wenn meine Augen geschlossen waren, stellte ich mir eine Abtreibung und den unbeschreiblichen Kummer vor und fühlte mich eingeschüchtert.
Ich habe dem Vater dann schlicht und einfach gesagt, dass ich nicht abtreiben würde. Wenn er wollte, hätte er sich nicht um das Kind kümmern brauchen und es noch nicht einmal anerkennen müssen, aber ich würde weitermachen. Er versuchte mich mit allen möglichen Mitteln zu überzeugen und hat einen starken psychologischen Druck auf mich ausgeübt. Die Beziehung wurde völlig untragbar und mein Gefühl von unglaublicher Einsamkeit und Schutzlosigkeit wurde bedrückend.
Wie sehr habe ich mir zu dem Zeitpunkt ein aufrichtigeres Verhältnis zu meinen Eltern und Schwestern, Zusammenhalt und Unterstützung gewünscht! Wie sehr hätte es mir geholfen zu kommunizieren! Wenn ich jetzt gegangen und einfach verschwunden wäre, wie hätte ich, ein junges Mädchen, das mit ihrem ersten Kind schwanger und von Lieblosigkeit umgeben ist, angesichts eines Lebens, das mir zu groß und unbekannt erschien, es schaffen sollen, mich allein zu versorgen? Außerdem wollte ich nicht fliehen.
Ich habe mich allem gestellt, koste es was es wolle. Meine Tochter und die Kommunikation mit ihr gaben mir viel Kraft. Ich erinnere mich daran, wie auch noch eine Freundin meines Partners anrief, die bereits die Erfahrung der Abtreibung hinter sich hatte und versuchte, mich davon zu überzeugen, dass diese nun auch wieder nicht so schlimm und auch nichts Schlechtes sei.

Ich wollte mich dem nicht aussetzen und dem Vater meiner Tochter kam das nicht sehr entgegen. Der Druck ließ nicht nach und es kam auch noch Aggressivität hinzu. Da ich zu der Zeit von der Arbeit krankgeschrieben war und er außerhalb des Hauses arbeitete, kam der Augenblick, in dem ich mir gewünscht habe, dass er geht, damit ich wieder Frieden finden könnte. Während ich allein war, habe ich eine derartige Fülle und Schönheit an der Schwangerschaft entdeckt, dass es mir unmöglich erschien, in anderen Momenten andere Gefühle zu haben.

Ungefähr im fünften Schwangerschaftsmonat hat sich die Lage entspannt und der Vater hat seine Tochter akzeptiert. Die Beziehung bestand weiter und die Mutterschaft war in Fluss und expandierte.

Ich weiß, dass es vielen Männern ungerecht vorkommt, aber man kann eine Frau nicht dazu zwingen, dass sie in ihrem Körper etwas tut, was sie nicht möchte. Wenn so ernsthafte Konflikte wie dieser auftreten, frage ich mich, ob es nicht die Beziehung und die vorgefassten Rollen sind, die nicht oder nicht wirklich funktionieren, und ob es nicht die Beziehung selbst ist, die man in Frage stellen sollte und die man später von einem anderen Punkt aus vielleicht wieder aufnehmen könnte.

Wir müssen uns darüber bewusst sein, dass das Baby bereits präsent ist und alles fühlt. Meine Tochter lutscht zur Zeit immer noch am Daumen. Ich bringe das mit jener Zeit in Verbindung. Sie bräuchte eine Rückführung bis zum Moment der Empfängnis. Einmal, als ihr Bruder sie schlagen wollte, hat sie mich innerlich maßlos um Hilfe gebeten. Wir haben darüber gesprochen und festgestellt: Sie hat die Botschaft gespeichert, dass sie nur knapp entkommt und ich ihr helfe, Letzteres allerdings sehr spät. Leila weiß ihrer eigenen Aussage zufolge, dass ich ihr am Ende immer helfen würde, aber nicht am Anfang, wenn sie diese Hilfe dringend benötigt. Ich bin sicher, dass es durch die Prägung in der bestimmten Phase der Schwangerschaft kommt. Ich verbiete ihr nicht am Daumen zu lutschen (sie hat niemals einen Schnuller verwendet), da ich sicher bin, dass dadurch bei ihr eine Leere entstehen würde, und ich auf der anderen Seite nicht weiß, wie ich diese Leere füllen soll.

In der Zukunft, wenn sie diese Phase durchlebt haben wird, wird sie die Sicherheit des Daumens nicht mehr benötigen. Das Wichtige ist, ihr viel Liebe zu geben, ihr zu helfen die existenziellen Unsicherheiten zu überwinden und ihr zu vermitteln, dass sowohl ihr Vater als auch ich wollen, dass sie lebt und ihr Leben mit uns teilt, dass wir viel Gefühl für sie haben und dass wir beide für sie da sind, um ihr bei allem, was sie braucht, zu helfen und dass sie sich nicht zu fürchten braucht. In Wirklichkeit ist das Daumenlutschen ein Schrei nach Liebe und Sicherheit.

Phantome fallen über meinen Geist her,
während grauenvolle Ängste
mein Kind mit sich reißen wollen, mein geliebtes Kind...

Blume meines Herzens,
die in meinem Inneren verdirbt,
man hat ihr die Liebe entzogen, und es gibt keinen Grund dafür.

Oh trauriges Leben, dass ich noch nicht leben kann!
Oh traurige Freude, die starb, ohne dass sie sprechen konnte!

Das Geschlecht des Kindes

Die Zellen des Menschen besitzen zwei Arten von Chromosomen, das X-Chromosom und das Y-Chromosom. Die Zellen der Frau haben immer zwei X-Chromosomen, während die Zellen des Mannes ein X- und ein Y-Chromosom. Wenn der Geschlechtsverkehr kurz nach dem Eisprung stattfindet, ist die Wahrscheinlichkeit am größten, dass ein Junge gezeugt wird, da die Spermien mit dem Y-Chromosom schneller sind als diejenigen mit dem X-Chromosom. Wenn die Befruchtung dagegen kurz vor dem Eisprung stattfindet, könnte zehn Mondmonate später ein Mädchen geboren werden, da die Spermien mit dem X-Chromosom längere Zeit im Körper der Frau überleben als ihre Y-Kollegen, und wenn diese zum Eisprung an der Eileiter ankommen, sind die Spermien mit dem Y-Chromosom bereits gestorben.
Daher ist es unerlässlich, den genauen Tag des Eisprungs zu kennen. Man kann dabei die Zervixschleim- und die Basaltemperaturmethode zur Hilfe nehmen. Der Nachteil besteht darin, dass schon minimale Fehler sich auswirken, da die Zeitabschnitte sehr kurz sind. Laut Dr. Dewan liegt der Grund dafür, dass eine Frau keinen regelmäßigen Zyklus mehr hat, in der Tatsache, dass sich ihre biologische Uhr durch künstliches Licht verändert hat. Er hat ein Experiment mit zwanzig Frauen durchgeführt, bei dem er in der Nacht das Licht in den Schlafzimmern dieser Personen nach dem Beginn des vierzehnten Tages nach der Menstruation drei Nächte hintereinander angelassen hat. Anscheinend hat sich bei allen Frauen der Menstruationszyklus reguliert. Daher kann man sagen, dass sich unsere Sexualzyklen regulieren, wenn wir ein natürlicheres Leben in Übereinstimmung mit der Sonne und der Natur führen. Wir können auf völlig natürliche Weise einen starken Einfluss auf das Geschlecht unserer Kinder ausüben, falls wir uns deswegen beunruhigen oder es uns äußerst wichtig erscheint.

Alexandertechnik und Schwangerschaft

„Die Alexandertechnik zeigt den Menschen eine Methode, schlechte Gewohnheiten in Bezug auf die Verwendung ihres Körpers auszumerzen, unnötigen Spannungen vorzubeugen oder diese abzubauen sowie ein gutes Gleichgewicht und gute Koordination im Körper herzustellen. Diese Technik hilft der Mutter, sich mit den Veränderungen und den Anpassungen zu konfrontieren, die während der neun Monate der Schwangerschaft, während der Geburt und später beim Betreuen des Babys stattfinden. Wenn wir in der Alexandertechnik unterrichtet werden, lernen wir zu wählen, wie wir reagieren möchten. Auf diese Weise haben wir während des Geburtsvorgangs die Wahl zwischen einer mit Angst und Spannung besetzten Reaktion und der Möglichkeit, unsere Muskeln frei von unnötiger Spannung zu halten und zuzulassen, dass unsere Atmung fließend ist und unsere gesamte Energie sich darauf konzentriert, unserem Kind dabei zu helfen, geboren zu werden."

(Perpe Caja, Experte der Alexandertechnik)

Die natürliche Geburt

Der Geburtsvorgang, die Muskulatur und etwas Theorie

Es gibt einen großen Unterschied zwischen der Anatomie der Frau und der Anatomie anderer weiblicher Anthropoiden. Bei Letzteren ist der Durchmesser des Beckens bei Weibchen größer als der Schädel des Fetus, welcher auch bei der Geburt schon vollständig geschlossen ist, da er sich danach nicht mehr entwickelt. Bei den Frauen gehen Geburten nicht so schnell und leicht vor sich, da der Durchmesser ihres Beckens vor und nach der Geburt kleiner ist als der des fetalen Schädels. Dafür erweisen sich die Fontanelle (Öffnung in der Schädeldecke, mit der menschliche Babys geboren werden) und die Beweglichkeit der Schädelknochen als sehr hilfreich, da sich der Kopf entsprechend der Platzverringerung formt, was soweit führt, dass die Schädelknochen zusammenkommen. Auf diese Weise gelangt das Baby durch den Geburtskanal, als wäre dieser eine Spirale, und passt sich seiner Form an.
Die Gebärmutter (der Uterus) besteht aus zwei Arten von Muskulatur, den glatten und den ringförmigen Muskeln. Die glatte Muskulatur verringert beim Zusammenziehen die Größe der Gebärmutter, reduziert damit deren Fassungsvermögen und lässt sie härter werden. Die ringförmigen Fasern ziehen sich nicht zusammen, sondern werden verschoben, um den Durchgang des Kindes zu ermöglichen. Bei der kombinierten Funktion ziehen die ringförmigen Fasern

den Gebärmutterhals nach oben, während die glatten Muskeln weich und gleitend werden und somit das Kind nach unten transportiert wird und austreten kann. In diesem Moment spürt die Frau Stechen im Bauch, Harndrang und starken Druck, der auf das Perineum (Muskel zwischen der Vagina und dem Anus) ausgeübt wird.

Der vaginale Pfropf (Sekretion, die den Gebärmutterkanal verschließt, um zu verhindern, dass irgendwelche Fremdkörper hineingelangen) wird über die konstante Reibung der Muskelfasern der Gebärmutter gelöst und verwandelt sich in eine geschmeidige und rutschige Flüssigkeit, die manchmal durch die ständige Reizung der intrauterinen Schleimhaut leicht mit Blut versetzt ist. Dieser Pfropf dient als Schmiermittel für den Geburtskanal. Von dem Zeitpunkt, an dem der Pfropf sich löst, kann die Geburt sofort oder innerhalb von vierzehn Tagen stattfinden.

Nach dieser Pause von unbestimmter Länge ziehen sich die glatten Muskelfasern zusammen und verkürzen, erweitern und verhärten sich, wobei der Gebärmutterhals nach oben gezogen wird und die Kontraktionen deutlich spürbar sind. Es ist ratsam, sich während einer Wehe zu entspannen und ruhig zu atmen. Der Rhythmus und die Intensität dieser Wehen sind normalerweise unregelmäßig. Die Gebärmutter ist immer noch geschlossen und ihr Hals verschwindet nach und nach, indem seine Fasern durch den Gebärmutterkörper absorbiert werden. Je ruhiger und entspannter die Frau ist, desto schneller und leichter ist dieser Prozess, da die Fasern des Gebärmutterhalses weicher werden.

Danach findet eine Erholungspause statt und die Erweiterung beginnt. Je stärker die Erweiterung fortschreitet, desto geringer ist die Anstrengung des Muskels, sein Widerstand lässt nach und damit die Schmerzen. Die Gebärmutter verkleinert sich, während ihre Öffnung umso größer wird, und die Fruchtblase gleitet an den Gebärmutterhals und bewirkt durch den Druckanstieg seine vollständige Erweiterung. Meistens platzt am Ende dieses Vorgangs die Fruchtblase. Während der Wehen verringert sich die Durchblutung der Gebärmutter und das Kind bekommt weniger Sauerstoff. Wenn die Wehen sehr lange dauern und sehr intensiv sind, wie es bei chemischen Drogen oder übermäßiger Anspannung der Fall ist, leidet das Kind stärker. Um dem Kind zu helfen mehr Sauerstoff zu bekommen und um unsere Muskeln vor Muskelkater zu bewahren, ist es hilfreich, auf eine bestimmte Art und Weise zu atmen.

Vor einer Wehe (nachdem du gelernt hast, dich auf deine Gebärmutter zu konzentrieren und es schaffst, dich in deinen Körper hineinzuversetzen) atmest du zwei bis dreimal tief ein, um Sauerstoff zu speichern. Die Kontraktion lässt sich leichter ertragen, wenn du so entspannt wie möglich bist, und deshalb darfst du dir nicht verbieten zu sagen, was dich an der Umgebung stört.

Wenn die Wehen häufiger werden, musst du während einer Wehe hechelnd atmen, wenig Luft holen und diese sofort wieder ausatmen. Dabei atmest du oberflächlich und schnell, damit das Zwerchfell, dass sich zwischen Lunge und Gebärmutter befindet, nicht wie ein Kolben wirkt und die Gebärmutter stößt und nach unten schiebt. Das Aufeinanderprallen oder die Reibung der beiden Muskeln (Gebärmutter und Zwerchfell) kann Schmerzen erzeugen, durch die Erhöhung des Muskelwiderstandes die Wirksamkeit der Wehe verringern und die Atmung behindern.

Nachdem die Wehe vorbei ist, atmest du tief aus, um so schnell wie möglich den verbrauchten Sauerstoff zu ersetzen.

Nach dieser Phase beginnt die Austreibung im eigentlichen Sinne. Das Baby führt hier vier Bewegungen aus: innere Drehung, Beugung, Streckung und äußere Drehung. Wenn die Frau entspannt bleibt, läuft dieser Vorgang selbständig ab und ein Eingriff von außen ist nicht erforderlich. Während der Austreibung bewegt sich die Gebärmutter von unten nach oben, damit das Baby aus dem Körper gelangt, wobei es sich dann schließlich in der Vagina befindet. Die Muskeln des Unterleibs kontrahieren, verringern sein Fassungsvermögen und schieben das Kind gegen die Wirbelsäule der Mutter.

An dieser Stelle können wir das Zwerchfell zur Hilfe nehmen und die Hechelatmung durch die sogenannte blockierte Atmung ersetzen. Diese Atemtechnik basiert darauf, dass die eingeatmete Luft nicht ausgeatmet wird und man so das Zwerchfell an seiner untersten Stelle hält. Je mehr Luft wir eingeatmet haben, desto weiter unten befindet sich der besagte Muskel. Wir stützen das Kinn auf die Brust, entspannen die Beine, beugen die Arme halb und biegen den Körper, so helfen unsere Unterleibsmuskeln dem Zwerchfell und tragen dazu bei, dass die Geburt früher vonstatten geht und von weniger Anspannung und Schmerzen begleitet ist. Damit der Damm während der Geburt nicht beschädigt wird, ist es sehr hilfreich, die Muskeln entspannt, locker, offen und schlaff zu lassen, da die Muskulatur der Oberschenkelinnenseite und des Damms zusammenarbeitet.

Wenn sich eine Frau völlig im Einklang mit sich selbst, mit ihrem Körper und mit der Natur befindet, braucht sie nicht diesen ganzen Schritten zu folgen, da ihr eigener Instinkt und ihr Organismus sie dazu führen, unbewusst auf diese Weise zu atmen und zu handeln, und der Vorgang so viel harmonischer und entspannter abläuft. Sich selbst sowohl auf physischer als auch auf biologischer Ebene gut zu kennen ist von weitreichendem Nutzen – nicht nur für den Geburtsvorgang und für den zukünftigen Umgang mit dem Baby, sondern auch für alle Lebensbereiche.

Jetzt zur Praxis

Als ich meinem Partner sagte, dass ich beabsichtige, zu Hause zu entbinden, hat er die Hände über dem Kopf zusammengeschlagen. Ich erinnere mich auch daran, dass an jenem Tag eine Feier stattfand, da ein Neffe meines Partners getauft wurde, und mich alle angestarrt haben, als ich mein drastisches Vorhaben während des Essens äußerte. Gott sei Dank habe ich normalerweise eine ziemlich gefestigte Persönlichkeit und war mir meiner Sache ganz sicher! Wäre das nicht der Fall gewesen, hätte mich so ein Hagel von Sätzen wahrscheinlich sehr leicht umgeworfen. Es waren Aussagen, die ich heute, nachdem sechseinhalb Jahre seit dieser Angelegenheit vergangen sind, als utopisch ansehe. Es war diese Art von kritischen, sensationalistischen und beschneidenden Sätzen, die man immer wieder in derselben oder ähnlicher Form hört und die keinerlei Interesse an meinen Umständen und Gefühlen zeigen.
Wie oft bin ich durch diese Lawine an Kommentaren von Freunden, Verwandten, Nachbarn und sogar Unbekannten bekümmert nach Hause gekommen! Ich lebte damals in einem Dorf mit 500 Einwohnern. Manchmal ging es um die Entscheidung für die natürliche Geburt zu Hause, manchmal darum, dass ich Katzen und Hunde während der Schwangerschaft in meinem Haus hielt, andere Male darum, dass ich Vegetarierin mit frugivoren Tendenzen war, wieder andere Male darum, dass ich meine große Tochter Leila gestillt habe, während ich mit Altair schwanger war, dann dass ich die beiden später so lange gestillt habe, wie sie es wollten, dann ging es um die Impfungen... aber es ging im Prinzip immer um dasselbe, nämlich um Verantwortungslosigkeit mit einem Anflug von Schuld. Dabei wusste die Mehrheit der Leute nichts über natürliche Geburt oder Ernährung und sehr wenig über Stillen oder Impfungen!
Wenn du dir deiner selbst nicht sehr sicher bist und du dich nicht mit der Masse identifizierst, ist es schwer, von den Menschen Unterstützung und Hilfe zu bekommen. Das gilt noch mehr, wenn es eine neue Welt für dich ist, wie es bei mir mit allen Themen in Bezug auf Mutterschaft der Fall war. Jetzt fällt mir alles viel leichter, da ich auch sehr viele Menschen kenne, die so fühlen wie ich. Sicher leben sie auch in deiner Nähe, du müsstest nur ihre „Verstecke" entdecken, da sie sich größtenteils durch die ständige Verfolgung für den Weg der Stille und des Individualismus entscheiden.
Eine natürliche Geburt ist keine Handlung, die durch die eine oder andere Tatsache hervorgerufen wird, sie erfolgt eher aus einer Lebensphilosophie heraus. Interessanterweise erziehen die meisten Menschen, die sich für eine natürliche Geburt entscheiden, ihre Kinder auf eine ähnliche Weise, ernähren sie ähnlich, und diese Leute haben auch ähnliche Lebensgewohnheiten. Der Impuls für die natürliche Geburt ist ein breitgefächertes Band von Aspekten.

Ich hatte zwei große Vorteile. Einer davon war die Tatsache, dass ich zufällig ca. drei Jahre zuvor Leute kennen lernte, die auf natürliche Weise nach der Genesis-Methode in Madrid entbunden hatten, und mit anderen Paaren, die ein Kind erwarteten, über ihre Erfahrung sprach. (Die Erzählung eines Mannes und die Besonderheit seines Sohnes erschienen mir äußerst schön.)
Der zweite Vorteil war, dass mein Partner trotz seiner anfänglichen Unnachgiebigkeit dafür offen war, mich zum Genesis-Verband zu begleiten, um zumindest etwas über die natürliche Geburt zu erfahren. Ihm gefallen weder Krankenhäuser noch Interventionismus, aber eine Hausgeburt assoziierte er mit einer Entbindung im Bad oder in einem dunklen Zimmer, das überall mit Blut beschmiert ist, mit Machtlosigkeit und einem großen Verantwortungsgefühl gegenüber dem Kind in seinen Armen, das sich in der Nabelschnur der zittrigen Mutter verheddert, die unter Schmerzen verblutet und sich vielleicht noch eine Infektion zuzieht. Es wundert mich nicht, dass er vor der Vorstellung zurückschreckte!
Die natürliche Geburt (in meinem Fall zu Hause, Leila wurde in einer Zimmerecke geboren und Altair in der Badewanne) ist eine viel intensivere Erfahrung, viel erfreulicher und voller Verantwortung für alles, es ist ein weiterer Tag der Schwangerschaft, ein Tag voller Fülle und Schönheit. Es entsteht keine Unterbrechung, die leicht Angst oder Anspannung hervorrufen könnte, und das erleichtert die Geburt unglaublich, entspannt die Muskeln, stärkt die Selbstsicherheit und unterstützt positive Gedanken. Hausgeburten sind normalerweise kürzer und viel erträglicher. In meinem konkreten Fall waren sie sehr schön und ich habe die Geburten in vier bis fünf Stunden ganz bewusst durchgeführt. Nach der Geburt meines zweiten Kindes (im Sommer) sind wir vier alle zusammen einige Stunden später spazieren gegangen. Der Vater konnte alles miterleben und an allem intensiv teilnehmen.
Es war kaum ein Unterschied zwischen einer Geburt in einem Zimmer und einer Wassergeburt spürbar. Ich denke, das liegt daran, dass ich beide Male an dem Ort und in der Stellung entbunden habe, nach denen ich mich in dem Moment gefühlt habe. Nachdem ich mich richtig platziert und in mich selbst versenkt habe, empfand ich die Wehen auf ähnliche Weise wie das Zusammenziehen des Magens vor einem Durchfall, allerdings mit zwei großen Vorteilen gegenüber dieser Situation: Erstens sind die Schmerzen bei einer Geburt zeitweilig unterbrochen und man kann sich zwischendurch entspannen und ausruhen und zweitens gibt es ein sehr schönes Ende, nämlich die Geburt eines neuen und sehr geliebten Lebewesens. (Bei natürlichen Geburten tritt neuronaler Zelltod wesentlich seltener auf, da sich der mögliche Stress beträchtlich reduziert.)

Jetzt möchte ich den Vorgang der Geburt meines ersten Kindes beschreiben, weil die Erstgeburten – zudem noch auf die natürliche Art – als problematisch angesehen werden.
Nachdem ich mich für die Hausgeburt entschieden hatte, setzte ich mich im vierten Schwangerschaftsmonat mit den Hebammen von Genesis in Verbindung. Wir haben uns getroffen und über Preise, Vorgehensweisen, gegenseitige Erwartungen etc. gesprochen. Dann bin ich mit meinem Partner zu einem wöchentlichen Geburtsvorbereitungskurs gegangen, in dem wir zuerst an einem physischen Training teilnahmen. Es wurden verschiedene Entspannungstechniken und die korrekten Stellungen bei der Geburt sowohl für die zukünftige Mutter als auch für den zukünftigen Vater erläutert. Danach erfolgte eine ausgedehnte und schöne Zeit der inneren Kommunikation der Mutter mit dem Vater und dem Baby auf der Basis von Haptonomie. Später wurde eine Zeitlang physiologische Orientierung gegeben, um die Vorgänge der Schwangerschaft, der Geburt und des Stillens kennen zu lernen, sowie der richtige Umgang mit Neugeborenen und mit eventuellen Partnerschaftskonflikten. Darüber hinaus habe ich alles, was mir über Geburt, Stillen, Schwangerschaft, schmerzlose Entbindung etc. in die Hände fiel, gelesen.

Juan Carlos schneidet symbolisch die Nabelschnur durch.
Wie ihr seht, wurde das Kind sauber geboren

In diesen fünf Monaten der besonderen Vorbereitung entstand eine liebevolle und kommunikative Beziehung zu den Hebammen und ihren Familien. Wir trafen uns von Zeit zu Zeit, um den Verlauf der Schwangerschaft zu beobachten und um gegenseitiges Vertrauen aufzubauen. Ab und zu kamen die Hebammen zu uns nach Hause und manchmal haben wir sie zu Hause besucht. Dann haben wir noch an fünf Haptonomie-Sitzungen teilgenommen, um die Kommunikation mit dem Baby zu lernen (während der zweiten Schwangerschaft sieben Monate später habe ich überhaupt keine Vorbereitungen getroffen, ich habe nur gelesen und mehr über mich erfahren).

Die Plazenta aus der Schwangerschaft mit Leila.
Die Plazenten aus den Krankenhäusern werden in der heutigen Zeit für die Herrstellung von Körpercremes verwendet

Im siebten Monat haben beide Parteien vertraglich festgehalten, dass ein gegenseitiger „guter Eindruck" besteht (diese Art Geburt ist nicht allen Menschen erlaubt – jede Familie, die ein Kind erwartet, wird in einer physischen und psychischen Studie untersucht), die Hebammen haben einen Koffer mit allen nötigen Utensilien für den Tag X im Haus deponiert und ich habe ihnen alles dargelegt, was ich von ihnen erwartete: Wahrung der Intimsphäre, Stille, Ruhe und das Vermeiden des Eingreifens.
Ich stimme mit Michel Odent überein, dass man bei einem unfreiwilligen Prozess der Entbindung nicht helfen kann und dabei eher nicht stören sollte. Die erfahrene Hebamme stört die Intimsphäre der zukünftigen Mutter weder durch Berührung im Vaginalbereich noch durch übermäßige Beobachtung. Ebenso verläuft die Entbindung schneller und unkomplizierter, wenn der Partner (wenn er dabei ist) die Gebärende weder beobachtet noch ihre Stellung oder die Atmung bestimmt, sondern vielmehr innehält. Vor allem in der Zeit zwischen der passiven Phase und dem Reflex zur Austreibung könnte sich jede Handlung oder Bemerkung zu einer plötzlichen hormonellen Umschwankung und körperlicher Angst der Gebärenden führen.

Ich wollte, dass alles zwischen meinem Partner und mir stattfindet und die Hebamme nur im letzten Moment da ist, damit ihre Gegenwart mir Selbstvertrauen gibt, falls meine Nerven den natürlichen Fluss nicht zulassen. Wenn sich das Weibchen bei Geburten in der Tierwelt beobachtet fühlt, wird die Geburt erschwert und es kann passieren, dass die Mutter ihre Jungen ablehnt oder aggressiv reagiert. Säugetiere haben die Tendenz, in Einsamkeit zu gebären: nicht um sich vor Räubern zu schützen (dieses Problem haben die meisten Säugetiere durch das Leben in Gruppen gelöst), sondern um den Individuen ihrer eigenen Spezies und deren Hyperaktivität und Unruhe zu entfliehen. Wenn irgendeine Gefahr auftritt – als solche wird auch die Gegenwart der eigenen Spezies angesehen – hält der Geburtsvorgang an, bis sich ein geeigneterer Ort findet, an der die Geburt fortgesetzt werden kann. Wenn die Geburt bereits zu sehr fortgeschritten ist, beschleunigt sie sich, damit der Ort so schnell wie möglich verlassen werden kann.

Um sechs Uhr morgens bin ich von einem knallenden Geräusch zwischen den Beinen aufgewacht (wie es bei Knieverletzungen der Fall sein kann, aber ich habe klar identifiziert, dass es sich nicht um einen Knochen oder ein Gelenk handelte). Nachdem mir bewusst wurde, dass die Fruchtblase geplatzt sein könnte, bin ich ins Bad gegangen, habe Wasser gelassen und mich gewaschen. Dabei war ich nicht sicher, ob die beim Waschen entfernte Substanz das Sperma vom Koitus der vergangenen Nacht oder Fruchtwasser war, da Farbe, Struktur und Menge ähnlich waren. (Bei der zweiten Geburt ist die Fruchtblase erst während der vorletzten Wehe geplatzt.) Ich bin wieder ins Bett gegangen und habe die Kontraktionen mit der Uhr verfolgt. Ich habe immer noch nicht gewusst, ob die Geburt angefangen hat.

Als ich meinen Partner geweckt habe, um ihm das zu sagen, mussten wir beide lachen. So viel Vorbereitung auf die Geburt, so viel Lektüre zu dem Thema und nun wussten wir überhaupt nichts! Alles war ganz anders... Ich hatte ein spektakuläres Platzen der Fruchtblase erwartet, wodurch der ganze Boden beschmutzt würde, unregelmäßige Wehen (meine kamen alle sieben Minuten) und vor allem unerträgliche Schmerzen, so dass ich mich krümmen müsste (die Schmerzen waren natürlich lästig, aber durchaus erträglich). Mein Gefühl sagte mir, dass die Geburt angefangen hatte. Obwohl es der Verstand forderte (inzwischen waren mit unseren Erwägungen, den Wehen und den Zweifeln schon zwei Stunden vergangen), konnten wir uns nicht dazu entschließen, die Hebamme anzurufen. Schließlich sagten wir ihr, dass die Geburt begonnen habe und dass sie ganz in Ruhe noch ihre Kinder versorgen könne. Dann riefen wir sie kurz darauf wieder an, weil eine schwierige Phase eingetreten war. Ich fand nicht die richtige Stellung und schaffte es daher nicht, mich in mir selbst zu zentrieren, mir war sehr kalt und die Wehen wurden ziemlich schmerzhaft.

Ich erinnere mich daran, wie ich mich in Stellungen begeben habe, die mir gerade in den Sinn kamen, und wie ich mit Juan Carlos und den elektrischen Heizkörpern im Schlepptau von Zimmer zu Zimmer gelaufen bin. Ich hatte geplant in einer bestimmten Stellung in der Badewanne zu entbinden. Als ich dann zum Schluss meinen Geist davon befreien konnte, was ich beabsichtigt hatte, und mich darauf konzentrieren konnte, was ich in dem Moment fühlte und wollte, befand ich mich auf dem Boden in einer Ecke des Schlafzimmers auf den Knien in der Stellung des Kindes (Yoga). Ich verharrte mit nach vorn ausgestreckten Armen auf einer Decke und unter zwei weiteren Decken zwischen den Heizkörpern (der Vater ist vor Hitze fast umgekommen). Ich habe mich die ganze Zeit an der Hand von Juan Carlos festgehalten und war sehr dankbar für seine Ruhe, die es mir ermöglichte mich zu konzentrieren.
Die Hunde und Katzen sind seltsamerweise von allein aus dem Zimmer gegangen und blieben im Türbereich. Ich habe die ganze Zeit mental mit meiner Tochter kommuniziert, sie zum Licht geführt, sie ermutigt oder ihr gesagt, dass sie einen Moment zum Ausruhen innehalten soll, und die Wehen sind daraufhin systematisch kurz zum Stillstand gekommen, um sich später fortzusetzen, als ich meiner Tochter mitteilte, dass ich wieder genug Kraft hatte. Ich habe visualisiert, wie ein Tennisball in mir auf- und absteigt und sich in Richtung Steißbein bewegt. Ich habe meine Atmung einfach fließen lassen. Die Wehen setzten wieder ein, sie waren jetzt vollkommen erträglich (in dem Moment habe ich meinen Körper ausgestreckt, die Hand von Juan Carlos gedrückt und die Augen geschlossen) und die Geburt beschleunigte sich. Mir war schon gar nicht mehr so kalt. Als es uns passend erschien, rief mein Partner nach Anabel, unserer Hebamme. (Sie war bereits in der Wohnung, denn wir haben die Tür vorhin einen Spalt weit geöffnet, damit durch ihr Eintreffen keine Geburtsunterbrechung erfolgte.) Sie zog ihre Schuhe aus, um keinen Lärm zu machen, machte eine Geste zum Vater, um zu erfahren, ob alles gut lief, setzte sich in das äußerste Ende des Zimmers und fing an ihre Geräte zu sterilisieren. Ich hatte einige Male Stuhlgang, und der Vater und die Hebamme haben abwechselnd das schmutzige Handtuch ausgetauscht und wieder auf die Decke unter mich gelegt.
Danach kam Anabel zu mir und hat mir gesagt, dass ich alles sehr gut mache und dass ich mich wie eine Blume öffnen soll. Da bei meiner Tochter ein Teil der Nabelschnur um den Hals und einen Arm gewickelt war und ein weiterer Teil um ein Bein und da in der Schnur auch noch ein Knoten war, dauerte die Austreibung an sich eine Stunde und zwanzig Minuten statt zehn bis dreißig Minuten wie bei den meisten Geburten. Leila zeigte uns mehrmals ihre Stirn, um sich vorzustellen. Wir haben ständig die Herzfrequenz des Babys abgehört, und nachdem sich Anabel davon überzeugt hatte, dass es dem Baby gut geht,

fragte sie dauernd nach, ob ich noch genug Kraft habe (davon hatte ich genug, denn ich habe es geschafft, in mich zu gehen). Da das nächste Krankenhaus fünfundzwanzig Minuten Autofahrt entfernt lag, hätten wir uns bei einer bestimmten Herzfrequenz entschlossen, das Baby durch eine Zangengeburt auf die Welt zu holen, um zu vermeiden, dass es leidet.
Leila wurde geboren, die Hebamme „wickelte sie auseinander“ während ich die Kleine hielt und Juan Carlos hinter mir saß, mich mit seinen Beinen umfing und uns umarmte. Unser Töchterchen hat nicht geweint, sondern nur geseufzt, geschaut und mich angelächelt. Leilas Körper hatte kaum Flecken, war sauber und von einer weißen Vernixschicht bedeckt, die wir nicht abgewaschen haben, damit sie ihre Haut später absorbieren konnte. (Normalerweise kommen Kinder, die natürlich geboren werden, mit weniger Flecken zur Welt.)

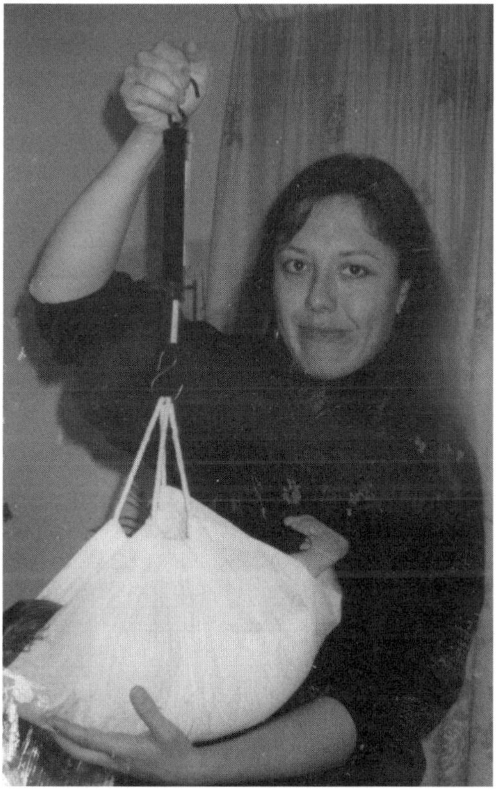

Anabel wiegt Leila

Leila hat sofort angefangen zu trinken. (Prolaktin ist ein Hormon, das die Milchbildung anregt und die Entfaltung der Lungen des Babys unterstützt. Als die Nabelschnur aufhörte zu pulsieren, hat Juan Carlos sie durchgeschnitten und wir blieben so liegen und haben den Moment genossen. Wir haben Leila weder Atemschläuche in die Nase gesteckt noch Augentropfen verabreicht. Wir sehen diese systematischen Handlungen als Therapien ohne Sinn an, welche nur bei Komplikationen in dem zu behandelnden Bereich angewandt werden sollten (Atemwege, Lungen...). Die Hebamme hat Fotos für uns gemacht.

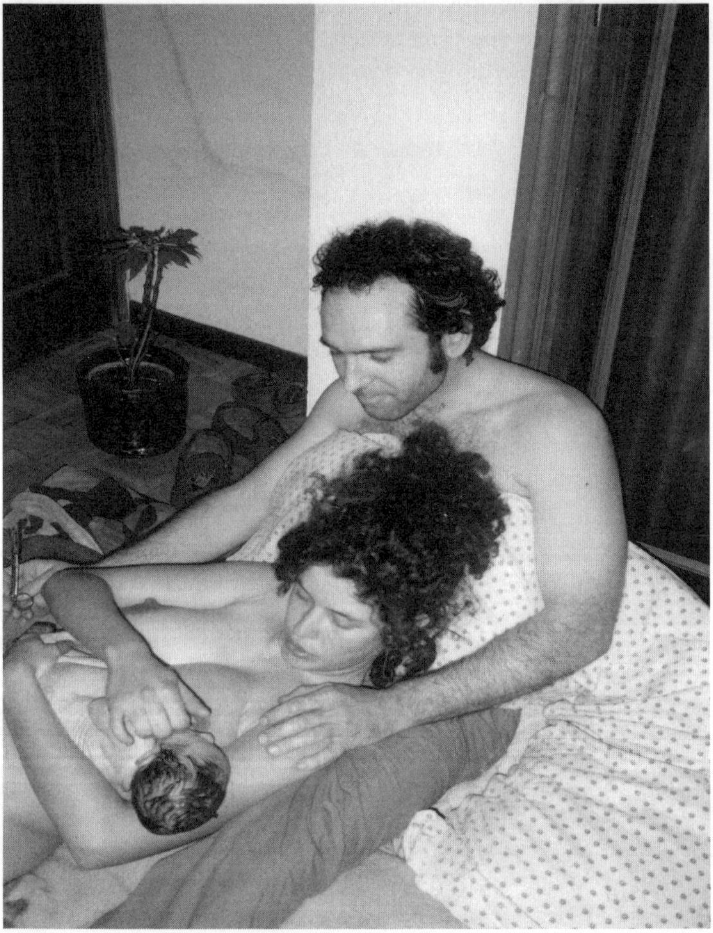

Leila wird nach der Geburt gestillt, während die Nabelschnur noch intakt ist

Eigentlich wollte ich Fotos von der Geburt selbst, habe mich aber nicht mehr daran erinnert, und Juan Carlos stellte seine Hand die ganze Zeit zu meiner vollen Verfügung. Später, nachdem Anabel den Apgar-Test durchgeführt hatte, ohne das Kind von uns zu entfernen, ließ sie uns allein. Sie hat Leila auch kein Vitamin K injiziert, da das Kind die ganze Zeit bei uns war und wir bemerkt hätten, wenn es zu viel Blut verloren hätte. Falls die Blutungen noch aufgetreten wären, hätten wir es sofort festgestellt und wären im Krankenhaus eingetroffen. Leila wurde erst eine Woche nach der Geburt gewogen, das geschah in einem warmen Tuch, ohne dass Leila geweint hat. (Nach einem anfänglichen Gewichtsverlust erreichen Babys innerhalb von einer Woche wieder das Gewicht, das sie bei der Geburt hatten, obwohl nach Aussage einiger Studien eines von drei Neugeborenen in dieser Zeit weder zu- noch abnimmt.) Wir haben Leila weder Wasser noch Tees oder andere Dinge gegeben, sondern nur die Brust, wir haben sie auch einige Tage lang nicht gebadet und selbstverständlich überhaupt nicht geimpft, wir haben sie nur in den Arm genommen und geliebt. Den Fersentest kann man nach sieben bis zehn Tagen machen, wenn man das möchte.

Anabel, unsere Hebamme, tauchte mit etwas zu essen auf und wir haben das genossen wie bei einer ganz besonderen Privatparty. Ich hatte fast keine Risse, nur drei Einschnitte von einem halben bis einem Zentimeter Länge in der Haut der Vagina, wie es auch manchmal bei einer Lippe am Mund vorkommt. Ich wusste davon nur, weil Anabel es mir gesagt hatte, aber diese Einschnitte brannten oder störten überhaupt nicht, noch nicht mal beim Wasser lassen. Nach zwei bis drei Tagen waren sie verheilt. (Risse in der Vagina kommen sehr selten vor, wenn sich die Frau bei den letzten Wehen nach vorne beugt.)

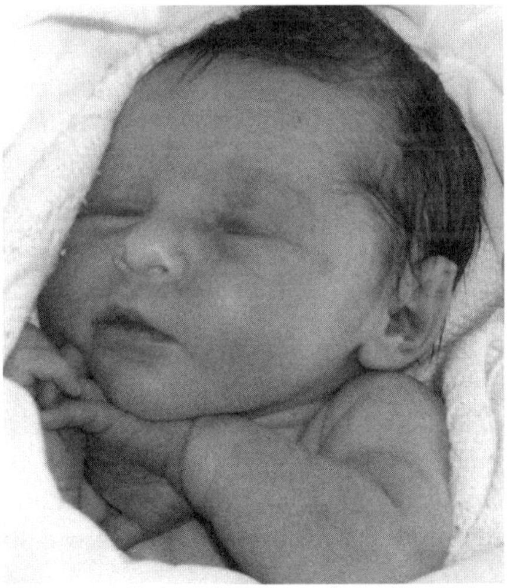

Leila, als sie gerade geboren war. Wenn du genau hinschaust, könntest du sehen, dass sie kaum Flecken im Gesicht hat

Die Geburt meines zweiten Kindes fand zu Hause in der Badewanne statt und war für mich auch wunderschön. Leila war dabei anwesend und sie hat sich einige Jahre lang noch daran erinnert, obwohl sie erst 16 Monate alt war. Sie hat den ganzen Vorgang der Geburt ihres Bruders mit verfolgt und ich habe sie in keinem Moment fortgeschickt. Ich hoffe, dass es ihr hilft, im Leben auf sich selbst zu vertrauen, wenn sie sich eines Tages für das Muttersein entscheidet. Leila ist nicht eifersüchtig, wenn man von einigen wenigen Tagen absieht, an denen sie gelangweilt ist. In weniger als einem Monat hatte jede/r seine spezielle Brust und bis heute verhalten sie sich wie Komplizen. Am Tag nach der Geburt kamen die Hebammen, um mich zu Hause zu besuchen, und sie wiederholten den Besuch nach drei Tagen und nach einer Woche. Außerdem konnte ich ein Jahr lang auf Treffen mit anderen Familien gehen und mit ihnen über die Zeit nach der Geburt sprechen.

Es gibt je nach Land und den Dienstleistungen, die in Anspruch genommen werden, unterschiedliche Zahlungsweisen und Tarife für natürliche Geburten. Im letzten Kapitel dieses Buches kannst du entsprechende Telefonnummern und Adressen finden. (AdÜ: Stand von 2002) Die Preise enthalten normalerweise eine Vorbereitung auf die natürliche Geburt (wenn du möchtest, bereits ab dem Zeitpunkt, an dem du weißt, dass du schwanger bist), Unterstützung bei der Geburt und Gespräche innerhalb eines Jahres nach der Entbindung. Mit dem Geld sicherst du dir also nicht nur einige Stunden der Geburt, sondern auch eine volle Dosis Vertrauen auf dich selbst und die Natur, neun Monate Betreuung plus ein Jahr Hilfe bei Zweifeln – und nebenbei entsteht auch noch eine schöne Freundschaft zu den Hebammen.

Ich denke nicht, dass es in Bezug auf die natürliche Geburt nur eine einzige Wahrheit gibt oder dass eine Methode besser ist als die andere. Sowohl Experten als auch Personen, die in der Materie unerfahren sind, befürworten unterschiedliche Theorien. Ich halte für das Wichtigste das, was ich fühle und womit ich mich identifiziere, sowohl in meiner Umgebung, wo ich keine Tierversuche, Umweltverschmutzung und ökonomischen Interessen unterstützen möchte, als auch in meinem persönlichen Wohlbefinden. Dieses ist also die beste Methode für mich, Licht weiterzugeben und meinen Kindern bei ihrem Wachstumsprozess zu helfen. Ich möchte mit meiner Erzählung anderen Menschen helfen, die ängstlich oder unerfahren sind, und ihnen sagen, dass die natürliche Geburt sehr schön und befriedigend ist und viele Vorteile hat. Ich möchte ihnen sagen, dass sie in der Lage sind, eine perfekte Geburt durchzuführen, und dass ich ihnen eine wunderbare Schwangerschaft, Geburt und Stillzeit wünsche.

Leila wurde zu Hause in Gegenwart ihres Vaters und unserer Hunde und Katzen geboren, und diese Erfahrung war so angenehm, dass ich mich so früh wie möglich mit Anabel in Verbindung setzen wollte, als ich die Bestätigung dafür hatte, dass ich mit Altair schwanger war. Zu dem Zeitpunkt war Anabel aber nach Zaragoza gezogen und die anderen Hebammen vom Genesis-Verband wollten sich entweder nicht dazu verpflichten, mich genau in den Ferien zu unterstützen, oder sie hatten bereits mehrere Geburten für diesen Zeitraum in ihrem Terminkalender oder sie lebten weit von uns entfernt. Daraufhin habe ich den Verband *Nacer en Casa* (zu Hause zur Welt kommen) ausfindig gemacht, aber auch da gab es niemanden für meine Provinz.

Auf meiner Suche hörte ich von Ángeles und de Juanjo, zwei Hebammen, die gerade damit anfingen, Hausgeburten zu betreuen. Ich habe zuerst Ángeles telefonisch erreicht und mich sofort für ihre Unterstützung entschieden, weil mich die Liebe und Wärme, die von dieser phantastischen Frau ausgingen, faszinierten. Wir verabredeten uns, um uns kennen zu lernen, und mein Gefühl wurde bereits in der ersten Minute unserer Begegnung bestätigt: Ja, das ist die Hebamme, mit der ich die Geburt meines Sohnes teilen will, die Säule der Sicherheit, Stärke und Standhaftigkeit, die ich für einen so energetischen und unsicheren Moment, wie es eine Geburt sein kann, brauche.

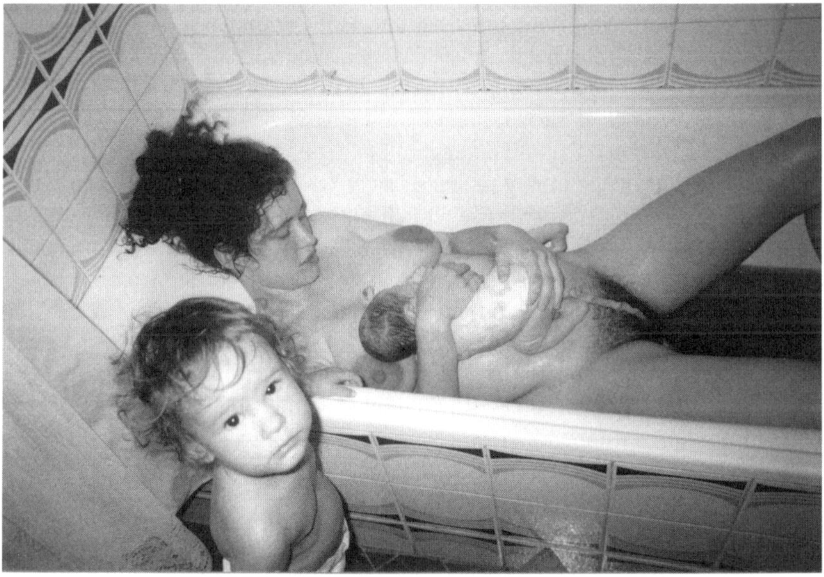

Altair ist vor den verblüfften Augen seiner Schwester gerade geboren, er ist ganz sauber und mit einer Vernix-Schicht bedeckt

Nach und nach hat sich die Gemeinschaft mit ihr und ihrer Familie, insbesondere mit ihren beiden Töchtern, verflochten. Ich empfand ihre Familie als sehr angenehm, einfach, aufrichtig, rein, zugänglich und liebevoll, eine Familie, die ihre Konflikte klar ans Licht bringt und bewältigt, viel Kraft und eine starke Herzensverbindung hat. Sie hat uns so viel Wärme gegeben...
In der Zeit um die Geburt durchlief unsere Partnerschaft eine so heikle Phase, die in mir eine große Unsicherheit und einen Mangel an Vertrauen auf das Leben hervorrief, so dass ich sogar etwas wie Angst vor möglichen Schmerzen empfand – und das auf Kosten meiner wunderbaren Erfahrung mit Leila und meiner Kenntnisse über schmerzlose Geburt. Man braucht sich doch einfach nur in sich selbst zu begeben und sich führen zu lassen...
Einige Tage vor der Niederkunft fühlte ich mich extrem sensibel, zart und anhänglich und habe beim geringsten Anlass geweint. Ich habe nur sehr wenig geschlafen, dafür aber tief, und ich hatte einen ständigen Harn- und Stuhldrang. Als ich an jenem Tag aufwachte, war ich relativ gut ausgeschlafen, obwohl ich mich etwas müde und schlecht gelaunt fühlte. Ich habe zu Juan Carlos gesagt: „Ich fühle mich schlecht und habe schlechte Laune, kümmere du dich heute um unsere Tochter, ich habe keine Geduld." Dann habe ich begonnen, einige Stühle mit geflochtenen Sitzen zu restaurieren, die wir am Sonntag ausliefern wollten. Juan Carlos hat mit dem Computer Schach gespielt.
Nach kurzer Zeit fühlte ich eine etwas unangenehme und besonders lange Wehe. Als sie vorbei war, fragte ich den Vater instinktiv nach der Uhrzeit. Dann kam eine weitere ähnliche Kontraktion und ich fragte wieder, wie spät es sei: es war 13.32 und 11 Minuten waren vergangen. Er fragte mich, ob die Geburt begonnen habe, und ich sagte ihm, dass ich es nicht wisse. In meinem Inneren fühlte ich ein großes JA als Antwort, aber ich hatte Angst mich zu irren und zu beunruhigen und zog es daher vor, ihm „ich weiß nicht" zu antworten und dabei auf die Zeit zu achten und die Wehen zu registrieren. Sie waren unregelmäßig und kamen alle 10, 5, 3 oder 12 Minuten.
Als es feststand, dass die Geburt begonnen hatte, ging ich um zwei Uhr nachmittags zum Telefon und rief Ángeles an, insbesondere weil ich diese kleine Angst hatte. Ich fragte sie, ob es möglich sei, dass die Geburt angefangen hatte, obwohl die Wehen unregelmäßig wären, und sie antwortete mir, dass dieses ganz bestimmt so sein könne und dass die Kontraktionen nach und nach regelmäßiger und in kürzeren Zeitabständen auftreten würden. Ich sagte ihr, dass die Geburt wohl demzufolge definitiv begonnen hatte, und wir verblieben so, dass wir noch telefonieren würden.
Ich wurde nervös und habe zur Beruhigung die Arbeit am Stuhl fortgesetzt. Die nächsten beiden Wehen waren schon unangenehmer (ich war überängstlich und angespannt). Ich ließ den Stuhl stehen und legte mich auf den Boden,

um mit Leila eine Kurzgeschichte mit Klebebildern zu lesen. Juan Carlos fragte mich sehr häufig, wie es mir gehe und ob ich starke Schmerzen habe, ob die Geburt eingesetzt hätte oder ob er Ángeles anrufen sollte. Da ich nicht „stören“ und so viel Intimität wie möglich bewahren wollte, sagte ich ihm, dass er warten soll, bis die Wehen regelmäßig sind, und die Hebamme nicht mit so vielen Anrufen durcheinanderbringen soll.
Als wir feststellten, dass die Wehen abwechselnd alle vier bis neun Minuten kamen und immer länger und intensiver wurden, sagte ich um kurz vor drei Uhr zu Juan Carlos, dass er Ángeles anrufen und eine baldige Entbindung bestätigen soll. Sie erwiderte, dass sie in wenigen Minuten aus dem Haus gehen und zu uns kommen würde.
Wir haben weiterhin die Zeit gemessen. Um kurz nach drei klingelte das Telefon, es war Ángeles, die wissen wollte, wie es uns ging. Da es mir gut ging, sagte sie zu Juan Carlos, dass sie so schnell wie möglich kommen würde. Meine Nervosität steigerte sich und ich beschloss ins Schlafzimmer zu gehen. Leila und Juan Carlos begleiteten mich.
Als Leila sah, wie ich in mich ging und Wehen hatte, stöhnte und die Augen schloss, protestierte sie, küsste mich mehrmals und legte ihr Gesicht an mein Gesicht. Ich glaube, Leila hat nicht genau verstanden, was vor sich ging, aber sie spürte, dass dieses etwas außergewöhnlich wichtig und spannungsgeladen war. Später schlief sie in den Armen ihres Vaters in unserem Bett an meiner Seite ein. Sie war und ist so zart!
Ich fühlte die Kontraktionen wesentlich stärker werden und hatte starken Harn- und Stuhldrang. Ich ging auf die Toilette und sagte zu Juan Carlos, dass er die Tür zur Straße bitte offen lassen soll, damit die Hebamme die Tür nur aufschieben muss, um hereinzukommen, und Juan Carlos so nicht von meiner Seite weicht. Ich hatte etwas Stuhlgang und ließ mehrmals Harn. Ich fühlte mich ziemlich schlecht und es hat mich zwischendurch mal sehr angestrengt, die Wehen zu ertragen. Ich öffnete den Wasserhahn der Badewanne und stütze mich seitlich mit eingezogenen Beinen auf den kühlen Boden des Bades. Der Ort erschien mir sehr intim. Ich wollte lauwarmes Wasser und nicht heißes, wie es mir normalerweise gefällt.
Im Gegensatz zur Geburt von Leila, bei der ich stark gefroren hatte, war mir bei der Geburt von Altair ziemlich warm. Da ich nicht in mir zentriert war, tat mir der Rücken weh, ich hatte Angst vor der Geburt und wünschte und bat darum, keine starken Schmerzen zu haben. Dabei war mir bewusst, dass ich mich in mich, in meinen Sohn und den Vorgang versenken und führen lassen muss, damit es nicht so wehtut und nicht lange dauert. In dem Moment hätte es für mich ein unglaubliches Opfer bedeutet, mich zu bewegen, zu laufen oder aus der Badewanne aufzustehen.

Ich erinnere mich daran, wie mir das Wasser eine gewisse Erleichterung verschafft hat. Am Anfang war es etwas schwierig, da ich nicht wusste, welche Stellung ich einnehmen sollte. Die Position, die mir am bequemsten erschien, war nicht sinnvoll, weil ich mich dabei nicht gut in der Wanne ausstrecken konnte. Als ich dann „meine Stellung“ gefunden hatte, konnte ich mich entspannen – meine Rückenschmerzen beruhigten sich, die Wehen wurden viel erträglicher und der ganze Prozess beschleunigte sich.
Juan Carlos war die ganze Zeit bei mir und hat den Druck ertragen, den meine Hand auf seine ausübte. Er setzte sich zu mir auf den Boden. Von Zeit zu Zeit sprach er mit mir, aber die meiste Zeit hielt er sich zurück und respektierte meine Stille. Wenn eine Wehe kam, habe ich die Augen geschlossen und so geatmet, wie mein Körper es wollte, meistens waren es tiefe Atemzüge. In dem Moment habe ich weder Liebkosungen noch irgendwelche Worte ertragen, die meinen Geist und/oder mein Herz von meinem schönen Bauch ablenkten.
Es gab im Verlauf der Geburt einige kurze Momente der Unsicherheit, in denen ich mir gewünscht habe, dass Ángeles eintrifft, um mir ihre Kraft, Unterstützung, ihr Vertrauen und ihre Liebe zu geben. Ich versuchte innerlich mit ihr zu kommunizieren und herauszubekommen, wie lange es noch dauern würde, bis sie da ist. Parallel dazu habe ich Altair gebeten, mir – und Ángeles – mehr Zeit zu geben. Genau wie es meine Erstgeborene getan hatte, unterstütze mich Altair, der völlig mit mir vereint war, half mir und hörte auf mich. Ich habe ihm auch gesagt, dass ich ihn sehr liebe, dass er ans Licht kommen soll, dass es ihm hier sehr gut gehen würde, dass ich versuchen würde es für ihn leicht zu machen und dass er bitte versuchen soll mir so wenig Schmerzen wie möglich zu bereiten, dass er mir meine Feigheit verzeihen soll und dass ich mir wünschte ihn zu sehen und in den Arm zu nehmen, ich bedankte mich dafür, dass er mich als Mutter ausgesucht hat...
Wenn ich heute an die Situation zurückdenke, erscheint mir die Zeit sehr kurz. Ich habe immer wieder Kraft eingesetzt, wie es beim Stuhlgang der Fall ist, um Altair zu helfen, und habe dabei gefühlt, wie sich die Fruchtblase streckt und in ihre Position legt. Mir kamen Bilder vom zweiten Wurf unserer Katze Iris in den Sinn, bei der sich die Fruchtblase mehrmals zeigte, bevor die Geburt stattfand. Ich habe mich zwischen einigen etwas stärkeren Kontraktionen untersucht, die weiche Struktur der Fruchtblase gespürt und hatte das Gefühl, eine Wasserkugel zu berühren. Ich habe dem Vater angeboten, dass er sie auch berühren könne, und ich glaube, er hat es gewagt.
Es gibt bei einer natürlichen Geburt Momente, an die man eine vage, nicht genau definierte Erinnerung hat, so als ob unser Körper Drogen in sich selbst ausschüttet. Ich zitiere hier einen kleinen Absatz aus dem Buch von Michel Odent, weil diese Worte für mich sehr wichtig sind:

„Bei einer Geburt ändert sich dein Bewusstseinszustand, es ist, als ob du auf einem anderen Planeten bist. Du verbindest dich mit deinem Kleinhirn und hebst die Funktion des Neokortex auf, dieses Teils deines Gehirns, der für Rationalität und Sprache verantwortlich ist (vielleicht war es für mich deshalb so wichtig, dass ich während der Geburt meiner beiden Kinder nicht sprechen musste und nicht angesprochen wurde). Wenn du den Neokortex mit den typischen Fragen wie der Frage, wann du in ein Krankenhaus kommst, anregst, verlangsamt sich der Geburtsvorgang. (...) Das Sehen stimuliert den Neokortex ebenfalls und daher unterstützt sanftes (oder gar kein) Licht den Vorgang."
Als die Wehen intensiver wurden, bat mich Juan Carlos mehrmals mich berühren zu dürfen, um den guten Verlauf der Geburt abzuschätzen, da Ángeles ihn darum gebeten hatte, aber ich weigerte mich immer davor, zumal ich wusste, dass alles wieder in Ordnung war. Ich wollte nur fühlen und mich selbst fühlen. Jede Manipulation bringt es mit sich, dass man aus der Konzentration gerissen wird und führt daher zu stärkeren Schmerzen. Im mir kommen immer noch unangenehme Gefühle hoch, wenn ich an diese Hartnäckigkeit denke, es war wie ein Mangel an Vertrauen auf mich und auf das Leben.
Es klingelte an der Tür und Ángeles traf ein. Juan Carlos wollte hingehen, aber ich drückte seine Hand stärker und gab ihm dadurch zu verstehen, dass er an meiner Seite bleiben soll, weil ich genau in diesem Moment seine Unterstützung und Anwesenheit am meisten brauchte.

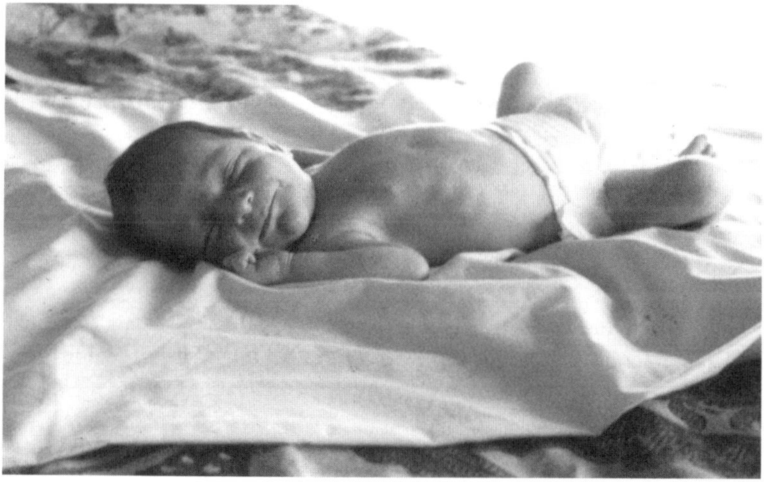

Altair in den ersten Tagen seines Lebens.
Auch er wurde ohne Flecken am Körper geboren

Ángeles öffnete die Haustür, kam die Treppe hinauf, fragte, wie es uns geht, und wollte mich mitten in einer Wehe untersuchen. Ich weigerte mich, sie bestand aber darauf und sagte, dass es der geeignetste Moment wäre. Ich bekam einen Anflug von schlechter Laune und weigerte mich weiterhin. All das hat mich viel Energie gekostest und mich aus meiner Mitte gebracht. Ich wollte nicht auf etwas bestehen müssen, ich wollte respektiert und verstanden werden, ich wollte meine Handlungen und Rhythmen selbst bestimmen. Für mich was das der unangenehme Teil der Geburt.

Um den psychologischen Druck nicht mehr aushalten zu müssen, mich wieder in mich selbst versenken zu können und dadurch meine Freude und Harmonie wiederzuerlangen, ließ ich mich am Ende einer Kontraktion untersuchen. Ángeles zog sich einen Gummihandschuh über die Hand, führte die Untersuchung durch, sagte, dass es noch halbe Stunde dauern würde und ging fort, um ihre Utensilien vorzubereiten. Ich bekam inzwischen die nächste Wehe und sagte, dass es keine halbe Stunde mehr dauern könne, da sich der Kopf schon zwischen meinen Oberschenkeln zeigte. Ich wusste genau, in welcher Phase der Geburt ich war, wo sich mein Sohn befand und wie viel Zeit noch erforderlich war. Ich kommunizierte im Geist mit ihm, das gab mir viel Kraft und hat eine sehr starke Verbindung zu Altair geschaffen.

Am Ende der Wehe sagte ich Juan Carlos, dass er Ángeles Bescheid sagen soll, dass das Baby schon auf die Welt kommt. Sie kam sofort und in dem Moment ist die Fruchtblase geplatzt und ich hatte das Gefühl, als ob zwei immens heiße Luftblasen zwischen meinen Beinen aufstiegen. Ich fühlte, wie sich eine Art sehr heißer Strahl ergoss, es war ein ganz wunderbares Gefühl. Bei der Austreibung des Babys sagte ich zu Juan Carlos, dass bestimmt etwas zerrissen sei. Er sah nach und verneinte meine Vermutung, aber ich bestand darauf, weil ich so empfand.

Der Kopf von Altair zeigte sich, Ángeles packte ihn und bestand darauf, dass er sich drehte und ganz herauskam. Ich meinte etwas wie „er ist schon da" gehört zu haben und antwortete darauf: „Vorsicht, dass er nicht im Wasser ertrinkt", woraufhin ich von Juan Carlos als Antwort erhielt: „Wie soll er ertrinken, wenn er noch mit der Nabelschnur verbunden ist?" Meine Bemerkung war das Resultat der letzen Anspannung und der „Drogen, die sich der Körper selbst verabreichte" und hat in dem Moment und noch Wochen später Lachsalven ausgelöst, ein Lachen frei von Spannung, von Tränen begleitet, voller Ekstase und Freude. Es war 16.53 Uhr.

Nachdem Altair geboren war, legte Ángeles ihn auf meinen Körper. Der Vater, Schöpfer des Lebens und der Unabhängigkeit, schnitt die Nabelschnur durch. Nach einer Weile trat die Plazenta von allein aus. Logischerweise wird bei natürlichen Geburten der Mutter kein synthetisches Hormon injiziert, um die

Abstoßung der Plazenta zu „unterstützen“, und dem Baby werden auch keine Tropfen in die Augen getan. Wir haben die Vernix-Schicht nicht entfernt, wir haben Altair auch nicht gebadet, denn er kam sauber auf die Welt, da ich weder einen Dammschnitt noch Muskelrisse hatte. Falls ein leichter Einschnitt in der Haut war, ist er nach zwei bis drei Tagen verschwunden.

Leila wachte genau zu dem Zeitpunkt auf, als ich zu ihrem Vater sagte, dass er sie bringen sollte. Juan Carlos brachte Leila ins Bad, sie sagte nichts, blieb ernst und staunte nur. Ihre Augen hätten nicht weiter geöffnet sein können, als sie sah, wie die Plazenta austrat, und nach dem Schock wollte sie nur noch mich und ihren Bruder küssen.

Wir sind alle zusammen ins Bett gegangen und Ángeles hat mich untersucht, um festzustellen dass alles in Ordnung war. Juan Carlos ging ein Stück Rinderfilet kaufen, weil ich darauf Gelüste hatte, und da ich eigentlich Vegetarierin bin, befand sich nichts Derartiges im Kühlschrank. Außerdem hat er Tomaten und Eis mit Sahne und Schokoladengeschmack gekauft. Unsere Tochter war die ganze Zeit bei uns und hat gleichzeitig mit ihrem Bruder an der anderen Brust getrunken. Ángeles ging Wasser holen, gab mir etwas zu essen und schaute mich an. Außerdem hat sie sich um Leila gekümmert, ihr etwas zu essen gegeben, mit ihr gesprochen und ihr das Brüderchen vorgestellt. Altair hat viel und sehr gut getrunken. Juan Carlos hat sich mit uns hingelegt und wir konnten einige sehr schöne intime Momente mit einem starken Gefühl der familiären Einheit genießen.

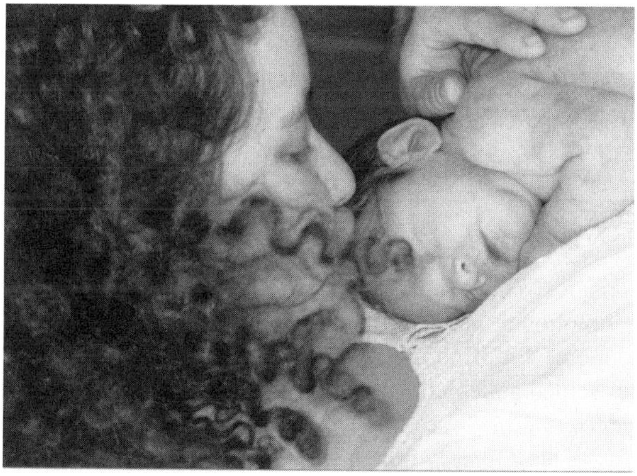

Wärme, Kontakt, Sinnlichkeit und Liebe sind die Basis für eine gute Kommunikation in der Zukunft

Da es zu der Zeit Sommer war, sind wir vier als Familie zu Sonnenuntergang hinausgegangen, um Brot zu kaufen und um einen Spaziergang zu machen, nachdem ich wieder zu Kräften gekommen war und ein Weilchen geschlafen hatte. Bei der Gelegenheit sind wir noch zu einem Markt im Dorf gegangen und haben uns einen Stand mit Kunsthandwerk aus Espartogras und anderen Pflanzenfasern angesehen. Ich fühlte mich vor Kraft strotzend und kerngesund. Der Spaziergang war nicht sehr lang und, nachdem wir eine ganze Weile zu Fuß gegangen waren, bekam ich Lust mich hinzusetzen, weil die Müdigkeit nach der Befreiung von den Spannungen des Tages sich langsam bemerkbar machte. Daraufhin gingen wir zurück nach Hause, kuschelten uns alle vier ins Bett, löschten das Licht und begannen in einer Umarmung zusammen einen neuen Lebensabschnitt.

Ich habe mich oft gefragt, ob es irgendeinen Zusammenhang zwischen den großen Konflikten, die zur Zeit bei einem Großteil der Paarbeziehungen auftreten und der Art des Gebärens gibt. Man findet sehr oft Hassliebe-Beziehungen zwischen zwei Menschen. Sie wollen sich sehen und zusammen sein, aber wenn sie sich dann treffen, treten Konflikte auf, und sie stoßen sich mit starken Gefühlen der Unfähigkeit gegenseitig ab.

Wenn Babys geboren werden, fühlen sie eine starke Liebe zu ihren Müttern, die sich bald in Frustration und Unfähigkeit verwandeln kann, wenn sie von ihnen getrennt werden. Die Mütter lieben ihre Kinder, lassen aber nicht zu, dass sie bei ihnen sind. Die Babys lernen so nicht auf gesunde Weise Beziehungen aufzubauen und zu kommunizieren. Man sagt, dass die Erwachsenen immer wieder dieselben Reaktionen wiederholen wie in ihrer Kindheit, dass wir im Partner unseren Vater oder unsere Mutter suchen und dieselben Rollen und Konflikte wiederholen. Warum arbeiten wir nicht schon vom Zeitpunkt der Geburt an mit dieser Thematik?

Die Sicht des Vaters

Im Bewusstsein des Verlustes und des Mangels an Richtigkeit, welche die Übertragung von Emotionen über Worte mit sich bringt, versuche ich jetzt, sechs Jahre später, meine Empfindungen während der Schwangerschaften und Geburten meiner beiden geliebten Kinder auf so wahrheitsgetreue Weise wie möglich zu schildern.

Allein die Vorstellung, dieses Leben zu leben, ohne Nachkommen zu haben, vermittelte mir ein Gefühl der Nichtigkeit. Als ich mich in Nuria verliebte und wir beschlossen ein Kind zu bekommen, haben wir uns dafür entschieden, unser bisheriges Arbeitsleben aufzugeben, das in dem Moment einen großen Teil

meines Lebens ausfüllte, um so mehr Zeit für das Baby zu haben, das im Bauch der Mutter heranwuchs. Ich muss sagen, dass meine Eltern bei der Erziehung immer darauf geachtet haben, dass Liebe vorhanden war, aber in Fragen der Schwangerschaft hatte der Mann wenig oder gar nichts zu sagen.
Ich musste Nurias Wunsch, das Kind zu Hause zu bekommen, erst einmal langsam verdauen, aber nachdem wir die Hebammen kennen gelernt hatten und angesichts der überwältigenden Unerschütterlichkeit meiner schwangeren Partnerin, verschwanden meine Befürchtungen und ich konnte mich damit vollkommen identifizieren. Bei den Vorbereitungen auf die Geburt, die uns die Hebammen in ihrem Zentrum während der gesamten Schwangerschaft anboten – hinzu kommt noch die Haptonomie – war die Teilnahme des Vaters unerlässlich. Ich war bei allen Sitzungen anwesend und bin jedes Mal mit der absoluten Überzeugung dort hingegangen, dass es meine Pflicht und mein Wunsch ist. Auch die liebevolle Art, wie Nuria mit ihrer Schwangerschaft umgegangen ist und eine ruhige und harmonische Umgebung schuf, hat mich mitgerissen nichts zu verpassen, was mit unserer Tochter zu tun hatte: gynäkologische Untersuchungen, Ultraschall, Treffen mit anderen Elternpaaren etc.

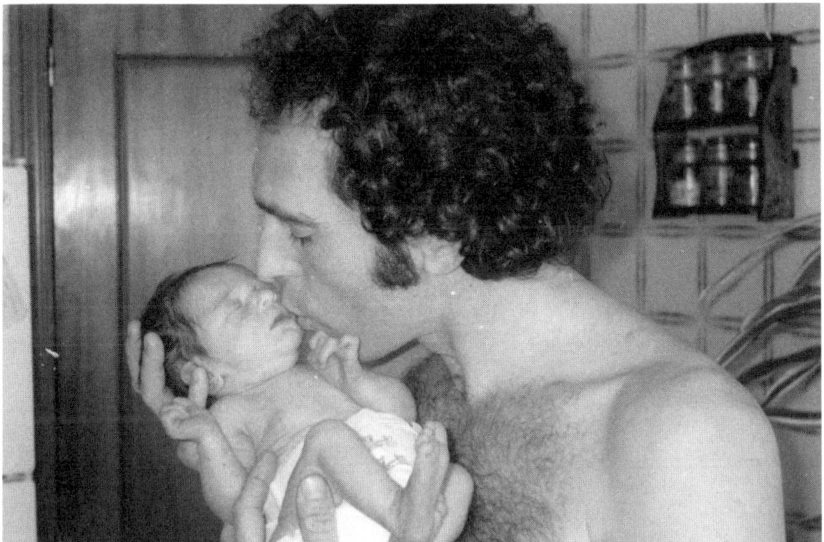

Eine ruhige und liebevolle Umgebung
ist für die ersten Lebensphasen in der Außenwelt unentbehrlich

Als der Tag der Geburt kam, war ich dermaßen in den ganzen Prozess vertieft, dass ich meine Anfälligkeit für niedrigen Blutdruck bei allen Situationen, in denen Blut vorkommt, vergaß. Ich erinnere mich daran, dass ich einen Schwächeanfall hatte, den ich Dank der Schönheit des Moments, der Standhaftigkeit der Mutter und Professionalität der Hebamme Anabel – welch ein wunderbarer Mensch! – überwunden habe. So haben wir Leila dann physisch kennen gelernt, nachdem wir so viele Monate lang nur mit ihr geflüstert und sie gestreichelt haben. Mein Beitrag zur Geburt beschränkte sich darauf, mich um Nuria zu kümmern, sie mit allem zu versorgen, was sie brauchte, sie zu umarmen und sie bei ihrer Versenkung in sich selbst zu unterstützen.

Die Schwangerschaft mit Altair, unserem zweiten Kind, verlief ganz anders als die erste. Wir haben keine Geburtsvorbereitungen getroffen, weil Leilas Geburt nur kurze Zeit zurücklag und unsere finanziellen Verhältnisse nicht mehr so gut waren. Die Möglichkeit, an einem anderen Ort als zu Hause zu entbinden, wurde nicht einmal in Erwägung gezogen. Wir haben versucht uns mit Anabel in Verbindung zu setzen, damit sie uns bei der zweiten Geburt unterstützt, aber sie war nach Zaragoza gezogen und über so eine weite Entfernung konnte sie uns nicht betreuen. Dann haben wir Ángeles, eine andere Hebamme, die vor Liebe überfloss, und ihre ganze Familie kennen gelernt. Vielen Dank an sie alle für die selbstlose Wärme, die sie uns gegeben haben!

Während der zweiten Schwangerschaft hatten wir einige Beziehungsprobleme, die ziemlich besorgniserregend waren. Die Geburt fand allerdings ohne irgendwelche Komplikationen in der Badewanne statt und so kam unser Sohn Altair auf die Welt.

Nachdem ich diese Erfahrungen durchlebt hatte, durch die ich sensible und engagierte Menschen kennen lernte, die alle aus demselben Grund zusammentrafen (Eltern, die ein Kind erwarteten), und eine Wesensverwandtschaft in der Art zu fühlen und zu denken feststellte, kann ich Nuria nur für dieses wunderbare Leben und dafür danken, dass ich an diesen Erlebnissen teilhaben durfte, die es mir ermöglicht haben, in mir eine Sensibilität zu entdecken, die ich vorher nicht gekannt hatte. Ich werde niemals jemanden so lieben wie meine Kinder.

JUAN CARLOS LÓPEZ TROYA

Die Erfahrung einer Hebamme

Hier werde ich den Abschnitt über die Geburt von Altair aus dem Tagebuch wiedergeben, welchen Ángeles meinem Sohn geschenkt hat und in dem sie alle Gefühle und Erfahrungen, die sie mit der Mutter, dem Vater, der Schwester und dem Baby gemacht hat, und den entscheidenden Tag an sich beschreibt.

Es kommt der Monat August,
es wird geerntet und gefeiert,
die Umgebung ist von Ruhe durchtränkt
und dein Haus von einer Abwesenheit –
wenn du ankommst,
wird der Hund nicht mehr da sein –
aber die Katzen schon,
die im Haus herumstreichen
und es mit einem Mohairteppich ausstatten,
um dich willkommen zu heißen.
Sie sind wachsame treue Freunde
in der Großartigkeit ihrer Stille.

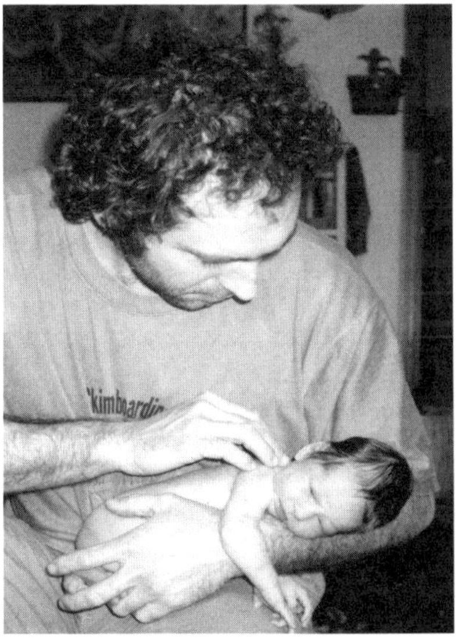

Normalerweise haben wir die Kinder auf dem Arm getragen oder mit einem Tragetuch, aber nicht im Kinderwagen

Während wir auf dich gewartet haben,
hatten wir die Gelegenheit
uns besser kennen zu lernen,
eine Ausstellung von deiner Mama
über Malerei und Korbflechterei zu sehen,
bei anderer Gelegenheit
haben wir so lange geplaudert,
bis wir fast das Klinische vergaßen,
den Grund unseres Zusammentreffens.
Ich nehme an, dass deine Gegenwart
uns alle beruhigt hat.
Am Schluss haben wir mit einem
Hörrohr und Sonicaid dein Herz gehört,
während dein Papa dich mit seinem Ohr hörte,
das er auf die Haut deiner Wiege legte,
den warmen, sicheren und von
Lebenskraft erfüllten Bauch deiner Mutter.

Und all das wurde durch das Erstaunen
und Vergnügen von José begleitet,
der Anteil nahm, genau wie er viele Male
auf ähnliche Weise auf meine Rückkehr wartete.
(José ist der Lebensgefährte der Hebamme.)

Alles war bereit und wartete
in Fresnedillas wie im Kosmos
darauf, dass deine Mama Nuria sagte,
dass die Geburt begonnen hat,
und selbstverständlich
muss man Nuria zuhören,
sie ist eine Frau des Wortes,
und wenn sie sagt, dass die Geburt beginnt,
hat sie bereits begonnen.

Wir sprachen über Stunden und Tage,
die für die Geburt am günstigsten wären,
und wie man mich erreichen kann.
Natürlich hat Nuria wie andere Mamas
den besten Moment ausgesucht.
Sie wartete auf ein Wochenende

und an genau dem Freitag
begann Nuria mit dem, was sie
anfangs nicht für den Beginn der Geburt hielt,
da die Wehen in langen Abständen kamen
und überhaupt nicht unangenehm waren.
Wir blieben in telefonischem Kontakt,
um zu wissen, ob die Geburt ihren Gang geht,
und dann... langsam?
um 14 Uhr rief Juan Carlos an,
obwohl Nuria es nicht wollte,
und fragte ob die Geburt angefangen hat,
wenn die Wehen alle 10 Minuten kommen.
Da gibt es überhaupt keinen Zweifel!
Ich habe mich beeilt um dich,
Altair, kennen zu lernen, sammelte
noch einige Sachen zusammen und fuhr dann
nach Fresnedillas.

Es schien mir so, als wäre die Straße
länger und kurviger als sonst;
trotzdem nahm ich Ruhe wahr
und fühlte mich
deiner Mutter und deinem Vater sehr nahe.
Ich versuchte zu erraten,
was in eurem Hause vor sich ging.
Alles lief gut,
bis ich nach Fresnedillas de la Oliva hereinfuhr,
mich die Eile bestürmte und in Unruhe versetzte,
ich ahnte, dass der Moment sehr nahe war,
und bat darum, dass ich pünktlich ankommen würde,
weil ich dich nicht warten lassen wollte
und Nuria auch nicht.
Zum Schluss beruhigte ich mich,
als ich die Tür zu einem
Haus in Stille öffnete,
wo die Zeit innegehalten hatte,
wo die freundliche Umgebung
und gute Energie
am Rand von Fresnedillas leben.
Es war ganz speziell und anders als sonst

über die Türschwelle zu treten,
es kam mir vor wie das Eintreten in eine andere Dimension,
wo ich Frieden, Andacht
und Harmonie einatmete,
Verbundenheit mit dem Leben,
Rückkehr in die eigene Höhle,
wo man sich dem primären,
dem tierischen Urinstinkt öffnen kann,
der uns das Leben und
die Freude ermöglicht.

Dort traf ich Nuria
in der Badewanne eingetaucht,
bequem zwischen Kissen gebettet,
und in einer Art mystischer Andacht sagte sie,
dass ihr physischer, emotionaler und mentaler
Körper harmonisch zusammenarbeiten,
damit ihr Gebärmutterhals und die Vulva
sich auf natürliche Weise öffnen.

Ich habe sie gestreichelt und mit
tiefem Respekt Juan Carlos bewundert,
der mit seiner Atmung und Stille
Nurias Arbeit unterstützt hat.

Leila ist bei ihrer Siesta eingeschlafen,
es schien als sei sie in Morpheus‘ Armen eingeschlafen,
um dem Moment Zauber zu verleihen.
Es war wichtig, dass ich sie in ihrer
Selbstversenkung und Ruhe unterstützte,
damit Nuria nicht gestört wurde.

Alles war Andacht und Frieden,
die uns einluden. Mir fiel das leicht,
ich atmete, um in die Magie einzutauchen,
ich sah, dass nicht mehr viel fehlte.
Und es begann.

Während ich mich umzog
und mit einem Flüstern erwähnte,

wie nahe die Geburt sei,
teilte sich die Welt,
um sich für den kleinen Altair zu öffnen,
der beschlossen hatte um 16.55
am 22. August
neunzehnhundertsiebenundneunzig
sein erstes Lebensjahr zu beginnen.
Du wurdest unter dem Zeichen
des Löwen geboren,
schon auf halbem Weg zwischen dem Sonnenuntergang
und dem Schimmern des Mondes,
die deinen Geburtstag feiern wollten.
Nuria rief mich, damit ich dich hole,
denn du warst schon da!
Genau wie Gaia ihre Früchte
mit der Menschheit teilt,
erscheint ihr blau-weißes Haupt
und die Zeit hält inne,
um sie zu empfangen.

Ángeles, die Hebamme von Altair, säubert Leila

Das, was in Augenblicken geschah,
erschien uns wie eine Ewigkeit,
die Drehung deines Kopfes
durch die Tür
ans Licht.
Kaum zeigte sich dein Körper,
übernahmst du die Zügel
deines ersten Kontaktes mit dem Licht und der Welt,
du atmetest die Luft durch dich selbst
und für dich selbst ein.
Du hättest keine Angst haben brauchen, Altair,
du hättest ruhig langsam atmen können,
denn wir haben dir die Nabelschnur zur Unterstützung gelassen,
bis du mehr Übung darin hattest,
ein- und auszuatmen.
Wir haben dich angespornt und gelobt.
In der Zwischenzeit empfing dich deine Mutter
mit wertvollen Affirmationen
der Sicherheit für dich.

Ángeles und ein Teil ihrer Familie mit Leila und Altair

Sie sagte:
„Ich liebe dich,
mein Kind,
atme gut!
Wir haben dich
sehr lieb
etc. etc.“
Und dein Vater beschützte euch
mit seiner Umarmung,
gab auch mir ein schnelles Küsschen
und gratulierte uns allen
zu deiner Geburt,
auch Leila, denn
als du begonnen hattest, dich zu bewegen,
dein Nest zu erforschen und
über die Nabelschnur Farbe anzunehmen,
bat deine Mama darum, sie zu wecken,
damit sie dich begrüßen kann,
und das tat sie
mit einem so überraschten Gesichtsausdruck,
dass sie uns eines Tages erklären muss,
was das für sie bedeutete.
Sie blieb weiterhin erstaunt
und suchte nach einer Erklärung in den Blicken,
die wir natürlich gaben,
während Mama und Papa
euch einander vorstellten.

Ich ließ die komplette Familie
einige Augenblicke allein.
Nach einiger Zeit erforderte
die Plazenta meine Intervention,
die Geburt endete mit ihrer
Abstoßung aus dem Uterus,
damit dieser sich
nun zurückbilden konnte.

Deine Mama ging ins Bett,
ohne dich von ihrem Schoß fortzulassen
und bat deinen Papa ein Steak zu kaufen,

aber dieses Mal war es für zwei,
und sie hat es mit großem Appetit gegessen.
Danach haben Papa und Leila gespeist
und dann haben alle eine große Portion
Schoko- und Sahneeis verzehrt – und war
auch Vanille dabei?
Denk nicht, dass du auf Diät warst,
denn du hast sofort,
nachdem du die Brust der Mutter
gleich nach der Geburt nahmst,
angefangen opulent zu speisen.
Wir haben uns alle beglückwünscht
dich in unserer Mitte zu haben,
Mama, Papa, Leila, das Haus
und auch die Hebamme,
die dich als erste gestreichelt hat –
ich hatte dieses Privileg,
das mein Beruf mit sich bringt,
es ist wie das Vorzimmer zum Paradies
genau wie die Freude, die damit verbunden ist,
bei der Geburt „vorn“ zu sein
und euch den Müttern zu übergeben,
die ersten Regungen auszutauschen,
die du bei der Geburt gibst und empfängst,
durch meine Arbeit habe ich das Glück,
durch dich zu wachsen.
Es ist bei jeder Geburt so, bei der ich helfe.
Ich habe bemerkt,
dass in deiner Umgebung ein feiner Regen fiel,
ein Regen aus meinen Augen und den Augen der anderen,
die dich willkommen hießen.

Es ist Balsam der Liebe
und der Feierlichkeit,
es sind Luftblasen des Glücks.

Ich freue mich, dass ich bei deiner Geburt
anwesend sein durfte, Altair,
WILLKOMMEN
in dieser Welt,

die eine Welt der Verrückten zu sein scheint,
in der du auch kluge Menschen findest,
mit denen du wachsen kannst.
Ich danke dir und deinen Eltern
für dieses Geschenk,
es war eine Freude,
die mir den Wert
der Andacht und des Friedens
gezeigt hat.

Ich wünsche dir,
dass diese kraftvolle Energie der Sicherheit
dich immer begleiten möge.

Ich liebe dich, Altair.

ÁNGELES PÉREZ SACRISTÁN

Die Erfahrung einer Ärztin

„Die Humanisierung der Geburt in der heutigen Zeit ist eine Frage der Gesundheit und der emotionalen Ökologie.
Vor einigen Jahren entstand als Folge der Entdeckung der Monitorüberwachung von Mutter und Kleinkind ein Phänomen des Technologiefiebers, das dazu führte, dass ein Vorgang, der bei pathologischen Geburten sehr nützlich für die Vermeidung von Komplikationen sein kann, serienmäßig auf alle Geburten übertragen wurde. Als Folge dessen wurde ein Ereignis des normalen Lebens, wie es die Geburt ist, eingeschränkt.
Die perinatale Sterblichkeitsrate und die Sterberate der Mütter sind an einem Fixpunkt angelangt und verringern sich trotz der Technologie nicht.
Heutzutage kommt von den Frauen die Forderung, den Geburtsvorgang für sich zurückzuerobern und einen so wichtigen Moment auf eine angenehme und gesunde Art und Weise zu erleben. Auch für die Babys ist es sehr wichtig, dass sie diesen Moment der Geburt ohne Gewalt erleben und nicht von der Mutter getrennt werden, damit sich zwischen Mutter und Kind ein starkes und gesundes Band bildet.
Die meisten Geburten verlaufen normal. Es ist nicht gerechtfertigt, dass Techniken verwendet werden, die einen menschlichen Ablauf des Prozesses verhin-

dern und die außerdem noch Nebenwirkungen haben. Heutzutage trennen sich die Menschen von falschen Axiomen und versuchen glücklicherweise Dinge zu überprüfen wie die Tatsache, ob jeder Dammriss schlimmer ist als ein Dammschnitt.
Wenn wir zulassen, dass sich die Geburt ohne Intervention entwickelt, geht alles langsamer vor sich, das Perineum dehnt sich nach und nach, große Dammrisse treten dabei sehr selten auf. Es gibt normalerweise geringfügige Risse, die nur die Haut betreffen und nicht die Muskeln. Auf jeden Fall sollte man Dammschnitte dann einsetzen, wenn es medizinisch indiziert ist. Sowohl Dammschnitte als auch die Überwachung am Monitor können sehr nützlich sein, wenn sie indiziert sind, aber sie können unangemessen sein und zu Iatrogenie führen, wenn sie standardmäßig in der breiten Masse praktiziert werden.
Es ist wichtig, dass alles, was mit dem Geburtsvorgang in Verbindung steht, wieder zu seinem eigentlichen Sinn gelangt. Da die Geburt ein normaler physiologischer Lebensprozess ist und die Mehrzahl der Geburten normal verläuft, sollten die Bemühungen in die Richtung gelenkt werden, so ein angenehmes Klima wie möglich zu schaffen, die innere Weisheit der Frau über die Geburt zu potenzieren, die Entwicklung der Verbindung zwischen Mutter und Kind und das Wohlbefinden des Babys zu fördern und die Technik für die Fälle zu lassen, in denen es sich nachweislich um Risikogeburten handelt. Hier geht es um Gesundheit!“

BELÉN IGUAL, Hausärztin, Mitglied der Gruppe Génesis

Geburten im 19. und Anfang des 20. Jahrhunderts

Sowohl die Schwangerschaft als auch die Geburt und das Stillen sind natürliche Ereignisse, die das Leben der Betroffenen in großem Ausmaß durcheinanderbringen. Seit frühen Zeiten existieren Rituale, die sich hauptsächlich auf die Angst vor einer Fehlgeburt, zukünftige Unfruchtbarkeit, schmerzhafte Geburt, Ersticken des Kindes, Unfähigkeit zum Stillen etc. gründen. Diese Ängste und ihre Verbindung mit psychologischem und emotionalem Druck haben den Menschen dazu gebracht, auf den Bereich des Göttlichen, der Beschwörungen und des Aberglaubens zurückzugreifen und sich gegenseitig stark zu unterstützen, das gilt insbesondere für die Unterstützung der Frauen untereinander. Sie haben auch dazu geführt, dass die Menschen auf die altertümliche Geburtshelferin vertrauten und sich auf sie verließen. Diese Helferin wird heutzutage bei natürlichen Geburten durch die Hebamme vertreten und bei Entbindungen im Krankenhaus durch Ärzte und Geburtshelfer.

Am Anfang des Jahrhunderts wurde die Schwangerschaft als völlig natürlich aufgenommen, insbesondere in den Dörfern, wo die Schwangerschaft für die Frauen „ein weiterer Lebensprozess“ war und keine Krankheit, wie sie heute behandelt wird. Je nach Region mied die schwangere Frau in Spanien folgende Dinge: das Hindurchgehen unter Leitern, das Essen von in Essig eingelegten Nahrungsmitteln, Pökelfleisch, Kichererbsen, Fleisch, Wein und besonders den Verzehr von Hasen, damit das Kind nicht mit offenen Augen oder Hasenscharte (vertikale Trennung der Oberlippe) geboren wird. Der Mythos „für zwei zu essen“ war ziemlich verbreitet.
Es wurde großen Wert sowohl auf gastronomische als auch andere Arten von Gelüsten gelegt und die Wünsche der Frau mussten sofort von den Verwandten erfüllt werden, weil man glaubte, dass andernfalls das Baby mit Flecken auf der Haut oder einem Weizenkorn im Auge geboren würde. In der Schwangerschaft durfte die Frau keine Kinder auf dem Arm tragen, die getauft werden sollten, weil man glaubte, dass der Täufling oder das ungeborene Kind sterben könnten. Wenn die zukünftige Mutter krank wurde oder einen Unfall hatte, wurde an ihrem Hals eine Glaskugel befestigt, die das Fruchtwasser zurückhalten sollte.
Solche Mythen und abergläubische Vorstellungen in Bezug auf die zukünftige Gesundheit des Neugeborenen hat es im ganzen Land im Laufe der Geschichte zuhauf gegeben. Man wandte sich an Gottheiten wie die heilige Anna, den heiligen Ramón Nonnato (er wurde durch ein Wunder nach dem Tod seiner Mutter geboren) und den heiligen Bartholomäus. In der damaligen Zeit wurden außerdem alle möglichen Zeichen ausgedacht, um das Geschlecht des ungeborenen Kindes zu bestimmen. Diese Mythen existieren sogar heute noch, insbesondere in ländlichen Gegenden. Ich gebe hier einige davon wieder:

- *Wenn die Befruchtung bei Vollmond stattgefunden hat, wird das Kind ein Mädchen. Das ist auch der Fall, wenn sich bei einem über der Glut aufgehängten Schulterblatt eines Hasen oder eines Zickleins der Knochen öffnet.*
- *Die Mutter versteckt eine Münze von 10 cm Durchmesser in ihrem Untergewand und wenn die Münze beim Ausziehen mit dem Kopf nach oben fällt, wird das Kind ein Mädchen.*
- *Wenn man die zukünftige Mutter bittet die Hände zu reichen und sie diese mit den Handflächen nach oben reicht, ist das Kind weiblichen Geschlechts.*
- *Am Bauch kann man Folgendes ablesen:*
  Ausbuchtung nach rechts – Mädchen, Ausbuchtung nach oben – Junge.
- *Man sieht die Schwangerschaft auch vom Rücken aus – Junge.*
- *Flecken im Gesicht der Schwangeren – Mädchen.*

Wenn die Schwangerschaft abgeschlossen ist, kommt der Moment der Geburt. In den allermeisten Fällen war die Frau dabei angezogen (daher der Ausdruck „die Kindlein wurden unter den Schürzen hervorgezogen"), ihr Ehemann war eventuell anwesend und eine weitere Frau oder auch ein Arzt waren dabei – Letzterer besuchte nur Häuser mit einem gewissen finanziellen Status, wenn die Geographie und das Klima seinen Transport zuließen, aber normalerweise verließ er sich auf die Geburtshelferin (sie kannte sich in diesem Beruf am allerbesten aus). Bei manchen Geburten waren auch andere Verwandte oder Frauen anwesend, die schon entbunden hatten. Praktisch jede Frau, die schon geboren hatte, war fähig bei Geburten zu helfen, obwohl in den meisten Fällen die Geburtshelferin oder Hebamme diese Aufgabe übernahm.

Im Grunde war die Funktion dieser Geburtshelferinnen bis auf den einen oder anderen kleinen Unterschied sehr ähnlich wie die Tätigkeit der heutigen Hebammen. Sie gaben der Frau Vertrauen und Sicherheit, halfen bei der Geburt und führten alle möglichen Rituale und Gebräuche durch, um die Geburt kurz und erfolgreich durchzuführen. Sie halfen auch dabei, dass das Stillen reibungslos funktionierte. Die Bezahlung für diese Dienstleistungen variierte auch je nach finanziellem Status und Region. Am geläufigsten war ein Pfund Schokolade oder dieses plus eine Einladung zur Taufe, bei der die Geburtshelferin das Handtuch und den Krug brachte und danach am Hauptgang des Essens teilnahm. Sie wurde stets als ein weiteres Familienmitglied betrachtet und hatte trotz ihrer finanziellen Bescheidenheit großes soziales Ansehen. Bei der Taufe von unehelichen Kindern war diese Frau Taufpatin und übernahm die gesamte Verantwortung, die aufgrund der sozialen Umstände niemand übernehmen wollte.

In den kulturell und finanziell „armen" Gebieten ging die Frau zum Gebären aufs Land und setzte sich bei einer Steineiche in die Hocke, um Kraft zu schöpfen.

Früher war es die geläufigste Sitte, dass der Mann nicht bei der Geburt anwesend war. Er kümmerte sich nur um das Praktische und zeigte dann das Baby. An einigen Orten hatten die Männer jedoch viel mehr Aufgaben, sie übernahmen eine ähnliche Rolle wie heute der Partner bei natürlichen Geburten. Der Ehemann gab moralische Unterstützung und gab Schreie in Tierstimmen von sich, um seine Frau anzufeuern. In León saß er in der Hocke in einem Strohkorb und imitierte sogar das Gackern von Hühnern. Außerdem musste der Mann seine angeblichen Kräfte kanalisieren und die Situation der gebärenden Frau unterstützen, indem er sie hauptsächlich an den Achselhöhlen festhielt.

Ich fand es sehr interessant zu entdecken, wie die geographischen Bedingungen den Ablauf von Geburten beeinflusst hatten. Auch hier haben sich die Frauen an unterschiedlichen Dingen festgehalten, z. B. den Eisenstangen des

Bettes, dem Kesselhaken des Kamins, an der Rückenlehne von Bänken etc. Der Ehemann musste zulassen, dass sich seine Frau an seinem Hals, seinen Haaren oder wo auch immer festhielt und außerdem ihr ganzes Gewicht anheben, wenn die Beschwerden in Verbindung mit der Austreibung spürbar wurden.

Ab Mitte des 20. Jahrhunderts war der Ehemann viel häufiger bei Geburten anwesend und übernahm aktivere Rollen. Die Theorie von Odent erscheint mir sehr vernünftig – er vermutet, dass sich diese Tatsache auf die Reduzierung der Familie auf das Paar als ihren einzigen Kern zurückführen lässt.

Während der Geburt durfte gegessen oder getrunken werden, wenn sich diese zu sehr hinauszögerte. Bei der Austreibung wird Adrenalin frei, das die Geburt beschleunigt und den Mund austrocknet, daher entsteht Durst und das Bedürfnis etwas zu trinken. Früher wie heute war der natürliche Instinkt der Gebärenden das vorherrschende Element und daher war es nicht verboten etwas zu essen oder zu trinken. Es wurden weder Einläufe verabreicht noch wurde die Schamgegend rasiert. Dammschnitte (Schnitt durch das Perineum – Muskel, der sich zwischen Vagina und Anus befindet – angeblich um die Austreibung zu beschleunigen) gab es auch nicht.

Die bei der Geburt anwesenden Personen hatten unterschiedliche Funktionen, aber jeder hatte seine Aufgabe. Einige hatten am Bauch der Schwangeren zu tun, andere haben ihr ein Hasenohr in den Mund gesteckt um Brechreiz bei ihr hervorzurufen, andere gaben ihr Urin ihres Ehemannes zu trinken und in einigen Gebieten wurden der Mutter leichte Tritte in den Magen verpasst oder es wurde mit Fäusten Druck auf ihre Nieren ausgeübt (das wird immer noch in einigen Zentren in Spanien praktiziert). Die Gebärende hat auf ihren eigenen Zopf oder einen Stock gebissen oder in eine Flasche oder eine Ölkanne gepustet, um die Austreibung zu beschleunigen und mehr Kraft hineinzulegen.

Als religiöse Praktik hat man an einigen Orten am Tag der heiligen Águeda alle alten und nutzlosen Gegenstände, die man besaß, auf Lagerfeuern verbrannt, um die im Laufe des Jahres an dem Ort stattfindenden Geburten erträglicher zu machen.

Die am weitesten verbreitete Sitte war die Errichtung von kleinen Altären in den Häusern, auf denen diverse Ikonografien standen, die mit Nachtlampen oder Kerzen beleuchtet waren (Bilder der Jungfrau der ewigen Hilfe, der heiligen Librada, der heiligen Rita, des heiligen Genaro etc.). Um die Kerzen wurden auf unterschiedlicher Höhe Bänder in verschiedenen Farben gebunden oder man verwendete Kerzen, um die ein Papierband mit Gebeten gewickelt war. Diese Kerzen wurden bei Beginn der Austreibung angezündet und man sehnte sich im Moment der Entbindung danach, dass die Flamme beim ersten Band oder beim ersten Gebet ankam. Wenn dieses nicht der Fall war, sah man es als schlechtes Omen an. Es gab so viele Dinge als Ziel, dass die Frau ihre Bemühungen während der Austreibung verdoppelte, um die Geburt angeblich zu erleichtern.

Die Stellungen, die verwendet wurden, haben alle eins gemeinsam, nämlich die Unterstützung der Austreibung mittels Schwerkraft und die Vermeidung von Druck auf die Aorta (rechtes Bein), um den Geburtsvorgang zu beschleunigen sowie die Blutzirkulation zu verbessern. Die verbreitetesten Techniken der damaligen Zeit werden auch heute noch bei natürlichen Geburten eingesetzt: stehend in den Armen des Ehemannes, in der Hocke, auf allen Vieren, kniend über einem Strohsack oder einem Schafsfell (um die Knie nicht zu beschädigen und den Boden nicht schmutzig zu machen). Viele Gemeinden besaßen zusammen einen Gebärstuhl, welcher der Nachbarschaft zur Verfügung stand und in sehr vielen Fällen mehr Bequemlichkeit ermöglichte. Dieser Stuhl sieht aus wie ein normaler Stuhl, ist nur etwas breiter und hat einen Sitz in Hufeisenform, damit das Baby durch das Loch austreten kann.

Wenn das Baby geboren war, packte die Hebamme es an den Füßen und klatschte ihm mehrmals auf den Po, um so durch sein Weinen die Angst vor dem Erstikken zu zerstreuen. An anderen Orten wurde mit einer Feder in seiner Nase gebohrt, man pustete ihm in den Mund und in die Augen oder hielt es abwechselnd in kaltes und heißes Wasser. Man ging sogar so weit, die Brust mit Hühnerschmalz (den Eierstock umgebendes Fett beim Geflügel) zu bestreichen.

Die Geburtshelferin schnitt die Nabelschnur durch und behandelte den Bauchnabel mit Maulwurfserde oder mit Spänen.

Wenn die Nabelschnur sehr dünn war, dachte man, dass dieses die letzte Geburt war, um die Mutter zu unterstützen. Die Nabelschnur wurde aufbewahrt, damit die Erinnerung nicht verloren ging, denn es existierte der Glaube, dass ein Junge, der die Schnur ohne es zu wissen als Talisman bei sich hat und in eine Rekrutenaushebung des Militärs gerät, davon befreit wird, oder dass sein Einsatzort kein Kriegsgebiet ist. Außerdem wurde sie aufbewahrt, weil die Brustdrüsen damit eingerieben wurden, um Risse zu lindern oder zu verhindern. Die Nabelschnur wurde mit einer Schere durchgeschnitten und mit einem Wollfaden abgebunden. Später band die Geburtshelferin die gegenüberliegende Seite der Schnur mit einem Band oder einem Riemen an den linken Oberschenkel der Gebärenden, um die Abstoßung der Plazenta zu erleichtern. In einigen Regionen wurde ein Schlüssel oder ein Löffel am Ende der Nabelschnur befestigt, um zu verhindern, dass die Plazenta „nach innen abwandert". Wenn sich die Plazenta nicht leicht löste, versuchte die Hebamme bei der Frau, die gerade entbunden hatte, Übelkeit hervorzurufen, indem sie ihr trotz der Furcht, dass dadurch eine wässrige Mastitis hervorgerufen werden könnte, ein Haar in den Mund steckte.

Nachdem die Geburt beendet war, steckte man der Mutter ein dickes Taschentuch mit einem häufig benutzten Wollstrumpf in den Mund, da man glaubte, dass so verhindert würde, dass sich der Uterus nach oben zieht. Bei Blutungen des Uterus wurde die Vagina mit Gaze tamponiert, die vorher in saurem Zitronensaft eingelegt worden war. Wenn die Blutung anhielt, wurde die Gaze an den Oberschenkeln der Frau befestigt, um einen größeren Druck zu erzeugen. Die Plazenta wurde verbrannt oder vergraben.

Es war Brauch, dass die Mutter sich zusammen mit dem Neugeborenen in der Kleidung, die sie bei der Geburt getragen hatte, aufsetzte, bis die Milch hochstieg, und sich derweil von Rebhuhnbrühe oder schwarzen Hühnern ernährte. Schweinefleisch und Schalenfrüchte wurden gemieden. Während der auf die Geburt folgenden Quarantäne durfte keine Milch getrunken werden – es sei denn, dass sich Schokolade darin befand. Die Nachbarinnen und Verwandten brachten im Moment der Geburt die bereits erwähnte Brühe und die Schokolade und halfen sich gegenseitig. Im Gegenzug wurden sie zur Taufe eingeladen und bekamen Wein, Oblaten und Süßlupinen. Die Geburtshelferin hatte die Ehre „den Teller herumzureichen".

In den ersten 24 Stunden wurde nicht geschlafen. Außerdem war es Brauch, die Bettwäsche bis zu vier Tagen nach der Geburt nicht auszutauschen und auf keinen Fall die Unterkleider des Babys und der Mutter zu wechseln. Die Wäsche wurde an der Sonne und nicht am Feuer getrocknet, um später verbrannt zu werden.

Die Mutter durfte einen Monat nach der Geburt das Haus nicht verlassen und wenn sie dieses verließ, dann nach der Quarantäne anlässlich der Taufe. Auf das Stillen wurde großer Wert gelegt, nicht aber auf die Vormilch (Milchsekretion der ersten Tage, bevor die Milch „hochsteigt"), da es reinigend auf das Kind wirkt und sein Immunsystem stärkt. Statt der Vormilch verwendete man Aniswasser oder eine Nährflüssigkeit, die man „Kleinkindersuppe" nannte. Die Geburtshelferin sog die Vormilch ab und spuckte sie an die Wände des elterlichen Schlafzimmers – auf diese Weise sollte die Mutter später viel Milch haben. Außerdem war die Ansicht verbreitet, dass die Vormilch etwas wie Eiter oder Gift ist. An manchen Orten wie in der Bretagne glaubte man, dass der Teufel in den Körper des Babys eindringen kann, wenn es vor der Taufe Vormilch trinkt (die Taufe fand zwei oder drei Tage nach der Geburt statt).

Am Ende des 18. Jahrhunderts verbreitete William Cadogan seine großen reinigenden Wohltaten. (Michel Odent legt uns in seinem Buch eine sehr interessante Theorie über den Grund dar, warum man die Babys keine Vormilch hat trinken lassen, und zwar wurde so die Beziehung zwischen Baby und Mutter erschwert und das wurde als Vorteil zur Steigerung der Aggressivität genutzt.)

Manchmal wurde das Stillen durch Ammen unterstützt; das waren normalerweise gesunde, junge, demütige und alleinstehende Frauen. Bis zum Anfang des 20. Jahrhunderts wurden die Kinder mindestens bis zum Alter von zwei Jahren gestillt, gelegentlich wurden Keimlinge oder Getreide hinzugefügt. Muttermilch als Ergänzung gab es oft bis zum Alter von vier Jahren. Nach Beginn des Industriezeitalters verringerte sich die Zeit des Stillens auf ein Jahr und drei bis vier Monate (die Dauer des heutigen Erziehungsurlaubs).
Heutzutage gibt es weiterhin natürliche Geburten zu Hause oder in Spezialkliniken. Das sind Weiterführungen des am Anfang des Jahrhunderts vorherrschenden Geburtsmodells in persönlicher und familiärer Atmosphäre mit sehr signifikanten hygienischen, medizinischen, kulturellen und ernährungsbezogenen Verbesserungen. Bei den heutigen Geburten sind die beschriebenen Mythen verschwunden. Das Hauptziel dieser Art von Geburten ist es, die Mutter und das Baby sowie den Partner und die anderen Kinder zur Geltung kommen zu lassen, die in jedem Moment dabei sein dürfen. Die Frau kann ihr eigenes Leben kontrollieren und wird bei jedem physiologischen Vorgang wie Schwangerschaft, Geburt und Wochenbett (Zeit nach der Geburt, in der die Gebärmutter sich zurückbildet) gefragt und informiert, was unter anderem das Selbstvertrauen der Frau unterstützt.
Normalerweise hält sich die Hebamme, die beruflich für die Betreuung von Geburten verantwortlich ist und Kenntnisse über Entbindungen und die entsprechenden psychischen Faktoren hat, am Rande des Geschehens und schreitet nur ein, um der Mutter oder den Eltern Vertrauen und Sicherheit zu geben und um das Herz des Kindes abzuhören und allen möglichen Risiken vorzubeugen. Sie arbeitet mit einer kompakten, tragbaren Ausrüstung.
Der Grund für diesen Abschnitt ist schlicht und einfach die Entmystifizierung der Angst, die heutzutage vor der natürlichen Geburt besteht. Natürlich gab es in früheren Zeiten eine größere Kindssterblichkeit, aber wir sollten nicht vergessen, dass diese Statistik auch Kinder im Alter von bis zu einem Jahr enthielt, von denen viele als Folge von schlechten hygienischen Verhältnissen, den damaligen Mythen, diversen Aggressionen, Unfällen, Hunger und/oder Krankheiten starben, wenn sie erst einige Monate alt waren. Die in diesem Abschnitt beschriebene überholte Vorgehensweise bei und nach der Geburt wird heute noch in vielen Ländern Afrikas, Asiens und Amerikas praktiziert, wo man manchmal die Babys immer noch mit am Körper anliegenden Armen fest in Kleidungsstücke einwickelt.
Wenn du solche Bräuche beobachtest, studierst und deutest, kann dir das helfen, unsere Vorfahren und unsere ererbten tiefsten Mythen und Ängste zu verstehen. Bitte bring eine natürliche Geburt mit ihren Konsequenzen und Vorteilen nicht mit den Geburten im 19. und 20. Jahrhundert in Verbindung.

Plattform für Rechte bei der Geburt

Diese Plattform besteht aus einer Gruppe von Menschen, Anhängern verschiedener Berufsgruppen, Eltern etc., die sich zum Ziel gesetzt haben, den Eintritt von neuen „Bürgern" in diese Welt so wenig traumatisch wie möglich zu gestalten.
Wir pflegen die Hoffnung, dass wir unseren zukünftigen Kindern einen freundlichen, warmen und liebevollen Empfang bereiten können, und berücksichtigen dabei, dass die Geburt an sich ein Trauma ist, das wir alle (wenn auch unbewusst) erlebt haben und das zweifellos eine Erinnerung in den Geist aller Kinder eingraviert, die jeden Tag in unserer Gesellschaft zu leben beginnen. Wir wollen versuchen diese Erinnerung so angenehm wie möglich zu gestalten.
Die Mitglieder der Plattform sind sich darüber bewusst, dass die natürlichen Geburtspraktiken weiterhin der Öffentlichkeit zur Verfügung stehen müssen, da viele Frauen sie aus Angst vor Schmerzen bei der Geburt oder einfach aus Unkenntnis und mangelnder Akzeptanz eines biologischen Vorgangs, für die sie perfekt konstruiert sind, ablehnen. Außerdem führt der Mangel an Selbstverantwortung der Eltern in dem Prozess dazu, dass sich gelegentlich einige Personen, die beruflich damit zu tun haben, verpflichtet fühlen, defensive Medizin (wie sie bezeichnet wird) einzusetzen, um „Risiken" auszuschließen und sich im rechtlichen Bereich abzusichern.
Die Plattform ist sich über die aktuelle Problematik bewusst und unterstützt daher auch die Eltern, indem sie sowohl vom öffentlichen Gesundheitswesen als auch von der privaten Gesundheitsvorsorge Hilfe und Erleichterung fordert, damit nach vorherigem Einverständnis über die Verantwortung seitens der Eltern (falls nötig) eine so aktive und bewusste Zusammenarbeit in Bezug auf die Geburt des Kindes wie möglich stattfinden kann.
Die Plattform für Rechte bei der Geburt hat das Ziel, die Ankunft der Babys im Leben zu humanisieren und sie so warmherzig wie möglich willkommen zu heißen. Dabei werden wissenschaftliche Studien berücksichtigt, die in den letzten Jahren von Forschern aus den verschiedenen Bereichen der Medizin, der Psychiatrie und der Psychologie von der Größe wie Wilhelm Reich, Frederic Leboyer, Michel Odent, Thomas Verny, Alfred Tomatis etc. durchgeführt wurden. Diese Forschungen betonen unter anderem, dass in der Zeit der Schwangerschaft, Geburt und der frühesten Kindheit (bis zum Alter von ca. 2 Jahren) der Grundstein für die physische und psychische Gesundheit des späteren Erwachsenen gelegt wird.
Daher macht die Plattform für Rechte bei der Geburt folgende Aufstellung:

1. Die Entscheidung ein Kind zu empfangen muss frei sein und beide Elternteile müssen die Verantwortung dafür übernehmen.
2. Der Uterus der Mutter muss eine Umgebung sein, in dem sich das Baby wohl fühlt.
3. Die Eltern müssen sämtliche verfügbare Informationen und Unterstützung erhalten.
4. Die Eltern müssen den Ort und die Form für die Ankunft des Babys auswählen können.
5. Bei der Geburt muss das Baby die Hauptrolle spielen.
6. Die Umgebung, in der das Baby auf die Welt kommt, muss sorgfältig ausgewählt werden.
7. Keinem Baby darf die Möglichkeit zur Herstellung einer extrauterinen Verbindung zu seiner Mutter entzogen werden.
8. Die Unterstützung des Stillens durch die Mutter muss fest, beständig und warmherzig sein und sich auf angemessene Informationen stützen.
9. Das Baby muss in seinem ersten Lebensjahr persönlich von seiner Mutter und/oder seinem Vater betreut werden.
10. Das Baby muss allein durch die Tatsache, dass wir es eingeladen haben zu kommen, auf unseren Respekt und unsere bedingungslose Unterstützung zählen können.

Die Rechte der Schwangeren

Die Weltgesundheitsorganisation (WHO) hat folgende Rechte der schwangeren Frau und des Babys auf der internationalen Konferenz von Fortaleza (Brasilien) im April 1985 veröffentlicht und anerkannt, hier sind einige Auszüge (AdÜ: anhand der spanischen Aufzeichnung der Autorin übersetzt, daher möglicherweise vom Original abweichend):

1. Informationen über die unterschiedlichen Formen der Unterstützung bei der Geburt für die Meinungsfreiheit der Frau
2. Zusammenarbeit der Schulmedizin mit den traditionellen Hebammen und Geburtshelferinnen, wenn es die Schwangere wünscht
3. Soziale, kulturelle, anthropologische und ethische Informationen über die Geburt
4. Förderung der Ausbildung von neuen Geburtshelferinnen und Hebammen oder traditionellen Hebammen, die für die Betreuung bei normalen Schwangerschaften und Geburten sowie die Nachsorge nach der Geburt zuständig sind
5. Verteilung von statistischen Daten über Geburten in Krankenhäusern (Anteil der Kaiserschnitte, Dammschnitte...)
6. Gewährleistung des psychologischen Wohlbefindens der Mutter und Besuchsfreiheit nach Geburten in Krankenhäusern sowie Anwesenheit einer Person ihrer Wahl während der Geburt
7. Das Neugeborene muss die ganze Zeit bei seiner Mutter sein, wenn es der Gesundheitszustand

von beiden zulässt. Keine Untersuchung rechtfertigt die Trennung eines Neugeborenen von der Mutter.

8. Die Milchbildung bei der Mutter muss so früh wie möglich angeregt werden, möglichst noch bevor die Mutter den Kreißsaal verlässt.
9. In Ländern mit der niedrigsten perinatalen Sterblichkeitsrate der Welt liegt auch der Prozentanteil der Kaiserschnitte unter 10%. Daher gibt es keinen Grund, der rechtfertigt, dass die Rate an Kaiserschnitten in irgendeinem Land diese Ziffer überschreitet.
10. Alles muss getan werden, um Kaiserschnitte zu vermeiden. Bei Frauen, die schon einen Kaiserschnitt hatten, muss die Geburt auf natürlichem Wege angeregt werden.
11. Die Benutzung von elektronischen Überwachungsgeräten für die Kontrolle des Fetus muss vermieden werden, es sei denn, es liegt wirklich ein Risiko für perinatale Mortalität vor oder die Geburt ist künstlich eingeleitet worden.
12. Es ist unnötig, vor der Geburt den Schambereich zu rasieren oder Einläufe (Klistiers) zu verabreichen.
13. Die Frauen dürfen während des Geburtsvorgangs nicht auf dem Rücken liegen (in der traditionellen Entbindungsposition). Während der Phase der Erweiterung ist es empfehlenswert zu laufen, weil das den Ausdehnungsvorgang unterstützt und bei der Geburt kann sich die Frau die Stellung aussuchen, die ihr zusagt.
14. Systematische Dammschnitte (Durchtrennen des Perineums) sind absolut nicht gerechtfertigt.
15. Die Geburt darf nicht aus Bequemlichkeit künstlich eingeleitet werden, wenn keine ganz präzisen medizinischen Indikationen vorliegen (das ist in weniger als 10 % der gesamten Geburten der Fall).
16. Die Verabreichung von Schmerzmitteln oder Anästhetika sollte vermieden werden, es sei denn es liegen wirklich Komplikationen vor.
17. Das künstliche Zerreißen von Membranen ist nicht unerlässlich, außer in einem sehr weit fortgeschrittenen Stadium der Geburt.

Das Stillen durch die Mutter

Das Stillen durch die Mutter ist sehr wertvoll und jede Mutter sollte versuchen, ihren Kindern diese Möglichkeit zu geben. Ich halte den heutzutage fast in Vergessenheit geratenen Brauch, jemanden dafür zu bezahlen oder darum zu bitten, Kinder zu stillen, für sehr weise und schätzenswert, vorausgesetzt, es handelt sich um eine geeignete und verantwortungsvolle Frau, die sich über die Wichtigkeit ihrer Ernährung, Gedanken und Lebensgewohnheiten bewusst ist. Wenn eine Frau keine Muttermilch geben kann oder will, besteht die Möglichkeit, dass sie auf Ammen zurückgreift oder selbst zubereitete pflanzliche Milch verwendet, die gegenüber der Milch von Tieren vorzuziehen ist, da Letztere einen sehr hohen Fettgehalt hat und Allergien auslösen kann.

Zu Beginn des zwanzigsten Jahrhunderts war es nicht ungewöhnlich in einem Park ein vierjähriges Kind zu sehen, dem die Mutterbrust gereicht wurde – es war eher schwierig, ein Kind im Alter von ein bis zwei Jahren zu treffen, das nicht mehr an der Brust trank. Heute ist es anormal in einem Park eine stillende Mutter zu sehen und noch wesentlich seltener sieht man, dass Babys gestillt

werden, die das Alter von sechs Monaten überschritten haben. Die Weltgesundheitsorganisation rät, Kinder bis zum Alter von sechs Monaten ausschließlich von Muttermilch zu ernähren, und erwähnt auch die positive Wirkung dieser Milch bis zum Alter von zwei Jahren.
Die Pygmäen stillen ihre Babys häufig bis zum Alter von fünf Jahren. Auch bei den Maoris und Huichol-Inidanern sind längere Stillzeiten üblich. Von diesen drei Völkern wird gesagt, dass sie einen stärker ausgeprägten Instinkt für die Umwelt besitzen und die Beziehung zwischen Mutter und Baby nicht stören.
Odent hat eine Überlegung angestellt und ich stelle mir dieselbe Frage: Gibt es einen Zusammenhang zwischen der Beziehung des Menschen zur Natur und der Beziehung zwischen Mutter und Baby? Wenn dieses der Fall ist, leisten wir mit dem Stillen einen großen Beitrag zu einem besseren zukünftigen ökologischen Gleichgewicht des Planeten.
Normalerweise errichten unsere sozialen, moralischen und anerzogenen Vorurteile eine Barriere, die verhindert, dass wir Nutzen aus der Weisheit anderer Menschen, Völker oder der Vergangenheit ziehen. Hinzu kommt, dass unsere Erziehung auf Unverantwortlichkeit, Unsicherheit sowie einem Misstrauen unserem Instinkt und unserer tiefen und schönen Weisheit gegenüber basiert.

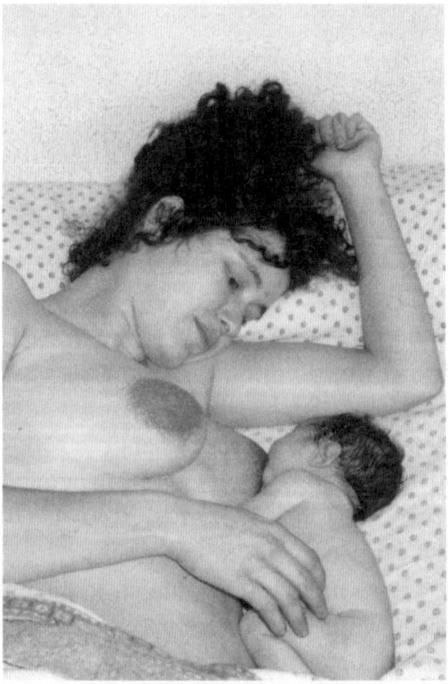
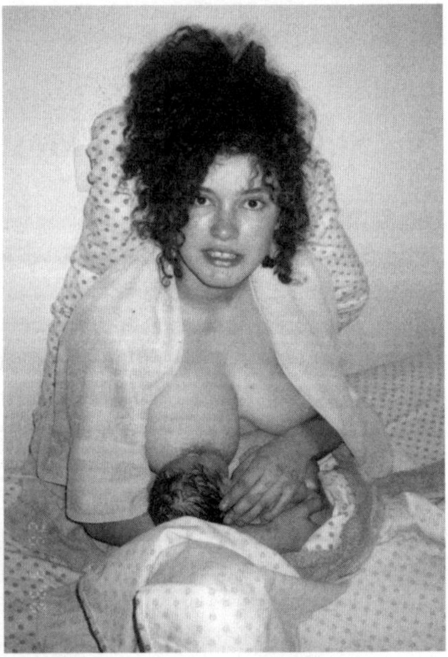

Die neugeborene Leila wird gestillt

Als meine Tochter Leila einige Monate alt war, kam uns eine Freundin ihres Vaters besuchen. Damals war die Tochter dieser Frau gerade fünf Jahre alt geworden und wurde abgestillt. Das hat mich nicht nur sehr überrascht, ich habe diese Tatsache auch noch innerlich verurteilt. Ich habe ihr einige Fragen in Bezug darauf gestellt, ob sie es nicht als negativ empfindet, so lange Zeit die Brust zu geben, und ob es nicht eine zu starke Abhängigkeit schafft. „Überhaupt nicht, ganz im Gegenteil", lautete die Antwort.
Meine geistige Verschlossenheit ließ es nicht zu, dass ich weiter nachforschte. Obwohl ich die Fragen stellte, war ich nicht für die möglichen Antworten offen, da ich sie mir bereits zuvor von einem Standpunkt destruktiver und negativer Kritik aus beantwortet hatte. Damals war für mich klar, dass ich meine Tochter zwei Jahre lang stillen würde, aber ein längerer Zeitraum erschien mir übertrieben. Und ich dachte zu der Zeit, dass ich viel wüsste! Arroganz und übermäßige Selbstsicherheit können sich sehr schädlich auswirken.
Fünf Jahre später hatte ich großes Glück, ich befand mich an einem Ort, an dem die erwähnte Bekannte wohnte. Das Leben hat alles für mich vorgesehen, damit ich lernen konnte, eine andere Sichtweise zu erkennen, zu verstehen und zu fühlen. Das gilt nicht nur für den intellektuellen Standpunkt und die Ernährung, sondern auch für den menschlichen Aspekt, da ich mich oft auf dieselbe Weise mit Vorurteilen konfrontiert fühlte, genau wie diese Frau es wohl zum damaligen Zeitpunkt empfunden hat. All das war eine Lektion in Toleranz. Dieser Bekanntschaft habe ich einen Teil meiner Öffnung für die Solidarität und die Liebe zu verdanken, und dadurch wurden Gefühle von Einsamkeit, Unangepasstheit und Unverständnis vermieden, die Ablehnung mit sich bringt.
Wenn ein Kind, das gerade geboren wurde, an die Brust gelegt wird, können in Zukunft Hautrisse bei der Mutter verhindert werden, da das Baby in der ersten halben Stunde seines Lebens in der Außenwelt einen sehr starken Sauginstinkt hat und dadurch vermieden werden kann, dass es erst später zu Hause lernen muss zu saugen. Wenn dem Baby gleich die Brust gegeben wird, kann es außerdem die positive Wirkung der Vormilch und die ungeteilte Zuneigung der Mutter erfahren. Falls die Mutter Risse in den Brustwarzen hat, ist es nützlich, diese der Luft und der Sonne auszusetzen, den Warzenvorhof so lange wie möglich trocknen zu lassen und die Haut in dem Bereich nur mit kaltgepresstem Olivenöl, Mandelöl oder einem anderen Pflanzenöl aus biologischem Anbau einzureiben. Die Wärme wird ihr Erleichterung verschaffen.
Wenn du Risse hast oder deine Haut blutet, hat das nicht zur Folge, dass deine Milch weniger gut für das Baby ist. Die Natur hat euch für diese Beziehung ausgelegt, auch wenn sich etwas Blut unter die Milch mischt. Der Konflikt in dieser Hinsicht stellt sich für dich selbst, deine moralische Bewertung der Angelegenheit und deine Fähigkeit, den Schmerz zu überwinden.

Ich gestehe zu, dass es schwierig ist, und daher jede Entscheidung, die du triffst, verständlich ist. Das Stillen des gerade geborenen Kindes hat noch viele weitere Vorteile, die von unschätzbarem Wert sind.
Nach der Geburt treten Nachwehen auf. Das sind Kontraktionen des Uterus, der sich wieder in seine normale Lage bewegen will. Bei einigen Frauen können die Nachwehen schmerzhaft sein, besonders wenn sie schon mehrmals entbunden haben. Lass dich dadurch nicht erschrecken, das ist ganz normal. Wenn das Baby trinkt, werden die Brustwarzen stimuliert. Da diese mit der Gebärmutter verbunden sind, werden dadurch die Kontraktionen beschleunigt. Die Nachwehen dauern dementsprechend nicht so lange und ein übermäßiger Blutverlust nach der Geburt wird verhindert.
Das Hormon, dass den Eisprung verhindert, fördert die Milchbildung und umgekehrt. Es wird behauptet, dass stillende Frauen ein bis zwei Jahre lang keinen Eisprung mehr haben. Über dieses Thema existieren viele Mythen und Meinungen. Ich möchte dir von meinen Erfahrungen in dieser Hinsicht und über das, was ich gelernt habe, berichten, um dich damit bei deiner Selbstbeobachtung zu unterstützen und dir zu helfen deine eigenen Schlüsse zu ziehen, da jeder Mensch eine Welt für sich ist.

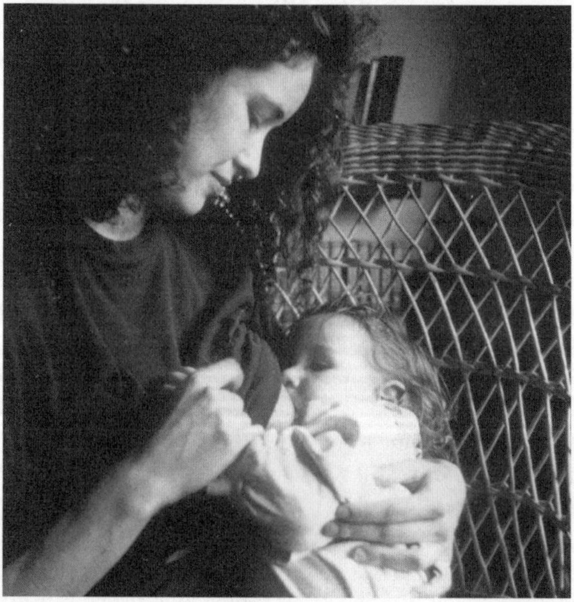

Die eineinhalbjährige Leila wird gestillt

Die zweieinhalbjährige Leila wird gestillt

Ja, es stimmt, dass du keinen Eisprung hast, wenn du stillst, und daher nicht schwanger werden kannst. Diese Aussage muss allerdings präziser definiert werden, so dass viele ungewünschte Schwangerschaften vermieden werden können. Damit die Frau keinen Eisprung hat, muss das Baby ausschließlich Muttermilch bekommen und keine anderen Nahrungsmittel. Außerdem darf es nicht die ganze Nacht in einem Zug durchschlafen. Die Tatsache, dass dein Körper ständig Milch abgibt, ist dafür verantwortlich, dass du keinen Eisprung hast. Wenn über längere Zeiträume keine Milch abgegeben wird, wie es während einer ganzen Nacht der Fall ist, oder wenn das Baby tagsüber nicht gestillt wird und stattdessen andere Dinge wie Wasser oder das Fläschchen bekommt, kann dein Körper in diesen Phasen einen Eisprung haben.

Nachdem Leila geboren war, setzte acht Monate später mein Eisprung wieder ein. Zu dem Zeitpunkt hat Leila bereits ab und zu andere Dinge verzehrt und sie schlief viele Stunden durch (mehr als sechs). Als ich Leila und Altair gleichzeitig gestillt habe, hatte ich erst zweieinhalb bis drei Jahre nach der Geburt von Altair wieder einen Eisprung. Obwohl beide Kinder andere Dinge verzehrt haben, zögerte sich in dem Fall das erneute Einsetzen des Eisprunges hinaus, weil mein Körper stark damit beschäftigt war, Milch abzugeben – wenn nicht für ein Kind, dann für das andere. Nachts haben die Kinder durchgeschlafen, aber tagsüber war der Bedarf an Milch sehr hoch.

Im Hinblick auf die Vermeidung von Krankheiten durch dein Immunsystem ist die Vormilch wirklich ideal. Die Vormilch ist das Sekret, das die Brüste einer Frau in der Zeit kurz vor der Geburt und bis zu ca. fünf Tage danach absondern. Dieses Sekret enthält eine große Menge an Proteinen und Antikörpern, ca. den vier- bis fünffachen Anteil im Vergleich zur Milch, und insbesondere Immunglobuline der Klasse A. Diese Antikörper kann das Baby weder produzieren noch durch die Plazenta erhalten. Die Funktion der IgA steht in direkter Verbindung mit dem Schutz der Schleimhaut des Darms und der Atemwege. Ich zitiere Odent: „Die zukünftige Darmschleimhaut hängt davon ab, welche Keime als erste das Territorium erobern. Wenn das Neugeborene nichts außer Vormilch getrunken hat, treten am häufigsten Bifidusbakterien und einige Kolibakterien auf, an die das Kind gewöhnt ist, vorausgesetzt sie stammen von seiner Mutter. (...) Je mehr Vormilch das Baby trinkt, desto schneller wird die Darmschleimhaut gestärkt. Außerdem enthält das Kolostrum viele langkettige ungesättigte Fettsäuren, die einen Teil des menschlichen Gehirns bilden."

Die erste Milch ist normalerweise süßer als die „endgültige" Milch und ruft bei einigen Frauen Fieber oder Schmerzen hervor. Nimm dagegen keine besonderen Mittel ein. Sei dir bewusst, dass es sich um einen natürlichen und/oder verbreiteten physiologischen Vorgang handelt. Nur sehr wenige Frauen spüren, wenn die endgültige Milch austritt, die meisten bemerken in dem Moment nichts Besonderes. Für mich sind die oben aufgeführten Gründe ein sehr wichtiger Faktor, der gegen die Verabreichung von künstlicher Milch oder Milch von Pflanzen oder Tieren spricht, denn dadurch würden die kleinen Variationen der Milchbildung, die uns die Natur bietet, verloren gehen.

Praktisch jede Frau kann ihre Kinder stillen, sie braucht nur viel Geduld, Bereitschaft und Vertrauen auf sich selbst und den eigenen Körper. Meiner Ansicht nach ist das Stillen nur bei schwerer Krankheit der Mutter (Mastitis ist davon ausgeschlossen) nicht ratsam. Wenn deine Ernährung im Durchschnitt gesund und ausgewogen ist (und jetzt hättest du gute Gründe, dich um diese Dinge zu bemühen), kannst du deine Kinder hervorragend stillen und das unabhängig von der Größe und Konsistenz deiner Brüste und deinem Alter oder dem Alter deiner Kinder.

Wenn die Brustwarzenspitzen einer Frau in umgekehrter Position stehen, bedeutet das nicht, dass sie nicht stillen kann. Mein Rat an die betroffene Person ist Folgender: Habe Mut und Geduld. Du schaffst es, ich weiß es. Verständlicherweise kann es manchmal schwer und schmerzvoll sein, aber es ist machbar. Nach einiger Zeit werden deine Brustwarzen heraustreten. Dein Kind wird gut ernährt, auch wenn es ab und zu nervös wird oder es nicht die gesamte Milch heraussaugen kann, die es möchte. Die Milchdrüsen befinden sich auf der ganzen Brustwarze, nicht nur auf der Spitze. Entspann dich, dann wird dein Kind trinken (obwohl du nicht den Eindruck hast, wird die Spitze herausgesogen). Es kann sein, dass es die Brust häufiger verlangt. Wo ist das Problem? Es gibt keins, du könntest dich höchstens erschöpft fühlen und das Gefühl haben, dich befreien zu wollen. Wenn du dich entspannst und versuchst, es so gut wie möglich zu genießen und zu vertrauen, ist es sehr wahrscheinlich, dass deine Brustwarzen schließlich heraustreten. Wenn auch nicht (es ist äußerst selten der Fall), so gib dem Baby einfach weiter die Brust, wenn es auch oft danach verlangt.

Je häufiger einem Kind die Brust gereicht wird und je mehr es gestillt wird, desto mehr Milch wird produziert. Dein Körper gibt auf Verlangen das Sekret ab, aber psychologische und emotionale Aspekte spielen auch eine wichtige Rolle in dieser Hinsicht. Je größer die Anspannung ist, desto weniger Milch wird produziert. Es gibt Zeiten, in denen der Körper mehr Milch abgibt als in anderen. Werte das aber nicht als Unfähigkeit deinerseits, sondern als große Weisheit deines Körpers, der deinem Baby kurze Zeiten des reinigenden Fastens ermöglicht. Ich habe meinen beiden Kindern erlaubt so viel zu trinken, wie sie wollten und wann sie es wollten, und ich habe Phasen erlebt, in denen sie jede halbe Stunde eine Dreiviertelstunde oder eine ganze Stunde getrunken haben, während sie zu anderen Zeiten nur alle vier bis fünf Stunden gestillt werden wollten. Manchmal haben sie unglaublich viel zugenommen (vier oder fünfmal so viel wie die Rate, die von den kommerziellen Labors für einen Tag angegeben wird) und zu anderen Zeiten haben sie wochenlang nicht ein Gramm zugenommen. Sie waren immer ruhig und zufrieden, warum sollte ich ihnen die Brust verweigern? Es ist logisch, dass sie nicht in die gewöhnlichen Tabellen passen, da Letztere von den Laboratorien auf der Basis von Kindern ermittelt wurden, die Kuhmilch und nicht Muttermilch bekamen.

Für mich war und bleibt es sehr wichtig zu kontrollieren, was ich während der Stillzeit meiner Kinder einnehme und was ich einatme, denn jegliche Toxine in meinen Nahrungsmitteln (einschließlich Tabak und Medikamente wie Aspirin und weitere natürliche oder künstliche chemische Drogen) werden durch die Muttermilch ausgeschieden.

Erschrick nicht über die Farbe des Stuhlgangs. Bereite dich auf eine Lawine von Kommentaren über Konsistenz, Farbe und Geruch der Fäkalien deines Kindes vor. Viele dieser Auskünfte handeln davon, dass etwas nicht richtig funktioniert, und erzeugen bei dir eine Steigerung von Angst, Unsicherheit und Sorge. Bleib ruhig. Vertrau auf dich, die Natur und das Universum, das dich in deinen Handlungen unterstützt. Wir werden beschützt. Normalerweise sind Fäkalien von Kindern, die gestillt werden, gelblich, flüssig und geruchlos, da die Milch gut von ihrem Organismus verdaut wird und dort nicht verrottet. Doch dieses kann bei jedem Kind und an jedem Tag anders sein.

Wichtig ist, wie du dein Kind spürst, und nicht Vergleiche oder andere Einzelheiten. Es gab Zeiten, in denen meine Tochter so große Mengen und so flüssigen Stuhlgang hatte, dass dieser nicht nur aus der Windel austrat und seine Spuren auf dem Strampelanzug hinterließ, sondern auch noch ihr Kopfhaar beschmierte. An anderen Tagen hatte sie überhaupt keinen Stuhlgang oder die Fäkalien waren dunkel oder dickflüssig. Das ist ganz normal, ich habe meine Tochter aufmerksam beobachtet und sie war gesund. Lass dich nicht durch diese Dinge aus dem Konzept bringen. Der Körper braucht Zeit, um sich einzustellen, und die beste Art zu helfen besteht darin, zu vertrauen, Sicherheit, Unterstützung und viel Liebe zu geben und Ruhe zu übermitteln.

Meine beiden Kinder wurden gleichzeitig gestillt, meine Tochter fünfeinhalb Jahre und mein Sohn fast fünf Jahre lang. In psychologischer Hinsicht bin ich in dieser Zeit durch viele Prozesse und Zustände gegangen, die von Euphorie und Fülle bis zu Niedergeschlagenheit und Verlust reichten. Mein Körper war vollständig in der Lage, die Kinder zu ernähren und ihnen dabei zu helfen, gesund und ausgeglichen zu wachsen, auch während der zweiten Schwangerschaft, auch nach ihrem zehntägigen Urlaub mit dem Vater, währenddessen ich keine Milch hatte, und nach den Wochenenden, die sie im Haus ihres Vaters verbracht haben. Der Körper der meisten Frauen ist genauso in der Lage, dieses zu vollbringen.

Altair, zwei Wochen alt, wird vor einem überraschten Troubadour gestillt

Altair wird im Alter von zwei Monaten gestillt

Wenn du deine Kinder stillen und ihnen nicht die Flasche geben möchtest, musst du dir darüber im Klaren sein, dass nur du deine Kinder füttern kannst und nicht der Vater, die Großmutter oder eine andere Person. Das fiel mir manchmal sehr schwer, insbesondere wenn mein emotionaler Zustand geschwächt war. Wenn du zu einer Arbeitsstelle gehen musst, kannst du die Milch zu den Pausenzeiten abpumpen, um die Kinder zu füttern, wenn du nicht bei der Arbeit bist. Man kann die Milch sehr gut vierundzwanzig Stunden im Kühlschrank aufbewahren oder bis zu drei Monaten im Eisfach.

Wenn deine Brüste sich anfangs bei der Arbeit schwer anfühlen oder schmerzen, kannst du dort etwas Milch abpumpen und die Menge nach und nach verringern, bis der Moment kommt, an dem dein Körper sich daran gewöhnt, zu anderen Zeiten Milch abzusondern. Du kannst sogar eine Woche lang nicht stillen und danach dieselbe Menge Milch geben, obwohl deine Kinder drei oder vier Jahre alt sind. Es gibt sogar Frauen, die ohne ein Kind geboren zu haben nach einer Adoption Milch produzieren und ihren neuen Sprössling stillen können. Unser Geist ist sehr machtvoll. Man muss nur an etwas glauben, dann erfüllt es sich. Wenn du die Milch mit einem Absauggerät abpumpst, sei dir bewusst, dass damit nicht die gesamte Brustwarze angeregt wird und du dadurch mit der Zeit ihre Kapazität verringerst. Ich rate dir diesen Vorgang mit der Hand auszuführen, obwohl das am Anfang etwas mühsam und langwierig erscheinen mag.

Auf jeden Fall ist es ideal das Leben so zu organisieren, dass das Kind direkt an der Brust trinken kann, denn während es gestillt wird, steigt der Fettgehalt der Milch je nach Sättigungsgrad des Kindes um das Fünf- oder Sechsfache und diese Eigenschaft geht verloren, wenn es per Flasche oder mit dem Löffel gefüttert wird. Ich habe meinen Kindern niemals Wasser oder Kräutertee gegeben, auch nicht im Sommer, die Mutterbrust ist mehr als genug. Wenn du mehr darüber wissen möchtest, warum ich keine Kräutertees verabreicht habe, schau in das Kapitel über die roh-vegane Ernährung, dort gibt es einen Abschnitt zu diesem Thema.

Schone die zarte Darmflora deines Kindes. Meiner Ansicht nach ist die beste Methode dafür, ihm das anzubieten, für was es befähigt ist. Ein Baby kann nur saugen, es kann nicht an einen Fluss krabbeln und Wasser daraus trinken. Das wird irgendeinen Sinn haben. Das Leben auf dem Land ohne Haus hat mir geholfen zu wissen, dass ich nicht schlauer als die Natur bin.

Einige Frauen haben am Anfang so viel Milch, dass das für sie unangenehm sein kann. Es ist äußerst lästig, ständig Flecken auf der Kleidung zu haben, davon abgesehen, dass es im Winter auch kalt sein kann und der Mastitis durch die Feuchtigkeit noch gefördert wird. Das Kind kann sich verschlucken oder auch belastet fühlen. In meinem Fall sprudelte die Milch in Strömen. Es reichte schon aus an das Baby zu denken oder zu hören, dass es wach wurde, um innerhalb von Sekunden einen starken Milchfluss hervorzurufen.

Diese Situation ist äußerst schwierig, wenn du Besuch hast oder irgendwo unterwegs bist. Du läufst ja nicht mit einem Rucksack voller Kleidung herum, um dich ständig irgendwo umzuziehen, und selbst das würde dir nichts nützen, weil dir wenige Minuten später gleiche Situation widerfahren kann. Was dieses Thema betrifft, rate ich wieder: Bleib ruhig, hab Vertrauen und Geduld. Dein Körper muss auch lernen sich einzustellen und währenddessen kannst du ihm helfen, indem du die Situation genießt, darüber lachst und dich entspannt in der großen Liebe bewegst, die dir deine neue Situation bietet. Normalerweise verschwindet dieses Problem nach 10 Wochen, aber denk daran: Jeder Körper ist einzigartig. Dein Körper kann einen anderen Rhythmus haben. Wenn du BH-Einlagen zum Absorbieren der Feuchtigkeit verwendest, bedenke bitte, dass die konstante Reibung zwischen Einlagen und Brustwarzen und der leichte Druck, den sie ausüben, die Milchsekretion stimulieren und sich so die Situation hinauszögern kann. Deshalb befürworte ich die Ansicht, dass es für uns auch hinsichtlich des Stillens immer das Beste ist, so zu leben, wie uns unsere Natur geschaffen hat, das heißt nackt. Auf diese Weise kann sich der Körper schneller auf die optimale Milchmenge umstellen.

Die Leber eines Babys ist erst nach 3 bis 5 Tagen vollständig entwickelt und daher ist eine leichte gelbliche Färbung der Haut und der Schleimhäute verbreitet, die man Gelbsucht nennt. Die Gallensäure wird von der Leber produziert und durch einen Kanal in den Zwölffingerdarm geleitet. Ein Teil dieser Flüssigkeit gelangt in die Gallenblase, wo sie durch den Entzug von Wasser konzentriert wird. Wenn der Körper Gallensäure benötigt, wird diese über den galleableitenden Kanal in den Zwölffingerdarm befördert. Die Galle besteht aus Gallensäuren (die dazu dienen, Fette aufzuspalten und zu absorbieren), Cholesterin und Gallenfarbstoffen wie Bilirubin, das aus Hämoglobin entsteht. Hämoglobin ist ein Pigment, das den Sauerstoff in den roten Blutkörperchen transportiert. Wenn die roten Blutkörperchen zerstört werden, wird Hämoglobin frei, das sich wiederum in Bilirubin verwandelt. Wenn Letzteres nicht beseitigt wird, kann eine Anhäufung davon Krankheiten hervorrufen. Die zuvor erwähnte Gelbsucht ist ein Zeichen dafür, dass es Schwierigkeiten bei der Beseitigung des Bilirubins gibt. Es ist sicher, dass die Leber des Babys noch nicht vollständig entwickelt ist, daher gibt es keinen Grund zur Beunruhigung. Und noch eines: Wenn die Mutter bei der Geburt Oxitozin oder Epiduralanästhesie erhalten hat, ist die Gelbsucht normalerweise erheblich stärker.

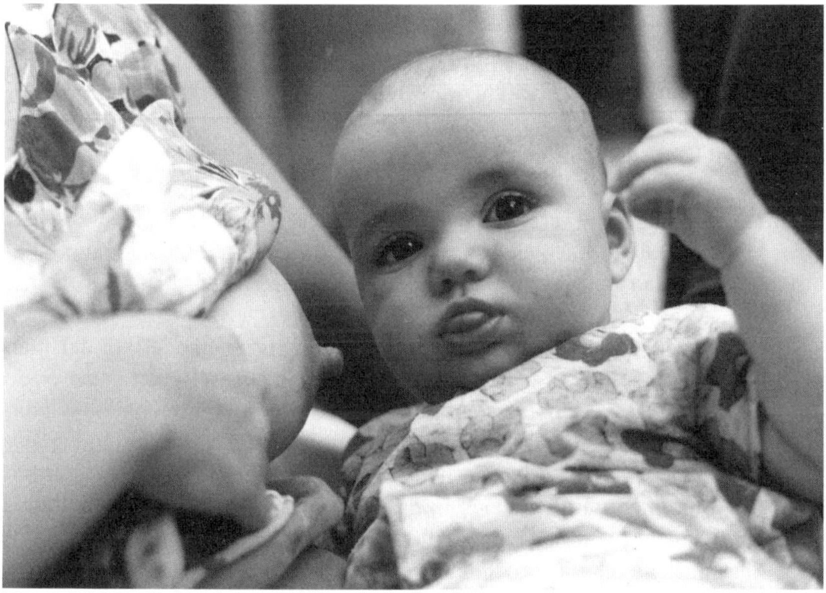

Dieses Foto der Brust einer Freundin mit ihrer Tochter fasziniert mich

Das bestätigt meine Ansicht, dass die Anwendung dieser chemischen, künstlichen und aggressiven Drogen das Baby schädigt und dass wir versuchen müssen, diese Drogen so weit wie möglich zu meiden. Wenn du die Anwendung nicht vermeiden kannst oder willst oder diese Medikamente bereits angewendet wurden, quäl dich nicht und mach dir keine Schuldgefühle. Hilf deinem Baby ab dem Punkt, an dem du stehst.

Denk daran, dass die Gelbsucht umso stärker wird, je länger sich das Kindspech (die ersten Fäkalien) im Organismus deines Babys befindet. Die beste Art, das Kindspech so schnell wie möglich aus dem Körper des Kindes zu befördern, ist das Stillen, da die Muttermilch eine rasche Ausscheidung, auch die des Gallenpigments, fördert. Still das Baby, wenn es danach verlangt, und es wird seinen Nutzen daraus ziehen. Normalerweise tritt die Gelbsucht innerhalb von einer Woche auf. Wenn sie bereits innerhalb der ersten 24 Stunden auftritt, ist es ratsam, dass ihr zur Notaufnahme ins Krankenhaus fahrt und den Fall untersuchen lasst. Wie ich im Kapitel über Nudismus erläutert habe, wird es dem Baby gut tun, wenn es der Sonne ausgesetzt wird.

Es gibt noch einen Aspekt, den ich bislang nicht erwähnt habe und den ich für wichtig halte: Wir müssen unseren Kindern nicht jedes Mal, wenn sie weinen, die Brust oder den Schnuller geben (meine Kinder haben Letzteren nie verwendet). Ich denke, dass diese Praktik zu einem schrecklichen Konflikt im späteren Erwachsenen führt, nämlich dem Griff zur Nahrung als Sicherheit. Unser Dilemma, etwas zu essen, wenn wir uns unsicher fühlen, zu rauchen oder uns etwas in den Mund zu stecken, wenn wir lernen müssen oder uns langweilen, das Belohnen mit Süßigkeiten, bestimmten Nahrungsmitteln oder Süchten – all das wurzelt in unserer frühen Lebensphase. Pass besonders gut auf, wenn du zu diesem Verhalten neigst, da es sehr wahrscheinlich ist, dass du diese Gewohnheiten unbewusst auf dein Kind überträgst. Beobachte dich, beobachte dein Kind und lass dich von deinem Instinkt leiten, der weiß es am besten.

Es gibt diverse Studien über die so genannte Kängurumethode, bei der man vorzeitig geborene Babys Tag und Nacht senkrecht in einem Beutel in der Nähe der Mutterbrust lässt. Dabei besteht Hautkontakt, das Baby bekommt ständig die Wärme und Zuneigung der Mutter. Es kann erst die Vormilch und später die reguläre Milch in den Mengen und zu den Zeiten trinken, wie es ihm beliebt. In Kolumbien wurde bewiesen, dass durch diese Methode sogar Babys mit einem Gewicht von nur einem Kilogramm überleben können.

Zum Abschluss möchte ich nochmals betonen, dass das Stillen unzählige Vorteile sowohl in ökonomischer als auch in emotionaler, psychischer, physiologischer und materieller Hinsicht mit sich bringt. Die Vorteile in physiologischer Hinsicht sind folgende: weniger Fälle von Fettleibigkeit, weniger Zahnprobleme,

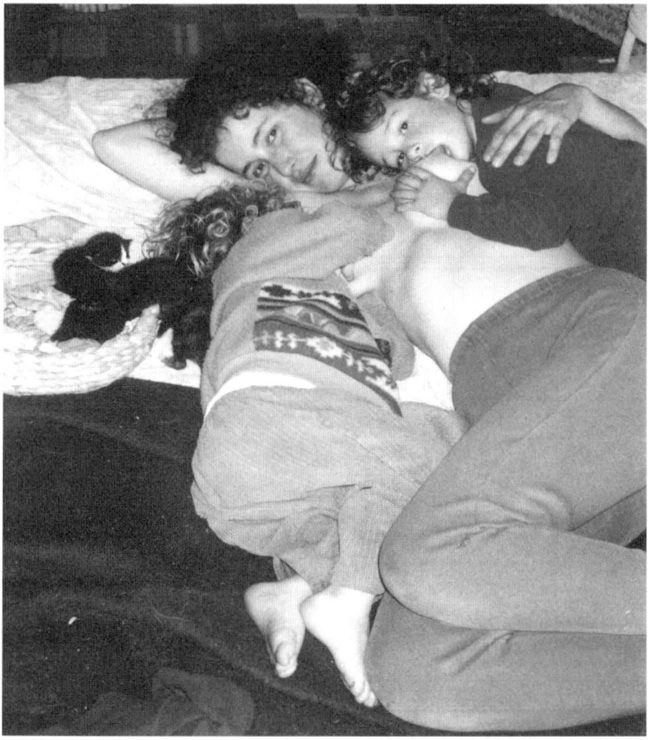

Leila ist vier Jahre alt und Altair fast drei

weniger Magen- und Darmprobleme, weniger Verstopfung, weniger Erkrankungen der Atemwege und weniger Hautprobleme, geschmeidigere Arterien, geringerer Blutdruck, größere Gehirne etc. Abgesehen von den menschlichen und emotionalen Aspekten gibt es in Bezug auf die Milch als Nahrungsmittel viele Unterschiede zwischen der Muttermilch und der Kuhmilch, wobei die Muttermilch logischerweise zuträglicher, vollständiger und auf die Bedürfnisse des Babys angepasster ist (daher erhebe ich weiterhin Einspruch gegen die „Mietbrüste").
Wenn dir all die hier dargelegten Gründe nicht ausreichen, gibt die Tabelle auf der folgenden Seite weiteren Aufschluss:

NÄHRSTOFFE	MUTTERMILCH
Proteine	
Kasein	Wird in 1,5 bis 2 Stunden verdaut
Laktoalbumin, Laktoglobulin	Fast nicht vorhanden und verdaulich
Immunglobulin (Antikörper)	Größere Mengen vorhanden!
Laktotransferrin	Vorhanden, vermeidet Anemie des Säuglings und diverse Infektionen
Lipide	
Linolsäure	Nicht synthetisiert, unterstützt den Anbau von Nervenzellen
Weitere	Hauptsächlich ungesättigte
Kohlenhydrate	
Oligosaccharide, stickstoffhaltige und Glykopeptide	Vorhanden, vermeiden das Wachstum des Lactobazillus Bifidus und Infektionen des Darmbereiches
Mineralstoffe	
Natrium	Sehr geringe Mengen, verhindert Bluthochdruck und Dehydrierung
Kalzium	Geringe Mengen, wird durch die stärkere Nutzung des Eisens besser absorbiert
Eisen	Geringere Mengen, wird aber durch die Interaktion mit Vitamin C stärker genutzt
Jod, Phosphor, Magnesium	Enthält größere Mengen
Aminosäuren	
Zystin und Tryptophan	Vorhanden
Lezithin und Taurin	Größere Mengen, Nutzen für das Gehirn

KUHMILCH IM VERGLEICH ZU MUTTERMILCH

Kasein Laktoalbumin, Laktoglobulin Immunglobulin (Antikörper) Laktotransferrin	Enthält 2 bis 3mal so viel und wird in 3 Stunden verdaut Vorhanden, verursacht viele Alergien Ein Viertel der Menge Nicht oder kaum vorhanden
Linolsäure Weitere	Synthetisiert Mehr als 50 % gesättigte
Oligosaccharide, stickstoffhaltige und Glykopeptide	Nicht vorhanden
Natrium Kalzium Eisen Jod, Phosphor, Magnesium	Größere Mengen Größere Mengen Größere Mengen Enthält geringere Mengen
Zystin und Tryptophan Lezithin und Taurin	Nicht oder kaum vorhanden Geringere Mengen

FLASCHENMILCH:
enthält u. a. Zutaten wie raffinierten Zucker, Blei, Salz.
Führt eher zu Fettleibigkeit und benötigt größere Mengen an Wasser und Energie, um verdaut zu werden

Stillen und Fasten

In diesem Bereich bin ich keine Expertin, aber ich möchte meine Gedanken zu diesem Thema darlegen. Als meine Kinder klein waren, hatte ich den Wunsch und sehnte mich danach, mehrere Tage lang zu fasten. Manchmal hat die innere Unruhe, die durch meine tägliche Routine entstand, dazu geführt, dass ich mehr gegessen habe, als es meiner Meinung nach notwendig war, und ich fühlte mich innerlich unrein, obwohl ich mich ziemlich gesund ernährt habe. Ich habe nicht gefastet, da ich Angst hatte, dass mich das Fasten körperlich sehr schwächen würde und ich dadurch größere Schwierigkeiten hätte, meinen Kindern die erforderliche Aufmerksamkeit geben zu können. Außerdem hatte ich die Befürchtung, dass sie über die Muttermilch die Toxine aufnehmen könnten, von denen sich mein Körper während des Fastens reinigt. Nun sind meine Kinder bereits einige Jahre alt, sie trinken immer noch an der Brust und ich habe mehrere Fastenkuren durchgeführt. Einige Male habe ich länger als einen Monat gefastet.

Das Fasten ist ein sehr heikles Thema, das jeder für sich nach den eigenen Erwägungen, dem Instinkt, Kenntnissen und Werten beurteilen muss. Für meinen Teil habe ich festgestellt, dass mir Fastenkuren immer gut tun und ich mich umso besser fühle, je weniger ich verzehre. Es ist möglich, dass ich an den ersten Fastentagen mehr Toxine über die Milch an meine Kinder abgebe, aber da sie keine Babys mehr sind und ich nicht extrem mit Toxinen vergiftet bin, insbesondere nicht mit chemischen Drogen, denke ich nicht, dass dadurch irgendein Problem entsteht. Der Nutzen ist meiner Ansicht nach größer. Der Körper und die Energie sind nach dem Fasten wesentlich reiner und dadurch wird die gute Entwicklung der Kinder unterstützt. Außerdem sind die Kinder nicht dumm und wenn sie feststellen, dass die Milch an einem Tag nicht so „gut“ ist, werden sie weniger trinken. Auch ihnen wird eine leichte Fastenkur nicht schaden.

Was die Angst betrifft, durch das Fasten geschwächt zu werden, habe ich festgestellt, dass eine Schwächung nur bei den ersten Fastenkuren stattfindet, da der Organismus noch stark verunreinigt ist. Bei späteren Fastenkuren geschieht das Gegenteil, man hat mehr Energie und ist in einer besseren Verfassung. Das Licht kann mit größerer Intensität in unser Inneres eindringen.

Durch das Fasten ist die Milchbildung bei mir nie ausgeblieben, und falls mein Körper weniger abgegeben hat, ist mir das nicht aufgefallen, da sich meine Kinder nicht beschwert haben. Wenn ich jetzt ein Baby bekäme, würde ich mich nicht mehr von einer Fastenkur oder einer ausschließlichen Ernährung von Prana abhalten lassen.

Tandemstillen

Tandemstillen bedeutet, zwei Kinder unterschiedlichen Alters gleichzeitig zu stillen, wobei das zweite Kind an die Brust gewöhnt wird, während das erste weiterhin gestillt wird.
Als ich mit Altair schwanger wurde, war Leila acht Monate alt, trank mindestens viermal pro Tag an der Brust, außerdem lutschte und aß sie Stückchen von Obst oder Püree. Einige Tage lang hatte ich das Gefühl, dass sich etwas in mir befand, aber da die Tests das Gegenteil besagten, entspannte ich mich halbwegs – bis ich eines Tages mit Leila in der Badewanne war und beobachtete, wie sie zwei Schlucke von einer Brust nahm, dann zur anderen überging und sich das eine ganze Weile wiederholte, statt dass sie an einer Brust trank, wie es bislang immer der Fall gewesen war. Es war so, als ob sie einen veränderten, seltsamen Geschmack wahrnehmen könnte. Für mich war diese Tatsache die Bestätigung der Schwangerschaft. Während ich mit Altair schwanger war, hat Leila weiterhin getrunken, mal häufiger, mal weniger häufig, aber immer dann, wenn es ihr danach war und sie darum bat. Die Leute haben mich stark kritisiert und hauptsächlich zwei Bemerkungen gemacht, nämlich dass ich dem Fetus die Nahrung entzöge und dass das Baby dadurch bei der Geburt ein zu geringes Gewicht haben würde; dass ich meinen Knochen Kalzium entzöge und dass ich enorm viel Karies und Rückenschmerzen zur Folge haben würde.

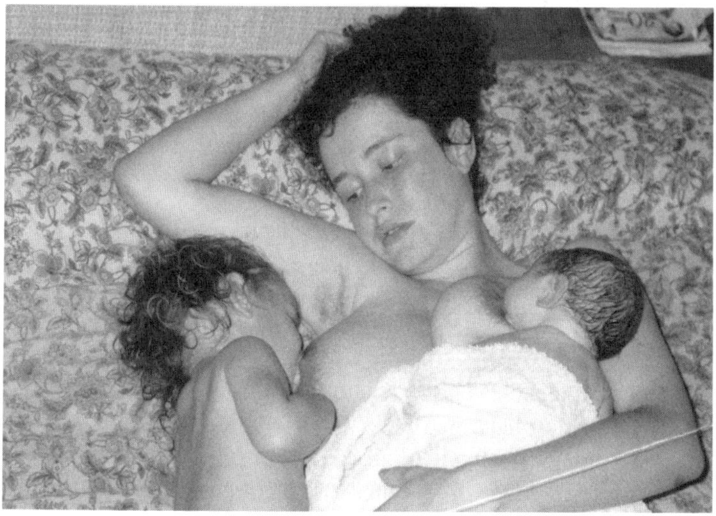

Das erste gemeinsame Trinken an der Brust

Als Altair geboren wurde, wog er drei Kilo und sechshundert Gramm, während seine Schwester, die Erstgeborene, bei ihrer Geburt drei Kilogramm wog. Während der Schwangerschaft habe ich keine Karies bekommen und heute, vier Jahre später, habe und hatte ich keinerlei Probleme mit den Knochen oder Rückenschmerzen. Karies wird durch eine Übersäuerung des Speichels als Folge einer schlechten Ernährung verursacht. Hinzu kommt, dass dem Körper Kalzium entzogen wird, weil er diesen Stoff für bestimmte Neutralisierungsprozesse und zur Beseitigung von Azidose und Azidität des Blutes benötigt, die ebenfalls durch schlechte Ernährung hervorgerufen werden, hauptsächlich durch raffinierte Produkte (Zucker, Weißmehl, Getreide, Öl...), Fleisch, Fisch, Käse, Kaffee, Tee, Kakao, Mate, Salz, Alkohol, Stärke (auch Vollkornprodukte) etc. Die Gründe sind also in diesem Bereich zu finden und nicht in einem natürlichen und einfachen Vorgang wie dem Stillen. Wir erleiden durch das Stillen keinerlei Schaden, genau wie alle anderen Säugetiere dadurch kein Kalzium verlieren.

Als Altair geboren wurde, war Leila siebzehn Monate alt und hat außer der Muttermilch auch schon einige andere Nahrungsmittel verzehrt. In solchen Situationen lehnen einige Kinder die Brust ab und fühlen sich älter und unabhängig. Andere Kinder wie Leila entscheiden sich dafür, sich wieder zu 100 % von Muttermilch zu ernähren, um die Ankunft des Geschwisterchens zu akzeptieren und sich der mütterlichen Fürsorge sicher zu sein. Ich habe es Leila erlaubt und nach ungefähr einem Monat hatten die Kinder die Brüste unter sich aufgeteilt, jeder hatte seine Brust und dem anderen wäre es nicht eingefallen, die Brust des anderen zu berühren oder daraus zu trinken!

Wenn du dein zweites Kind zur Welt bringst, hat sich dein Körper darauf eingestellt, denn dieses Kind braucht deine Milch in noch größerem Umfang. Du produzierst wieder Vormilch, die Zusammensetzung der Milch ist auf das zweite Kind abgestimmt und verändert sich gemäß dessen Entwicklung und nicht nach den Bedürfnissen des größeren Kindes.

Um beide stillen zu können – normalerweise wollten beide gleichzeitig gestillt werden – habe ich mich auf die Seite gelegt und damit ermöglicht, dass das Neugeborene leicht trinken konnte, dabei befand sich seine Schwester in kniender Stellung unter meiner Schulter (damit Altair nicht erdrückt wurde), anfangs auf einem Kissen, sonst hätte es nicht funktioniert. Ich muss zugeben, dass es ab und zu nicht so leicht war und ich mich manchmal ein wenig wie eine Milchkuh gefühlt habe. Ich habe den Kindern den ganzen Tag die Brust gegeben. Manchmal saß ich mit Altair an der Brust auf dem WC und Leila saß auf meinen Knien und las ein Märchen, um nicht gestört zu werden. Ich habe mich jedoch stark gefühlt und hatte eine sehr gute Gesundheit, obwohl ich vom heutigen Standpunkt aus einige Fehler in meiner damaligen Ernährung sehe,

die sonst korrekt und leicht war, da ich mich vegetarisch mit einem großen Anteil von Rohkost und Früchten ernährte. Ich hatte genug Milch für den gesamten Bedarf meiner Kinder. Es ist unglaublich, was der Körper produzieren kann. Jetzt verstehe ich auch, wie es möglich ist, dass Ziegen und Kühe unglaubliche Mengen an Milch geben. Wir können das auch! Es muss nur der Wunsch bestehen, wir müssen uns richtig ernähren, zulassen, dass die Kinder das Maß bestimmen, und unser Mindestmaß an Gesundheit besitzen.
Leila ist nicht eifersüchtig auf ihren Bruder und beide können Dinge teilen. Wenn ich sehe, wie gesund meine Kinder aufgewachsen sind und wie gut sie sich vertragen, wenn ich diese ganz besondere Beziehung sehe, die wir haben, diese emotionale und kommunikative Verbindung, dann freue ich mich über meinen guten Instinkt und den meiner Kinder und darüber, dass ich nicht auf die Gerüchte gehört habe und dem Druck während der Schwangerschaft nicht nachgegeben habe.

Die fünfjährige Leila und der vierjährige Altair trinken sorglos bei ihrer Mama

Wenn du über so lange Zeiträume stillst, verändern sich deine körperlichen Empfindungen im Laufe der Zeit stark. Am Anfang verursacht der bloße Gedanke an deine Kinder das Gefühl von einem grenzenlosen Strom von Milch, der in deine Brustwarzen aufsteigt und dort austreten möchte. Später taucht diese Empfindung nur noch auf, wenn sie trinken, und deine Brüste werden sehr hart, bis ein Moment kommt (ich erinnere mich nicht mehr, ab welchem Alter), in dem du nichts mehr spürst. Ich erkannte oft, dass meine Kinder tranken, nur wenn sie sich von der Brustwarze abgewendet haben und einige Tropfen Milch aus dieser heraustraten oder wenn sie mir das sagten. Ich habe das Aufsteigen der Milch nicht mehr gespürt und die Brustwarzen sind nicht mehr hart geworden. Die Veränderung der Empfindungen oder körperliche Veränderungen bedeuten nicht, dass keine Milch mehr produziert wird. Vertrau wieder auf dich, auf deinen Instinkt, deinen Körper und die Natur.

Das Aussehen meiner Brüste hat sich natürlich in den fünf Jahren des Stillens stark verändert. Sie waren hart, groß, fest und hingen überhaupt nicht. Jetzt sind sie weich und klein geworden und hängen. Wenn du über diesen physischen Aspekt besorgt bist, bedenke Folgendes: Erstens werden die Brüste nach dem Abstillen wieder etwas härter. (Ich weiß nicht, ob sie wieder genau die Form annehmen, die sie vor dem Stillen hatten, oder eine ähnliche, da ich die Kinder noch nicht ganz abgestillt habe.) Und zweitens hat sich meine Ernährung in diesen fünf Jahren nach und nach zu dem entwickelt, was sie heute ist, und mit dieser Ernährungsweise ist es schwierig, dass sich Fett im Körper ansammelt, so dass die Größe meiner Brüste geschrumpft ist. Das muss in deinem Fall nicht unbedingt so sein, da du dich sicherlich nicht genauso ernährst wie ich und da jeder Körper eine andere Physiognomie und Entwicklung hat.

Ich habe in dieser ganzen Zeit keine besonderen Übungen gegen das Hängen der Brust ausgeführt. Wenn du genügend Ambitionen hast und dir ein bestimmtes körperliches Aussehen wichtig ist, halte ich es für besser, dass du die Mühe auf dich nimmst, bestimmte Übungen zu machen, statt du aus Angst vor hängenden Brüsten deine Kinder nicht stillst.

Und ganz zuletzt: Warum müssen hängende Brüste hässlich sein? Warum sollen nur die Brüste von Jugendlichen schön sein? Das Alter gibt auch Schönheit, es zeigt die Weisheit. Brüste, die lange Zeit Milch gegeben haben, sind weise und zärtlich, mütterlich und sanft, natürlich und warm. Wenn du eine schöne Energie hast, strahlen auch sie Schönheit und Harmonie aus. Die Gesundheit deiner Kinder und eure besondere Beziehung sowie die schönen Erinnerungen werden es dir dein ganzes Leben lang danken. Das ist die wahre Schönheit.

Das Abstillen

Die Phase, in der das Kind aufhört an der Brust zu trinken und dazu übergeht, andere Arten von Nahrungsmitteln zu verzehren, wird als das Abstillen bezeichnet. Wie du dir schon denken kannst, bin ich absolut davon überzeugt, dass dein Kind die Regeln für das Abstillen bestimmen muss. Ich habe meinen Kindern erlaubt so viel zu trinken, wie sie wollten. Wenn du deinem Kind einen freien Handlungsspielraum ermöglichst, hört es von selbst erst mit drei bis fünf Jahren auf, an der Brust zu trinken.

Ein Merkmal eines Kindes, das gestillt wird,
ist seine Vorliebe für das Streicheln der Brüste seiner Mutter

Ich sage immer wieder, dass die Natur über eine unendliche Weisheit verfügt – das fasziniert mich. Normalerweise haben Kinder im Alter von zwei Jahren bereits fast alle Zähne und ihr Körper bildet genügend Enzyme, um Nahrungsmittel zu verdauen. Ab dem Alter von drei Jahren bildet der Körper des Kindes immer weniger Laktase und Renin, Enzyme, die für die Verdauung von Kasein (Protein, das die Tendenz hat zu koagulieren) verantwortlich sind. In dieser Zeit baut der Körper des Kindes langsam die Prädisposition zur Akzeptanz der Muttermilch ab – als ob der Körper dem Kind mitteilt, dass es sich loslösen soll. Parallel dazu beginnt die Menge an Eisen und anderen Nährstoffen in der Milch der Mutter nach ca. zwei Jahren des Stillens abzunehmen, als ob der Körper die Mutter dadurch anregt andere Nahrungsmittel zu verzehren.

Was die Art der Nahrung betrifft, die den Kindern gegeben werden sollte, gibt es für mich nur eins: Früchte, Früchte, Früchte, am besten weich, geschält, roh, aus biologischem Anbau und vollständig. Gib dem Kind einen ganzen Apfel oder ein großes Stück davon, damit es daran lutschen oder die Frucht zerquetschen kann. Es wird Gefallen daran finden. (Ich gehe im Kapitel über roh-vegane Ernährung ausführlicher auf dieses Thema ein.)

Außerdem möchte ich noch anmerken, dass der Körper eines Kindes bis zum Alter von zwei Jahren noch kein Ptyalin, ein Enzym das im Speichel vorkommt, bilden kann und somit nicht in der Lage ist, Möhren, Kartoffeln und Getreide richtig zu verdauen (davon abgesehen, dass die Erwachsenen auch keine Getreideprodukte essen sollten). Der Körper eines solchen Kindes produziert in der Bauchspeicheldrüse und im Darm ebenfalls keine Enzyme, die für die Aufspaltung von Stärke erforderlich sind. Hinzu kommt noch, dass es Kindern unter zwei Jahren schwer fällt diese Dinge zu kauen – deren Verzehr führt zu den berüchtigten Koliken, Störungen im Darmbereich sowie zu häufigen Erkältungen und zur Verschleimung.

Noch ein kleiner Rat: Gib deinem Kind keine Flüssigkeit, während es isst, weder davor noch danach, weil sonst die Verdauungssäfte verdünnt und in ihrer Funktion beeinträchtigt werden.

Viele Kinder benutzen Nahrungsmittel, um die Aufmerksamkeit der Familie auf sich zu lenken. Das ist eine ungesunde und manipulative Art um Liebe und Aufmerksamkeit zu bitten. Wenn du dich davon nicht stören lässt und auf die Natur und das Universum vertraust, stellt das für dich kein Problem dar. Wir alle haben einen sehr starken Überlebensinstinkt und es ist viel gesünder, wenn dein Kind wenig statt viel isst. Hilf ihm, nicht von der Nahrung abhängig zu werden. Wenn du damit noch Schwierigkeiten hast, ist es vielleicht hilfreich, es zu loben, wenn es isst, statt es zu schelten, wenn es nicht isst.

Kuhmilch

Zu diesem Nahrungsmittel, das einige Menschen so fürchten, während es andere loben, kannst du in der Bibliografie Literaturhinweise finden.
Abgesehen von den Daten in der Tabelle aus diesem Kapitel möchte ich dir noch eine Reihe weiterer Dinge berichten. Viele wichtige Informationen wurden von Jose Manuel Casado gesammelt: Milchkühe leben im Durchschnitt vier Jahre statt zwanzig bis fünfundzwanzig, möchtest du zu diesem Sachverhalt beitragen? Fast allen Kühen wird das Wachstumshormon Bovin BHG injiziert, dadurch entseht eine Fehlstellung von 20 %, so dass sie hinken müssen und die Qualität der Milch beeinträchtigt wird. Dazu kommen noch die ganzen Antibiotika und Beruhigungsmittel, die ihnen verabreicht werden, sowie die Mengen an Pestiziden und Herbiziden, die sie mit dem Gras und sonstigem Futter aufnehmen... Ich denke, dass solche Kuhmilch nur noch wenig mit Milch zu tun hat.
Abgesehen von all diesen Nachteilen entstehen auch noch Auswirkungen auf die Umwelt durch die Verarbeitung, Transport und Konservierung des Produkts, Restmüll durch Verpackungen sowie Kosten für Papier, um die gesamte Werbung zu finanzieren, die den Blick der Leute davon ablenkt, dass dieses „Nahrungsmittel" im Zusammenhang mit bestimmten gesundheitlichen Problemen steht. Wenn Milch pasteurisiert wird, werden ihr diverse physikalische und chemische Veränderungen zugefügt, die sich erschwerend auf die Verdauung auswirken (Kasein koaguliert, Milchsäurebakterien werden zerstört...).
Das Ergebnis ist eine weißliche Flüssigkeit, die zu allem Übel auch noch sterilisiert, homogenisiert oder hydriert wird. Sie wird zentrifugiert, was sich schädigend auf unsere Gesundheit auswirkt. Durch diesen Vorgang soll bewirkt werden, dass sich das Fett nicht von der Flüssigkeit löst, doch die dabei entstehenden Partikel bringen unseren Organismus durcheinander. Die Fettsäuren der „Trans"-Konfiguration sind künstlich und treten in Konkurrenz zu ihrer nützlichen Entsprechung, der „Cis"-Konfiguration, blockieren so die wichtigen Stoffwechselketten und wirken wie Gift auf unseren Organismus. Wenn wir einer Kuh, die gerade ein Kalb geboren hat, die Milch wegnähmen, diese pasteurisierten und danach dem neugeborenen Kälbchen zu trinken gäben, würde dieses innerhalb von maximal 21 Tagen sterben.
Je stärker wir die Dinge von der Natur entfremden, desto mehr Schaden richten wir an – ist das so schwer zu verstehen? Die Fakten drängen mich dazu, über vieles nachzudenken. Welche Nahrung ist wirklich lebendig? Sicherlich sind es das Kalzium und Protein nicht, wie es uns weisgemacht wird, und noch unwahrscheinlicher ist es, wenn diese anorganisch sind statt organisch.

Und was wäre, wenn diese Nahrung sich in der Liebe und der Wärme befände, die beim Stillen durch die Mutter übertragen werden? Könnten es die Energie, das Licht und das Universelle Bewusstsein sein, die sich in jedem Nahrungsmittel befinden?
Durch die Pasteurisierung wird die Struktur und die Geometrie der Milch zerstört, und so verschwindet ihre Energie. Wenn du das Kapitel über die Lichtnahrung übersprungen hast, würde ich mich freuen, dass du es liest und dich dadurch inspirieren lässt. Laut Informationen von J. M. Casado haben 75 % der Weltbevölkerung vor der landwirtschaftlichen Revolution keine Milch konsumiert, wodurch bewiesen wäre, dass es sich nicht um ein lebenswichtiges Nahrungsmittel handelt.
Als aus „humanitären" Gründen Milchpulver in Dosen in Länder wie Kolumbien und Guatemala gesandt wurde, hat die Bevölkerung das Pulver verwendet, um die Wände ihrer Häuser zu weißen, nachdem sie festgestellt hatte, dass es keinerlei weiteren Nutzen hat und dessen Verzehr sich äußerst schädlich auf die Gesundheit auswirkt. In unserer scheinbar humanitären Konsumgesellschaft, die einen äußerst materialistischen Hintergrund hat, ist es sehr verbreitet zu glauben, dass wir anderen Menschen helfen können, aber im Grunde verschlimmern wir ihre Situation dadurch nur noch mehr. Es gibt zahlreiche Hilfskampagnen unter dem Begriff „Dritte Welt", die Milch in andere Länder verschicken (hauptsächlich in Form von Milchpulver, und diese Milchform ist am schädlichsten, billigsten und hat die schlechteste Qualität).
Wenn wir uns an diesen Kampagnen beteiligen, fügen wir nicht nur Schaden zu der Gesundheit derjenigen, an die sich die Aktion richtet, sondern wir tragen auch dazu bei, ein System zu erhalten, in dem Manipulation, Betrug und Schädigung der Umwelt und der Tierwelt an der Tagesordnung sind. Wenn die Mütter in den betroffenen Ländern sich dafür entscheiden, ihre Kinder abzustillen und ihnen stattdessen gespendete Milch zu geben, besteht der nächste Schritt der „wohltätigen" Firmen darin, die so entstandene Abhängigkeit auszunutzen und die Milch zu höheren Preisen zu verkaufen, als es sich die Menschen leisten können. Dadurch wird die Not potenziert und die Unternehmen versuchen sich einen Kundenstamm zu sichern, der aus vertrauensvollen Opfern der sogenannten „Ersten Welt" und der dort bestehenden kommerziellen Praktiken besteht. Nestle ist ein Paradebeispiel für Firmen, die sich dieser Art von Marketing bedienen. Wenn wir deren Produkte kaufen, unterstützen wir ihre Mittel und Ziele und tragen dazu bei, dass diese noch verstärkt werden. Des weiteren betreffen 90 % der Fälle von plötzlichem Kindstod Kinder, die mit abgefüllter Milch ernährt werden.
Es wird behauptet, dass das Übermaß an Proteinen in der Ernährung zu unverhältnismäßigem Längenwachstum führt. Ich hatte noch nie über diesen Zu-

sammenhang nachgedacht und die Fakten überprüft, bis ich vor einigen Monaten eine Frau mit zwei Kindern kennen lernte, deren geringe Körpergröße mich im Verhältnis zu dem, was ich für das Alter als angemessen hielt, überraschte und nachdenklich machte. Ich habe nachgeforscht und bin auf ähnliche Fälle gestoßen. Vielleicht ist es unwichtig, es könnte aber auch eine Rolle bei der Entstehung der heutzutage häufigen Knochen- und Gelenkprobleme spielen. Vielleicht...

In den meisten Fällen führt das Trinken von Kuhmilch gerade dazu, was die Leute durch den Verzehr vermeiden wollen, nämlich zu Osteoporose. Es gibt etwas, das als „Stoffwechselfunktion des Skeletts" bezeichnet wird. Unser Knochengerüst ist unsere Hauptreserve für Mineralien, insbesondere für Kalzium und Phosphor. Im Gegensatz zu dem, was die meisten Leute glauben, ist Knochen ein lebendiges Gewebe, das durch Zellen und zum größten Teil durch Interzellulärsubstanz gebildet wird. Die letztere wird vorwiegend aus phosphorsauerem und kohlensaurem Kalk aufgebaut und ist als Knochenmark für Härte und Festigkeit der Knochen verantwortlich.

Tierische Produkte enthalten diverse Säuren wie Phosphorsäure, Schwefelsäure und Harnsäure, für deren Verdauung eine saure Stoffwechselreaktion notwendig ist. Zur Erhaltung unserer Homöostase benötigen wir einen alkalischen pH-Wert und unser Organismus versucht nach dem Verzehr von tierischen Produkten die überschüssige Säure zu neutralisieren und greift dafür nach seinen basischen Reserven wie Kalzium. Je mehr Milchprodukte ein Mensch konsumiert, desto größer ist seine Tendenz zur Osteoporose und der Anteil von Kalzium im Urin. Je weniger Milchprodukte er verzehrt, desto weniger Neigung zur Osteoporose besteht, da unser Körper seine Knochen nicht übermäßig abbaut.

Es gibt einen Zusammenhang zwischen dem Verzehr von Produkten aus Kuhmilch und grauem Star, Diabetes, Reizbarkeit, Herz-Gefäßkrankheiten, Depressionen, Blähungen, Kopfschmerzen, Nasennebenhöhlenentzündung, Asthma, Ekzemen, ungenügender Absorption von Nahrung etc.

Meiner Meinung nach gibt es viele Alternativen für ein Baby, das nicht saugen oder gestillt werden kann, die wertvoller sind als tierische oder künstlich hergestellte Milch. Das können frisch gepresste Säfte aus reifen süßen Früchten sein, die zur Hälfte oder einem Viertel mit Wasser verdünnt sind. Ich würde mich für die Option entscheiden, den Kindern Kokosmilch zu geben, die am Anfang zu 60 % mit Wasser verdünnt wird und später konzentrierter sein kann. Wenn das Kind größer ist, würde ich ihm ab und zu Milch von geschälten rohen Trockenfrüchten geben (natürlich belassen, ohne Salz- oder Zuckerzusätze), vorzugsweise auf 25 % verdünnte Mandelmilch. Die Herstellung dieser Milch ist ganz einfach.

Es genügt, die Früchte aus ihrer Schale zu entfernen, die Haut abzuziehen und sie dann mindestens eine Nacht lang in Quellwasser einzuweichen (nicht in Leitungswasser, da es Chlor enthält, und nicht in Wasser aus Wasserflaschen, da es mit Chemikalien versetzt ist). Dabei müssen die Mandeln vollständig mit Wasser bedeckt sein. Danach werden sie zerkleinert und durch einen Filter passiert. Das Ergebnis ist die Milchbasis, die dann später verdünnt wird.
Manchmal habe ich meinen Kindern, als sie etwas älter waren, auch verdünntes Tahin (Creme aus rohem Sesam) mit 50 bis 80 % Wasser gegeben. Eine weitere Alternative, die sich besonders gut für die ersten Lebenswochen eignet, ist Pflanzenmilch aus gemahlenen Keimen und Wasser. Zur Herstellung dieser Milch musst du zuerst diverse Samen wie die von Alfalfa, Flachs, Sonnenblumen etc. keimen lassen, sie danach in den Mixer geben und so weit wie möglich zerkleinern. Danach filterst du die Milch und verdünnst sie mit 50 % Wasser. Während des Keimens scheidet die Pflanze schädliche Substanzen aus (natürliche Pestizide). Daher ist es wichtig, die Keimlinge ständig mit Wasser zu spülen, während sie wachsen.
Die Säfte sollten normale Umgebungstemperatur haben, wenn sie den Kindern verabreicht werden. Ich würde die Säfte nicht erwärmen, sondern nur im Winter die Früchte vor dem Auspressen eine Zeitlang in die Sonne legen. Die Säfte sollten nicht kalt getrunken werden, weil sie sonst höchstwahrscheinlich im Magen deiner Kinder gären.
Wie du siehst, gibt es diverse Alternativen, die viel gesünder sind als der Verzehr von Ziegen- oder Kuhmilch.

Stillen und Partnerschaft

Obwohl das Stillen Gefühle wie Liebe, Sinnlichkeit und Unterstützung in uns wecken kann, ist es auch möglich, dass dadurch ernsthafte Konflikte in der Partnerschaft ausgelöst werden, insbesondere wenn wir uns nicht über die möglichen Folgen bewusst sind und nicht darauf vorbereitet sind. Die Frau hat eventuell ein Gefühl von Unverständnis und Mangel an Unterstützung seitens des Mannes und dieser ist möglicherweise eifersüchtig auf das Baby oder neidisch auf die Mutter und zeigt das durch verschiedene Worte oder Gesten. In gewisser Weise habe ich das erlebt. Der Vater meiner Kinder hat das Stillen akzeptiert und wertgeschätzt, aber bei Auseinandersetzungen tauchte das Thema immer auf und ich hatte das Gefühl, keine Unterstützung zu bekommen. Meine damalige Unreife und mein Mangel an Wissen, Kommunikation und Vertrauen in die Beziehung haben einen großen Teil zum Scheitern Letzterer beigetragen.

Prolaktin ist ein Hormon zur Stimulation der Milchbildung, das zu Fügsamkeit, Ängsten und dem Nestsyndrom führt, wie ich es in dem Abschnitt über Schwangerschaft bereits erwähnt habe. Es löst außerdem bei stillenden Müttern Aggressivität aus und verringert die Libido. Das auf eine Geburt folgende Jahr ist der Zeitraum, in dem sich die meisten Partner trennen. Durch die Phase des Stillens wird die Monogamie nicht gerade begünstigt, da es der Frau in dieser Zeit an sexueller Lust mangelt und der Mann das persönlich nimmt und als Desinteresse wertet. Hinzu kommt auch noch, dass er manchmal das Gefühl der Mutter für das Baby mit dem vergleicht, was die Mutter ihm selbst einst an Emotionen gab. Diese Situation bringt weitere Aspekte mit sich wie Untreue, Forderungen, Eifersucht auf das Baby, Aggressionen oder Ablehnung. In allen polygamen Gesellschaften werden die Kinder mindestens drei bis fünf Jahre gestillt und schlafen bei ihren Müttern, die in dieser Zeit keine sexuellen Beziehungen haben.

Von der Unsicherheit gegenüber dem Vertrauen in die Entscheidung nicht zu impfen

Die Schritte einer Mutter

Krankheiten, Ängste, Heilmittel und Impfungen,
welch vergebliche und leere Suche.
Entfernte, abwesende Blicke,
geschlossene Augen,
nicht zuversichtlich,
sondern abgestempelt.

Lieb dich, liebt euch,
nur so findet ihr
vollständige Freiheit.
Nur so werdet ihr
das Geheimnis eurer Gesundheit finden,
das Universelle Geschenk an euch.

Beide meine Kinder, Leila (geb. im März 1996) und Altair (geb. im August 1997), sind niemals geimpft worden und erfreuen sich einer strahlenden Gesundheit. Ich möchte dir meinen Entwicklungsprozess von einer Frau, die noch nie die negativen Auswirkungen von Impfungen in Frage gestellt hat, zu einer Mutter von zwei Kindern, die nicht geimpft werden, beschreiben. Meine Entscheidung ist für mich absolut klar und ich habe großes Vertrauen und Sicherheit in dieser Hinsicht.

Alles begann, als ich mit Leila im fünften Monat schwanger war. Der Vater meiner Tochter und ich waren im Genesis-Zentrum (Madrid), um uns über Hausgeburten und mögliche Unterstützung dabei zu informieren. Dort gab es ein Regal mit verschiedenen Informationsbroschüren zu der alternativen Medizin. Ich lese sehr gern, insbesondere über Dinge, von denen ich noch nichts weiß, und daher habe ich je eine Broschüre mit nach Hause genommen, um sie dann in Ruhe durchzulesen.

Darunter befand sich ein Flyer der Liga für Impffreiheit über die rechtlichen Aspekte Letzterer und deren Ziele. Es gab noch ein anderes Informationsblatt der Liga mit dem Titel: „Dreifachimpfung DPT (Diphtherie, Pertussis, Tetanus) und Polio – ist das wirklich notwendig?“ Sowohl der Inhalt dieser Broschüren als auch meine eigene Unwissenheit haben mich so stark beeindruckt, dass ich den Entschluss fasste, Mitglied dieser Vereinigung zu werden und alles zu lesen, was ich über dieses Thema bekommen konnte. Bei diesem ersten Kontakt mit der Liga hat es mich in keiner Weise überrascht, dass es weder Dokumentation noch Infostände auf der Straße gab, da mir schon vorher aufgefallen war, wie groß der Einfluss der Wirtschaftsmächte auf das Denken der Massen ist und wie stark die offiziellen Studien manipuliert werden. Diese Tatsache hat mir dabei geholfen, offen zu sein und mich nicht sofort gegenüber dem Inhalt der Faltblätter zu verschließen.

Wenn Impfungen nicht gesetzlich vorgeschrieben sind, stellt sich die Frage, warum alle Schulen und „Gesundheitszentren“ Kalender mit den Daten der sogenannten „Pflichtimpfungen“ aufhängen. Sollte dieser Sachverhalt nicht an die Öffentlichkeit gebracht werden?

Im Anschluss schrieb ich einen Brief an den Hauptsitz der Liga, der von Xavier Uriarte für mein Empfinden etwas spät beantwortet wurde (heute, wo ich eins der wenigen aktiven Mitglieder der Liga bin und die ganze Arbeit, Zeit, Kosten und Energie sehe, die damit verbunden sind, würde es mir nie wieder in den Sinn kommen, den Begriff „spät“ zu verwenden), dafür aber eine sehr gute und humane Botschaft enthielt. Ich fühlte mich in Bezug auf meine Zweifel unterstützt und verstanden, erleichtert und vollständig aufgeklärt.

In dem Jahr war ich bei diversen Vorträgen über Impfungen im BioCultura Zentrum (Madrid), die das I-Tüpfelchen auf meine/unsere Entscheidung gesetzt haben, unsere Tochter nicht zu impfen, bevor sie mindestens drei Jahre alt wird. Damit hätten wir genug Zeit, uns über jede einzelne Impfung, deren Herstellung und Nebenwirkungen und die ganzen Krankheiten selbst näher zu informieren.

Der Vater meiner Kinder sah mich in einem Berg an Literatur vergraben und überließ mir die Verantwortung für die Entscheidung. Für ihn war es ziemlich klar, dass er gegen Impfungen ist, obwohl diese Einstellung auf einem rein instinktiven und intuitiven Gefühl basierte und auf dem Wunsch, unseren Kindern weder Schaden zuzufügen noch Schmerzen zu bereiten. Den rationalen und intellektuellen Teil hat er mir überlassen. Er hat seinen Freunden und Verwandten gegenüber oft Dinge geäußert wie: „Ich kenne mich mit den Nachteilen der Impfungen nicht genau aus, ich weiß nur, dass mir Impfungen nicht gefallen, und wenn ich sehe, wie viel Nuria liest und mit wie viel Überzeugung und Verantwortung sie handelt, glaube ich fest an sie und überlasse ihr die Entscheidung.“

Meine Überzeugung ging so weit, dass ich mich erneut mit der Liga in Verbindung gesetzt habe. Ich wollte ihre Aktivitäten unterstützen und verbreiten. Ich wollte alles, was ich wusste und fühlte, zeigen und weitergeben. Und ich wollte dem Leben den Gefallen wiedergeben, den es mir getan hatte, indem es die Broschüren vor meine Nase gelegt hatte, durch die ich meine Kinder nicht geimpft habe.

Die Liga für Impffreiheit ist kein Antiimpfverband, wie sie von den meisten Leuten bezeichnet wird, unabhängig davon, ob wir, die Mitglieder, unsere Kinder überhaupt nicht, gegen alles oder gegen gewisse Krankheiten impfen lassen. Unser Hauptanliegen besteht darin, im Gegensatz zur verbreiteten Ansicht stehende Informationen anzubieten, damit jeder Erwachsene frei über Impfungen entscheiden kann und nicht einfach die systematisch vorgenommenen Verfahren einsetzt (umso weniger, wenn sein Kind jünger als zwei Jahre ist). Außerdem fordern wir eine intensivere Überwachung der Nebenwirkungen von Impfungen und die Übernahme der Verantwortung dafür durch die zuständigen Behörden. Wir verlangen, dass alle gekoppelten Impfungen vom Markt genommen werden und dass der Impfkalender und seine tatsächliche Erheblichkeit regelmäßig überprüft wird. Außerdem ist es unser Wunsch, dass die entsprechenden Forschungsergebnisse der Öffentlichkeit zugänglich gemacht werden. Der Verband hält es für wichtig, dass die hygienischen und die Ernährung betreffenden Bedingungen verbessert werden, dass die staatliche Medizin andere Therapieformen zulässt (Naturheilkunde, Akupunktur, Homöopathie...) und dass alle Personen, die durch Impfungen betroffen sind, so gut wie möglich unterstützt werden.

Wenn sich ein Elternpaar in unserer heutigen Gesellschaft dafür entscheidet, seine Kinder nicht zu impfen, wird es schnell einer enormen Kritik ausgesetzt. Es wird nicht gern geduldet, dass jemand vom allgemeinen Strom abweicht. Wir geben uns die Schuld und können in Unsicherheit verfallen, wenn wir unsere Entscheidung nicht mit wissenschaftlichen Argumenten rechtfertigen können, gerade wenn es darum geht, verbale Anfeindungen, Kommentare oder destruktive Kritik abzuwehren. Wir müssen alles mental verarbeiten und an oberste Stelle den Instinkt, das Wissen unserer Ahnen, stellen.

Die Liga für Impffreiheit gibt ein Verzeichnis verschiedener Ärzte in ganz Spanien heraus, die eine der üblichen Meinung entgegengesetzte Ansicht über Impfungen vertreten. Falls dein Kinderarzt dich wegen deiner Haltung übermäßig tadelt, kannst du ihm ein Buch oder eine Zeitschrift zu diesem Thema schenken und ihm sagen, dass es sich um deine persönliche Entscheidung handelt und dass du nicht mit ihm über diesen Punkt diskutieren möchtest, oder du kannst einfach nicht wieder zu ihm gehen. Denk aber daran, dass auch du dazu beitragen kannst, den Mythos über Impfungen zu zerstören. Informationen müssen nicht immer nur vom Arzt zum Patienten fließen.

Als ich den Entschluss fasste, Leila nicht impfen zu lassen, war mir der ganze Hintergrund noch nicht 100 % klar. Damals hatte ich noch kaum inoffizielle

Literatur über Impfungen gelesen, aber ich habe die Impfung als eine Aggression, als eine Unterbrechung des Lebensflusses empfunden. Ich habe dazu gestanden und fühlte mich trotz des familiären und sozialen Drucks sehr gut. Es war genug Zeit vorhanden, die Situation zu verändern, wenn ich es wollte. Bei Altair hatte ich es leichter, weil ich zu der Zeit viel mehr Vertrauen auf mich und das Leben bekommen hatte. Meine Bibliothek über Impfungen hatte sich beträchtlich vergrößert.
Jetzt, nachdem ich im Laufe der Zeit meine Kenntnisse über die Thematik vertieft habe und in der Lage bin, meine Vorgehensweise sachlich zu erläutern und diverse Kritiken zu widerlegen, halte ich das Vertrauen auf sich selbst für den entscheidenden Punkt. Wir müssen uns von unserem eigenen Instinkt und dem in uns gespeicherten Wissen unserer Vorfahren leiten lassen. Wir müssen auf uns selbst hören und für uns selbst einstehen. Wenn ich heute gebeten werde über das Thema zu sprechen, fühle ich, dass mir im Gegensatz zu früher die rationalen wissenschaftlichen Argumente nichts bedeuten und nur an der Oberfläche bleiben. Ich versuche den Menschen das Vertrauen auf sich selbst zu vermitteln. Wenn du dich durch das Nicht-Impfen deiner Kinder schlecht fühlst, dann lass es doch, zumindest bis du mehr Klarheit erlangst, sei es durch Instinkt, Energien, moralische oder wissenschaftliche Überlegungen oder durch das Beispiel vieler Menschen und ihrer gesunden Kinder, die nicht geimpft wurden.
Im Folgenden werde ich die Schritte darlegen, die ich in Bezug auf die Impfungen gegangen bin, die allgemeinen Aspekte wie auch die bestimmten Impfstoffe oder Krankheiten, welche bei mir stärkere Befürchtungen hervorrufen.

Die natürliche Gesundheitslehre und Gesundheit

Gesundheit und Krankheit könnten von vielen verschiedenen Standpunkten aus beleuchtet werden. Gemäß der Weltgesundheitsorganisation wird Gesundheit nicht als Abwesenheit von Krankheit definiert, sondern als physisches und psychisches Wohlbefinden. Es gibt Menschen, die dich bitten, dir die Hände zu waschen, bevor du ihr Baby anfasst, um jeden möglichen Angriff durch Viren, Bakterien oder pathologische Keime auf ihr angeblich wehrloses Kind zu vermeiden. Andere Leute vertreten dieselbe Meinung, die auch ich während der Schwangerschaften vertreten habe, dass es keinen Grund dafür gibt, dass ein gesundes Baby in unserer heutigen Gesellschaft eine schwerwiegende Krankheit bekommt und dass allerdings ein minimales Risiko besteht, dass das Kind mit einem sehr pathogenen Keim und/oder Virus in Kontakt kommt und dadurch sein Immunsystem überwältigt wird, da es noch nicht genügend Anti-

körper besitzt, um sich erfolgreich zu verteidigen. Weitere Personen, die so denken wie ich heutzutage, sind der Meinung, dass weder die Krankheit an sich noch die Keime, Viren oder Bakterien schädlich sind, sondern der Grad der Toxizität oder Übersäuerung unseres Körpers.
Ich bin sowohl durch diverse Dinge, die ich gelesen habe, als auch durch meine eigenen Erfahrungen und die Erfahrungen meiner Kinder zu dem Schluss gekommen, dass ein Kind oder ein Erwachsener nicht einfach so durch eine Art göttlicher Lotterie krank wird. Damit ein Mensch krank werden kann, muss er vorher den Samen der Krankheit in sich gepflanzt und bewässert haben und das freie Wirken der Selbstheilungskräfte, die wir alle besitzen, verhindert haben. Bakterien, Viren und Krankheitskeime arbeiten mit uns zusammen und einige von ihnen helfen uns sogar zu leben und bestimmte Stoffwechselprozesse durchzuführen. Schädlich ist nicht eine bestimmte Bakterie, sondern ihre virulente Invasion in unserem gesamten Organismus.
Wir haben das Antikörper-Konzept für die Stabilität unserer Gesundheit. Kinder, die Agammaglobulinämie haben, besitzen jedoch kaum Antikörper und genesen von Krankheiten. Viele Krankheiten wie die schwarze Pest verschwanden von allein, bevor Impfungen erfunden wurden, und andere sind dadurch nicht verschwunden, wie beispielsweise die Pocken in England (dort wurde 13 Jahre lang auf freiwilliger Basis geimpft und 18 Jahre lang bestand Impfpflicht, bevor die Krankheit endlich nicht mehr auftrat).
Wenn wir uns nicht gemäß unserer Physiognomie, Anatomie und den natürlichen Gesetzen ernähren, wenn wir die Nahrungsmittel falsch mischen, große Mengen verzehren oder beim Essen unkonzentriert sind, füllt sich unser Körper mit diversen Toxinen. Dabei führen wir uns einige direkt durch die Nahrung zu und andere indirekt (durch unseren Stoffwechsel). Wir entziehen unserem Körper allmählich die Nährstoffe und zwingen ihn dazu, auf seine Reserven zurückzugreifen (hauptsächlich die basischen Stoffe wie Kalzium, um Übersäuerung zu neutralisieren). Unser Blut wird immer säurehaltiger und ermöglicht dadurch die Vermehrung von pathogenen Keimen. An dieser Stelle tritt dann die Krankheit als Reinigungsmaßnahme des Organismus auf.
Unsere Kultur und unsere Ängste sind dafür verantwortlich, dass wir die Krankheit als ein Monster sehen, das Leiden verursacht. Normalerweise wird daher versucht, so schnell wie möglich unter Einsatz von diversen Drogen (allopathischen Medikamenten) Linderung zu schaffen. Auf diese Weise wird aber ein natürlicher, instinktiver und reinigender Vorgang in unserem Körper blockiert und die Symptome der Krankheit bestehen in versteckter oder schlafender Form weiter, wenn wir nicht unsere Ernährungs-, Lebens- und Denkgewohnheiten ändern. Stattdessen könnten wir die Krankheit nutzen, um unser Verhalten, unsere Gefühle, Gedanken und Ernährung zu überdenken und zu verbessern,

um unserem Körper die Möglichkeit zu geben, sich selbst zu heilen und ohne Medikamente zu regenerieren. Durch diese Auffassung würden die ganzen Ängste, die viele Eltern dazu veranlassen, ihre Kinder zu impfen, von allein verschwinden. All das Geld, das in Impfungen investiert wird, kann für eine Verbesserung der Lebensqualität und der Umwelt verwendet werden.
Wenn du an die Selbstheilungskräfte glaubst, dann füge deinem Körper keinen Schaden mehr zu, indem du ihm eine toxische Bombe, wie es die Impfungen sind, injizierst. (Das Letztere gilt natürlich erst recht für den Körper eines Babys.) Wenn du deine Meinung über Krankheiten änderst, kannst du eine Impfung nicht mehr mit Immunität gleichsetzen. Du wirst die Anzahl der Antikörper nicht mehr mit der Verteidigung des Körpers gleichsetzen, sondern mit der Konfrontation mit Viren, körperlichem Stress und Krankheit.

Freude und Freiheit sind zwei gute Gefährten

Sind Impfungen tatsächlich wirkungsvoll? Wie werden die Statistiken erstellt und wie sind sie zu verstehen? Wie ich während meines Psychologiestudiums beobachtet habe, können Statistiken auf viele verschiedene Arten interpretiert werden und damit ist es möglich, Informationen enorm zu manipulieren. Wenn eine Person durch eine Impfung erkrankt, wird sie als nicht geimpft eingestuft und es wird behauptet, dass die Erkrankung nicht durch das Impfen verursacht wurde oder – was noch schlimmer ist – es wird gesagt, dass der Krankheitsverlauf durch das Impfen abgeschwächt ist.

Ich halte es für sehr wichtig, Statistiken lesen und verstehen zu können. Die maximale Anzahl der Daten muss spezifiziert werden. Wenn von hundert geimpften Personen zehn erkranken, heißt es, dass die Impfung eine Erfolgsquote von neunzig Prozent hat – aber nicht alle Geimpften waren der Krankheit ausgesetzt, sie ernähren sich nicht alle gleich und sie haben unterschiedliche emotionale Verfassungen und medizinische Vorgeschichten.

Um das Maß voll zu machen, sind die Tabellen nicht gerade objektiv, da die Situation und das Vorkommen der Krankheit vor der Einführung der Impfungen nicht erwähnt werden. Zwischen 1850 und 1940 verringerte sich die Anzahl der Kinderkrankheiten um 90 % und im zwanzigsten Jahrhundert sank die Anzahl der Todesfälle bei Kindern um 80 % – das war vor Beginn der Impfungen. In den Ländern Europas, in denen nicht gegen Pocken und Polio geimpft wurde, endeten diese Epidemien zum gleichen Zeitpunkt wie in den Ländern, in denen die entsprechenden Impfungen eingesetzt wurden.

Wenn ein Kind oder ein Erwachsener ein Antibiotikum injiziert bekommt, steigt die Wahrscheinlichkeit, dass dadurch Komplikationen verursacht werden, in dem Monat nach Verabreichung der Spritze um das Achtfache. Wenn das Antibiotikum zwei bis neunmal gespritzt wird, steigt die Wahrscheinlichkeit um das 27fache, und bei zehnfacher oder noch häufigerer Verabreichung um das 182fache. Diese Daten bestärken meine Meinung, dass Impfungen den Organismus schwächen und dass es eine Wechselwirkung gibt.

Von meinem heutigen Standpunkt aus sehe ich, dass sowohl der Schritt in Richtung Krankheit als auch der Schritt in Richtung Gesundheit in unserem Inneren begründet ist. Genau die Kapazität, die wir haben, um unseren Körper zu schädigen, steht uns auch zur Verfügung, um ihn zu heilen, indem wir uns stärker mit unserem Inneren und mit der Natur verbinden, auf das Universum, die Liebe und unsere eigenen Selbstheilungskräfte vertrauen. Wenn du deine Auffassung von Krankheiten änderst, öffnest du eine Tür zur Toleranz und Brüderlichkeit und lehnst die Kranken nicht mehr ab oder fürchtest dich nicht mehr vor Ansteckung. Du betrittst eine neue Welt und öffnest dich für ein neues Bewusstsein, konfrontierst dich mit deinen Handlungen und setzt dich mit der Leere auseinander, die am Anfang durch dieses Denken entsteht.

Und zuletzt eine wichtige Erfahrung auf meinem Weg von der Leere zur Fülle:

Gesundheit basiert nicht darauf, was wir essen,
sondern darauf, was wir nicht essen

Immuntoleranz

Wenn ein Mensch krank wird, zerstört der Körper normalerweise die infizierten Zellen, indem er Fieber, Schmerzen und/oder Entzündungen hervorruft und damit die Menge an Toxinen in unserem Blutkreislauf erhöht, damit sie ausgeschieden werden können. Heutzutage reagiert unser Immunsystem nur sehr schwach, ohne dass sich Symptome zeigen, so dass der Kranke sich erst seiner Erkrankung bewusst wird, wenn sie schon sehr weit fortgeschritten ist, da der Virus kaum auf Widerstand gestoßen ist. Impfungen schädigen unseren Organismus auch dadurch, dass sie unsere Immuntoleranz vergrößern. Zu allem Unglück sind Viren in der Lage, Gene von einem Wirt auf einen anderen zu übertragen. Viele Impfstoffe werden an anderen Tierarten gezüchtet. Da wir uns nicht darüber im Klaren sind, welche Folgen das haben kann, ziehe ich es vor, nichts zu riskieren. Die Gesundheit meiner Kinder und meine eigene sind sicher, eine Impfung ist es nicht. Wir wissen nicht genau, wie verschiedene Viren miteinander interagieren und die meisten der Impfungen werden noch zur gleichen Zeit verabreicht. Unser Organismus verhindert, dass sich zwei Krankheiten gleichzeitig entwickeln. Er lässt erst die Ausbreitung einer Krankheit zu und hält eine andere zurück, bis die erste überstanden ist und die zweite sich entwickeln kann. Was hat es für Folgen, wenn einem Kind die zweifache, dreifache oder mehrfache Menge (bis sieben) an Giftstoffen durch eine Mehrfachimpfung eingespritzt wird? In unserer natürlichen Umgebung wäre das nicht möglich. Wie kann man ein dreijähriges Kind, dessen Immunsystem noch gar nicht gefestigt ist, damit impfen? Es gibt so viele Lügen über Impfungen...

Vivisektion

Dieser Begriff steht für Versuche an Tieren (dazu gehören ebenfalls Menschenversuche). Es gibt einen direkten Zusammenhang zwischen Impfungen und Vivisektion, sowohl was die Forschung als auch die Herstellung und Praxis betrifft. Man könnte sagen, dass die Vivisektion auf Claude Bernard zurückgeht, der während eines Experiments hundert Hunden die Bauchspeicheldrüse entfernt hat, um zu demonstrieren, dass diese nichts mit Diabetes zu tun hat.

So begann die experimentelle Wissenschaft die klinische Forschung zu ersetzen. Als ich das Kapitel über Infektion und Immunität in der Sonderausgabe der *Vis medicatrix naturae* (die heilende Kraft der Natur) von 1997 las, wie die Pockenimpfung hergestellt wurde, standen meine Haare zu Berge, mir schossen die Tränen in die Augen – wie können wir nur dazu fähig sein, Kühe so grausam zu behandeln und so leiden zu lassen? Und ganz am Anfang wurden infizierte Kinder in Eisenbahnwaggons überall durch die Gegend transportiert, damit ihre Pusteln verwendet werden konnten. (Wenn man doch solche Angst vor Pockenepidemien hatte, wurden nicht dadurch die Möglichkeiten der Ansteckung und der Ausbreitung vergrößert?) Da anzunehmen war, dass diese Methode eine Revolution zur Folge haben würde, wurde beschlossen, Kühe zu verwenden. Viele Menschen betrachteten (und betrachten) diese Wesen als minderwertig, ihnen war nicht bewusst, welche Auswirkungen ihr Leiden auf die Universelle Energie haben würde, und deshalb hatten sie ein ruhiges Gewissen. Für mich waren das schon Gründe genug gegen die Herstellung und Anwendung von Impfungen.

Um die besagten Impfstoffe herzustellen, werden die vier Beine der Kühe zusammengebunden und sie müssen ständig in dieser liegenden Stellung bleiben. Dann werden sie mit der Krankheit infiziert und, nachdem der Eiter mit einer Spritze aus den Pusteln gezogen wird, werden die Tiere auf grausame Weise umgebracht. Welche Energie überträgt wohl eine Impfung, die mit so viel Leiden hergestellt wurde? Für die Produktion von Impfstoffen werden diverse Tiere verwendet: Hühnerembryonen, Affen, Mäuse, menschliche Zellen etc.

Viele Impfungen enthalten Antibiotika. Das Wort „antibiotisch" stammt aus der Wurzel „anti bios" und bedeutet „gegen das Leben". Früher basierte die Herstellung von Antibiotika auf aufmerksamer Beobachtung und nicht auf Tierversuchen. Heutzutage stammen sie aus der Vivisektion, haben wesentlich mehr Nebenwirkungen und schaffen eine größere Anzahl von Problemen. Jedenfalls finde ich es unglaublich, dass angeblich ein Impfstoff nützlich sein soll, der aus jungen und gesunden Mäusen hergestellt wird, um alten und kranken Menschen verabreicht zu werden oder menschlichen Babys, deren Immunsystem noch gar nicht vollständig entwickelt ist, wobei offensichtlich eine enorme anatomische und biologische Kluft besteht.

Wenn ich außerdem daran denke, dass Betäubung als schädlich für die Experimente angesehen wird, möchte ich nur noch die Augen schließen und nichts mehr davon wissen, weil der Schmerz in meinem Herzen das Leiden der Tiere auf meinen Körper und meine Seele überträgt. Der Schmerz der Tiere wird zu meinem Schmerz...

Die Vivisektion wird auch bei Menschen eingesetzt und die Mehrzahl von uns wird oder wurde als Versuchskaninchen benutzt. Ein Beispiel: Die Impfung

gegen Meningitis A und C wurde während der Impfkampagne in der autonomen Gemeinde Madrid auf den Markt gebracht, bevor die obligatorische und unerlässliche klinische Phase III abgeschlossen war, wie es auch bei vielen anderen Impfungen, die im Laufe der Geschichte verabreicht wurden, der Fall war. Die amerikanischen Soldaten haben unzählige Male die Folgen von Entscheidungen tragen müssen, die durch die Gesundheitsbehörden in ihrem Land gefällt wurden. Auf dieselbe Weise wurde die Fruchtbarkeit vieler Frauen beeinträchtigt, die durch das Spritzen einer Impfung die Grausamkeit und Manipulation durch einen Staat erfuhren, der meinte, überbevölkert zu sein.
Ich möchte lieber nicht weiter auf die Dinge eingehen, die in Verbindung mit Impfungen in der so genannten Dritten Welt geschehen (die Definition dieses Begriffes ist sehr seltsam, denn wir nehmen Werte und Kriterien, die nichts mit menschlichen, spirituellen oder existentiellen Dingen zu tun haben, als Maßstäbe für die Erste, Zweite und Dritte Welt), denn ich habe nicht die Kraft, davon zu sprechen. Am Ende dieses Buches findest du ausführliche Literaturhinweise, um dich über diese Themen zu informieren und Ermittlungen anzustellen. Ich möchte dir nur sagen, dass ich durch meine persönliche Erfahrung entschieden habe, meine Mitgliedschaft bei verschiedenen Vereinigungen wie Prosalus zu kündigen und keine einzige Weihnachtskarte mehr von Unicef oder anderen Organisationen zu kaufen, die in den Ländern, für die es schwierig ist, sich zu verteidigen, Menschen mit den abgelaufenen oder aufgrund schwerer Schädigungen im Westen aus dem Handel gezogenen Posten impfen lassen. Mit jeder Weihnachtskarte, die du von diesen Organisationen kaufst, und mit jeder Spende förderst du diese Vorgehensweisen, welche noch mehr Leiden, Manipulation und Experimente und noch weniger Freiheit bedeuten. Sie verstärken noch die Unsicherheit und das Gefühl von Unterlegenheit dieser Länder und fördern die bereits vorhandene Übermacht, die Kontrolle und das Ego des Westens.
Nein, ich möchte wirklich nicht an diesem Spiel teilnehmen. Meiner Ansicht nach müssen die Vivisektion und alle daraus entstehenden Produkte abgelehnt und verboten werden. Ich sehe die Angst der Tiere vor mir, die gar nichts oder nur schlechtes Futter bekommen, allen möglichen Aggressionen und Krankheiten ausgesetzt sind, unter Einsamkeit leiden und eingesperrt sind. Kannst du dir das vorstellen? Willst du das akzeptieren? Die Tatsache, dass wir etwas nicht sehen, rechtfertigt nicht dessen Vorhandensein. Ich möchte in meinem Denken konsequent sein und mich nicht durch die Dualität dieser Gesellschaft mitreißen lassen. Ich weigere mich dagegen, durch den Konsum eines Produktes, das mit so viel Leiden in Verbindung steht, die Seelen meiner Kinder und meine Seele zu beschmutzen. Ich sehe eine große Ähnlichkeit zwischen Impfungen (angeblicher Eliminierung von Viren etc.) und dem heutigen System

des Gartenbaus (Eliminierung von Schädlingen, Pflanzen, die als „Unkraut“ bezeichnet werden, und verschiedenen Insekten), dem anscheinend perfekten Körper (frei von Bakterien, Pilzen und Viren), was auch auf das ideale Bild eines Frauenkörpers übertragen wird (fest, ohne Falten, wohlproportioniert, mit langen Fingernägeln und gut abgegrenzten Gesichtszügen), und dem perfekten Garten („sauber und rein“, ohne Insekten, Blätter, Pilze und Unkraut). Nach meiner Beobachtung führt die Vision von dieser angeblichen Reinheit und Schönheit zu Folgendem: Unzufriedenheit, Machtlosigkeit, Energieverschwendung, Kontaminierung, Frustration, Unglück und Leiden. Die Lösung besteht darin, unsere Denkmuster zu ändern, zu natürlichen Dingen und zu unserem Wesenskern zurückzukehren, zusammen zu leben und uns selbst und alle anderen Wesen und Dinge zu lieben.

Umweltverschmutzung

Ein weiterer Faktor, den wir normalerweise nicht bedenken, wenn es um die Herstellung von Impfungen geht, ist die ganze Umweltverschmutzung, die damit in Verbindung steht. Ich würde mich freuen, wenn du bedenkst, welche Konsequenzen es für die Umwelt hat, wenn du dich oder deine Kinder impfen lässt. Denk an die Spritkosten für den Transport, die Kosten für Kraftstoff und Elektrizität, die für die Herstellung und Konservierung nötig sind, die Ausgaben für Papier, das für Verpackungs- und Werbematerial erforderlich ist (ohne die großen Werbekampagnen würde sich fast niemand impfen lassen), an die allgemeine Verunreinigung durch Styropor, das zur Haltbarmachung verwendet wird, wovon der größte Teil nicht wiederverwendbar ist, an den massiven Verbrauch von Einwegspritzen und Nadeln, die nicht recyclebar sind, an die Kontamination durch Bakterien und Viren infolge der Herstellung und die unhygienische Seite der Impfungen, die schon oft zutage getreten ist. Ein Beispiel dafür ist die Polioimpfung.
In Spanien kommt der Virus nicht in Freiheit vor, die letzen Fälle von Polio wurden durch einen Impfvirus verursacht, der viel pathogener war als die früheren Viren. Wir erschaffen und zerlegen das Leben, als ob es sich um ein Spiel handelte, ohne uns darüber bewusst zu sein, dass wir selbst die Schachfiguren sind. Denk mal darüber nach, wie stark das Konservierungsmittel die Umwelt verschmutzt. Normalerweise wird ein Antibiotikum und/oder Antiseptikum wie Aluminiumhydroxid verwendet, eine Verbindung, die unser Organismus nicht abbauen kann und deren Gewinnung unserem Planeten großen Schaden zufügt. Überleg dir, ob es sich wirklich lohnt, der Erde, anderen Lebewesen und unserem Organismus (jede Impfung hat Nebenwirkungen) so viel

Schaden und Leid zuzufügen, um angeblich die Ansteckung mit einer Krankheit zu vermeiden, die in den meisten Fällen unschädlich ist (Masern, Mumps...), praktisch nicht vorkommt (Tetanus, Keuchhusten...) oder in unserer natürlichen Umgebung nicht existiert (Polio, Diphtherie...). Wäre es nicht besser, diese Billionen von Euros in eine bessere Lebensqualität, Arbeitsqualität, Reduzierung der Lebenserhaltungskosten und der Kosten für Nahrungsmittel aus biologischem Anbau zu investieren?
Ich sage oft zu meinen Kindern, dass alles, was du dem Leben gibst, zu dir zurückkommt. Wenn du Liebe, Großzügigkeit und Zärtlichkeit gibst, erhältst du früher oder später ähnliche Dinge, die für dich genauso wertvoll sind. Wenn du Leiden und Egoismus aussendest, wirst du früher oder später auch negative Botschaften und Gefühle empfangen. Mit einer Impfung wird wirklich sehr viel Leid geschaffen. Ich befreie mich davon, dass meine Steuern und mein Anteil an der Sozialwirtschaft für Dinge verschwendet werden, die mit Impfungen in Verbindung stehen.

Stillen durch die Mutter

Über dieses Thema habe ich schon zuvor im Zusammenhang mit Schwangerschaft und Geburt gesprochen. Ich möchte lediglich hinzufügen, dass mein Vertrauen auf die Natur und den menschlichen Körper so groß ist, dass ich einfach nur durch ein Minimum an korrekter Ernährung, das Befolgen der Richtlinien der natürlichen Gesundheitslehre, den Instinkt und die Bewusstheit, mit der ich meine Kinder stille, beruhigt bin: Meine Lebenssäfte und die Natur nehmen sich der Dinge an. Ich könnte jetzt den typischen Satz wiederholen, dass es keinen besseren Schutz für das Immunsystem des Babys gibt als das Stillen durch die Mutter, aber ich gehe an dieser Stelle weiter.
Wenn die Krankheit von innen kommt und nicht von außen, gibt es keinen besseren Immunschutz als das Einhalten der Gesetze der Natur, des eigenen Körpers und des Lebens, und es ist wichtig, dass die Eltern diese weder vor noch während der Schwangerschaft oder in der Stillzeit brechen. Dieses Prinzip ist zusammen mit einer intensiven und ausgeglichenen gefühlvollen Umsorgung des Babys die beste „Versicherung" dafür, dass unsere Kinder nicht krank werden. Ein entspanntes Leben und Bewusstsein sind hilfreich, um Frieden und Sicherheit zu vermitteln. Das Trinken an der Brust ist für ein Kind in emotionaler, psychischer und physiologischer Hinsicht sehr wichtig – und besonders schön...

Ernährung

Obwohl das, was ich dir über die Ernährung erzähle, etwas seltsam klingen mag, ist doch die Kenntnis und Umsetzung dieser Materie für mein Leben essenziell gewesen und sowohl meine Gesundheit als auch die Gesundheit meiner Kinder grundlegend beeinflusst. Zuerst bin ich durch meinen Instinkt und meine Erfahrungen auf diesen Weg gelangt, später hatte ich das Glück, mehr Informationen über den intellektuellen Hintergrund dieses Wissens zu bekommen: Das hat mir geholfen, es in mein Sein und meine Lebensgewohnheiten zu integrieren, und ich habe viele Menschen aus verschiedenen Lebensbereichen kennen gelernt, die dieses Wissen noch verfeinert haben und über einen großen Erfahrungsschatz verfügten. Es handelt sich kurz umrissen um Folgendes: Der Mensch ist kein Omnivore, wie es uns seit Kindesbeinen beigebracht wird, sondern ein Frugivore. Ja, du liest richtig, Frugivore wie die Primaten, die auch wir sind.

Es gibt viele wissenschaftliche Daten, die mir diese Erkenntnis, die schon seit Urzeiten bekannt ist, bestätigten. Du findest ausführlichere Informationen zu diesem Wissen in dem Abschnitt über die roh-vegane Ernährungsweise oder in der Bibliografie am Ende des Buches. In groben Zügen sind es folgende Gründe, die mich in meiner persönlichen Erfahrung bestätigen: die Form unserer Zähne und die Bewegung unserer Unterkiefer, die großen Speicheldrüsen, unser basischer Speichel und Urin, die Tatsache, dass wir über die Haut atmen und nicht über die Zunge, die fast nicht vorhandene Produktion von Salzsäure bei der Verdauung, die fehlende Produktion des Enzyms Uricase, die einzigartige Form des Magens und des Dünndarms, die schwachen Magenschleimhäute, die Länge und runzelige Beschaffenheit des Darms, die zusammengerollte Form des Grimmdarms, unsere Art zu gehen, die Anatomie von unseren Händen, Füßen, Fingernägeln, Augen, unser Instinkt und die Psyche...

In der westlichen Kultur existiert – zum Großteil auf der Basis der wirtschaftlichen Macht des Materialismus und der Arroganz und Egozentrik des Menschen – die Tendenz zu ungesunden Lebens- und Ernährungsgewohnheiten. Unser Wesenskern ist blockiert. Obwohl wir die Erweiterung unseres Intellekts anstreben, fällt es uns schwer, in das Wissen unseres tieferen Ichs einzutauchen, unserem Leben und unserem Geist Zügel anzulegen und sie mit Weisheit, Intuition und Bewusstsein zu lenken, statt dieses Dritten zu überlassen, wobei es sich bei diesen Dritten normalerweise um Institutionen mit großem wirtschaftlichem und sozialem Einfluss handelt.

Zur Zeit besteht die Tendenz, darauf zu vertrauen, dass alles, was es auf dem Markt gibt, ohne Risiko für unsere Gesundheit und die Gesundheit unserer Kinder gegessen werden kann. Wenn diese sich dann verschlechtert, schluk-

ken wir alle möglichen Mittel, die dazu beitragen, unsere Augen zu schließen und die verzweifelten Symptome unserer Reinigungskrise zu vertuschen... um weiter so zu essen und genau dasselbe wie vorher zu tun, was auch unsere Vorfahren getan haben oder was sie uns in der Kindheit beigebracht haben.
Es wäre mir sehr lieb, wenn meine Steuern, die sonst in die Impfforschung geleitet werden, für eine Verlängerung des Erziehungsurlaubs auf mindestens ein Jahr verwendet würden. Statt ein Baby zu impfen, sollten wir es ungefähr sechs Monate lang ausschließlich mit Muttermilch direkt aus der Brust versorgen. Statt ein Kleinkind zu impfen, sollten wir alle tierischen Produkte aus seiner Ernährung streichen. Das gilt nicht nur für Fleisch und Fisch, sondern auch für Eier, Milchprodukte und deren Derivate. Wenn diese Produkte gestrichen werden, besteht kein Anlass mehr sich vor Keuchhusten zu fürchten. Statt eine Person, die im Gesundheitsbereich arbeitet, oder einen Kranken zu impfen, sollten wir lieber aufhören toxische Produkte zu verzehren, die unser Blut übersäuern und die Türen für Krankheiten, Angst, Intoleranz und Mangel an Solidarität öffnen. Um Reiseimpfungen zu vermeiden, sollten wir lieber an solche Orte reisen, an die sich unser Organismus ohne größere Probleme anpassen kann. Statt einem alten Menschen eine Impfung zu verabreichen, sollten wir seinen Organismus nicht noch mehr vergiften und schwächen, sondern ihm stattdessen helfen durch Fasten oder eine Ernährung auf Basis von Früchten möglichst viele Toxine auszuscheiden, und wir sollten ihm für jeden Bissen Kochkost mindestens drei Löffel Rohkostsalat ohne Salz, Öl oder Essig anbieten und zeigen, wie Nahrungsmittel richtig kombiniert werden. Wir sollten einem alten Menschen so viel Zeit wie möglich widmen und zuhören.

Lass uns zusammen spielen und uns kennen lernen!

Wenn du Angst vor einer bestimmten Krankheit hast, informiere dich bitte über diese, ihren Verlauf und ihr Milieu, ernähre dich gesund und gemäß deiner Physiognomie (Obst und Gemüse sowie diverse rohe Samen, Sonnenblumenkerne, Kürbiskerne, Hanfsamen, Mandeln...), trink so reines Wasser wie möglich und halte dich an die Gewohnheiten der natürlichen Gesundheitslehre. Wenn du in dem Bewusstsein handelst, dass der Mensch ein Frugivore ist, dich entsprechend ernährst und die richtige Kombination von Nahrungsmitteln berücksichtigst, wenn deine Nahrung aus biologischem Anbau stammt und du auf eine friedvolle Geisteshaltung und innere Einkehr beim Essen und auf die Menge, die du verzehrst, achtest, dann werden nicht nur deine Gesundheit, dein Gemütszustand und deine Energie davon Nutzen ziehen, sondern auch der Planet und seine verschiedenen Bewohner sowie deine persönliche und die globale Ökonomie. Dein Körper wird immer kleinere Mengen an Nahrungsmitteln benötigen, da die Nahrung besser assimiliert wird, nahrhafter ist und deinem Körper bei der Assimilation kein Kalzium entzogen wird.
Seitdem meine Kinder, wenn sie bei mir sind, nur rohes Obst und Gemüse aus biologischem Anbau in bester Qualität essen, betragen die Kosten für Nahrungsmittel – im Gegensatz zu dem, was die Leute annehmen – nur noch ca. ein Drittel dessen, was wir vorher ausgegeben haben. Unsere Kinder wissen, wie sie gesund heranwachsen können, wir müssen ihnen nur die Möglichkeit lassen.

Konkrete Fakten über Impfungen, die mir die Angst genommen haben

POLIO: Was mich vollständig überzeugt hat, ist die Tatsache, dass der Virus seit 1990 in Spanien nicht mehr vorkommt, die letzten Fälle wurden durch einen Impfvirus verursacht.
TETANUS: Wenn die Krankheiten Tetanus und Tuberkulose keine Immunität gegen eine neue Infektion bewirken, wie kann es dann eine Impfung tun? Der Bazillus, der Tetanus auslöst, ist anaerob, d.h. er kann nur existieren, wenn kein Sauerstoff vorhanden ist. Daraus ist ersichtlich, dass kein Risiko besteht, wenn die Wunde mit frischer Luft, Blut oder mit Sauerstoff angereichertem Wasser versorgt wird. Außerdem treten 99 % der Fälle im Krankenhaus auf. Durch die Injektion werden insgesamt 10 mg Aluminiumphosphat verabreicht, eine Dosis, die für den Menschen extrem toxisch ist. 84 % der Betroffenen sind über 50 Jahre alt und nehmen gewohnheitsmäßig Drogen (dazu zählen auch Medikamente). Die Krankheit tritt äußerst selten bei Kindern unter 10 Jahren auf. Bei Infizierten über 25 Jahren ist die Reaktion des Organismus wesentlich intensiver. Je stärker ein Körper vergiftet ist, desto heftiger reagiert er.

TETANUS-IMMUNGLOBULINE: Diese Impfungen werden in menschlichem Serum entwickelt und stehen mit erhöhtem Auftreten von Allergien, Enzephalitis und Kontaminierung durch Toxoide (AdÜ: entgiftete Toxine) der Hepatitis B in Verbindung. Einmal habe ich mir diese Impfung in die rechte Hand injiziert, nachdem ich mich versehentlich tief mit einem Messer an der Wurzel des Daumens geschnitten hatte. Ich erinnere mich noch lebhaft an die Schmerzen und an die Geschwulst, die danach an der Einstichstelle aufgetaucht ist und fast zehn Jahre später immer noch existiert. Wenn ich jetzt darauf drücke, tut es weh. Der menschliche Organismus, die Natur und das Leben an sich sind ein Geheimnis. Ich weiß nicht, was in meinem Körper durch diese Injektion passiert ist, auf jeden Fall hat sich dadurch nichts verbessert.

DIPHTHERIE: In Spanien sind seit 1988 keine Fälle von dieser Krankheit mehr aufgetreten. Warum haben die Menschen dann solche Angst davor? Ist es nicht ein Spiegel der Angst unserer Vorfahren aus der Zeit, in der diese Krankheit wirklich existierte?

MASERN: Diese Impfung steht in engem Zusammenhang mit Immunsuppression und fördert damit das Auftreten von anderen Infektionen. Die Symptome der Krankheit sind im Erwachsenenalter stärker als bei Kindern. Meine Schwestern hatten in ihrer Kindheit Masern, ich aber nicht. Jeder Körper ist einzigartig und es gibt viele Gesetze, die in ihm zusammenspielen.

KEUCHHUSTEN: Bergluft fördert die Heilung dieser Erkrankung. Meine Kinder und ich leben in einer solchen Umgebung und haben daher nichts zu befürchten. Außerdem besteht ein enger Zusammenhang zwischen Keuchhusten und dem Verzehr von Kuhmilch, einem Getränk, das wir nicht konsumieren. Um das Maß voll zu machen, gibt es viele Studien, die darlegen, dass die Impfung plötzlichen Kindstod zur Folge haben kann. Mir sind viele Fälle davon bekannt und das ist eine viel größere Bedrohung als die Erkrankung der Kinder an Keuchhusten. Als die Impfung in Japan erst ab dem Alter von zwei Jahren verabreicht wurde, verschwanden die Fälle von plötzlichem Kindstod.

MENINGITIS: Diese Krankheit steht im engen Zusammenhang mit Schimmelpilzen, Viren, Bakterien, Stress und Schädel-Hirn-Traumata, vor allem jedoch mit dem Gebrauch chemischer Substanzen wie Lacken und Farben, Impfungen, Medikamenten usw. Ich halte es für sinnvoller, diese chemischen Substanzen zu meiden, denn dann sind die Impfungen überflüssig. Ich finde es äußerst traurig, wie die Gemeinde Madrid das Volk durch eine Impfkampagne „Zeig ihm, dass du es liebst“ in den Jahren 2000/2001 manipuliert hat. Für mich handelt es sich dabei um einen psychologischen Druck ohne vernünftige medizinische Grundlage. Denn der Impfstoff wurde zu allem Unglück auch noch in den Laboratorien von Ledeler hergestellt (diese Firma hat auch die Polio-Impfungen produziert, die in England vom Markt genommen wurden, da sie Rinderzellen enthielten) und absolvierte noch nicht die für jedes Medikament obligatorische experimentelle Phase III. Wir haben einen Brief an die Abteilung für Gesundheitsangelegenheiten der CAM geschrieben und unter anderem darum gebeten, uns zu bestätigen/versichern, dass die Lose nicht durch Rinderzellen verseucht sind. Dieser Brief wurde nie beantwortet. Diese Impfung enthält das Toxoid der Diphtherie und daher handelt es sich um eine versteckte Kombi-Impfung. Was geschieht den Eltern, die das nicht wissen und ihre Kinder einige Monate früher oder später gegen Diphtherie impfen lassen? Laut dem epidemiologischen Mitteilungsblatt der Gemeinde von Madrid treten drei von vier Meningitisfällen bei Kindern auf, die geimpft wurden, da die Krankheit bei ihnen virulenter verläuft. Des weiteren wird gegen Meningitis A und C geimpft, obwohl es keine Fälle von A gibt und Typ B am häufigsten auftritt. Die Impfung verstärkt die Wahrscheinlichkeit, andere Arten von Meningitis als die geimpfte zu bekommen.

RÖTELN: Diese Impfung wird aus Angst verordnet, dass sich Mädchen in der Pubertät oder im Erwachsenenalter anstecken, während sie schwanger sind. Die Krankheit tritt jedoch am häufigsten zwischen dem dritten und zehnten Lebensjahr auf – es ist sehr unwahrscheinlich, dass deine Tochter in dem Alter schwanger wird. Wenn du während der ersten Schwangerschaftsmonate Röteln bekommst, besteht eine Wahrscheinlichkeit von 20 bis 25 %, dass sich der Embryo ansteckt. Die Impfstoffe werden auf menschlichen Zellen gezüchtet.

WINDPOCKEN: Auch diese Impfung wird aus Zellen des Menschen produziert. Diese Krankheit ist die einzige, die meine Kinder bekommen haben, und sie hatten nicht mehr als 15 bis 20 Bläschen, die sie kaum gestört haben. Bei Juckreiz habe ich das Innere eines Aloe Vera Blattes auf die Stellen gerieben und das führte zu Erleichterung. Die Kinder waren während der Krankheit voller Energie, nur in den ersten Tagen hatten sie erhöhte Temperatur und fühlten sich etwas matt. Bei einer im Durchschnitt gesunden Ernährung besteht kein Grund, Angst vor der Krankheit zu haben.

HEPATITIS: Warum sollte ein Neugeborenes oder Baby gegen diese Krankheit geimpft werden, wo die Impfung doch nur bis zu fünf Jahren wirksam ist und das häufigste Alter des Auftretens zwischen 18 und 25 Jahren liegt? Einige Autoren schätzen diese Impfung als die mit den stärksten Nebenwirkungen und damit als die gefährlichste von allen ein.

STERILITÄTSIMPFUNG: Der Impfstoff wird aus menschlichen Zellen hergestellt. Diese Impfung wurde vielen Frauen in Mexiko, Haiti und Manila verabreicht, um sie unfruchtbar zu machen, wobei ihnen gesagt wurde, dass es sich um eine Tetanusimpfung handele. Der Skandal wurde aufgedeckt, nachdem unglaublich viele Babys mit diversen Fehlbildungen geboren wurden.

Nebenwirkungen von Impfungen

Ich empfinde es als sehr traurig und grau, diese Dinge zu erwähnen. Es gibt so viele kurz-, mittel- und langfristige Nebenwirkungen, dass ich es vorziehe, wenn du die Informationen aus der in der Bibliografie angegebenen Literatur entnimmst. Hier möchte ich nur anmerken, dass sie langfristig in Verbindung mit Krebs, Autismus, Autoimmunerkrankungen, AIDS, kardiovaskulären Problemen, Hyperaktivität, Arthritis und Arthrose, Konzentrationsstörungen, Legasthenie, Allergien, Meningitis, Enzephalitis, Fettleibigkeit, Diabetes, Epilepsie, Ess- und Schlafstörungen und vielen weiteren Syndromen stehen.
Wir raten von Impfungen ab, wenn die Geburt traumatisch war oder wenn ein Baby, Kind oder Erwachsener durch eine emotionale Krise geht und entsprechend angespannt ist (Umzüge, Trennung vom Partner, Abstillen, Zahnen, Eintritt in den Kindergarten...). Es ist überhaupt kein Problem, die Dosis zu halbieren und einige Jahre später mit den Impfungen fortzufahren oder es ein Leben lang bei dieser Dosis zu belassen. Wenn du dich für Impfungen entscheidest, achte bitte darauf, dass jede Impfung einzeln erfolgt, und meide Kombi-Impfungen. Lasse einen Mindestabstand von sechs Monaten zwischen den Impfungen und vermeide vor allem den Zeitraum von drei Monaten zu unterschreiten. Wenn im ersten Lebensjahr eine chronische Krankheit auftritt, überdenke, ob es einen möglichen Zusammenhang zwischen dieser und den Impfungen gibt.
Falls du irgendeinen Impfschaden erleidest, empfehle ich dir Folgendes:

- Setze dich mit der Liga für Impffreiheit, einem Schutzverband für Impfgeschädigte oder einer anderen entsprechenden Organisation (AdÜ: z. B. AEGIS, siehe Bibliografie im Anhang) in Verbindung und bitte sie, die schädigende Wirkung einzuschätzen.
- Fülle das gelbe Datenblatt aus und sende es an die medizinische Gruppe von Xavier Uriarte in Gerona (ein Modell dieses Datenblattes und die Adresse in diesem Kapitel weiter unten; AdÜ: Wenn du in Spanien lebst und Spanisch sprichst, andernfalls wende dich z. B. an AEGIS).
- Lasse die Schädigung durch den diensthabenden Arzt der Gemeinde, der für die Überwachung von pharmakologischen Mitteln zuständig ist, aufnehmen und bitte um eine schriftliche Antwort.
- Setze dich mit einem engagierten und vertrauenswürdigen Anwalt in Verbindung.
- Stelle einen Antrag auf Übernahme der administrativen Verantwortung an die Gesundheitsbehörde.

Ich halte es für sehr wichtig diese Schritte zu gehen, um den Impfmythos zu zerstören und zukünftigen Eltern zu helfen, obwohl es schmerzvoll sein mag.

Die Legalität von Impfungen in Spanien

Als ich noch nichts über Impfungen gelesen hatte und mir noch nie die Frage über ihre Wirksamkeit gestellt hatte, glaubte ich, dass die auf dem offiziellen spanischen Impfkalender aufgelisteten Impfungen obligatorisch wären. Ich war sehr überrascht zu erfahren, dass dieses nicht der Fall ist! Auf den nächsten Seiten werde ich die aktuelle Gesetzgebung in Bezug auf Impfungen in Spanien und diesbezügliche Erfahrungen einiger Eltern darlegen, die ihre Kinder nicht geimpft haben. Wenn du an näheren Informationen über das Impfen oder einige spezielle Impfungen interessiert bist, setz dich mit der Liga (AdÜ: oder mit den entsprechenden Organisationen in deinem Land) in Verbindung, dort bekommst du weitere Hilfe.

Die folgenden Informationen sind eine Zusammenfassung der juristischen Sachverhalte, die der Rechtsanwalt Mariano Rueda für die Liga für Impffreiheit in Barcelona zusammengestellt hat:

Auszug aus der spanischen Verfassung:

Art. 15: *Alle Menschen haben das Recht auf Leben und auf körperliche und moralische Integrität. Niemand darf jemals Folter ausgesetzt oder durch degradierende Behandlung bestraft werden.*

Verfassungsgericht (VG), 27.06.1990 Anlässlich eines Hungerstreiks wegen der Einforderung von Rechten: *Eine zwangsweise ärztliche Betreuung verstößt nicht gegen dieses Gesetz, da es nicht das Recht auf den eigenen Tod einschließt. Bei der erzwungenen Behandlung einer Person darf keine Folter, unmenschliche oder degradierende Behandlung der Person angewandt werden.*
Zwangsimpfung wäre zulässig, da es sich um eine Maßnahme zur Verlängerung des Lebens von Personen handelt; sie wäre allerdings unzulässig, wenn bewiesen würde, dass Impfungen das Leben von Menschen nicht verlängern. Man könnte auch umgekehrt argumentieren: Obligatorische Impfungen wären nur zulässig, wenn bewiesen würde, dass die Menschenleben verlängern.

(VG): *Es darf keine körperliche Gewalt verwendet werden, um medizinische Untersuchungen oder Behandlungen ohne die ausdrückliche Zustimmung der Person anzuwenden außer zur Wahrung von sozialen Interessen oder der öffentlichen Ordnung und in dem Fall ist ein Gerichtsbeschluss erforderlich.*
Für eine Zwangsimpfung scheint also eine richterliche Anordnung erforderlich zu sein.

Art. 17.1.: *Alle Menschen haben ein Recht auf Freiheit und Sicherheit.*

(VG): *Dieses Recht beinhaltet nicht die Freiheit, medizinische oder therapeutische Behandlung abzulehnen.*
Sehr zweifelhaftes Kriterium...

Art. 18.1.: *Das Recht auf Ehre, persönliche und familiäre Privatsphäre und das eigene Ansehen ist garantiert.*

(VG): *Gegen dieses Recht wird nicht verstoßen, wenn die medizinische Zwangsbehandlung erfolgt, um das Leben zu erhalten.*

(VG): *Die medizinische Behandlung allein garantiert noch nicht das Ziel der Rettung des Lebens, da es möglich ist, dass das Leben auf unnötige Weise verlängert wird.*
In diesem Fall würde gegen das Recht auf die persönliche Privatsphäre und Freiheit verstoßen.

(VG): Was die biologischen Untersuchungen betrifft, besagt das Gesetz, dass es untersagt ist, zu deren Durchführung Gewalt anzuwenden, da dadurch gegen das Recht auf Privatsphäre verstoßen würde und da es nur möglich ist, diese mit der ausdrücklichen Zustimmung der Person durchzuführen.
(VG): Es ist zulässig, gynäkologische Untersuchungen durchzuführen, da in diesem Fall das kollektive Interesse gegenüber dem individuellen Interesse überwiegt, allerdings müssen die folgenden Voraussetzungen erfüllt sein:
- Gerichtliche Anordnung basierend auf dem Schutz des öffentlichen Interesses (Abtreibungen, Eintragung ins Drogenregister...)
- Die Relation zwischen dem Opfer des Rechts und der Situation, die gerichtlich erwirkt werden soll, muss stimmen.
- Ausführung durch Fachpersonal ohne Degradierung oder Respektlosigkeit.

Diese Voraussetzungen sind schwer mit der Schlussfolgerung in Einklang zu bringen, dass diese Zwangsuntersuchungen zulässig sind.

Auszug aus der staatlichen Gesetzgebung:

Grundgesetz 3/86
Art. 2: *Die Behörden dürfen jegliches Mittel ergreifen, um die öffentliche Gesundheit zu erhalten, unter der einzigen Voraussetzung, dass triftige Gründe dafür bestehen, dass diese in Gefahr ist. Es ist erlaubt, bei Epidemien oder in ähnlichen Situationen jegliche Mittel einzusetzen.* (ohne genau zu spezifizieren, um was es sich handelt)
Abgesehen von diesen hypothetischen Seuchen besteht kein Zwang, sich irgendeiner Behandlung zu unterziehen. Epidemie bedeutet, dass mindestens ein Fall pro 100.000 Einwohner auftritt.

Gesetz über die allgemeine Gesundheit: *Alle Menschen haben folgende Rechte:*
Art. 10.1.: *Persönlichkeit, menschliche Würde und Privatsphäre...*
Art. 10.9.: *sich gegen die Behandlung zu weigern, es sei denn, die öffentliche Gesundheit wird dadurch gefährdet, die Person ist nicht in der Lage, Entscheidungen zu treffen* (in dem Fall steht dieses den Verwandten oder nahestehenden Personen zu) *oder weil durch die Dringlichkeit kein Aufschub möglich ist, da anderenfalls irreversible Schäden oder Todesgefahr die Folge wären.*
Das Recht, eine Behandlung zu verweigern, ist klar und unbestreitbar festgelegt. Das Problem besteht darin, zu wissen, wann es sich um ein Risiko für die öffentliche Gesundheit handelt.

Art. 28: *Bei allen Präventivmaßnahmen im Rahmen der vorliegenden Arbeit müssen die folgenden Prinzipien beachtet werden: ... b) Es dürfen keine obligatorischen Mittel angeordnet werden, die Lebensgefahr implizieren.*
Also darf keine Zwangsimpfung angeordnet werden, wenn es wissenschaftlich bewiesen wurde, dass das Impfen das Risiko mit sich bringt, sich mit der Krankheit anzustecken, gegen die man sich schützen möchte... man kennt allerdings nicht die Tragweise dieses Risikos.

Fazit: Es gibt obligatorische Maßnahmen, die für angebliche Ausnahmezustände vorgesehen sind und nicht für normale Situationen. Zwangsweise und dauerhafte Impfungen fallen nicht unter die Kategorie der Ausnahmezustände, und unter normalen Umständen kann das Impfen nicht obligatorisch sein.

Auszug aus der katalanischen Gesetzgebung:

Gesetz über die gesundheitliche Ordnung in Katalonien
Art.8f: Abwicklung von Impfprogrammen
An keiner Stelle wird erwähnt, dass Impfungen obligatorisch sind.

Erlass vom 21. Oktober 1991
Gesundheitsprogramme an Schulen: *Falls die Annahme besteht, dass die Verabreichung von Impfungen notwendig ist, müssen die Eltern schriftlich informiert werden, und die Maßnahmen dürfen nur temporär in Kraft sein.*
Es geht nicht daraus hervor, ob das Erfüllen der Informationspflicht gegenüber den Eltern die Verpflichtung zur Impfung zur Folge hat, auch wenn die Eltern nicht damit einverstanden sind.

Beschluss vom 29. Juni 1981
Art.5 legt die Bedingung fest, dass die Eltern vor dem Verabreichen einer Impfung ausdrücklich um Einverständnis gebeten werden müssen. Die Logik lässt darauf schließen, dass das Impfen nicht obligatorisch sein kann, wenn die Eltern nicht einverstanden sind.

Fazit: Die Gesetzgebung der einzelnen Regionen führt zu demselben Ergebnis wie die staatliche: Eine Zwangsimpfung ist außer in Fällen der Gefährdung der öffentlichen Gesundheit nicht möglich.

Auszug aus der Gesetzgebung der Gemeinde Madrid:

Erlass Nr. 577 vom 28. Juni 1994 des Gesundheitsausschusses. Neuer offizieller systematischer Impfkalender der Gemeinde Madrid über die neuen empfohlenen Impfungen.
Gesetz Nr. 6 vom 28. März 1995: Präsidentschaft der Gemeinde
Garantie des Kindheit- und Jugendrechts in der Gemeinde Madrid:
Art.11: Recht auf den Schutz der Gesundheit. *1. Alle Kinder in der Gemeinde Madrid haben folgendes Recht: ...*
c) Immunisierung gegen ansteckende Infektionskrankheiten, die im offiziell gültigen Impfkalender der Gemeinde Madrid aufgeführt sind.
Es wird nirgends erwähnt, dass Impfungen obligatorisch sind.

Zusammenfassung

Impfungen sind nur dann obligatorisch, wenn eine außerordentliche Gefahr für die öffentliche Gesundheit besteht, und selbst in diesem Fall dürfen die Maßnahmen nur zeitweilig ergriffen werden, bis die Gefahr vorüber ist. Impliziert das Nichtimpfen kein generelles Risiko für den Rest der Gesellschaft, ist die Zwangsimpfung illegal und verletzt das Recht auf persönliche Freiheit, körperliche Integrität und Privatsphäre.
Genauso ist es im Kindesalter: Das Recht auf Nichtimpfung herrscht vor und die Entscheidung ist von den Eltern zu treffen, die definitiv die Pflicht haben, über die Erziehung und Gesundheit ihrer Kinder zu wachen.

Empfehlungen für den Schulbereich

Das Programm der Schulverwaltung agiert im Grenzbereich der gültigen Gesetzgebung. Väter, Mütter und/oder Vormunde können nach den folgenden Empfehlungen handeln:

1. Die Schulverwaltung hat kein Recht, die Vorlage der Impfkarte oder des Impfzertifikates zu verlangen. Das Einzige, das sie laut den gesetzlichen Bestimmungen fordern darf, ist die Vorlage einer ärztlichen Bescheinigung, laut welcher das Kind gesund ist und medizinisch überwacht wird.
2. Die Eltern dürfen vom Lehrkörper fordern, dass vor jeder medizinischen Untersuchung oder ähnlichen Aktivitäten in der Schule das Gesetz über die Pflicht, die schriftliche Genehmigung der Eltern in derartigen Situationen einzuholen, erfüllt wird.

Auf diese Weise vermeiden wir, dass die Schulleitung für die Nichterfüllung des Gesetzes haftet und dass unsere Kinder Probleme mit Allergien, medizinischen Kontraindikationen etc. bekommen. So verschaffen wir uns Respekt für unser Recht, die gesundheitlichen Methoden (natürliche Gesundheitslehre, Homöopathie, Naturmedizin etc.) selbst zu wählen und zu verwenden.

Modell für eine ärztliche Bescheinigung

für Kinder oder Erwachsene, die nicht geimpft wurden oder denen irgendeine Impfung fehlt (es ist nicht notwendig, dass die Bescheinigung auf einem offiziellen Formblatt der Ärztekammer ausgestellt ist).

Herr/Frau ....

mit Zulassung als Arzt/Ärztin/Doktor der Medizin, MitgliedsNr. der Ärztekammer ....

von .... und der Berufsgenossenschaft in ....

Straße und Hausnummer...

HIERMIT BESCHEINIGE ICH,

dass ich Herrn/Frau .... medizinisch untersucht habe und er/sie bei bester Gesundheit ist (sollte die Person, für welche die Bescheinigung ausgestellt wird, unter einer/m chronischen physischen/psychischen Krankheit/Mangel leiden, ist die Krankheit anzugeben und es muss vermerkt werden, dass sie nicht ansteckend ist).

dass er/sie keine Impfungen erhalten hat (falls die Person geimpft worden ist, muss werden, um welche Impfung es sich handelt).

(Unterschrift)

(Ort und Datum)

Erklärung der Eltern oder des Vormundes:

(Es ist nicht notwendig, den Grund anzugeben, warum das Kind nicht geimpft wird. Diese Erklärung ist dem ärztlichen Zertifikat hinzuzufügen.)

An ....

(Name des Kindergartens oder der Schule) ....

Eltern/Vormund des Kindes/Mündels..

wohnhaft in ....

Straße und Hausnummer ....

Personalausweis Nr. ....

und Nr. ....

ERKLÄREN HIERMIT

dass ihr Kind/Mündel keine Impfung erhalten hat (oder nur folgende Impfungen erhalten hat ....).

dass ihr Kind/Mündel sich laut der beiliegenden medizinischen Bescheinigung bester Gesundheit erfreut (andernfalls muss an dieser Stelle der Befund des medizinischen Gutachtens erscheinen mit Nachdruck darauf, dass die Krankheit oder der Mangel, unter der/dem es leidet, nicht anstekkend ist – wenn dieses der Fall ist).

dass sie sich in vollständiger Kenntnis der Gründe und nach Beratung durch eine medizinische Fachkraft gegen das Impfen entschieden haben, sich daher vollständig verantwortlich fühlen und sich über das physische/psychische Wohlbefinden ihres Kindes/Mündels bewusst sind.

(Unterschrift der Eltern oder des Vormundes)

(Ort und Datum)

Schlussfolgerung

In der Praxis kann es vorkommen, dass wir einem Kinderarzt des öffentlichen Gesundheitswesens begegnen, der sich weigert, ungeimpfte Kinder in seiner Praxis zu behandeln. Dieses Verhalten ist gemäß dem Kodex der medizinischen Pflichtenlehre des Allgemeinen Rates der offiziellen Medizinischen Hochschulen illegal, es sei denn, der Arzt sichert dem Patienten die Fortsetzung der medizinischen Betreuung zu (durch einen Kollegen) und erläutert persönliche Motive seiner Entscheidung (wie ein fehlendes Vertrauen) in schriftlicher Form (nichts davon gilt für Notfälle).

Artikel 4 der Normen der medizinischen Pflichtenlehre des Allgemeinen Rates der offiziellen Medizinischen Hochschule in Barcelona (die Kodexe anderer Provinzen sind sehr ähnlich) besagt Folgendes: *„Die Hauptverantwortung des Arztes besteht darin, zu versuchen, jedem Patienten die größte Aufmerksamkeit zugunsten seiner Gesundheit zu widmen, ohne dass irgendwelche religiösen, ideologischen, politischen, wirtschaftlichen, rasse-, nationalitäts-, geschlecht-, sozialen Status oder persönliche Umstände betreffenden Motive hineinspielen."* Artikel 9 besagt Ähnliches: *„Der Arzt muss die religiösen, moralischen, ideologischen und politischen Umstände seiner Patienten respektieren und muss unter Berücksichtigung des großen persönlichen Einflusses, den er eventuell ausübt, vermeiden, dass seine eigenen Überzeugungen die Freiheit der Patienten beeinträchtigen."*

Wenn wir also auf einen Kinderarzt treffen, der unsere Kinder nicht behandeln will, weil sie nicht geimpft worden sind, müssen wir fordern, dass er uns seine Weigerung zur Behandlung schriftlich gibt und außerdem angibt, wer die Behandlung weiterführt. Danach müssen wir uns an die entsprechende medizinische Kontrollinstanz der Sozialversicherung wenden und die Situation melden. Ich finde es wichtig, dass wir unsere Rechte geltend machen, aufrichtig mit Ärzten, Schulen, Verwandten und Freunden umgehen und ohne Scheu äußern, dass unsere Kinder nicht geimpft sind. Das ist der erste große Schritt, um den enormen Impfmythos zu zerstören, und wir helfen anderen Eltern und Kindern damit, sich über das Thema bewusst zu werden, Verantwortung zu übernehmen und Entscheidungen zu treffen. Wenn wir angesichts unserer Situation mit kritischen und destruktiven Fragen konfrontiert werden, genügt es zu sagen, dass wir diese Entscheidung unter Kenntnis der Gründe sowohl in Bezug auf intellektuelle als auch intuitive Belange getroffen haben und dass wir immer durch unsere gesetzlichen Rechte unterstützt werden. Wir müssen ungesunden Diskussionen, die uns Energie und Selbstvertrauen nehmen, keinen Raum lassen.

Es kommt extrem selten vor, dass ein Kind ein anderes Kind ablehnt, weil es nicht geimpft worden ist oder dass Eltern ihrem Sprössling den Umgang mit nicht geimpften Altersgenossen verbieten. Falls du diese Situation mal erleben solltest (wir wurden einmal damit konfrontiert), denk dir, dass abgesehen von

dem Aspekt persönlichen Stolzes eine so intolerante und anderen Lebensweisen gegenüber verschlossene Freundschaft für dich und deine Kinder nicht interessant ist. Wenn deine Kinder nicht geimpft sind und du möchtest, dass sie einen Kindergarten oder eine Schule besuchen, mach dir keine Sorgen: Das Immunsystem deiner Kinder ist nicht verändert worden, es kann sich verteidigen und sich vor allem schützen, was mit der Verbreitung der pathogenen Erreger zu tun hat, die durch die Impfungen verbreitet werden – das gilt natürlich besonders dann, wenn die Kinder eine geeignete Ernährung erhalten.
Die Labors und die staatlichen Institutionen haben die Tendenz, stark mit der Angst der Betroffenen zu spielen. Die Kampagnen üben psychologischen Druck aus und potenzieren die Ängste statt das Selbstvertrauen der Menschen zu stärken und eine bessere Ernährungsweise zu fördern. Solltest du dich in dieser Situation befinden, ist eine Impfung ebenfalls nicht obligatorisch. Wenn der Druck sehr stark ist, kannst du vom Arzt oder der Krankenschwester eine schriftliche Erklärung über die Abwesenheit von Krankheiten nach der jeweiligen Impfung verlangen. Da normalerweise niemand solch eine Verantwortung übernehmen möchte, werden sie dich in Frieden lassen. Für Auslandsreisen sind so gut wie keine Impfungen obligatorisch, meines Wissens nach nur Meningitis A und C für Arabien, Gelbfieber für Französisch Guyana und diverse afrikanische Länder unterhalb der Sahara. Für weitere Informationen kannst du dich mit der Liga (AdÜ: mit den entsprechenden Behörden in deinem Land) in Verbindung setzen.
Ich ziehe es vor, allein oder mit meinen Kindern in solche Länder und Kulturen zu reisen, in denen Impfungen nicht zur allgemeinen Pflicht gehören. Wenn ich aus familiären oder die Arbeit betreffenden Gründen keine andere Wahl habe, versuche ich einen „Trick" anzuwenden wie eine schriftliche Erklärung eines Arztes auf Englisch oder Französisch, in welcher von einer Impfung abgeraten wird (geplante Schwangerschaft, Schwangerschaft, allergische, autoimmune oder neurologische Erkrankungen...). Ich versuche mich gründlich über die jeweilige Krankheit zu informieren (Ansteckungswege, Entwicklung, mögliche Komplikationen und alternative Behandlungsmöglichkeiten) und noch achtsamer mit meiner Ernährung und meinen Gedanken umzugehen.
Es gibt verschiedene sehr wertvolle hygienische Ratschläge für Reisen an gefährdete Orte: Wasser trinken, das so rein wie möglich ist und, wenn du nicht darauf vertrauen kannst, feine Tonerde ins Wasser mischen (1/4) und vor dem Trinken warten, bis die Erde sich auf dem Grund absetzt; Moskitonetze verwenden, den Körper mit verdünntem kaltgepresstem Öl aus Oliven oder Mandeln oder anderen Ölen abreiben (Teebaumöl gegen Pilze, Geranien- oder Rosmarinöl gegen Mücken) oder mit einer Mischung aus 50 % Essig und 50 % Wasser zur Abschreckung von Insekten (einschließlich Kopfläusen). Wenn du

gestochen wirst oder dich schneidest, ist es hilfreich, etwas Blut aus der Wunde herauszudrücken oder mehrmals mit Sauerstoff angereichertes Wasser auf die Wunde zu tun, damit sie atmen kann, da Tetanus nur ohne Sauerstoff überlebt. Die Öle kannst du einfach in einem Heilkräuter- oder Bioladen kaufen. Vor allem respektiere die Fauna und Flora des Ortes. Wenn du sie nicht angreifst, wird sie dir auch nichts antun. Mir erscheint das jedenfalls zu kompliziert und zu trennend und ich ziehe es vor, positiv zu denken, von Liebe erfüllt zu sein und diese auszustrahlen, mich von Prana zu ernähren oder rohe Nahrungsmittel aus biologischem Anbau, am besten sogar von wild wachsenden Pflanzen, zu essen. Je reiner mein Blut und meine Energie sind, desto weniger werde ich von unangenehmen Wesen beachtet.

Wenn du dich für Impfungen entscheidest, lass dir diese sechs Monate vor der Reise verabreichen, nimm keine Kombi-Impfungen und halte zwischen den Impfungen einen Abstand von mindestens drei Monaten. Wegen einem erhöhten Risiko von Nebenwirkungen und/oder Verringerung der Wirksamkeit anderer Mittel, müssen dabei gemäß Xavier Uriarte folgende Faktoren bzw. Gegenanzeigen sehr gewissenhaft abgewogen werden:

- Eine Infektionskrankheit wurde gerade überstanden (Keuchhusten, Röteln, Masern, Hepatitis, Windpocken)
- Unterernährung
- Kind einer infizierten schwangeren Mutter
- Verzögerung in Wachstum/Reife
- Frühgeburten mit Untergewicht
- Patienten, bei denen neurologische sowie neuromuskuläre Krankheiten diagnostiziert wurden (Zerebralparalyse, Epilepsie, Veränderung der Chromosomen, Down-Syndrom, Verhaltensstörungen, Krämpfe bei Kindern und Krämpfe unbekannten Ursprungs)
- Stoffwechselkrankheiten wie juveniler Diabetes oder Schilddrüsenüberfunktion
- Krankheiten im Nierenbereich (Pyelonephritis oder Nephrose)
- Krankheiten des Lymphsystems (Lymphozytose und Pfeiffersches Drüsenfieber)
- Schwere Erkrankungen im Bereich Herz/Atmungsorgane/Leber
- Anergien (Genesung, postinfektiöse Prozesse, chronische Müdigkeit, Kraftlosigkeit und Prozesse im Endstadium)
- Aktive Infektionskrankheiten (Tuberkulose, Lepra, AIDS, Hepatitis und Pfeiffersches Drüsenfieber)
- Tumore, degenerative und fortschreitende Krankheiten (Sklerose, lateraler Muskelschwund und Demenz)
- Geplante oder bestehende Schwangerschaft
- Allergien in der persönlichen und/oder familiären Vorgeschichte
- Überempfindlichkeit gegenüber Antibiotika, Eiern oder bestimmten Metallen
- Vor kurzem verabreichte Gammaglobuline, Bestrahlungen, Chemotherapie, Blut- oder Plasmatransfusionen, Immunsuppressiva, Kortikoide, Antibiotika in der Stillzeit
- Anaphylaktische oder ähnliche Reaktionen auf vorhergehende Impfungen
- Verabreichung von Kombi-Impfungen
- Häufige Einnahmen von fiebersenkenden Medikamenten oder Antibiotika nach Impfungen.

KONTROLLBLATT FÜR NEBENWIRKUNGEN VON IMPFUNGEN

PATIENTENDATEN

Name ....
Geburtsdatum .... Geschlecht .... Alter ....
Adresse ....
Art der Impfung ....
Datum der Impfung ....
.... 1. Dosis (bitte ankreuzen falls zutreffend) ....
.... wiederholte Dosis/welche? ....
Diagnostizierte Störung ....
Datum, an dem die Störung begann ....
Ende der Störung (Tod, Genesung, Folgen) ....
Wurde die Leber behandelt? ....
Wie? ....
Resultat: positiv .... Teilerfolg .....
Oder
Gesamt ....
Negativ ....
Kam die Störung in der persönlichen und/oder familiären Vorgeschichte schon vor?
Ja ..... Nein .....
Wer? (Verwandtschaftsgrad) ....
Wie? ....
Allergien in der persönlichen und/oder familiären Vorgeschichte Ja ..... Nein .....
Wer? ....
Wie? ....
Gibt es ein Risiko für Neugeborene (Störungen vor, während oder kurz nach der Geburt)?
Ja .... Welche? ....
Nein ....
ZUSATZBEMERKUNGEN

DATEN ÜBER DAS MEDIZINISCHE PERSONAL

Name ....
Adresse ....
Beruf ....
Arzt ....
Ausübung des Berufs: öffentlich ....
im Krankenhaus ......
Privat ....
außerhalb des Krankenhauses ....
Behandlungsmethode (Homöopathie, Allopathie, Naturmedizin, ...)

Zu senden an folgende Adresse:
GRUP MÉDIC DE REFLEXIÓ SOBRE LES VACUNES
Dr. Joan Mora, Dr. Xavier Uriarte; Tel.: 202803; Nou, 12. 2n, 1a; 17001 Gerona

Fazit

Es gibt sehr viele Gründe nicht zu impfen, einige instinktiv, andere philosophisch, moralisch, ökologisch, sozioökonomisch oder gesundheitlich – sie alle lassen sich unter einem Motto zusammenfassen: mein Standpunkt gegenüber dem Leben.
Mögen Kinder Impfungen, bei denen sie gestochen werden? Würde es mir selbst gefallen? Wenn etwas meinem Körper missfällt, dann lehnt er es ab, und ich glaube nicht, dass die Natur uns so unvollkommen konstruiert hat, dass wir externe „Flicken" benötigen, um zu überleben. Gesundheit liegt in mir selbst genau wie Krankheit. Diese Dinge kommen nicht von außen und bemächtigen sich einfach so eines gesunden Wesens. Falls eine Krankheit auftritt, handelt es sich um einen Vorgang der Regeneration, der zellulären, energetischen und geistigen Erneuerung, durch die ich mich revitalisiere und das Immunsystem und die Vitalkraft stärke.
Ich ziehe es vor, in gute Lebensgewohnheiten zu investieren (in Bezug auf Umwelt, Arbeit, Ernährung, Emotionen...) statt in Impfungen, die aggressiv auf meinen Körper und meinen Planet wirken. Hinzu kommen politische und soziale Manipulation, wirtschaftliche Kosten, Veruntreuung und Betrug, Manipulation und Leiden von Menschen und Tieren, stark toxische nicht abbaubare Rückstände, genetisches und physiologisches Chaos... Wenn ein Mensch seine Kinder impfen lässt, trägt er zu erhöhten Steuern bei, die für Experimente, Werbung, Transport etc. und nicht zur Verbesserung der hygienischen Verhältnisse und der Ernährungs- und Arbeitsbedingungen ausgegeben werden. Impfungen tragen zur Jagd von Tieren in Freiheit oder ihrer Aufzucht in Laboratorien bei, wo sie entsetzlich leiden müssen (Tieren und ihren Föten wird die Krankheit eingeimpft, manchmal müssen sie bis zu ihrem grausamen Tod in Unbeweglichkeit ausharren, damit ihnen Blut und diverse Zellen bequem entnommen werden können, die dann das „Herz" der Impfung bilden). Möchtest du das zulassen?
Welchen Nutzen kann mir etwas bringen, das so viel Leiden verursacht? Alles, was ich dem Leben gebe, wird mir das Leben zurückgeben, sowohl das Gute als auch das Schlechte, und mit Impfungen verursache ich viel Schmerz und Grausamkeit.
Wenn du dein Kind impfst, trägst du zu einem großen ökologischen Desaster bei. Unter den Inhaltsstoffen einer Impfung befinden sich je nach Art des Impfstoffes Antibiotika, Antiseptika, Konservierungsmittel... Quecksilber wird häufig verwendet und ich denke, dass sehr wenige Menschen daran zweifeln, dass die Zufuhr dieser Substanz dem Körper schadet, insbesondere wenn nicht einmal der Filter, den der Magen darstellt, dazwischen geschaltet ist. Und was sagt die

Umwelt dazu? Wir schädigen einen Ort, dem wir Quecksilber oder andere Schwermetalle entnehmen, und ich möchte meine Umgebung, in der ich lebe, nicht schädigen. Und was geschieht mit den Verpackungen aus Styropor, in denen sich die Stoffe befinden? Was wird aus den Nadeln und Spritzen? Was ist mit dem Stromverbrauch für die Aufbewahrung und dem giftigen Gas, das durch den Transport und Benzinverbrauch frei wird? Die Verwendung einer Impfung potenziert all diese Faktoren.
Mit einer Impfung trage ich dazu bei, dass in bestimmten Ländern Frauen angeblich Tetanusimpfungen verabreicht werden, während sie in Wirklichkeit Substanzen injiziert bekommen, die sie unfruchtbar machen. Mit einer Impfung trage ich dazu bei, dass die Immunsysteme der sowieso schon größtenteils schlecht ernährten Menschen in der „Dritten Welt" noch zusätzlichem Stress ausgesetzt werden, obwohl sie schon alles dafür tun, um sich zu regenerieren und alle Stoffe auszuscheiden, die ihnen zugeführt wurden.
Mit einer Impfung trage ich dazu bei, dass sich gewisse internationale Firmen bereichern und dabei den Normalbürger physisch abhängig machen und ihm das Vertrauen auf sich selbst, seine Kinder und die Natur nehmen.
Mit einer Impfung trage ich dazu bei, dass die Gene von zwei bis drei Generationen in Unordnung gebracht werden. Ich trage zu Aggressivität und diversen Veränderungen im neuronalen und mentalen Bereich bei. Ich trage dazu bei, dass Kreisläufe und Energien aus dem Gleichgewicht geraten und ein gesunder Körper über einen langen Zeitraum zu einem kranken Körper wird, dessen Inneres einen Großteil seiner Energie in die Regeneration investieren muss. Mit einer Impfung trage ich zum derzeitigen großen Konflikt in Bezug auf Antibiotika bei.
Wenn du nun immer noch denkst, dass Impfungen das große Wunder des Jahrhunderts sind, dass sie Krankheiten ausrotten, dass Keime für Krankheiten verantwortlich sind und dass Dinge, die einfach dahergesagt werden, ja stimmen müssen, dann rate ich dir, ein kritisches Buch über Impfungen zu lesen. Ich würde mich freuen, wenn du dich informierst, die Verantwortung für deine Handlungen übernimmst und in Übereinstimmung mit deiner medizinischen Vorgeschichte, deiner emotionalen Situation und Ernährungsweise deine eigene Entscheidung triffst und dabei bedenkst, welche Entscheidung die beste für das Universelle Gleichgewicht ist.

Das Impfen ist eine Handlung,
die gut durchdacht werden muss

Erziehung ohne Schule

Kindergärten, Schulen, Institute und Universitäten,
Dogmen, die vermittelt werden,
beschnittene, unterjochte und gedemütigte Seelen.

Fliegt,
fliegt in die Freiheit, umherirrende Geschöpfe,
sucht und findet
jene einzige Schule,
euer wahres Inneres.

Wenn jemand heutzutage seine Kinder nicht in die Schule schickt, erzeugt das auf den ersten Eindruck eine starke Ablehnung seitens der Gesellschaft. Es fällt uns Menschen schwer, unseren Geist zu öffnen und unser Inneres fließen zu lassen. Meistens stellen wir uns diverse Fragen, wenn wir uns weigern unsere Kinder beschulen zu lassen: Bin ich als Vater/Mutter in der Lage die schulischen Bedürfnisse zu decken? Habe ich ausreichende kulturelle Kenntnisse? Versperre ich meinen Kindern nicht den Weg in ihren künftigen Beruf? Werden sie genug Kontakt zu anderen Kindern haben? Werden sie sich jetzt oder in der Zukunft vielleicht wie ein „komischer Kauz" fühlen? Werden sie sozial nicht anpassungsfähig? Mit welchen ökonomischen Problemen werde ich konfrontiert? Werde ich rechtliche Schwierigkeiten bekommen? In diesem Kapitel werde ich diese Punkte erläutern und die Hauptgründe darlegen, warum ich meine Kinder nicht einschule.

Eins der wichtigsten gedanklichen Konzepte von Eltern, die ihre Kinder nicht beschulen lassen, ist die Erfahrung, dass wir das meiste, was wir lernen, außerhalb der Schule lernen (erinnere dich an deine Kindheit und deine heutigen wirklichen Bedürfnisse). Man kann auf viele Arten lernen, nicht nur aus Lehrbüchern. Wenn deine Kinder nicht in die Schule gehen, musst du ihre spontan aufkommenden Fragen beantworten. Das impliziert Wissensdurst von deiner Seite, indem du ihnen hilfst Antworten auf ihre Fragen zu finden, während du Nachforschungen anstellst, um ihre Neugierde zu befriedigen. Es ist äußerst wichtig, dass du dich an ihrer Gesellschaft freust und wirklich Lust dazu hast, mit deinen Kindern zusammen zu sein (ihr seid dann viele Stunden an vielen aufeinanderfolgenden Tagen zusammen).

Unsere Kinder sind unsere Verbündeten und wir müssen zusammenhalten. Eine Schule zerstört diese Verbindung und potenziert Rivalität und Machtkämpfe zwischen Eltern und Kindern. Außerdem teile ich völlig die Meinung von Osho, der Folgendes gesagt hat: „Ein Kind ist autark. Wenn es jemanden benötigt, handelt es sich um ein Bedürfnis des Körpers, es ist auf der psychologischen Ebene nicht bedürftig. Einem Kind ist es egal, was man von ihm denkt."

Die Idee, unsere Kinder nicht einzuschulen, kam von ihrem Vater. Ich wäre gar nicht auf den Gedanken gekommen, genau wie ich andere Handlungen in meinem Leben nicht plane, die ich routinemäßig jeden Tag ausführe. Ich erinnere mich daran, wie er damals, als wir uns entschieden haben, Leila zu bekommen, zu mir sagte, dass er seine zukünftigen Kinder ungern in die Schule schicken würde. Ich weiß nicht mehr, ob ich ihm in dieser Hinsicht Fragen gestellt habe oder ob sich sein Interesse daran von selbst entwickelt hat, aber ich war von seiner Meinung ziemlich überrascht, so dass er mich noch beruhigte: „Gut, bis dahin ist ja noch Zeit, warten wir mal ab, wie es ist, wenn wir uns in der Situation befinden." Er hat diesen Punkt mehrmals in Gesprächen mit Freunden erwähnt, und als ich schwanger war, hat er mir gegenüber wieder den Gedanken geäußert, dass es ihm gefallen würde, wenn seine Tochter die Schule nicht besucht.

Zu dem Zeitpunkt habe ich seine Bemerkungen ernstgenommen und beschlossen darüber nachzudenken, obwohl wir nie dazu gekommen sind, definitiv über dieses Thema zu sprechen. Ich kenne selbst heute nicht die klaren Gründe für seine Entscheidung, die weiter als über den puren Instinkt und seinen Wunsch hinausgehen, unsere Kinder so rein wie möglich zu belassen. Als erste Lösung habe ich geplant, die Kinder bis zum Alter von sechs Jahren nicht einzuschulen, weil ich dachte, dass es danach obligatorisch ist, und ich wusste, dass ich ihren Drang nach Bildung bis dahin problemlos befriedigen kann. Später erfuhr ich dann durch die Zeitschrift „*Crecer sin Escuela*" (Ohne Schule aufwachsen), dass es keine Beschulungspflicht gibt – auf dieses Thema gehe ich später in diesem Kapitel noch näher ein. Das hat meine Schemata ins Wanken gebrach: Es schien mir etwas kaltherzig, meine Kinder in die Schule zu schikken, nur weil sie sechs Jahre alt würden. Dadurch würde auch ein umfassender Bruch in der Tiefe unserer täglichen Beziehung entstehen, der mir ziemlich „widernatürlich" erschien. Auf der anderen Seite stellte sich die Frage, ob ich in der Lage wäre, den Kindern alle Kenntnisse zu vermitteln, die in der Schule in den unterschiedlichen Fächern in den verschiedenen Altersstufen gelehrt werden.

Wenn wir eine andere Lebensform planen, geschieht das normalerweise aus unserer heutigen Sichtweise und unseren aktuellen Bedürfnissen und wir können uns nicht 100 % genau in die Situation mit all ihren Nuancen und Veränderungen versetzten. Manche Einzelheiten kommen uns zum jetzigen Zeitpunkt nicht einmal in den Sinn.

Ich erinnere mich daran, wie ich mit meinem ersten Kind schwanger war und meine Schwiegermutter mich eines Tages von großen Befürchtungen erfüllt fragte, ob ich auch die Absicht habe, Leila nicht in die Schule zu schicken. Meine Schwiegermutter versuchte mir ein bestimmtes Kriterium aufzudrängen, sie suchte angsterfüllt eine Verschwörerin in mir, da es ihr als ein absoluter Unsinn vorkam, Kinder nicht beschulen zu lassen. Ich erwiderte daraufhin, dass meine Kenntnisse nicht umfassend seien und wenn ihr Sohn die Verantwortung dafür übernehmen würde, unseren Kindern das nötige Wissen zu vermitteln, hätte ich nichts gegen solche Entscheidung einzuwenden. Meine Schwiegermutter bestand auf der Einschulung.

Allgemein gesehen hatte ich vom intellektuellen Standpunkt ein höheres Bildungsniveau als der Vater meiner Kinder und außerdem wusste ich, dass ich mehr Zeit mit meiner künftigen Tochter verbringen würde. Ich spürte, wie das Gewicht einer ungeheuren Verantwortung auf mich fiel, wo doch der Vater für mich den Instinkt und den Durst nach weiteren Kenntnissen widerspiegelte. Ich habe an der Universität den Vorkurs für Mathematik, Physik und Chemie unterrichtet, Literatur gefiel mir sehr und ich verfügte über gute Kenntnisse der Geisteswissenschaften, aber ich war keine Gelehrte. Ich genoss es, Dinge kennen zu lernen und mich in viele unterschiedliche Fachbereiche einzuarbeiten, aber den Gedanken, als Lehrerin für die Grundschule, das Gymnasium oder den Vorkurs für die Universität dauerhaft tätig zu sein, hätte ich als eine starke Belastung empfunden. Diese Sichtweise des Lehrens hat eine riesige Tür für Ängste geöffnet.

Für die Erziehung ist es unerlässlich, sich einander mitzuteilen und Gefühle zu zeigen

Zum jetzigen Zeitpunkt sehe ich die Dinge ganz anders. Ich bin nicht mehr so auf ein Einheitssystem bedacht und nicht mehr so egozentrisch. Wie konnte ich nur glauben, dass die Erziehung auf einer einzigen Person basiert oder auf einem einzigen Punkt, der Schule, lastet? Ich sehe jetzt, dass es so nicht funktioniert. Meine Kinder lernen nicht nur von mir. In erster Linie lernen sie von sich selbst und vom Leben. Sie lernen von allein, es ist nicht nötig, das Wissen von oben zu erteilen (die Zahlen, die Buchstaben, das Schreiben, Lesen, Geschichten zu konstruieren...). Es ist völlig ausreichend, sie nicht einzuschränken und ihren Wissensdrang im Fluss zu lassen. Indem die Kinder die Natur, Einkäufe, Erzählungen und Menschen beobachten, lernen sie. Sie nehmen die Dinge mit viel offenerem Herzen auf als wir Erwachsenen, ohne destruktive Kritik, die auf Unverständnis und Ängsten beruht.

Kinder lernen auch sehr viel von den anderen Personen, die sie sehen. Einer der Vorteile der Nichtbeschulung ist eine signifikante Vermeidung des Generationskonfliktes. Wenn deine Kinder nicht in die Schule gehen, sehen sie die Erwachsenen nicht als einzige Autorität oder ein Modell, dem sie folgen müssen, ihre Altersgenossen als Komplizen und die Kleineren als Minderwertige, die nichts wissen. Autorität sehen sie in jemandem, der ihnen einen treffenden oder drastischen Grund nennt. Sie imitieren denjenigen, der etwas tut, was ihnen gefällt, unabhängig davon, ob dieser Mensch älter oder jünger ist. Sie suchen ihre Vertrauenspersonen in Gleichgesinnten, ohne sich über deren Alter Gedanken zu machen, und sie haben Jüngeren gegenüber keine Vorurteile. Sie haben etwas, dass sie den jüngeren Kindern zeigen können, und sie können von allen lernen. Manche Menschen sind rationaler, andere kreativer, wieder andere instinktiver, andere intuitiver, weitere emotionaler etc. Jeder zeigt ihnen unabhängig vom Alter unterschiedliche Facetten der Kultur, des Lebens und des Fühlens, die sie sofort wie Schwämme aufsaugen, und es gibt noch einen weiteren wichtigen Aspekt: Sie lernen das, was sie lernen müssen, in dem Moment, in dem sie es lernen wollen und in dem sie auch am empfänglichsten dafür sind. Sie fühlen sich nicht gezwungen, weil eine Prüfung ansteht oder weil ein Fach „dran“ ist. Das hat große Vorteile für das Gedächtnis, sie können sich später leichter erinnern, weil sie nicht nur „nebenbei“ lernen. Wenn du deinen Kindern eine umfangreiche Bibliothek zur Verfügung stellst (öffentlich oder privat) und sie außerdem deinen eigenen Wissensdurst beobachten, brauchst du keine Bedenken haben, sie werden vom frühesten Alter an beginnen Wissen aufzusaugen. Das Unbequeme daran ist, dass von unserer Seite aus große Aufmerksamkeit und Energie erforderlich sind. Ich halte es für wichtig, dass wir uns bemühen auf die Fragen der Kinder zu antworten, egal um welche Art von Fragen es sich handelt (Das gilt natürlich auch, wenn sie die Schule besuchen).

Wie oft bitten mich doch meine Kinder, häufiger Leila, dass ich ihnen etwas aus meinen Büchern vorlese. Das ist manchmal nicht einfach, da es einen erhöhten Energieaufwand erfordert. Ich unterbreche dann meinen Moment des Friedens und der Einkehr und lese ihnen etwas davon vor, egal um welches Thema es sich handelt. Manchmal sind es historische Romane, Texte über Kunst, Gesundheit oder Psychologie, Bücher über Pflanzen oder Astrologie, Poesie, Philosophie. Manchmal lauschen sie länger als eine halbe Stunde mit äußerster Aufmerksamkeit und stellen gelegentlich eine Frage zu einem Wort oder einem Zusammenhang, den sie nicht verstehen.
Nachdem ich eine Weile so vorgelesen habe, schauen wir oft in der Enzyklopädie nach und unterhalten uns über die Biografie des Autors und über die Geografie, wobei wir uns auf dem Globus den Ort anschauen, an dem der Autor geboren wurde oder an dem die Erzählung stattfindet. Dann kommen wir zu seinen Reisen oder sprechen über Geschichte und Ethnologie seiner Epoche etc. Andere Male beschränken wir uns einfach auf das Lesen. Ich habe Folgendes festgestellt: Wenn es mich eine Überwindung kostete, meine Lektüre meiner Kinder wegen zu unterbrechen, habe ich mich am Schluss umso besser gefühlt und die Situationen, die dann entstanden sind, werden mir als süße Erinnerung für den Rest meines Lebens bleiben.

Welchem Kind gefällt es nicht, sich zu verkleiden?

Wir drei sind bereit, den Karneval zu genießen!

Wenn die Kinder größer werden, können sie nicht nur aus den Büchern oder von den Erfahrungen anderer lernen, sondern auch durch Kurse oder Workshops. Sie haben immer die Möglichkeit, an allen Vorträgen, Seminaren und Kursen teilzunehmen, die sie interessieren, und die Tatsache, dass sie nicht zur Schule gehen, macht sie nicht zu Unangepassten, sondern im Gegenteil: Sie bekommen mehr Zeit, um eigene Nachforschungen anzustellen und dabei mit Freunden zusammen zu sein. Falls sie in der Zukunft ein Gymnasium, eine Fachhochschule oder Universität besuchen möchten, gibt es kein Hindernis. Sie können in einigen Fällen direkt einsteigen und in anderen Fällen reicht es aus, wenn sie eine Aufnahmeprüfung absolvieren. Wenn sie sich für eine Ausbildung entscheiden, geschieht das aus eigenem Willen und in vollem Bewusstsein. Sie handeln dabei nicht aus Gewohnheit und daher ist ihre Psyche dann viel stärker bereit, die schulische Disziplin und den Druck zu ertragen.

Die Schule kommt mir eher vor wie ein Medium zur Kontrolle als zur Vermittlung von Wissen. Sie beschneidet und beschränkt, dämpft die Energie der Kinder, unterdrückt sie und lässt sie erkalten. Die Schule lehrt unterwürfig zu sein. Der Zustand der Unterwerfung ist ein typisches Milieu für die Entstehung von Krankheiten. Ich zitiere an dieser Stelle Michael Odent: „Wenn ein Neugeborenes im Säuglingssaal lernt, dass es nutzlos ist, zu schreien und seine Bedürfnisse auszudrücken, erlebt es bereits eine Erfahrung der Unterdrückung.“ Wenn wir uns in einer erniedrigenden Situation befinden, produziert unser Körper große Mengen an Kortisol und andere Hormone, die eine Art „physiologischen Suizid“ auslösen, wenn sie über einen längeren Zeitraum ausgeschüttet werden.

Zu der Thematik der physischen und psychischen Schäden, die Kinder in der Schule erleiden zitiere ich einen Abschnitt aus dem Buch „*Crecer sin Escuela*“ (Ohne Schule aufwachsen) von Bippan und Péter, Seite 5:

„(...) William Rohwer, Experte in Fragen des Lernens der Universität Berkeley in Kalifornien, ist der Meinung, dass Millionen von jungen Menschen Misserfolge in der Schule vermeiden könnten, wenn sie nicht vor dem Alter, in dem üblicherweise die Mittelstufe beginnt, eingeschult würden. Laut Piaget (schweizerischer Psychologe und Pädagoge, 1896–1980, ein Pionier auf dem Gebiet der Forschungen über das Denken, Sprechen, die Phantasie und den Intellekt von Kleinkindern) liegt das durchschnittliche Alter, in dem ein junger Mensch zuverlässige kognitive Vorgänge abwickeln kann (Wahrnehmungen und Urteile auf dem Niveau eines Erwachsenen) im Alter von 15 bis 20 Jahren. David Quine, Schulpsychologe aus Texas, hat beobachtet, dass Kinder, die in ihren ersten Lebensjahren nicht aus ihrer familiären Umgebung entfernt wurden, oft die kognitive Reife bereits zwischen 8 und 12 Jahren erreichen.“

Trotz der anfänglichen Begeisterung für die Schule beginnt die Mehrzahl der Kinder, die im Alter von vier, fünf oder sechs Jahren eingeschult werden, in der dritten oder vierten Klasse zu ermüden. David Elkind, Professor für Kindheitsforschung an der Trufts Universität und Autor des berühmten Buches „*The Hurried Child*" (Das gehetzte Kind), bezeichnet dieses Phänomen als „die gebrannten Kinder". Wenn Kinder später eingeschult werden und in eine Klasse einsteigen, die ihrem Alter entspricht, überholen sie normalerweise ihre Altersgenossen schnell. Das gilt sowohl für Leistung als auch soziales Verhalten.

In jungen Jahren sind Gesichtssinn, Geruchssinn und andere kognitive Fähigkeiten, die für die Teilnahme an einer formellen Bildung erforderlich sind, noch gar nicht ausreichend entwickelt. Eine frühzeitige Einschulung führt oft zu permanenten Schäden am Sehvermögen. Vor dem Alter von acht Jahren gibt es noch keine Basis für bewusstes Lernen und nicht die erforderliche Differenzierung im Nervensystem, im Gleichgewichtssinn oder im Ausgleich der Gehirnhälften. Erst zwischen acht und zwölf Jahren erreicht die Mehrzahl der Kinder einen Punkt, an dem sich all diese Fähigkeiten von selbst entwickeln. Dieser Punkt ist entscheidend: Einige Kinder entwickeln sich schneller im Bereich des Sehens, andere im Bereich des Gehörs und weitere in der Kognition. Die Entwicklung der gesamten Fähigkeiten erfordert zweifellos viel Zeit. Es ist schwierig zu wissen, wann das Lernpotential eines Kindes seinen höchsten Stand erreicht. Oft können die Beobachtungen der Eltern wertvolles Material dafür liefern.

Die Studien, auf die ich mich hier beziehe, entsprechen den Schlussfolgerungen von Piaget und anderen: So intelligent Kinder auch sein mögen, sie können in dem Alter, in dem sie heutzutage eingeschult werden, noch nicht auf folgerichtige Art mit Überlegungen in Bezug auf Ursache und Wirkung umgehen. Diese Studien werden von berühmten Mathematikern bestätigt, die vorgeschlagen haben, die Mathematik nicht vor der siebten Klasse zu unterrichten.

Jedenfalls gibt es immer Kompromisse zwischen der Möglichkeit, deine Kinder in die Schule gehen zu lassen, oder sie den ganzen Tag bei dir zu haben. Eltern können sich zusammentun und Gruppen von sechs bis acht Kindern unterschiedlichen Alters bilden, die sich ähnlich ernähren. Jeden Tag kann sich abwechselnd eine andere Familie um die Kinder kümmern und ihnen ihre Lebensweise und ihr Wissen vermitteln. Beispiel: Fünf Familien mit insgesamt acht Kindern im Alter zwischen fünf und acht Jahren tun sich zusammen. Es wird ein Stundenplan von neun Uhr morgens bis drei Uhr nachmittags erstellt. Jede Familie übernimmt einen Wochentag.

An dem Tag, an dem du für alle Kinder verantwortlich bist, musst du den Stundenplan völlig abdecken. Die Kinder werden empfangen und ihnen werden die Regeln mitgeteilt (hygienische Gewohnheiten, Mahlzeiten etc.). Du führst die anstehenden Aufgaben zusammen mit den Kindern aus (Betten machen, putzen, einkaufen, Gartenarbeit, Kunsthandwerk, Renovierung etc.). Und wenn du möchtest, kannst du etwas Besonderes vorbereiten (Museumsbesuche, Konzertbesuche, spezielle Workshops wie Herstellung von Recyclingpapier, Pilze sammeln, spielen, die Wände im Bad mit leicht abwaschbaren Fingerfarben anmalen etc.). An dem Tag bist du auch für das Essen der Kinder zuständig. Du richtest dich nach ihrem Appetit (oder in einigen Fällen nach deinen eigenen Bedürfnissen) und bringst sie je nach dem Stundenplan (z. B. von 10 bis 12 Uhr) und Hunger in das entsprechende Haus oder du bleibst einfach bei ihnen.

Mir gefällt diese Arbeitsform, da sie hilfreich ist, um andere Regeln und Lebensformen kennen und respektieren zu lernen oder die Gründe für deine Lebensweise zu vertiefen, obwohl ich aus Prinzip meine Kinder nicht mehr als einen oder zwei Tage in der Woche zu jemandem bringen möchte. Ihnen gefällt es auch nicht, so oft fortzugehen, denn zu diesen sozialen Zusammenkünften kommen noch Verwandte, Arbeitskollegen, juristische Angelegenheiten, Verabredungen mit Freunden, Einkäufe, Freizeitbeschäftigungen etc. hinzu. Wenn wir in einer Woche mehr als dreimal ausgehen, beginnen wir uns unruhig und gestresst zu fühlen und die Kinder weigern sich, weiterhin etwas zu unternehmen.

Wir spielen mit dem Körper

Was die Workshops betrifft, möchte ich dir etwas aus der Erfahrung mit meinen Kindern erzählen. Sie lieben es zu malen, singen, tanzen, Musik zu machen, Theater und Kasperletheater zu spielen, zu töpfern etc. und seit zwei Jahren haben mich beide ständig gebeten, Musikunterricht nehmen zu dürfen. Wir beschlossen, sie in eine Schule zu schicken, die ein Projekt mit zwei Fächern durchführte: Tanz und die Sprache der Musik. Am Montag Nachmittag gingen sie in die Tanzklasse und Mittwochs wurden beide Fächer unterrichtet. Leila und Altair begannen die Kurse mit großer Freude und Spaß an der Sache (der Kleine wurde aufgenommen, obwohl er noch nicht das Aufnahmealter erreicht hatte). Nach zweieinhalb Monaten wollten sie nicht mehr zum Tanzkurs gehen und nach weiteren eineinhalb Monaten hat sie keiner der Kurse mehr interessiert. Ich glaube, Altair hat die Entscheidung getroffen, weil Leila ihn mitgerissen hat. Meine Tochter brachte den Grund vor, dass ihr der Kurs nicht gefalle und sie keinen Sinn darin sehe. Es wurden Dehn- und Bewegungsübungen durchgeführt, die meine Kinder ohnehin ständig machen können. Sie haben es nicht nötig, sich körperlich auszulassen, da sie nicht unterdrückt sind und nicht über lange Zeiträume feste Körperhaltungen einnehmen müssen. Der zweite Grund, den sie mir nannte – zwischen Sätzen wie „mir gefällt die Lehrerin oder diese oder jene Schülerin nicht“ eingeschaltet – war, dass sie die Zeit (einschließlich Transport zur Schule und die Wartezeit bis zum Beginn des Unterrichts) lieber mit mir verbringe und zu Hause spielen möchte. Leila hatte den Eindruck, dass sie zuviel Zeit für einen vergleichsweise geringen Nutzen investierte und nur sehr wenige neue Dinge lernte.
Logischerweise haben die Kinder dann aufgehört die Kurse zu besuchen und wieder die ganze Zeit zu Hause gesungen und getanzt. Wenn sie mich in der Zukunft bitten werden, zu Seminaren, speziellem Unterricht, der staatlichen Schule oder der Universität gehen zu dürfen, werde ich sie gehen lassen, denn nur dann sind sie wirklich dazu bereit. Sie können sich auch dagegen entscheiden, wenn sie feststellen, dass sie dort nicht bekommen, was sie sich wünschen, und ich würde dann eine alternative Schule suchen, die eher unserer Lebensphilosophie entspricht. Meiner Ansicht nach findet die ideale Erziehung in einer kleinen Gemeinschaft oder einem Dorf statt, wo die richtigen Werte vermittelt werden, jeder sich um den anderen kümmert und jeder den anderen etwas beibringt. Die spezifische Last der Erziehung fällt dann nicht auf eine bestimmte Person, es gibt kein Besitzdenken in Bezug auf die Kinder und die Menschen hören auf, ihre Frustration und Erwartungshaltung an das Leben auf die Kinder zu projizieren und diese für diese Gefühle verantwortlich zu machen. Die Beziehung zwischen Eltern und Kindern ist dann nicht so strikt, da die Sprösslinge als „Kinder des Lebens“ betrachtet werden, wie es Khalil Gibran einst ausdrückte.

Wenn ich mit den Kindern zusammen bin, versuche ich mich mit dem zu identifizieren, was sie tun, und in der Fülle zu leben, unbegrenzt Zeit zu haben, denn diese Zeit ist nicht für sie, sondern für mich. Das ist wohl, was die Orientalen geistige Aufmerksamkeit nennen: alle Facetten unseres Lebens auf das eine richten, beispielsweise auf das Reinigen unseres Hauses. Was wir tun, müssen wir in vollständiger Konzentration ausführen, wir müssen uns unserer Atmung bewusst sein, der eigenen Präsenz, Handlungen und Gefühle. Das bedeutet, ganz im Hier und Jetzt zu leben und nicht an die Zukunft zu denken oder an das, was wir als Nächstes tun werden. Wenn ich mich durch die Kinder belastet fühle, versuche ich meinen Geist über die Kontrolle der Atmung und die Konzentration zu beruhigen.

Es war für mich ein großes Glück, dass ich als Kind in einer Umgebung der Vertiefung in Studien, Kreativität und Innenschau aufwuchs, denn dank dieser Umstände habe ich schon einen Schritt auf dem Weg der Konzentration geschenkt bekommen. Ich kann im Hier und Jetzt leben – wovon in der Gestalttherapie so oft gesprochen wird – entweder wenn ich mit meinen Kindern zusammen bin oder wenn ich die Zen-Meditation praktiziere, von der ich in einem anderen Kapitel bereits gesprochen habe. Zuerst konzentriere ich mich auf die Atmung und danach kann mein Geist leer werden.

Jeder Ort ist gut, um sich auszudrücken und mit sich selbst zu verbinden

Die nächste Frage, die ich am Anfang des Kapitels aufgeworfen habe und auf die noch eine Antwort aussteht, ist: Nehme ich meinen Kindern die Möglichkeit, später arbeiten zu können, wo sie wollen?
Ich habe verschiedene Gedanken zu der Antwort. Wenn ich meinen Kindern sage, dass der Mensch kein Omnivore ist, sondern Frugivore, dass jedes lebendige Wesen oder jeder Gegenstand so wichtig ist wie wir, eine eigene Energie besitzt und wir sein Leben respektieren müssen, dass Impfungen nicht das Wunder des Jahrhunderts sind und mit vielen Nebenwirkungen und Manipulation durch den Staat verbunden sind, dass der Garten und die Natur keine chemischen Produkte benötigen, dass es wichtig ist, Konsumdenken zu vermeiden und so autark wie möglich zu leben, dass bestimmte wissenschaftliche Fortschritte die Umwelt kontaminieren und durch elektromagnetische Strahlung sehr großen Schaden anrichten, dass Lebewesen nicht einfach nur geboren werden, wachsen, sich reproduzieren und sterben, dass wir nicht sterben, sondern uns transformieren, dass es sehr wichtig ist, in der Natur zu leben, dass Kreativität und Entwicklung der Sensibilität sehr wertvoll sind, dass wir viel mehr sehen, hören und wahrnehmen können als nur unser materieller Körper, dass Stille und Meditation in unserem Leben eine wichtige Rolle spielen, dass wir auf uns selbst vertrauen und an uns, das Leben und das Universum glauben müssen, dass Krankheiten kein externer Störfaktor sind und eine Anregung zu unserem inneren Wachstum darstellen, dass wir lernen müssen, uns über alle unsere Handlungen bewusst zu sein, die Verantwortung dafür zu übernehmen und sie nicht an andere Personen zu delegieren, egal wie geringfügig sie uns zu sein scheinen – wie kann ich meine Kinder dann auffordern, in die Schule zu gehen, genau das Gegenteil von den eben genannten Werten zu lernen und auf der anderen Seite mir zu vertrauen? Würde ich ihnen dann nicht beibringen, ihr Leben in all das zu investieren, an was sie nicht glauben? Würde ich sie dann nicht anspornen in einem Beruf zu arbeiten, der ihnen nicht gefällt, und zu Personen zu werden, die nach einem falschen Gefühl von Sicherheit und Stabilität streben? Ich hoffe, dass meine Kinder, indem sie nicht in die Schule gehen, mehr Kraft bewahren, um ihre Ziele zu erreichen. Ich denke, dass sie in der Zukunft genau in dem Beruf arbeiten können, der ihnen gefällt, und wenn sie dafür eine Prüfung, ein Examen oder ein Studium absolvieren müssen, werden sie das mit ihrem gesamten Sein tun und es wird keine großen Hindernisse geben. Außerdem ist ein Titel oder Diplom keine Garantie für eine Arbeit, die man sich wünscht, und noch weniger für ein „befriedigendes und produktives“ Leben.
Die weitere Frage ist, ob meine Kinder genug Kontakt zu anderen Kindern haben. Es ist sehr aussagekräftig, meine Kinder zu beobachten. Wenn wir irgendwohin gehen, bauen sie immer gute Beziehungen zu anderen Menschen

auf, egal ob es sich um ein Baby, ein Kleinkind, einen Erwachsenen oder eine alte Person handelt. Es gefällt ihnen, in Gesellschaft zu sein, zu plaudern oder zu spielen. Sie kennen fast alle Spiele und Lieder, die anderen Kindern auch bekannt sind. Kinder, die nicht in die Schule gehen, haben viel mehr Freizeit, um mit Erwachsenen und anderen Kindern zusammen zu sein, wenn sie das möchten, und im Gegensatz zu dem, was manche Leute glauben könnten, befinden wir uns nicht am Rande der Gesellschaft.

Die Gesellschaft bietet uns viele Aspekte, Werte und Formen des Lebens. Sagen wir, unter zehn Möglichkeiten wären für jeden Menschen sieben auszuwählen. Auch ich wähle sieben von zehn aus. Obwohl sich die meisten Menschen für die übrigen drei entscheiden, haben wir die anderen vier gemeinsam. Daher bin ich kein „komischer Kauz“ in dieser Gesellschaft, ich bin einfach ein Teil davon und ich lerne immer mehr Menschen kennen, die mit mir und meinen Kindern seelenverwandt sind. Das Leben „setzt sie mir ständig vor die Nase“.

Die Gelassenheit des Mimen ist neben Spaß auch eine gute Lernübung

Wir wissen nicht, wie die Zukunft tatsächlich aussehen wird, aber sowohl meine Kinder als auch ich sind ein Teil davon und wir erschaffen sie. Ich erinnere mich an eine Botschaft – ich weiß nicht mehr genau, wo ich sie gelesen habe – sie stammte von einem 16-jährigen Mädchen, das nicht eingeschult war, und besagte in etwa: „Warum sollte die Sozialisation ein Problem sein? Was ist daran schlimm, wenn ich keine Lust habe, gesellschaftlichen Umgang zu pflegen? Es gibt keinen Grund, warum ich ausgeglichener und glücklicher sein sollte, nur weil ich sehr gesellschaftsfähig bin..."

Was den Umgang mit anderen Kindern betrifft, so sind es unsere Kinder selbst, die bestimmen müssen, und wir, die lernen müssen ihnen zuzuhören, denn selbstverständlich zögern sie nicht darum zu bitten, jemanden sehen zu dürfen oder zu Hause zu bleiben und nicht mehr auszugehen. Wie ich schon zuvor gesagt habe, übersteigen die täglichen Verpflichtungen (Familie, Freunde, Einkäufe, Arbeit, Behördengänge, Freizeit etc.) manchmal das Bedürfnis an Kontakt zu anderen Personen oder Kindern. Ich denke nicht, dass es nötig ist, etwas Besonderes in dieser Richtung zu unternehmen. Es ist nur wichtig, auf die eigenen Gefühle und die der Kinder zuzuhören.

Geselligkeit heißt im Allgemeinen, dass sich ein Kind an die Gesellschaft einfügt und an die anderen anpasst. Wenn wir über das Gegenteil nachdenken, könnten wir sagen, dass ein Einzelgänger unangepasst ist. Wir alle streben danach, unser Wesen leben zu dürfen, das heißt die Freiheit, und das kann nur für jeden Einzelnen existieren. Politik, Psychologie, Kultur und Erziehung stehen im Dienst der Gesellschaft. Letztere gewährt keine Freiheit außer dem Streben nach der von den meisten gesuchten Geselligkeit, und daher ziehe ich es vor, dass meine Kinder ihren Frieden in ihrem Inneren finden. Es ist sehr schwer, einen Einzelgänger unglücklich zu machen, da dieser gelernt hat seine eigene Gesellschaft zu genießen und allein glücklich zu sein. Es ist das Ego, das gebraucht werden möchte. Die Gesellschaft fördert das Wachstum des Ego. Ich denke, dass die Schule eher auf die Eltern und nicht auf die Kinder fokussiert ist. Sie befreit Erstere von einer Verantwortung, gewährt ihnen mehr Freizeit (um diese in Arbeit, Kontakte, Studium, Hausarbeit etc. zu investieren) und reduziert auf den ersten Blick die Konflikte. Das geschieht aber auf Kosten des Vertrauens und der Verbindung der Eltern zu sich selbst und ihren Kindern, auf Kosten ihrer Persönlichkeit und ihrer Kommunikation. Daher entstehen immer schwierigere Situationen in den wenigen Momenten des Beisammenseins. Ich möchte dir etwas davon erzählen, was mir vor ca. drei Jahren passiert ist.

Damals arbeitete ich fünf Tage pro Woche vier Stunden lang in einem Hotel, ich entwarf und legte einen biologischen botanischen Garten an. Meine Kinder blieben entweder bei ihrem Vater oder sie haben mich begleitet. Dann beschloss

ich, den Führerschein zu machen: Um mich zu „entlasten", stellten wir ein Mädchen an, das sich vegetarisch ernährte und, während ich zu meinem Kurs ging, Leila und Altair versorgt hat.
Glaub mir, während dieser eineinhalb bis zwei Monate hatte ich nicht nur wesentlich weniger Geduld mit meinen Kindern, sondern sie haben mir auch wesentlich weniger von dem erzählt, was sie unternommen und gelernt haben, und sie haben sich viel häufiger beschwert. Sie verlangten ununterbrochen mit mir zusammen sein zu können (was mich belastete), sie stritten sich und weinten öfter... Es gab intensiven emotionalen Stress, so dass zeitweise unsere Kommunikation dadurch erschwert wurde. Ich habe die Momente, in denen ich allein war, immer stärker genossen – sie haben mir den Rest des Tages umso schwerer gemacht. Wenn dieser Zustand weiter bestanden hätte, wäre wahrscheinlich irgendwann ein Bruch oder eine gefühlsmäßige Kälte aufgetreten, damit überhaupt ein Minimum an psychologischem Gleichgewicht gewahrt worden wäre. Kurz nachdem ich den Führerschein bestanden hatte, kam wieder Harmonie in unsere Beziehung.
Vielleicht haben wir die Tendenz, unsere Jugend zu wiederholen, und schicken unsere Kinder in die Schule, um uns wieder jung und frei zu fühlen und letztlich Veränderung, Verantwortung oder dem Erlernen der neuen Situation zu entweichen...
Wenn du den Entschluss fasst, deine Kinder zu Hause zu erziehen, stellen sich selbstverständlich oftmals wieder die ökonomischen Fragen: Wie viel Geld benötige ich wirklich? Gefällt mir die Arbeit, die ich verrichte? In welchem Bereich würde ich gern arbeiten? Wenn du die Verantwortung für deine Antworten übernimmst, werden sich deine Lebensqualität und dein psychologisches und emotionales Gleichgewicht trotz anfänglicher Ängste sicher enorm verbessern. Bei der Nichteinschulung handelt es sich nicht um einen separaten Problemfall, sondern um eine weitere Facette unserer das Leben betreffenden Werte und Visionen, die sowohl vielschichtig als auch natürlich sind.
Der nächste Gesichtspunkt, den ich hier anspreche, ist die heikle rechtliche Frage. Jemand, der die Entscheidung trifft, seine Kinder nicht einzuschulen, will natürlich auf keinen Fall das Sorgerecht für sie verlieren oder ähnliche Schwierigkeiten bekommen. Die Entscheidung gegen den Schulbesuch ist kein Akt der Unverantwortlichkeit oder Vernachlässigung, sondern genau das Gegenteil, eine Handlung im vollen Bewusstsein und nach reiflicher Erwägung aller Gegebenheiten. Der spanische Staat ist im Hinblick auf das Thema Schulpflicht nicht sehr definitiv.
Wenn du irgendwelche Gelder aus dem Sozialversicherungssystem beziehst, müssen deine Kindern im schulfähigen Alter (6 Jahre und älter) eingeschult werden. Ist das nicht der Fall, könntest du dich darauf verweisen, dass es eine

Unterrichtspflicht gibt, aber keine Schulpflicht. Das Gesetz spricht auf der einen Seite von der Unterrichtspflicht, auf der anderen Seite garantiert es die Meinungsfreiheit und besagt, dass die Eltern für notwendige Ausbildung ihrer Kinder verantwortlich sind.

Wenn du von der rechtlichen Seite aus angegriffen wirst, wird dir *„Vernachlässigung der Verantwortungspflicht"* vorgeworfen. Dieses Argument kann von den angegriffenen Personen leicht widerlegt werden. Die spanische Verfassung besagt Folgendes: *„Die Behörden garantieren das Recht der Eltern auf Unterstützung dafür, dass ihre Kinder die moralische und religiöse Ausbildung in Übereinstimmung mit ihren eigenen Überzeugungen erhalten."* (Art. 27.3). Meine Überzeugung liegt im Bereich Naturismus, Spontaneität, Vertrauen auf mich selbst und die eigene innere Weisheit, Licht und Liebe... In der Verfassung können wir außerdem lesen: *„Die grundlegende Bildung ist obligatorisch und kostenfrei"* (Art. 27.4). Hier wird von Bildung gesprochen und nicht von Schulpflicht. In meinem Alltag vermittele ich meinen Kindern viel mehr als nur eine *„grundlegende Bildung"*.

Es gibt in Bezug auf die Bildung ein zweitrangiges Gesetz in der Verfassung, in dem das Wort Schulpflicht statt Bildung auftaucht. Der Richter Luis Columna verneint, dass es *„in solchen Fällen eine Verantwortung zur Verhängung einer Strafe gibt* (bewusste Nichteinschulung)*, weil die Eltern ihre Pflichten in Bezug auf ihre Kinder nicht vernachlässigen, sondern ganz im Gegenteil über sie wachen und überdenken, welche Erziehungsmethode am besten geeignet ist."*

Bei anderen Gerichtsverfahren wurden folgende Beschlüsse gefasst: *„Die Form der Erziehung am Rande der offiziellen Schulbildung liegt zweifellos im Rahmen der Freiheiten, die durch die Verfassung gewährt werden."*

Neulich habe ich mir den neuen Gesetzesentwurf über die *„Qualität des Unterrichtswesens"* durchgelesen. Dem Inhalt des Gelesenen entnehme ich, dass Eltern, die ihre Kinder nicht einschulen, nichts zu befürchten haben. Wie der Titel schon sagt, bezieht sich das Gesetz auf den Unterricht und nicht auf die Schulpflicht, und dieser Punkt kann dem Verfassungsrecht nicht widersprechen. Ich sehe vielmehr, dass die eingeschulten Kinder von einer unzureichenden Qualität des Unterrichtswesens stark betroffen werden. Unter den Punkten, die meine Aufmerksamkeit erregt haben, sticht hervor, dass die Lehrer an öffentlichen Schulen (falls das Gesetz verabschiedet wird) im Falle von Konflikten mit den Schülern das Recht auf juristische Unterstützung haben. Des weiteren wird erwähnt, dass die spanischen Schüler im Lesen, Schreiben von Aufsätzen und in der Mathematik derzeit unter dem Durchschnitt der europäischen Länder liegen.

Laut dieser Gesetzesvorlage müssen *„ausländische Schüler, die der spanischen Sprache nicht mächtig sind oder schwere Mängel in dem Bereich haben, von* *den Erziehungsbehörden im schulfähigen Alter eingeschult werden"*. Die Eltern haben folgende Pflichten:

- *„Die notwendigen Maßnahmen zu ergreifen, damit ihre Kinder den obligatorischen Bildungsstand erreichen;*
- *ihre Kinder dazu anspornen, die für die empfohlene Bildung erforderliche Aktivitäten zu unternehmen;*
- *die Entwicklung des Erziehungsprozesses ihrer Kinder zu verfolgen und in Zusammenarbeit mit den Lehrern und im Lehrbereich tätigen Fachkräften zu unterstützen;*
- *die durch das Erziehungssystem aufgestellten Regeln zu respektieren und dafür zu sorgen, dass sie respektiert werden."*

Was uns auf der anderen Seite betrifft, ist die Tatsache, dass der Schüler folgende Pflicht hat: *„Die Teilnahme an allen Aktivitäten, die der Ausführung der Lehrpläne dienen"*. Das kann zu Komplikationen führen, falls wir oder unsere Kinder den Wunsch haben, nur an einem oder zwei Fächern teilzunehmen, die nicht außerhalb der Schule gelehrt werden.

In Spanien hat die Mehrzahl der Familien, die ihre Kinder nicht eingeschult haben, keinerlei Probleme gehabt. Der Verlauf der Dinge bei den seltenen Konflikten sieht gewöhnlich so aus: Ein Sozialarbeiter oder Rektor stellt fest, dass dein Kind nicht eingeschult ist, und meldet dieses den Behörden. Daraufhin ersucht die zuständige Behörde dich um ein Gespräch, das bei dir zu Hause stattfinden kann. Dort geht es in der ersten und wichtigsten Bewertung darum zu sehen, ob du deine Kinder vernachlässigst oder ob du die Entscheidung mit Bewusstsein und Verantwortung getroffen hast, und es wird ein Gutachten über die Ausgeglichenheit von dir selbst und deinen Kindern erstellt. Die meisten Mitarbeiter der Behörde sind durch diesen ersten Schritt zufriedengestellt, geben diese Information weiter und lassen dich danach in Ruhe. Andere Mitarbeiter überprüfen den intellektuellen Stand deiner Kinder und stellen ihnen einige Fragen. Im schlimmsten Fall fordern sie deine Kinder zu jährlichen Prüfungen und dich zum öfteren Vorsprechen auf – oder sie bestätigen die Anzeige über Vernachlässigung der Verantwortung und veranlassen ein Gerichtsurteil, das von deinen Kindern fordert, die Schule zu besuchen.

Falls dir Letzteres passiert, kannst du die Kinder immer noch für Fernunterricht in einem spanischen oder ausländischen Institut anmelden. Ich glaube jedoch, dass wir vor allem lernen müssen, unsere Rechte und Werte geltend zu machen, unser Leben konsequent in Übereinstimmung mit unserer Philosophie zu führen und völlig bewusst und verantwortungsvoll zu leben. Wir würden damit den Menschen helfen, Türen in ihren Denkmustern zu öffnen und toleranter gegenüber anderen Kulturen, Gewohnheiten und Werten zu sein.

Daher schmerzt es mich, wenn nicht nur meine Mutter mich ständig bedrängt, dass ich meine Kinder einschulen soll, sondern auch noch ein Sozialarbeiter, eine Freundin oder Nachbarin, welche meine Kinder auf manipulierende Weise als egoistisch oder abhängig bezeichnen, wenn sie klar und deutlich antworten, dass sie lieber bei ihrer Mutter bleiben wollen. Ich verstehe, dass ein Verwandter dadurch, dass meine Kinder nicht beschult werden, sich in seinen mentalen Schemata angegriffen fühlt und Angst vor der Verlust seines Images empfinden kann. Trotzdem befürworte ich den gegenseitigen Respekt, insbesondere wenn die Kinder gesund, ausgeglichen und glücklich in einem Umfeld voller Liebe aufwachsen, wenn sie großzügig (sie haben weniger Kontakt zur materiellen und konkurrenzorientierten Umwelt) und kreativ sind.
Schauen wir uns mal andere Länder an, z. B. die USA. Am Ende des Jahres 2001 legte die Regierung einen Bericht vor, in dem die bessere Vorbereitung und gesamte Anpassungsfähigkeit an die Gesellschaft von nicht eingeschulten Kindern anerkannt wurde. Laut dem Bericht liegen die nicht eingeschulten Kinder 80 Punkte über dem Durchschnitt der Aufnahmeprüfungen für Studienanfänger, wenn sie sich an das System „ankoppeln" wollen.

Meinen Kindern gefällt es, zusammen zu sein und etwas zu lernen

Diese Nichteinschulung wird heute in allen fünfzig USA-Staaten anerkannt, damit wird unter anderem versucht *„die Stärken des Kindes zu fokussieren und diese ohne Druck und ohne Erpressung auf natürliche Weise zu potenzieren"*, so dass es mit seiner Umgebung interagieren und durch seine eigene innere Weisheit Wissen ermitteln kann. Solche Kinder zeigen auch weniger destruktive Rebellion und Aggressivität. In Ländern wie Kanada, Australien, Frankreich, England und den Vereinigten Staaten selbst (wo es eineinhalb Millionen Kinder gibt, die nicht eingeschult sind) ist die Erziehung ohne Schule völlig legal. Bei der Erziehung ohne Schule lernst du selbst, bescheiden zu sein, dein Ego zurückzunehmen und es in allen Bereichen anzupassen. Du stellst deine Kinder auf die gleiche menschliche Stufe, auf der du stehst. Ich finde es ziemlich schwierig, dieses Thema zu erklären, aber ich möchte es trotzdem hier darlegen.

Während ich arbeite, bringe ich meinen Kindern etwas bei

Ich verstehe meine Mutter, wenn sie sagt, dass sie sich für mich schämt und Angst hat, dass die Nachbarn keinen Kontakt mehr mit ihr pflegen wollen. Ich verstehe diese aggressive Einstellung, die Teil einer Rüstung ist, durch die bestimmte Leute uns beschießen, indem sie uns nur ansehen, einfach weil unsere Art zu handeln und die Welt und ihre Gesetzmäßigkeiten zu sehen völlig anders ist. Ich weiß andererseits, dass mich meine Mutter sehr liebt, genau wie ich sie liebe, und wir beide danach streben, geliebt und akzeptiert zu werden. Der Unterschied ist, dass wir beide eine verschiedene Sonne sehen oder dass der Weg unserer Suche nach der Liebe durch unterschiedliche Orte führt. Vielleicht verläuft der Weg meiner Mutter über ihre Nachbarn und ihre Umgebung und meiner über das, was ich als „meine Universellen Gesetze" bezeichne, meine Nachbarn und meine Umgebung, nur dass meine einzige Nachbarin die Natur ist.

Als ich aufs Land gezogen bin, haben die Reaktionen und Kommentare der unterschiedlichen Dorfbewohnern, mit denen ich mich unterhielt, eine Entwicklung durchlaufen. Es gab alle Arten von Reaktionen, aber die Grundstimmung war ungefähr so: Da es relativ ungewöhnlich ist, dass eine Frau mit zwei kleinen Kindern allein mitten auf dem Land lebt, ohne Regeln und ohne Schminke, barfuß mit wilden Haaren, haben mich die Leute auf destruktive Weise mit Drogenabhängigen gleichgesetzt. Abgesehen davon, dass auch diese Leute ein Herz haben und dass die Vorurteile nicht gerade förderlich sind, um ihre Abhängigkeiten zu überwinden und ihre emotionale Leere zu füllen, waren die meisten völlig überrascht, wenn sie mir einen Joint, ein Glas Wein, eine Coca Cola oder ähnlichen Dinge angeboten hatten und ich es ablehnte, da ich nichts dergleichen konsumiere. Nach und nach sahen die Leute, dass unser Leben und unsere Ernährung ziemlich gesund sind, und sie stellten nicht nur fest, dass ich älter bin, als ich aussehe, sondern dass wir auch die Verantwortung für unsere Handlungen übernehmen können. Nach diesem ersten Eindruck kamen die Befürchtungen jedoch wieder hoch, dieses Mal in Form der enormen Angst vor Sekten, die sich im Unterbewusstsein eines Teils der Gesellschaft befindet. Nudismus, barfuß laufen, einfache Kleidung und Tuniken hinderten die Leute daran, uns einer bereits bestehenden sozialen Gruppe zuzuordnen.

Es ist für uns alle nicht einfach, uns zu zeigen, wie wir sind, auf bedingungslose Weise zu lieben, uns selbst zu lieben. Wenn die Dorfbewohner mit mir sprechen, sehen sie, dass ich ein bestimmtes religiöses, sektiererisches, spirituelles Wissen oder Kenntnisse habe, die sie so einordnen. Mich interessieren sowohl Religionen als auch Sekten sehr, genau wie jede Bewegung oder jeder Gedanke, der dazu drängt, zu überlegen und sich nach innen zu wenden, zu beobachten und sich zu entwickeln, aber ich hafte mich an nichts dergleichen. Meine einzige Verbündete ist die Natur. Jede Religion, Sekte oder spirituelle Bewe-

gung hat etwas, mit dem ich mich identifizieren könnte. Daher wäre es für mich unmöglich, mich nur auf eine davon zu berufen. Ich folge einfach nur meinem Weg, den mir mein Inneres zeigt.
Wenn die Leute feststellen, dass wir nicht dogmatisch mit ihnen umgehen, werden sie wieder lockerer und beginnen uns zu akzeptieren. Manche loben unsere persönliche Entwicklung, Suche oder Lebensweise. Andere beobachten uns einfach nur und weitere Personen stehen uns bei. Ich habe mit allen oder fast allen früher oder später begonnen, eine aufrichtige und schöne Beziehung zu pflegen.
Wenn meine Kinder mal mit schmutzigen Händen oder mitten im Sommer mit einer Wollmütze herumlaufen, wenn sie barfuß und ungekämmt sind, heißt das nicht, dass ich verantwortungslos bin oder dass meine Kinder asozial sind. Sie hören auf sich selbst und ich übernehme die Verantwortung für das, was ich für sie und ihre emotionale und psychische Entwicklung und Reife für wichtig halte. Seitdem meine Kinder laufen und sich anziehen können, habe ich ihnen beigebracht, die Verantwortung für Hygiene und Kleidung zu tragen. Das Äußerste, was ich mal sage, ist: „Dein Gesicht ist extrem schmutzig", oder: „Mit so dreckigen Füßen wird das Bett schmutzig und dadurch verbrauchen wir viel mehr Zeit, Arbeit, Wasser und belasten die Umwelt durch das Waschen der Laken und Federbetten". Manchmal nehme ich auch einen Pullover im Rucksack oder in einer Tragetasche mit, wenn es draußen schneit und die Kinder in kurzärmeligem T-Shirt auf die Straße gehen. Ich bin sicher, dass ihr Wärmeregulierungssystem und ihr Immunsystem besser funktionieren, wenn sie sich nicht eingeengt fühlen.
Wie bereits erwähnt, unternehme ich nichts Besonderes, um ihnen das Lesen und Schreiben beizubringen, außer dass ich in meiner Tätigkeit innehalte und versuche, ihnen so viel Zeit wie möglich zu widmen, wenn sie mich darum bitten – und das ist wirklich viel Zeit. Ich möchte eine interessante Idee vorstellen, die eine Freundin von mir hatte und die meine Kinder und ich bereits angefangen haben auszuführen. Wir füllen das Haus mit Kärtchen, auf denen der Name des Gegenstandes steht, an dem sie angebracht sind. Wenn meine Kinder ein Foto, eine Tür, das Bett, das Auto, einen Löffel, Bleistift, Bücher etc. mit Kärtchen versehen, lernen sie von allein durch Assoziationsdenken zu lesen und zu schreiben, ohne dass ich einschreite. Jetzt brauche ich nur noch auf die Ergebnisse zu warten, aber eins ist mir klar: Wenn ich möchte, dass meine Kinder die Weisheit sowohl in ihrem Inneren als auch im Äußeren suchen, muss auch ich sie suchen. Das Beispiel und seine Lösung sind die besten Lehrer. Wenn ich meinen Kindern erlaube, etwas, das ich als schädlich ansehe, zu essen, zu trinken oder zu tun, füge ich auch mir Schaden zu. Daher muss ich von diesen Dingen Abstand halten und meine Meinung klar äußern, damit

meine Kinder zu ihren Handlungen stehen und sich selbst und andere lieben. Wenn ich jemanden besuche und diese Person mir sagt, dass es Zeit wird, dass ich meine Kinder erziehe, fügt mir das viel Schmerz zu. Sieht dieser Mensch nicht, dass ich das bereits tue? Dabei investiere ich so viel Energie in diesen Prozess!
Kannst du dir vorstellen, was es bedeutet, 24 Stunden am Tag mit deinen Kindern zusammen zu sein, dabei zu arbeiten, deine Freizeit mit ihnen zu teilen, selbst die Verantwortung zu übernehmen und sie nicht Ärzten, Medikamenten oder anderen Dingen zu überlassen? Obwohl es sehr schön ist, kostest es mich doch einen hohen Aufwand an Energie. Es fällt mir oft schwerer, ein „Nein" nicht auszusprechen, als es auszusprechen. Jedes Mal, wenn ich nein sage, bestrafe ich meine Kinder. Es gibt bereits zu viele „Neins", die ich als unvermeidlich ansehe, um ein Minimum an Sicherheit zu gewährleisten, warum sollte ich dann nur für soziales Rollenverhalten noch mehr davon hinzufügen. Wenn ich nein sage, möchte ich, dass die Kinder die Quintessenz des Verbotes verstehen. Dasselbe gilt für die Differenzierung zwischen ihren und meinen Konflikten.

Indem wir Klassiker wie Don Quijote darstellen, lernen und fühlen wir Literatur und Geschichte

Wenn meine vier- und sechsjährigen Kinder auf zu hohe Felsen oder Bäume klettern, kommt ein Punkt, an dem ich zu stark leide. Ich verbiete ihnen dann aber nicht, hinaufzuklettern, sondern bitte sie, wieder herunterzukommen. Ich weiß zwar, dass sie sehr geschickt sind und nicht hinabstürzen werden, aber ich fühle mich doch etwas unsicher und leide, wenn ich ihnen zusehe. Daher schlage ich dann eine Aktivität vor, bei der wir drei uns wohl fühlen. Ich biete ihnen eine Handlungs- und Spielfreiheit an, die für ihr späteres emotionales Gleichgewicht äußerst wichtig ist. Eine andere Regel, an die ich mich halte, ist die, dass jedes Kind an „seinem" Wochentag bestimmt, was unternommen wird. Ich habe dieses Thema bereits in dem Kapitel über die roh-vegane Ernährung erwähnt und gehe daher an dieser Stelle nicht näher darauf ein.
Ich möchte dir damit nur sagen, dass jeder die Maßstäbe erschaffen und einführen kann, die er für angebracht hält. Das Universum ist so groß und die Büchse der Pandora ist so voll, dass du sicher sein könntest, dass dir die Ideen zufliegen werden, wenn du im Fluss bist. Am Anfang mag es dir etwas kompliziert vorkommen, die Sicht der Dinge, Handlungen und Rollen zu ändern, aber du wirst die Vorzüge sofort bemerken.
Wie kann man jemandem, der sich noch nie mit diesen Themen beschäftigt hat, erklären, dass sich die gesamte Weisheit schon vor unserer Geburt in unserem Inneren befindet, dass der Mensch auf physiologischer Ebene ein Frugivore ist, Impfungen schädlich sind, Kleidung und Schuhe störend sind, Wohnungen unsere Gesundheit beeinträchtigen, wir allein für Letztere verantwortlich sind, Krankheit von innen kommt und nur von innen geheilt werden kann, alles, was uns zustößt, durch Anziehungskräfte in unseren Energiefeldern geschieht, die wir mit unseren Handlungen, Gedanken und Gefühlen gestalten, dass wir Lichtwesen sind und Teile eines großen Ganzen sind? Es wundert mich nicht, dass sich einige Menschen erschrecken oder dass sie mich ablehnen, während andere sich wiederum angezogen fühlen.
Hätte ich als Schülerin einen Menschen wie mich kennen gelernt, würde ich auch entweder an der Stelle meiner Kinder sein wollen – oder ich hätte „diese komischen Nichteingeschulten" innerlich kritisiert und mich über sie lustig gemacht..?

Die Vereinigung mit unserem Wesenskern und die heutige Gesellschaft

Schlussfolgerungen

Gesellige Wesen,
unterdrückt, aber gesellig,
Eremiten im tiefsten Inneren,
Weise und Sucher,
wir sind alle Eins,
wir sind alle in Ihm,
wir alle sind Er.

Wie schon Maharaji in seinen Weisheitslehren sagte, müssen wir uns bemühen, in jedem Augenblick Zufriedenheit zu erlangen und nicht auf einen späteren Zeitpunkt zu warten und dabei das Hier und Jetzt zu vernachlässigen. Die Zufriedenheit befindet sich in unserem Inneren. Wenn wir traurig sein wollen, sehen wir nur auf diesen Aspekt und genau das werden wir in unserem Leben antreffen. Wenn wir glücklich sein wollen, werden wir Glück finden. Wir bekommen das, was wir aussenden und suchen.
Es war ein wichtiger Schritt für mich, dass ich mich eines Tages geweigert habe, weiterhin im Leid zu leben. Ich begann jeden traurigen, kritischen oder unangenehmen Gedanken zurückzuweisen und sagte mir dabei: „Ich will das nicht denken oder fühlen. Das Leben ist voller Licht, Farbe und Liebe". Auf diese Weise hat sich mein Leben verändert und mit Licht, Farbe und Liebe angefüllt.
Um in einen Zustand der Fülle zu gelangen, ist es äußerst wichtig, die anderen zu lieben. Eine Möglichkeit dazu ist es, zuzulassen, dass die anderen dich lieben. Manchmal ist das nicht einfach, aber es lohnt sich. Maharaji hat es so ausgedrückt: „Freiheit findest du nur in dir selbst. In dem Herzen eines jeden Menschen gibt es einen Raum voller Freiheit, Frieden und Liebe. Freiheit besteht darin, dass du beginnst zu verstehen, dass es ausreicht, dich einfach nur über das Leben zu freuen. Das, wonach du strebst, hast du bereits erhalten. Deine Freiheit bedeutet nicht, Ziele zu erreichen, sondern zu verstehen, dass du allein dadurch, dass du lebst, alle Ziele erreicht hast."
Das sind auch meine Worte: Hab Mut! Steh auf und geh vorwärts. Und noch einmal: Ring dich durch, du kannst es. Schau nach innen, dort befindet sich

das Schönste, was es auf der Welt gibt, und das bist du selbst. Beobachte dich, befrei dich. In der heutigen Gesellschaft, mit der Erziehung, die wir bekommen haben, ist es sehr einfach, dem Ego zu verfallen und sich von Arroganz, Kritik, Werturteilen, Materialismus, Stress, Problemen und Sorgen beherrschen zu lassen – und sich getrennt zu fühlen. Aber es gibt auch noch Raum für Liebe, Bescheidenheit, Solidarität, Freude, Aufrichtigkeit, Verschmelzung...

Die Lösung liegt nicht darin, sich nach irgendwelchen Dingen zu sehnen, einen physischen oder sozialen Status zu erlangen oder sich von irgendwelchen Problemen zu befreien. Wenn du auf einem Berggipfel ankommst und denkst, dass du von dort aus die gesamte Landschaft, die ganze Welt siehst und beherrscht, wirst du feststellen, dass es noch viele weitere Berggipfel gibt. Dann wirst du bemerken, dass dein Sehvermögen nicht ausreicht, um die ganze Welt wahrzunehmen, da der Planet Erde rund ist. Dasselbe geschieht, wenn du eine Antwort findest – danach taucht immer eine neue Frage auf. Es gibt immer Probleme und es gibt immer jemanden, der weiter gegangen ist als du oder der sich schon dort befindet, wohin du gelangen willst (oder es scheint zumindest so zu sein).

Wo liegt die Lösung? Wir finden sie nicht in Fakten, sondern in Einstellungen, nicht in dem Problem an sich, sondern in unseren Gefühlen, nicht im physischen Bereich, sondern darin, inwieweit wir uns akzeptieren. Wir müssen nach innen schauen und versuchen, so konsequent und verantwortlich wie möglich mit unseren Gedanken, Gefühlen und Handlungen umzugehen. Wenn unser Denken und Fühlen nicht von Liebe und Freude erfüllt ist, wie sollen wir diese dann in der Außenwelt finden? An dieser Stelle kommen wir wieder auf die Botschaft zurück, die Jesus Christus und andere Meister gepredigt haben: „Liebe dich selbst".

Das hat nichts mit Egoismus zu tun, und wenn du als Egoist bezeichnet wirst, weil du dich dafür entschieden hast, mit deinem Leben konsequent, rein und aufrichtig umzugehen, weil du die Rollen änderst, die du bisher gespielt hast, bist du trotzdem ein Teil der Gesellschaft, auch du schaffst Formen und erschaffst Dinge genau wie meine Kinder und ich. Alle, absolut alle tun das. Wenn ich mich ändere, wird sich auch die Gesellschaft ändern, aber zuerst muss ich den Schritt für mich allein tun.

Wenn ich manchmal eine abwertende Bemerkung an den Kopf geworfen bekomme, dabei aber innerlich erfüllt und mit meinem Leben zufrieden bin und in Verbindung mit meinem Wesenskern stehe, fühle ich mich nicht beleidigt, sondern ich verstehe und sehe, dass die jeweilige Person Liebe braucht und sich selbst verleugnet. Ich genieße weiterhin meinen Weg und oft wird durch mein Herz so viel Licht ausgestrahlt, dass sich die Türen zu dem Hause der Person öffnen, statt sich vor mir zu schließen.

Hazrat Inayat Khan, ein großer Sufi-Philosoph, hat gesagt: „Ein Mensch, der zwar mit seinem Verstand etwas vom Innenleben begreift, dieses aber nicht wirklich lebt, wird denken, dass er sich nicht mit den anderen Menschen vereinen kann und dass er anders ist als die anderen. Er betrachtet sie als etwas, das sich nicht mit seinen Aufgaben vereinbaren lässt, da er viel weiter entwickelt ist als die übrigen Personen. Dagegen ist es für einen Menschen, der Zugang zu seinem Innenleben hat, ein großes Vergnügen, sich unter seine Mitmenschen zu mischen. Er versteht sich und harmoniert mit allen Menschen, egal auf welcher Entwicklungsstufe sie sich befinden, egal welche Vorstellungen, Ansichten oder welchen Glauben sie haben, egal welche Form von Gottesdienst sie ausüben oder wie sie ihre religiöse Hingabe zeigen. (...) Ein liebevoller Mensch denkt, dass die anderen einfach denselben Prozess durchlaufen, den er schon durchlebt hat. (...) Jene, die nicht wissen, wollen diskutieren – nicht weil sie wissend sind, sondern weil sie selbst Zweifel haben."
Ich habe mich für die Aufrichtigkeit und den Verzicht entschieden, um intensiveren Kontakt mit der Natur und mit dem, was ich als meinen Wesenskern betrachte, zu haben. Meiner Ansicht nach ist der direkteste Weg, um bei mir selbst anzukommen, der Verzicht auf Rollen. Ich kehre zum Anfang zurück und begegne so meinen Vorfahren wieder. Wenn ich Schaden vermeide und lerne sogar einen Stock auf dem Boden zu lieben, wenn ich es schaffe, mich mit ihm zu verbinden, dann werde ich mir über die Großartigkeit bewusst, die in mir steckt, über das unglaubliche Wunder, welches das Leben ist. Alles hat sich verändert. Ich habe gelernt mich zu lieben und zu sehen. Ich habe gelernt zu leben. Das war mein Weg. Das wird auch weiterhin mein Weg sein, da ich immer noch am Anfang des Lebens und der Liebe stehe.
Mein Weg, den ich im Verlauf dieses Buches dargestellt habe, muss nicht unbedingt zu deinem Weg werden. Ich wäre sehr traurig, wenn du diesem Weg nur folgst, weil er für mich richtig ist. Wenn du dich dafür entscheidest, muss das aus dem Grund heraus geschehen, dass dieser Weg in deinen Adern fließt, weil du es dir immer gewünscht und dich nie getraut hast und weil dein Inneres danach verlangt. Dann, nur dann, sage ich dir: Gut, vorwärts, du kannst es. Sieh mich an. Auch ich wurde in dieser Kultur geboren und hatte dieselben oder ähnliche Werte und Gewohnheiten in Bezug auf Ernährung und Gefühle, und hier stehe ich jetzt. Ja, du kannst den Weg auch als Frau mit kleinen Kindern ohne Ersparnisse gehen. Nur Mut, zerstöre die Mauer deiner Ängste. Spring über sie hinweg. Sieh dich an und steh für dich ein und für das, was dein Herz sagt. Möge dir dieses Buch als Trampolin für den Sprung in die Richtung dienen, die dir dein Wesenskern zeigt.
Osho sprach einmal Folgendes: „Wenn du dich selbst liebst und weder egoistisch noch narzisstisch bist, wirst du entdecken, dass es für dich kein Ego gibt.

Das Ego bedeutet, dass du versuchst, die anderen zu lieben ohne dich selbst zu lieben. Diese Art von Menschen hat ein großes Ego und betrachtet sich als etwas Besseres. (...) Wenn wir etwas tun, müssen wir immer ein Resultat bekommen, und das ist die Freude. (...) Du brauchst dich weder zu opfern noch ein Märtyrer zu sein. (...) Wenn du dich unterdrückst, liebst du dich nicht. Wir können nur dann etwas unterdrücken, wenn wir dagegen sind."
Und nun die eigentliche Schlussfolgerung: Finde heraus, was du willst, und tu es. Such die Aufrichtigkeit und Reinheit für dich selbst. Erfreu dich einfach an der Tatsache, dass du lebst, warte nicht, bis du im Sterben liegst, um dich nach dem Leben zu sehnen. Lerne deine Gedanken und Gefühle unter Kontrolle zu haben und in dein Inneres zu schauen. Das Leben ist ein wunderbares Geschenk, es ist kostbar trotz all unseren Problemen, denn wir können atmen, sehen, lernen, lieben, hier sein und fühlen. Genieß es. Genieß dich selbst. Das ist meine Botschaft.

Ende der Vorstellung!

Nachwort für die deutsche Ausgabe

Seitdem ich die erste Auflage dieses Buches auf Spanisch geschrieben habe, sind mehrere Jahre vergangen. Es waren schöne, intensive Jahre voller Fülle und Göttlichkeit, Weisheit und Sensibilität.

So wie das Wasser in einem Fluss fließt, sorgt das Leben für mich, meinen Körper und Geist. Jeden Tag lerne ich etwas mehr als Seele und etwas weniger als Körper zu leben. Logischerweise manifestiert sich das in der Gesamtheit meines Wesens und betrifft auch die äußeren und materiellen Bereiche, wodurch ich ständig kontinuierliche Veränderungen erlebe. Dieser Wandel führt mich immer näher zum Ziel, der Wiederbegegnung mit der Göttlichen Quelle, dem bewussten und dauerhaften Veschmelzen mit dem Ganzen, der vollständigen Verwirklichung meiner Göttlichkeit, der Liebe und des Lichtes. Aus diesen Gründen haben sich viele Dingen verändert, seitdem ich dieses Buch geschrieben habe, ich schreite in jedem Moment weiter auf meinem Weg voran. Zur Zeit leben wir nicht mehr in dem Haus, das ich in dem Buch beschrieben habe, sondern in einer 1,90 x 1,80 m großen Behausung. Sowohl meine Kinder als auch ich haben entschieden das Grundstück, auf dem wir leben, mit anderen Menschen zu teilen, und dadurch ist jetzt eine kleine, junge und schöne Gemeinschaft entstanden, über die ich gleich mehr erzählen werde. Meine spirituellen Erlebnisse haben sich unglaublich verstärkt und ich widme zur Zeit viele Stunden am Tag Sant Mat de Thakar. Genau wie bei diesem Aspekt gibt es viele andere Teile meines Lebens, die heutzutage ganz anders sind als früher.

Trotz der großen Menge an Veränderungen, die zum größten Teil auf der transzendentalen Ebene stattfinden, habe ich beschlsossen, dieses Buch mit seinen diversen Kapiteln im Orignialzustand zu belassen. Das betrifft sowohl die neuen spansichen Ausgaben als auch die deutsche Ausgabe. Dadurch ermögliche ich, dass die ursprüngliche Kraft das Buch begleitet, der Same keimt und die Menschen erreicht werden, für die es von Anfang an bestimmt war.

Du kannst dich über den Ort, an den mich das Leben getragen hat, die aktuellen Veränderungen meiner Lebensweise und meiner Art zu fühlen in anderen Büchern informieren, die in Spanien vom Mandala Verlag publiziert werden, und die bald auch in Deutschland erscheinen werden.

Da Spanien ein Ort ist, der häufig von Deutschen besucht wird, haben wir uns entschieden, die Informationen über spanische Gesetze im Buch zu belassen. Berücksichtige bitte dabei, dass für dich fast immer die Gesetze des Landes gelten, dessen Nationalität du hast, auch wenn du in einem anderen Land lebst, es sei denn, du beziehst staatliche Zuschüsse des Landes, in dem du wohnst.

Ein praktisches Beispiel: Sowohl meine Kinder als auch ich wurden in Spanien geboren und wir haben die spanische Nationalität. Wenn wir nach Frankreich zögen, uns dort ins Einwohnerregister eintragen ließen und ich Steuern zahlen würde, wären meine Kinder nicht verpflichtet, sich impfen zu lassen, da Impfungen in Spanien nicht obligatorisch sind (in Frankreich besteht Impfzwang), vorausgesetzt wir beziehen keine Unterstützungen oder Zahlungen des franzöischen Staates.

Hier sind wir alle drei

Die Gemeinschaft Amor y Vida / Amor y Luz (Liebe und Leben / Liebe und Licht)

Liebe Freundinnen und Freunde,

wir sind eine Gruppe von Lebewesen voller Liebe und Sehnsucht nach dem Göttlichen, die in der Nähe der städtischen Endhaltestelle von El Hoyo de Pinares, Ávila, in Spanien wohnt. Unsere Kinder sind nicht eingeschult und wir versuchen so frei und konsequent wie möglich in Frieden und Liebe, in Harmonie mit der Natur, dem Licht und unserem Inneren zu leben, wie es uns im Moment an jedem Tag, zu jeder Stunde, Minute, Sekunde möglich ist.

Wir würden diesen Lebensraum gern mit mehr Menschen teilen und dafür liegt es uns am Herzen, einige für uns wichtige Grundsätze herauszustellen:

Wenn du dir eine Behausung baust, muss diese nach den Prinzipien biologischer Bauweise, diskret und mit Materialien hergestellt werden, welche die Umwelt möglichst wenig belasten. Fließendes Wasser und Abwasser sowie elektrisches Licht sind nicht erforderlich, da diese Dinge im Gemeinschaftshaus für alle vorhanden sind. Der Bau darf nicht größer als 30 m² sein und nur ein Stockwerk oder ein Stockwerk mit Zwischengeschoss enthalten. Er darf auch keine Küche enthalten, da wir eine Gemeinschaft von veganen Rohköstlern sind. Wir essen nur rohe, nicht tierische Nahrungsmittel wie Nüsse, Mandeln, Früchte, Gemüse, Oliven, Algen... (Honig, Milchprodukte und deren Derivate sind nicht erlaubt). Aus diesem Grund darf auch nicht in der Gemeinschaftsküche gekocht werden. Falls Freunde oder Verwandte zu Besuch kommen, die gekochte Nahrung essen, dürfen sie diese nur innerhalb der Behausung des Gastgebers einnehmen. Unter keinen Umständen darf auf der Finca gekocht werden. Wenn die Gäste rauchen, müssen sie die Zigarettenkippen wieder mitnehmen und sie dürfen nicht in den Gemeinschaftsräumen oder in der Gegenwart von jemanden rauchen, den das stört.

Wir lehnen Tabak, Drogen, Alkohol und künstliche Getränke wie Coca Cola, Fanta, Acuarius und ähnliche ab.

Wir möchten nicht, dass Bäume, Sträucher oder irgendwelche anderen Pflanzen beschnitten werden. Gemüsegärten oder irgendwelche anderen Veränderungen des Ortes sind auch nicht wünschenswert, obwohl man über alles sprechen kann.

Werkzeuge, Bücher und andere Dinge können nach Wunsch zum öffentlichen Gebrauch zur Verfügung gestellt werden. Das gilt auch für Kinderspielzeug, vorausgesetzt es ist nicht aus Plastik (Letzteres ist nicht gestattet, es sei denn in konkreten stark gewünschten Ausnahmefällen oder Fällen von erzieherischem Wert). Das Plastik, das zur Abdeckung der Baumaterialien verwendet wird, steht auch zur allgemeinen Verwendung. Wir versuchen so wenig Schaden wie möglich anzurichten und den Materialismus zu reduzieren.

Wir möchten keine Tiere hier haben, die ausgenutzt oder als Maskottchen gehalten werden. Es sind nur Tiere erwünscht, die von sich aus hierherkommen und sich uns ohne unser Dazutun anschließen, egal um welche Art Tier es sich handelt. Wenn du bereits mit einem „Begleittier“ zusammenlebst, kannst du es mitbringen, weil euch ja schon eine Zuneigung verbindet, vorausgesetzt es befindet sich nicht in einem Käfig oder in einer Kiste, aber wir sind nicht hier, um Tiere zu halten.

Wir möchten die Luft, die Erde, die Sonne und das Wasser so oft wie möglich auf unserer gesamten Haut spüren. Wir bitten dich nicht darum, den Nudismus zu praktizieren, aber du und deine Besucher oder Begleiter sollten diesen akzeptieren, respektieren und Verständnis dafür haben, unabhängig davon, wer der Nudist ist (Mitbewohner, Besucher, egal welchen Alters oder Geschlechts).

Hier ist niemand verpflichtet zu arbeiten oder irgendetwas für irgendjemanden oder für die Gemeinschaft zu tun. Wenn jemand etwas tut, sollte er es tun, weil er es wirklich gern möchte. Das Senden und Empfangen der Energie einer Person oder ihrer Liebe ist uns wichtiger. Tausch, Tauschhandel oder Käufe und Verkäufe unter den Mitgliedern sind nicht gestattet. Wenn jemand einem anderen Menschen etwas geben möchte, kann er dieses tun, ohne etwas als Gegenleistung erhalten zu wollen.

Außerdem möchten wir weiteren Lebensraum erschließen, um diesen zeitweise Leuten, die an unserem Leben teilhaben möchten (spirituelle Sucher, Personen, welche den Pranaernährungsprozess durchlaufen, Fastende, Jugendliche, Kranke, alleinerziehende Mütter, Paare, die ein Kind erwarten und eine natürliche Geburt anstreben, ...), uneigennützig und kostenfrei anzubieten. Diese Menschen müssen sich auch von den Früchten, welche die Natur anbietet, ernähren können. Falls sich ein Mitglied der Gemeinschaft (Kind, Jugendlicher, Erwachsener oder Senior) sich mit einem Besucher unwohl fühlt, kann gemeinschaftlich durch Mehrheitsbeschluss entschieden werden, dass die jeweilige Person die Gemeinschaft verlassen muss.

Es ist uns wirklich wichtig, in Harmonie mit unseren menschlichen und nichtmenschlichen Geschwistern zu leben, dieses Gelände nicht auszubeuten, nicht ein einziges Blatt, eine Pflanze oder Blume herauszureißen, die nicht mit dem entsprechenden Respekt und Liebe gegessen wird, und keinerlei Tiere oder Insekten absichtlich zu töten. Andere Wesen, Pflanzen und Tieren haben dasselbe Recht auf die Nahrung, welche dieser Ort hervorbringt, deshalb wird ein Teil der „Nahrungsmittelproduktion" des Ortes für sie gelassen.

Seife darf weder im Bach noch in Pfützen verwendet werden, egal ob sie hausgemacht, natürlich oder biologisch ist.

Es ist unser Hauptziel, wir selbst zu sein und zuzulassen, dass alle anderen Wesen sich selbst in ihrer Integrität ausdrücken können und dabei unser moralisches, soziales und spirituelles Niveau zu erhöhen und alles mit göttlicher Energie zu erfüllen.

Wir möchten in Frieden und Harmonie, frei und voller Liebe leben. Wir möchten die Stille und die Einsamkeit genießen, uns mitteilen, wenn wir das Bedürfnis danach haben, Unterstützung geben, wenn es aus dem Inneren ohne Ego, Groll, Bitten oder Absichten fließt. Eine Sache ist für uns nicht wertvoller als eine andere, dasselbe gilt für Personen oder Handlungen. Wir nehmen nur das an, was wir fühlen, und in dem Moment, in dem wir es fühlen. Wir geben auch einfach nur das weiter, das wir in dem jeweiligen Moment empfinden.

Wenn du dich mit dem oben geschriebenen im Einklang fühlst und die Möglichkeit in Erwägung ziehst, uns deine Gesellschaft anzubieten, würden wir uns sehr freuen, dir unsere Herzen zu öffnen und uns für deins zu öffnen.

Ein Kuss, eine Umarmung und unser ganzes Licht.

FINCA AMOR Y VIDA – AMOR Y LUZ
SIBILA
Apdo. De Correos, 73
28280 El Escorial (Madrid)
ESPANA
Email: sibiladiosa@yahoo.es

Bibliografie, Daten und Adressen

Veganismus

- La Dieta Ética. Etica y dietética del veganismo. David Román y Estrella Vilaplana. Jacaranda Verlag. E-mail: dietaetica@yahoo.es
- A.L.A. Alternativa para la liberación animal. C/Montera, 34.6°1°. Madrid. Spanien

Roh-vegane Ernährung

- Cuentos infantiles naturistas. Sibila (Nuria Aragón Castro). Mandala Verlag. Madrid 2002
- Boletín Crudo. Costa Tropical. 18690 Almuñecar. Granada. Spanien
- Red Alternativa. Web: redalternativa.com/higea
- Higea Verlag (Absolut alle Bücher sind sehr interessant und lehrreich. Dort erscheinen auch verschiedene Werke von Jose Manuel Casado). C/Los Residenciales, 13-15°D. 28770 Colmenar Viejo. Madrid. Spanien. http://www.higea.org
- El Evangelio de los Esenios (alle Ausgaben). Sirio Verlag. Barcelona 2001 / Die Schriften der Essener von Edmond Bordeaux Székely. Mandala Media. CH-Rheinfelden
- Frutoterapia. Albert Ronald. Libertarias Verlag. Madrid 1998
- Los Alimentos Vivos. Jaine, Nolfi, Pichon. Verlag Puertas Abiertas a la Nueva Edad. Mallorca 1993
- El médico naturista opina. Pedro Ródenas. Océano Verlag. Barcelona 2000
- Ayuno Racional. Arnold Ehret. Kier Verlag. Buenos Aires 1975 / Vom kranken zum gesunden Menschen durch Fasten. Arnold Ehret. Waldthausen Verlag. D-Ritterhude
- El Naturismo. Almicar de Souza. Helios Verlag 1914
- La Medicina Natural al Alcance de Todos. Manuel Lezaeta Acharán. Kier Verlag. Argentinien 1999
- Vivir con Salud. Revista Decana del Naturismos Español. C/Mallorca, 257.1°-1a-08008 Barcelona
- Roger Venció al Sida. Bob Owen. Higea Verlag. Madrid 1993 / Das Krebstagebuch der Ärztin Anne Rush. Waldthausen Verlag. D-Ritterhude
- Revista Ficus. E-Mail: superchacho@hotmail.com
- Asociación Sumendi. C/Autonomía, 23 Apto. De Correos 5098. 48080 Bilbao. Tel: +34 944100644
- Die Wurzel der Gesundheit. Zerzalbelshofer Hauptstr. 53. D-Nürnberg. Tel: +49 (0)911 4089116 www.die-wurzel.de
- Just Eat an Apple! E-Mail: fred@sunfood.net
- The FRESH Network. PO Box 71. Ely CB7 4GU England
- Natürlich Leben. Bund für Gesundheit e.V. Talstr. 36. D-52525 Heinsberg
- Living Nutrition. www.livingnutrition.com
- Frutarian Network News. PO Box 293. Trintiy Beach. Old 4879. Australien
- R.E.A.L. News. PO Box 8166. Cairns Queensland 4870 Australien
- Paper Fun. Scheffersg, 10 S11258. Stockholm, Schweden
- Vegaani veganiliittory. Info@vegaaniliitto.fi
- ORKOS. Weltweiter Vertrieb für biologisches Obst und Gemüse. +33 164602111. Orkos@orkos.com

Pranaernährung

- Sentimientos, Dibujos y Reflexiones Espirituales. Un camino hacia al Luz. Nuria Aragón Castro (Sibila). Mandala Verlag. Madrid 2002
- Vivir de Luz. La fuente de alimentación del proximo milenio. Jasmuheen. Apóstofe Verlag. Bar-

celona 1998 / Lichtnahrung. Jasmuheen. KoHa Verlag
- Revista Natural. N° 42. Sommer 2002. www.revistanatural.com
- Nosotros Los Maestros Ascendidos. Claudia Franco. EDAF Verlag
- Yo Soy. La Mágica Presencia. Enseñanzas del Maestro Saint Germain, Humanitas Verlag. Barcelona 1990

Das Leben auf dem Land / Erholungszentren für Anhänger der natürlichen Gesundheitslehre (einige davon mit roh-veganer Ernährung)
- Finca Amor y Vida – Amor y Luz. Apdo. Correos 73. 28280 El Escorial. Madrid. Spanien
- Finca los Majales. E-Mail: helmuthomas@eresmas.com
- Finca Eco-Forest. Apdo. Correos 29. 29100 Coín. Málaga. Spanien
- Vida y Salud. C/Concordia, 78. 12600 Vall de Uxó. Castellón
- Los Madroños. 12594 Oropesa. Castellón. Tel. +34 964760151
- Udalla. Apdo. Correos 67. 05480 Candeleda. Ávila. Tel: +34 689153724
- Zuhaizpe. 31177. Arizaleta. Nafarroa-Navarra. Spanien. Tel: +34 948542187
- Casa de reposo Sumendi. 39880 Vivaverde. Trucios. Tel: 94410044
- Cuentos infantiles naturistas. Sibila (Nuria Aragón Castro). Mandala Verlag. Madrid 2002
- El Hermano de Asís. Ignacio Larrañaga. San Pablo Verlag. Madrid 1980
- La Revolución de una Brizna de Paja. Masanobu Fukuoka. Permacultura Montsant
- El huerto biológico... Claude Ambert. Integral Verlag. Barcelona 1994
- Vivir en el campo. Lorenzo Mediano. Integral Verlag. Monographie n° 16. Barcelona 1987

Die wohltuende Wirkung des Nudismus
- Cuentos infantiles naturistas. Sibila (Nuria Aragón Castro). Mandala Verlag. Madrid 2002
- Qué es el Naturismo? Augusto Galvez-Cañero y Pidal. Las Mil y una ediciones. Madrid 1983
- El Fonoll. La Vall del Corb. 43425 El Fonoll. Conca de Barberá. Tarragona. Tel: +34 977266138. Web: www.kadex.com/fonoll E-Mail: fonoll@kadex.com
- A.D.N. Asociación para el desarrollo naturista de Madrid. www.naturismo.org/adn
- F.E.N. Federación española de naturismo. www.naturismo.org
- Jóvenes naturistas. www.iespana.es/jovnat
- Asociació d'amics de la playa naturista del Torn. www.naturismo.org/torn
- A. naturista de Galicia. Http://terra.es/personal/angalica
- A. naturista valenciana. www.geocities.com/Baja/Dunes/8876
- Club catalá de naturisme. C.C.N. www.ccn-naturismo.org
- Euskal naturista Elkartea E.N.E. www.esuskalnet.net/ene 1998/
- Luis Cortes. La vida naturista. http://Naturistas.iespana.es
- Asociación naturista de Aragón
- Htp://members.tripod.es/ANAR2002/asociacion.html
- Mare Nostrum Almería. (Urbanización nudista). Tel: +34 950467578. www.marenostrum.com E-Mail: bilbao@keymare.com
- Camping naturista El Portus. 30393 Cartagena. Murcia. Spanien. Tel: +34 968553052 http://www.elportus.com
- Apartamentos Naturistas Vera S.L. Urbanización Vera Natura. Apdo. Correos 253. Crta. Garrucha – Villaricos, s/n. 04620 Vera. Almería. Spanien. Tel.: +34 950467384 www.ApartamentosNaturistas.com
- Camping Caravaning Club neo-naturista El Templo del Sol. Playa del Torn. 43890 Hospitalet del Infante. Tarragona. Spanien. Tel: +34 977823434

Der Bau meines Hauses

- Guía de Bioconstrucción. Camilo Rodríguez Lledó. Mandala Verlag. Madrid 1999
- Pa Kua. Feng Shui. El Taller del Habitat. www.eltallerdelhabititat.arrakis.es
- Taller de Energías Alternativas. Juan Ignacio y Sebastián Urquía Lus. Pamplona 1984
- Cantos del Arquitecto Descalzo. Johan van Lengen. Melhoramentos. Libros del Rincón Sep. (wird auch von GEA vertrieben)
- http://www.7generaciones.org/cnquees.htm
- Constructores sin Fronteras. www.builderswithoutborders.org
- GEA. Asoc. Estudios Geobiológicos. Apdo. Correos 11041. 46080 Valencia. Tel: +34 963743687
- Livos (Pflanzenchemie). Ecopiaint Iberica SL. Montmany 25.08012 Barcelona
- Cannabric. Cañada de los Perales, 53-57. 18500 Guadix (Granada). www.cannabric.com
- Peter Cross. D-59510 Lippetal
- Agua viva. Tel: +34 922355962 www.agua-viva.info
- Julio de Sousa Piscarreta (verkauft Formen für die Herstellung von interessanten Ziegeln aus Recyclingpapier, Küchen mit Solarenergie und Ausrüstung für Papierrecycling). Ip241269@ip.pt

Schwangerschaft, Geburt und Stillen durch die Mutter

- Embarazo y Nacimiento Gozosos. Monográfico n°4 de Integral. Oasis Verlag. Madrid 1988
- Ob Stare. El Mundo de la Maternidad. Apto. Correos 122. Tegueste 38280. Sta Cruz de Tenerife. Spanien. OBSTARE@terra.es
- Amor y Vida. Alle Methoden zur natürlichen Empfängniskontrolle. Vollständige Monographie.
- El Cuerpo recobrado (Alexandertechnik). Michael Gelb. Urano Verlag. Barcelona 1994
- Etnomedicina. Acercamiento a la terapéutica popular. Angel Carri.. Simancas Verlag. Valladolid 1991
- El bebé es un mamífero. Michel Odent. Mandala Verlag. Madrid 1990
- Cuidados en el Parto Normal: Una Guía Práctica. O.M.S. Asociación Nacer en Casa
- Por un nacimiento sin violencia. F. Leboyer. Daimon Verlag
- Embarazo y Nacimiento. S. Kitzinger. Interamericana Verlag
- Nacer en Casa y Otras Alternativas al Hospital. S. Kitzinger. Interamericana Verlag. Madrid 1993
- Parir a Partir de los Treinta Años. S. Kitzinger
- Cartilla para Aprender a Dar a Luz. Consuelo Ruiz. Talasa Verlag. Madrid 1998
- La Revolución del Nacimiento. Isabel Fernández des Castillo. Edaf Verlag. Madrid 1994
- Las Matronas. Consuelo Ruiz. Matronas Hoy Verlag. Madrid 1987
- Lactancia Materna. Manual para profestionales. Royal College of Midwives. ACPAM Verlag. Barcelona 1991
- El Arte Femenino de Amamantar. Liga Internacional de la Leche.
- Técnica Alexander. Tel: +34 915705675 (Perpe)
- Plataforma por Derechos del Nacimiento. C/Santapau, 59,1°.08016 Barcelona. E-Mail: pdn@pangea.org, Web: http://www.pangea.org/pdn
- Asociación Nacer en Casa (Betreuung bei Hausgeburten, Information darüber, wer in welcher Provinz in Spanien zuständig ist). Pasaje Bonaire, 7. 43007 Tarragona. Tel: +34 977225749
- Grupo Génesis (Betreuung bei Geburten außerhalb von Krankenhäusern) C/León 3, 1° izq. 28014 Madrid. Tel: +34 913690546
- Grupo Acuario Clínica-Maternidad (im Bereich Wassergeburten, natürliche Geburten und gewaltlose Geburten tätig). Av. Vergel 11. 03778 Beniarbeig. Alicante. Tel:+34 9664762
- Titania Tasco Coop. (Hausgeburten und Vorbereitung der zukünftigen Eltern). Gran Vía, 439-5°, 2°. 08015 Barcelona. Tel:+ 34 934266559
- Mare Nostrum (Geburtszentrum). C/Puertaferrisa 18, pral. 2a B. Barcelona
- Centro Medico Naturista (Unterstützung in der Schwangerschaft und bei der bewussten Geburt).

Maestro Calvé, 1 pta. 14. 46001 Valencia. Tel: +34 963520237

- Centro Thau (Gesundheitszentrum). Comte Urgell, 216. 4°, 1°. 08036 Barcelona. Tel:+34 93419
- Parto sin dolor. C/Pico Astilleros 142, 3°-A. 28030 Madrid. Tel:+34 917734019 (Consuelo Ruiz)
- Asoc. Nacimiento Feliz (um das Leben willkommen zu heißen) C/Santapau, 59, 1°, 08016 Barcelona, Tel: +34 933407043
- Vía láctea (Unterstüzung für das Stillen) C/Terminillo 60-64. 50017 Zaragoza. Tel: +34 976753656
- Liga de la Leche (Unterstüzung für das Stillen). Apartado de Correos 36110. 28080 Madrid. Tel: +34 916639946 (Bettina). Apdo. 544. 48080 Bilbao. Tel: +34 944230136

Von der Unsicherheit gegenüber dem Vertrauen in die Entscheidung nicht zu impfen

- Liga para la Libertad de Vacunación. Apdo. Correos 73. 28280 El Escorial. Madrid. Spanien. Apdo. de Correos 100. 17080 Girona. Spanien. Fax: +34 935912757. E-Mail: info@vacunacionlibre.org Web: www.vacunacionlibre.org
- Los Peligros de las Vacunas. Dr. Xavier Uriarte. Liga para la Libertad de Vacunación. Apdo. Correos n° 73. 28280 El Escorial. Madrid. Spanien
- Vacunar a nuestros niños? Dra. François Berthoud. L.L.V. Apdo. de Correos n°. 73, El Esocrial. Madrid. Spanien
- El Tabú de las Vacunaciones. Dr. Milly Schär-Manzoly. ATRAAGSTG Verlag, Schweiz 1997
- Natura Medicatrix n° 46-47, Sonderausgabe Frühling/Sommer 1997 über Infektionen, Immunität und Impfungen
- Cómo Criar un Hijo Sano a Pesar de su Médico. Dr. Roberts. Mendelsohn. L.L.V. Apdo. Correos 73. 28280 El Escorial. Madrid. Spanien
- Es bueno vacunarse? Dr. Pablo Saz Peiró. Cometa Verlag. Zaragoza 1991
- Ergänzende medizinische Zeitschriften. www.amcmh.org
- Hepatitis: Vacunas Catastróficas. L.L.V. Apdo. Correos 73. 28280 El Escorial. Madrid. Spanien
- Cuídate compa! Manual para la Autogestión de la Salud. Dr. Eneko Landáburu. Apdo. Correos 73. 28280 El Escorial. Madrid. Spanien
- Salud e Infección. Fernand Delaure. Liga para la Libertad de Vacunación. Apdo. Correos 73. 28280 El Escorial. Madrid. Spanien.
- El Enfermedad. Que es y para qué sirve? Atu Salud. Karmelo Bizkarra. Obelisco-Vital Verlag. Barcelona 2000
- Krankheit als Weg. Thorwald Dethlefsen und Rüdiger Dahlke. Bertelsmann Verlag. München
- Krankheit als Sprache der Seele. Rüdiger Dahlke. Bertelsmann Verlag. München
- Impfungen – der Großangriff auf Gehirn und Seele. Coulter. Hirthhammer Verlag
- Impfschutz für Kinder? Cournoyer
- Impfungen – der unglaubliche Irrtum. Delarué. Hirthhammer Verlag
- Impfschutz – Irrtum oder Lüge? Delarué. Hirthhammer Verlag
- Biol. Ratgeber für Mutter und Kind (Ernährung/Stillen/Impfungen). Bruker
- Die Pharma-Story. Ruesch. Hirthhammer Verlag
- AEGIS (Aktives Eigenes Gesundes Immunsystem) Deutschland, Selbsthilfegruppe für Impfschutz, Postfach 12 05, 85066 Eichstätt, Marianne Kräck, +49 (0)8421-903707, Sonja Houzer, Tel: +49 (0)89-60668948, E-Mail: aegis-bayern@web.de, Web: www.aegis-deutschland.de, AEGIS Schweiz, Udelbodenstr. 43, CH-Littau, Tel: +41 412502474 www.aegis.ch, AEGIS Österreich, Franziska Loibner, Ligist 89, A-8563 Ligist, Tel: +43 (0)3143 29734, www.ageis.at

Erziehung ohne Schule

- Educación sin Escuelas. Ivan Illich y otros. Península Verlag. 1975
- Educar para ser. Vivencias de una escuela activa. Rebeca Wild. Herder Verlag
- La Sociedad Desescolarizada. Ivan Illich. http://www.ivanillich.org/Lides3.htm

- Boletín Crecer sin Escuela. Apdo. Correos 45. 03580 Alfáz del Pí. Alicante
- Video „Saber sin Pisar las Aulas“ y recopilación de artículos varios. Bippan Norberg. Apdo. Correos 45. 03580 Alfáz del Pí. Alicante
- Con Ojos de Niño. F. Tonucci. Barcanova Verlag
- El Fracasp en la Escuela. John Hold. Alianza Verlag
- Los Niños Primero. Christiane Rochefort. Anagrama Verlag
- Como ser Niño. F. Tonucci. Barcanova Verlag
- Ley de Calidad de Enseñanza. http://www.el-mundo.es/especiales/2001/10/sociedad/ecucacion/calidad.html
- Los Encuentros No Son Causales. Kay Pollak. Errepar Verlag. Buenos Aires 1999

Alternative Zentren

- El Cohete y La Estrella. C/Jose María de Boto n°6. 28011 Madrid. Spanien
- ClonLara School. http://www.clonlara.org
- Escuela Libre Micael. Crta. de la Coruña km. 21,5. 28230 Las Rozas. Madrid. Tel: +34 916375287
- Escuela Libre Sargadelos. Sargadelos. La Coruña
- Escuela Libre Lucense. R/Río Landro, 51. 27004 Lugo. Tel: +34 982218329
- Esucula Infantil Hermanos Grimm. Colonia Buenas Vistas s/n. 28400. Collado Villalba. Madrid. Tel: +34 918502244
- Esucula Infantil San Juan. Rafael Rodríguez Albert, 10. 03112 Villafranqueza. Alicante. Tel: +34 965176172
- Colegio La Navata. C/Estanque 8. 28420 Galapagar. Madrid. Tel: +34 8583999
- Escola Livre Roas d'Abril. San Salvador 88. 08024 Barcelona. Tel: +34 932130245
- Esucula Infantil El Moral. San Miguel de Geneto, 60. 38200 La Laguna. Tenerife
- Asociación Jardín de Infancia Libre en La Palma. Apdo. Correos 69. 38750 El Pase. La Palma. Tel: +34 922485471 (Mercedes Barrero)
- Jardín de Infancia Madre Tierra C/Plan de Loreto, 7. 35017 Las Palmas. Gran Canaria. Tel: +34 928430878
- Grup de Jocs en Mallorca. Laura Plá. Bernat de Santa Eugenia, 90. 07320 Santa María Pisa. Mallorca. Tel: +34 971140554
- Grupo de Juego María Carmen Lera Carreras. C/Domingo de Santo, 55. 01130 Murguia. Alava. Tel: +34 945430053
- Talleres Rosa López Abeijón. C/María 23, 1°. 15620 Mugardos. La Coruña. Tel: +34 981471144
- Jardín de Infancia El Sol. Las Rozas. Madrid. Tel: +34 913506040. Isabel Nieto. Tel: +34 918566227 Isabel Arias.
- Curso de Formación de Educadores Waldorf. Fundación Rudolph Steiner. Apdo. Correos 25. 28230 Las Rozas. Madrid. Tel: +34 917103689

Weitere Literaturempfehlungen

- Das tibetanische Totenbuch. Sogyal Rimpoché. Walter Verlag. Freiburg i.Br.
- Las Máximas de Ptahhotep. Edaf Verlag. Madrid 1999
- Amor, Libertad y Soledad. Osho. Gaia Verlag. Madrid 2001
- Tao Te King. Lao Tse. Edicomunicación SA. Barcelona 1994
- La Vida Interior. Hazrat Inayat Khan. Mandala Verlag. Madrid 1998
- La Maestría del Amor. Dr. Miguel Ruiz. Urano Verlag. Barcelona 2002
- Der Prophet. Khalil Gibran. DTV Verlag. München
- Ramtha. Judi Pope Koteen In der Tat Verlag. Peiting

- It° para el Desarrollo Espiritual. C/ de Milans, 4. Barcelona. Spanien. Tel: +34 933104899 E-Mail: Gem358@hotmail.com
- Itt° John Baines. Apdo. 50600 Madrid. Spanien.

Vega e. K. wurde 1999 von russischen Einwanderern gegründet und bietet im deutschsprachigen Raum spirituelle Werke aus Russland, sibirische Naturprodukte in Bio-Qualität und ethnischen Schmuck aus dem Altai-Gebirge an. Das Leben sprengt immer mehr die Grenzen zwischen unseren Themen- und Sprachbereichen, die Gleichgesinnten kommen zu Wort – der deutsche Biogärtner Eike Braunroth und die Spanierin Sibila scheinen auf ähnliche Art und Weise mit den sie umgebenden Wesen zu kommunizieren, den deutschen Rohköstlern schmecken die sibirischen Bio-Zedernnüsse genauso gut wie uns selbst und die Welt verschmilzt auch innerhalb unseres Verlages zu einer Ganzheit – ein wundervolles Gefühl!

Ein Ausschnitt aus unserem Angebot:

Bücher:

Alexej Rassochin
„Königin der Taiga"
ISBN 3-9808919-1-7
128 S., 12 Euro

Zedernprodukte:

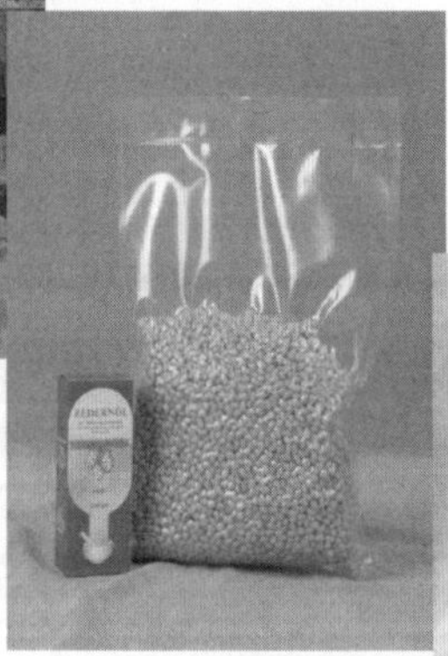

Bio-Zedernnüsse,
Bio-Zedernnussöl

Zederntalismane:

Mutterschaftstalisman

Bei VEGA e. K. unter anderem zu bestellen:

ISBN-Nr.	Autor/Titel	Preis (Euro)
Russische Autoren:		
3-9808339-1-7	W. Lermontow, Bd.1 „Ein immerwährendes Fest“	12,00
3-9808339-6-8	W. Lermontow, Bd.2 „Delphania“	14,90
3-9808339-8-4	**W. Lermontow, Kompaktangebot Bd.1 + Bd.2**	**22,00**
3-9808919-4-1	W. Lermontow, Bd.3 „Die Kraft des jubelnden Herzens“	12,00
ohne ISBN	V. Lermontov, Bd.1 „Holiday forever“, Englisch	12,00
3-9806724-7-6	J. Awerbuch „Mein Beruf ist Heiler“	15,00
3-9806724-5-X	A. Lewschinow „Das Salz des Lebens“	12,90
3-9808339-5-X	A. Swijasch „Was tun, wenn alles anders ist...“	13,00
3-9808339-7-6	**Werke von den russischen Heilern, Kompaktangebot**	**33,00**
3-9808919-2-5	A. Krutikow „Arsal“	14,90
3-9808339-5-X	A. Sojnikow „Betrachtungen über ‘die Rose der Welt’...“	5,00
eine CD	A. Sojnikow „Die Rose der Welt“, musik. Mysterium	15,50
3-9808339-9-2	**A. Sojnikow „Die Rose der Welt“, Kompaktangebot**	**18,90**
3-9808919-3-3	A. Markov „Hier stand mein Haus...“	5,00
3-9808339-0-9	Hrgb. A. Markow „Die ewige Frische des Lebens“, zweisprachig	7,00
33-89978-026-4	T. Kuschtewskaja „Meine sibirische Flickendecke“, Grupello Vlg.	22,00
3-9807507-0-1	E. Muldashev „Das dritte Auge und d. Ursprung...“, B&S-Vlg.	17,85
Deutsche Autoren:		
3-9806724-9-2	E. Braunroth „Heute schon eine Schnecke geküsst?“	14,90
3-9808339-3-3	W. Ophoven „... und Katja lebt!“	11,00
3-9808339-4-1	C. Kähn u. A. Wieser „Ich bin der ich bin“	12,00
3-9808919-8-4	P. Lux „Die Zeit der Schmetterlinge“	14,90
ohne ISBN	J. Vogler „Anna und die sieben Strahlen“	12,80

Bio-Zedernprodukte (aus der Wildsammlung):

Bio-Zedernnüsse, geschält, 100 g	3, 50
Bio-Zedernnüsse, geschält, 1000 g	32, 90
Bio-Zedernnüsse, ungeschält, 300 g	6,00
Bio-Zedernnussöl, kaltgepresst: 100 ml	30,00

Zederntalismane,

handgeschnitzt, Abb. und Preise in der Broschüre “Ich liebe dich, mein Talisman...” 5,00

Bis Herbst 2005 in Vorbereitung:

unsere langersehnte Neuerscheinung „ROSA MIRA“, das geheime Buch des russischen Poeten und Mystikers Daniil Andrejew (1906-1959)

Sie können weitere Informationen auf dem Postweg,
telefonisch oder per Internet erhalten:

Vega e. K.
Neufelder Str. 1
D-67468 Frankeneck

Tel.: +49 (06325) 184 03 00
+49 (06325) 184 03 01 (AB)
Fax: +49 (06325) 98 09 97

www.vega-ek.de
vega@vega-ek.de